Große
Lerngrammatik
Englisch

Regeln, Anwendungsbeispiele, Tests

Hans G. Hoffmann
Marion Hoffmann

Max Hueber Verlag

Dieses Werk folgt der seit dem 1. August 1998 gültigen
Rechtschreibreform.

4.	3.	2.		Die letzten Ziffern
2006	05	04	03	02	bezeichnen Zahl und Jahr des Druckes.

Alle Drucke dieser Auflage können, da unverändert,
nebeneinander benutzt werden.
1. Auflage
© 2001 Max Hueber Verlag, D-85737 Ismaning
Redaktion: Context John Stevens, Bad Münstereifel
Umschlaggestaltung: Parzhuber & Partner, München
Layout: Satz + Layout Fruth GmbH, München
Druck und Bindung: Ludwig Auer GmbH, Donauwörth
Printed in Germany
ISBN 3-19-002657-2

Vorwort

Dieses Buch ist eine umfassende Grammatik der englischen Sprache für Fortgeschrittene in Schule, Hochschule, Erwachsenenbildung, Sprachenschule und Sprachpraxis. Seiner dreijährigen Entstehungszeit gingen Jahre linguistischer Forschung und unterrichtlicher Erprobung voraus.

Die Regeln und Anwendungsbeispiele dieser Grammatik wurden zu einem erheblichen Teil aus Textkorpora gewonnen, die im Laufe der Zeit von einigen hunderttausend auf etwa 50 Millionen Wörter angewachsen sind. Außerdem konnten wir viele unserer Beobachtungen anhand der gewaltigen Textmengen überprüfen, zu denen heute jeder über das Internet Zugang hat.

Das Ergebnis dieser Arbeit ist eine aktuelle, auf authentischen Sprachbelegen beruhende Beschreibung der englischen Sprache, wie sie heute in Großbritannien und den USA Standard ist. Abweichungen und Ausnahmen von den Regeln haben wir – soweit sie nicht ausgesprochen regionaler Natur sind – in großem Umfang berücksichtigt.

Die *Große Lerngrammatik Englisch* orientiert sich ausschließlich an den praktischen Bedürfnissen der Sprachlerner. Aus diesem Grund haben wir das grammatiktheoretische und terminologische Instrumentarium knapp gehalten – allerdings nicht so knapp, dass die wissenschaftliche Sauberkeit gelitten hätte. Geradezu als Leitmotiv hat uns das Wort Albert Einsteins begleitet: *Explanations must be as simple as possible – and no simpler.*

Sie können dieses Buch auf sehr unterschiedliche Weise nutzen:

- Sie können gezielt eine Sprachgebrauchsinformation aufsuchen und werden dabei das ausführliche, klar gegliederte Inhaltsverzeichnis und das umfangreiche, benutzerfreundliche Register hilfreich finden.

- Sie können ein größeres Kapitel (wie etwa „Möglichkeiten zum Ausdruck der Zukunft") systematisch durcharbeiten und anschließend Ihren Lernfortschritt anhand des Tests überprüfen.

- Sie können kapitelübergreifend lernen, indem Sie sich ein grammatisches Thema (zum Beispiel „adverbiale Bestimmung" oder *„progressive form"*) über das Register erarbeiten.

- Sie können das reiche zweisprachige Beispielmaterial für grammatisch orientierte Übersetzungsübungen deutsch-englisch und englisch-deutsch nutzen, indem Sie jeweils eine Spalte abdecken.

Vielleicht gibt es aber auch Leserinnen und Leser, die einfach Freude an den vielen originellen, manchmal nur witzigen, zuweilen aber auch in die Tiefe gehenden Zitaten in diesem Buch haben. Jedes Kapitel wird mit einem bedenkenswerten und vor allem sprachlich relevanten Spruch eröffnet, von dem aus essayistisch-unterhaltsam zur grammatischen Materie übergeleitet wird. Auch unter den eigentlichen Beispielsätzen finden sich viele Formulierungen bekannter Autoren, deren Namen allerdings in der Regel nicht genannt werden.

Was die in dieser Grammatik berücksichtigten Stilebenen angeht, kann man sagen, dass ihre Spannbreite durchaus auch Extreme umfasst wie das biblische *Thou shalt not steal* und das salopp hingesprochene *It ain't gonna happen*. Zu Ihrer Beruhigung sei aber rasch hinzugefügt, dass unsere Grammatik sich grundsätzlich und zum allergrößten Teil am aktuellen Sprachgebrauch des gebildeten *mainstream* in Großbritannien und den USA orientiert. Auch die Gebildeten in den beiden genannten Bereichen tragen mal Jeans und mal Anzug und Krawatte. Bei lässiger Unterhaltung mit Freunden oder Kollegen bedienen sie sich eines anderen sprachlichen Registers als beim Bewerbungsgespräch oder in einem Aufsatz. In beiden Fällen gebrauchen sie Sprache, die grammatisch richtig ist, die aber vielleicht nicht angemessen wäre, würden die Gelegenheiten ihres Gebrauchs vertauscht.

Damit Sie bei konkurrierenden Ausdrucksmöglichkeiten stets wissen, welche bei welchem Anlass angemessen ist, bedienen wir uns solcher *labels* wie „förmlich", „Schriftsprache", „informell", „gesprochene Sprache", „umgangssprachlich" und gelegentlich „salopp". Wichtig ist, dass Sie zum Beispiel nicht „umgangssprachlich" mit „grammatisch falsch" gleichsetzen. Es gibt Gelegenheiten, wo eine „förmliche" oder „schriftsprachliche" Ausdrucksweise Befremden erregen würde. Und umgekehrt! Jeans und T-Shirt sind angemessen und richtig beim sommerlichen Bummel, vielleicht aber nicht bei der Trauung in Kirche oder Standesamt.

Sprache ist ein soziales Phänomen. Gesellschaftlichen Entwicklungen folgend hat sich nicht nur der Wortschatz, sondern auch die Grammatik in den letzten Jahrzehnten vital weiterentwickelt. Unser Buch spiegelt für das Englische diese Evolution wider. Als Beispiel kann das Stichwort *political correctness* im Register dienen.

An der Entstehung dieses Buches haben viele mitgewirkt, die hier nicht namentlich genannt werden können – zum Beispiel Freunde und Kollegen, die Entwürfe gelesen und begutachtet, darunter vor allem *native speakers*, die Fragen beantwortet und Voten zu sprachlichen Zweifelsfällen abgegeben haben.

Besonders hervorzuheben ist die Mitwirkung von John Stevens, der dieses Werk durch alle Stadien redaktionell betreute und dabei seine reichen Erfahrungen als Englischfachmann, Lektor und Autor einbrachte.

Hans G. Hoffmann, Marion Hoffmann

Inhaltsverzeichnis

Das Nomen

1 Die Pluralform des Nomens

2 Singular oder Plural?

3 Genus

4 Genitiv

1

1

1 Die Pluralform des Nomens

"The time has come," the Walrus said,
"To talk of many things:
Of shoes – and ships – and sealing wax –
Of cabbages – and kings –
And why the sea is boiling hot –
And whether pigs have wings."
(*Lewis Carroll, pen name of Charles Lutwidge Dodgson, English mathematician and writer, 1832–98*)

Dieser reizende Vers aus Lewis Carrolls weltberühmtem Kinderbuch *Through the Looking-Glass* hat hier keine tiefere Bedeutung, wie überhaupt ein Kritiker den außerordentlichen Erfolg dieses 1871 erschienenen Buches und seines Vorgängers *Alice in Wonderland* (1865) der Tatsache zuschrieb, dass "they have no moral and do not teach anything".
Auch uns „lehrt" das kleine Gedicht kaum etwas, aber es macht eine grammatische Gesetzmäßigkeit augenfällig: Alle sieben Mehrzahlformen, die es enthält, sind mit -*s* gebildet. Wir können verallgemeinern: Bei 99 Prozent aller englischen Nomen endet die Pluralform auf -*s* oder -*es* und ist daher „logisch" aus dem Singular ableitbar.
Hier lauern also kaum Schwierigkeiten, und Sie können dieses Kapitel, wenn Sie wollen, getrost nur überfliegen oder sogar überspringen. Wenn Sie es aber sorgsam durcharbeiten, dürfte das Ihr Schade nicht sein. Sie werden dann auf eine ganze Reihe von interessanten Feinheiten stoßen.

Grundregel

Die Pluralform des Nomens wird im Englischen grundsätzlich mit -*s* gebildet:

one bed – several bed<u>s</u> [z]   ein Bett – mehrere Betten
one book – several book<u>s</u> [s]   ein Buch – mehrere Bücher

Aussprache der -*s*-Endung: [z]

Das Plural-*s* wird bei den meisten Wörtern stimm<u>haft</u>, also [z] gesprochen:

car<u>s</u> – day<u>s</u> – boy<u>s</u> – pair<u>s</u>   Autos – Tage – Jungen – Paare
club<u>s</u> – kind<u>s</u> – dog<u>s</u> – time<u>s</u>   Klubs – Arten – Hunde – Zeiten
tin<u>s</u> – ball<u>s</u> – grave<u>s</u> – law<u>s</u>   Dosen – Bälle – Gräber – Gesetze

Aussprache der -s-Endung: [s]

Bei Wörtern, die im Singular auf [t], [k], [p] oder [f] auslauten, wird das Plural-s stimmlos, also [s] gesprochen:

streets – books -- cheques – trips   Straßen – Bücher – Schecks – Reisen
roofs – safes – photographs   Dächer – Safes – Fotografien

Einige auf [f] auslautende Nomen bilden den Plural allerdings unregelmäßig, nämlich auf -ves [vz]:

thief [θi:f] – thieves [θi:vz]	Dieb – Diebe
leaf [li:f] – leaves [li:vz]	Blatt – Blätter
wolf [wʊlf] – wolves [wʊlvz]	Wolf – Wölfe
wife [waɪf] – wives [waɪvz]	(Ehe-)Frau – (Ehe-)Frauen
one knife – several knives [naɪvz]	ein Messer – mehrere Messer
life [laɪf] – A cat has nine lives [laɪvz].	Leben – Eine Katze hat neun Leben.
her true self [self] – her two selves	ihr wahres Ich – ihre beiden Ichs
(book)shelf – (book)shelves	(Bücher-)Bord – (Bücher-)Regal(e)
half [hɑːf] – halves [hɑːvz]	Hälfte – Hälften
calf [kɑːf] – calves [kɑːvz]	Kalb – Kälber

Anders als *life* – *lives* bildet das in der Malerei gebräuchliche *still life* den Plural regelmäßig:
two still lifes by Picasso   zwei Stillleben von Picasso

Aussprache der -s-Endung nach Wörtern auf -th

Bei Wörtern, die im Singular auf [θ] auslauten, wird die Pluralform teils [θs], teils [ðz] gesprochen:

[θs]
birth [bɜ:θ] – births [bɜ:θs]	Geburt – Geburten
death [deθ] – deaths [deθs]	Tod – Tode(sfälle)
breath [breθ] – breaths [breθs]	Atem(zug) – Atemzüge
length [leŋθ] – lengths [leŋθs]	Länge – Längen
month [mʌnθ] – months [mʌnθs]	Monat – Monate
depth [depθ] – depths [depθs]	Tiefe – Tiefen
moth [mɒθ] – moths [mɒθs]	Motte – Motten

[ðz]
mouth [maʊθ] – mouths [maʊðz]	Mund – Münder

Bei den folgenden Wörtern wird die erste Pluralvariante als „Standard" angesehen; die zweite ist aber ebenfalls häufig:

cloth [klɒθ] – cloths [klɒθs / klɒðz]   Tuch – Tücher
bath [bɑ:θ] – baths [bɑ:ðz / bɑ:θs]   Bad – Bäder
path [pɑ:θ] – paths [pɑ:ðz / pɑ:θs]   Pfad – Pfade
truth [tru:θ] – truths [tru:ðz / tru:θs]   Wahrheit – Wahrheiten
youth [ju:θ] – youths [ju:ðz / ju:θs]   Jugendliche(r) – Jugendliche

Die Pluralendung [ɪz] nach Zischlauten

Bei Nomen, die auf Zischlaute ([s], [z], [ʃ], [tʃ], [ʒ], [dʒ]) enden, wird die Pluralform durch Anhängen von [ɪz] hörbar gemacht:

bus [bʌs] – buses ['bʌsɪz]   Bus – Busse
box [bɒks] – boxes ['bɒksɪz]   Kasten – Kästen
crash [kræʃ] – crashes ['kræʃɪz]   Absturz – Abstürze
church [tʃɜ:tʃ] – churches ['tʃɜ:tʃɪz]   Kirche – Kirchen

Beachten Sie, dass ein stummes End-*e* beim Anhängen der Pluralendung natürlich nicht verdoppelt wird:

size [saɪz] – sizes ['saɪzɪz]   Größe – Größen
garage ['gærɑ:ʒ] – garages ['gærɑ:ʒɪz]   Garage – Garagen
page [peɪdʒ] – pages ['peɪdʒɪz]   Seite – Seiten

Bei *quiz* dagegen verdoppelt sich das -*z*:
quiz [kwɪz] – quizzes ['kwɪzɪz]   Frage-und-Antwort-Spiel – Frage-
                                             und-Antwort-Spiele

Das *s* in *house* wird bei Anhängen der Pluralendung stimmhaft – aus [s] wird also [z]:
house [haʊs] – houses ['haʊzɪz]   Haus – Häuser

Pluralbildung bei Wörtern auf -y

End-*y* wird beim Anhängen der -*s*-Endung zu -*ie*-, wenn dem -*y* nicht ein Vokal (d. h. *a, e, o* oder *u*) vorausgeht:

baby – babies   Baby – Babys
whisky – whiskies   Whisky – Whiskys
fly – flies   Fliege – Fliegen
army – armies   Armee – Armeen
copy – copies   Kopie – Kopien

day – day<u>s</u>	Tag – Tage
journey – journey<u>s</u>	Reise – Reisen
boy – boy<u>s</u>	Junge – Jungen
guy – guy<u>s</u>	Kerl – Kerle

> In Namen hingegen bleibt das -*y* auch nach Konsonant erhalten:
>
> | | |
> |---|---|
> | The <u>Kennedys</u> were rich and ambitious. | Die Kennedys waren reich und ehrgeizig. |
> | Between 1949 and 1990 there were two <u>Germanys</u>. | Zwischen 1949 und 1990 gab es zwei Deutschland. |

Pluralbildung bei Wörtern auf -*o*

Normalerweise wird bei Wörtern auf -*o* entsprechend der Grundregel einfach -*s* angehängt: *radio – radio<u>s</u>, studio – studio<u>s</u>, piano – piano<u>s</u>, photo – photo<u>s</u>, zoo – zoo<u>s</u>.*

> Eine beschränkte Zahl von -*o*-Wörtern hingegen hat die Pluralendung -*es*. Die wichtigsten sind:
>
> | | |
> |---|---|
> | potato – potato<u>es</u> | Kartoffel – Kartoffeln |
> | torpedo – torpedo<u>es</u> | Torpedo – Torpedos |
> | hero – hero<u>es</u> | Held – Helden |
> | veto – veto<u>es</u> | Veto – Vetos |

Identische Form von Singular und Plural

Singular und Plural haben die gleiche Form bei *aircraft, crossroads, gallows, series* und *species* sowie bei den Tierbezeichnungen *sheep* und *deer*:

One <u>aircraft was</u> hit.	Ein Flugzeug wurde getroffen.
Two <u>aircraft were</u> hit.	Zwei Flugzeuge wurden getroffen.
This <u>crossroads is</u> dangerous.	Diese Kreuzung ist gefährlich.
These <u>crossroads are</u> dangerous.	Diese Kreuzungen sind gefährlich.
A <u>gallows was</u> put up.	Ein Galgen wurde errichtet.
Several <u>gallows were</u> put up.	Es wurden mehrere Galgen errichtet.
This TV <u>series is</u> very popular.	Diese Fernsehserie ist sehr beliebt.
Such TV <u>series are</u> very popular.	Solche Fernsehserien sind sehr beliebt.
This <u>is</u> an endangered <u>species</u>.	Dies ist eine gefährdete Art.
These <u>are</u> endangered <u>species</u>.	Dies sind gefährdete Arten.

Auch Zusammensetzungen mit *-works* (*steelworks, gasworks, waterworks*) können sowohl Singular als auch Plural sein:

| There's a large <u>steelworks</u> there. | Dort befindet sich ein großes Stahlwerk. |
| There <u>are</u> some large <u>steelworks</u> there. | Dort befinden sich einige große Stahlwerke. |

He's the black <u>sheep</u> of the family.	Er ist das schwarze Schaf der Familie.
There were cows and chickens, horses and <u>sheep</u>.	Da waren Kühe und Hühner, Pferde und Schafe.
There was a <u>deer</u> grazing a few yards away.	Ein paar Meter entfernt äste ein Reh.
There were some <u>deer</u> grazing in the clearing.	In der Lichtung ästen einige Rehe.

Zu *fish* gibt es zwei Plurale: *fish* und *fishes*. Soll nicht betont werden, dass es sich um verschiedene Fischarten handelt, wird heute überwiegend der endungslose Plural verwendet: *He only caught two fish.* (= Er fing nur zwei Fische.)

The disciples had five loaves and two <u>fish(es)</u>.	Die Jünger hatten fünf Brote und zwei Fische.
Jesus' miracle of the loaves and <u>fishes</u>	Jesu Wunder mit den Broten und Fischen
a variety of meats, <u>fishes</u>, and vegetables	eine Vielfalt an Fleischsorten, Fisch- und Gemüsearten

Unregelmäßige Plurale

Bei den folgenden Nomen ist die Pluralform nicht aus der Singularform ableitbar; sie müssen daher besonders gelernt werden:

man [mæn] – <u>men</u> [men]	Mann – Männer
woman ['wʊmən] – <u>women</u> ['wɪmɪn]	Frau – Frauen
foot [fʊt] – <u>feet</u> [fi:t]	Fuß – Füße
goose [gu:s] – <u>geese</u> [gi:s]	Gans – Gänse
tooth [tu:θ] – <u>teeth</u> [ti:θ]	Zahn – Zähne
mouse [maʊs] – <u>mice</u> [maɪs]	Maus – Mäuse
louse [laʊs] – <u>lice</u> [laɪs]	Laus – Läuse
child [tʃaɪld] – <u>children</u> ['tʃɪldrən]	Kind – Kinder
ox [ɒks] – <u>oxen</u> ['ɒksn]	Ochse – Ochsen

Plurale zusammengesetzter Wörter

Zusammensetzungen wie *childminder* (= Tagesmutter), *hideout* (= Versteck), *mark-up* (= Preisaufschlag), *forget-me-not* (= Vergissmeinnicht), *good-for-nothing* (= Taugenichts) und *gin-and-tonic* bilden den Plural regelmäßig, also durch Anhängen von *-s*: *childminders*, *hideouts*, *mark-ups*, *forget-me-nots*, *good-for-nothings*, *gin-and-tonics*. – Benutzen Sie im Zweifel diese Form der Pluralbildung!

Bei Zusammensetzungen vom Typ *commander-in-chief* (= Oberbefehlshaber), *runner-up* (= Zweite/r) und *passer-by* (= Passant/in) wird die Pluralendung an das erste Element gehängt: *commanders-in-chief*, *runners-up*, *passers-by*.

Bei manchen Zusammensetzungen dieses Typs schwankt der Sprachgebrauch:

attorney general (= *AE* Generalstaatsanwalt / -anwältin) – *attorneys general* / *attorney generals*
mother-in-law (= Schwiegermutter) – *mothers-in-law* / *mother-in-laws*

Bei Zusammensetzungen wie *woman doctor* (= Ärztin) werden beide Elemente in die Pluralform gesetzt: *women doctors*.

Singular oder Plural?

Language is the archives of history. (*Ralph Waldo Emerson, US essayist and poet, 1803–1882*)

„Die Sprache ist das Archiv der Geschichte", sie archiviert die Geschichte – der schöne Ausspruch Emersons führt uns mitten in unser Thema, denn er illustriert, dass Singular und Plural im Englischen mitunter anders gebraucht werden als im Deutschen.

Zunächst einmal entspricht dem deutschen Wort *Archiv* im Englischen oft der Plural *archives* ['ɑːkaɪvz]; der Singular *archive* kommt wesentlich seltener vor.

Außerdem irritiert uns natürlich das *is* – wir hätten wohl *are* erwartet, so wie man auf Deutsch auch sagen würde:
Meine größte Sorge <u>sind</u> die Kinder.
Hier – nicht aber in Emersons Satz – wären auf Englisch sowohl *is* als auch *are* möglich:
My greatest worry <u>is / are</u> the children.

Im Folgenden konzentrieren wir uns auf die wichtigsten Fälle, in denen der englische Singular- und Pluralgebrauch vom deutschen abweicht.

Unser besonderes Augenmerk beim Englischlernen verdienen die „falschen Freunde" (= *false friends*).
False friends – das sind Wörter oder grammatische Konstruktionen, deren Ähnlichkeit mit dem Deutschen uns zu Fehlern verleitet.
Bekannte Beispiele sind *actual* (= tatsächlich, ≠ aktuell), *become* (= werden, ≠ bekommen), *brave* (= tapfer, ≠ brav), *craft* (= Handwerk, ≠ Kraft), *sensible* (= vernünftig, ≠ sensibel).

Police: immer Plural

In grammatischer Hinsicht ein „falscher Freund" ist das Wort *police* – im Deutschen Singular, im Englischen aber Plural:

The police <u>were</u> here.	Die Polizei war hier.
Many police <u>are</u> against the plan.	Viele Polizisten sind gegen den Plan.
Hundreds of police <u>were</u> injured.	Hunderte von Polizisten wurden verletzt.

> Als Plural kann *police* – im Gegensatz zum Einzahlwort *Polizei* – auch nicht mit dem unbestimmten Artikel verbunden werden. *Eine Polizei* wäre dann im Englischen so etwas wie *a police force*:
>
> The country has <u>an</u> efficient <u>police force</u>. Das Land hat eine effiziente Polizei.

Information: immer Singular

Ein falscher, geradezu boshafter Freund ist auch *information*. Im Deutschen können wir dieses Wort problemlos im Plural (*Informationen*) oder mit dem unbestimmten Artikel (*eine wichtige Information*) gebrauchen, nicht aber im Englischen:

Where <u>does this information</u> come from?	Woher stammt diese Information? / Woher stammen diese Informationen?
That<u>'s</u> interesting <u>information</u>.	Das ist eine interessante Information. / Das sind interessante Informationen.
The letter contained some interesting <u>information</u>.	Der Brief enthielt (einige) interessante Informationen.
According to the latest <u>information</u> . . .	Den neuesten Informationen zufolge . . .

> Will man *information* zählbar (= *countable*) machen, also eine erkennbare Pluralform bilden oder den unbestimmten Artikel bzw. ein Zahlwort davor setzen, so bietet sich die Kombination *piece(s) of information* oder *bit(s) of information* an:
>
> That was an extremely useful <u>piece of information</u>. Das war eine äußerst nützliche Information.
>
> She had two interesting <u>bits of information</u> for us. Sie hatte zwei interessante Informationen für uns.

News: sieht wie ein Plural aus, ist aber Singular

Wegen seiner *-s*-Endung verleitet *news* zum Gebrauch der Pluralform des Verbs; *news* ist aber immer Singular und kann auch nicht mit *a(n)* kombiniert werden:

Bad <u>news</u> <u>travels</u> fast. (*Proverb*)	Schlechte Nachrichten verbreiten sich schnell.
That<u>'s</u> welcome <u>news</u>.	Das ist eine willkommene Nachricht.

Will man *news* als erkennbaren Plural gebrauchen oder mit dem unbestimmten Artikel kombinieren, so sagt man *news item(s), item(s) of news* oder *piece(s) of news*:

I came across an interesting news item in the evening paper.	In der Abendzeitung stieß ich auf eine interessante Nachricht.
The most important news items are at the top of page 1.	Die wichtigsten Nachrichten sind auf Seite 1 oben.
Here's a piece of news that'll interest you.	Hier ist eine Nachricht, die dich interessieren wird.

Furniture: stets Singular

Furniture ist im Gegensatz zum Deutschen stets Singular, kann aber durch Kombination mit *piece(s) of* zählbar gemacht werden:

The furniture is modern.	Die Möbel sind modern.
There are a few pieces of modern furniture as well.	Es sind auch einige moderne Möbel(stücke) da.
This desk is our most valuable piece of furniture.	Dieser Schreibtisch ist unser wertvollstes Möbelstück.

Zwei Hosenbeine oder Brillengläser: Plural

Im Deutschen kauft man sich *eine Hose*, ja sogar *eine Jeans*. Im Englischen ist so ziemlich alles, was zwei Hosenbeine hat, Plural:

How much are these trousers?	Was kostet diese Hose?
Your pyjamas *BE* / *AE* pajamas are still in the suitcase.	Dein Schlafanzug ist noch im Koffer.

Will man Wörter wie *trousers, pants, jeans, shorts, pyjamas* zählbar machen, so kombiniert man sie mit *pair(s) of*:

You need a new pair of trousers / jeans.	Du brauchst eine neue Hose / Jeans.

Auch die *Brille* ist – wegen der zwei Brillengläser – Plural und wird mit *pair of* zählbar gemacht:

A young man in dark glasses entered the bar.	Ein junger Mann mit dunkler Brille betrat das Lokal.
Where are my glasses?	Wo ist meine Brille?
I've got a spare pair of glasses at home.	Ich habe eine Ersatzbrille zu Hause.

United States, United Nations etc.: meist Singular

Normalerweise als Singular konstruiert werden auch *the United States, the United Nations* und *the Netherlands*:

The <u>United States</u> <u>is</u> doing all it can.	Die Vereinigten Staaten tun, was sie können.
The <u>United Nations</u> <u>plans</u> to give $555 million.	Die Vereinten Nationen wollen 555 Millionen Dollar zur Verfügung stellen.
The <u>Netherlands</u> <u>is</u> a member of NATO.	Die Niederlande sind Mitglied der NATO.

Knowledge und progress: immer Singular

Während das deutsche Wort *Kenntnis* einen ganz normalen Plural (*Kenntnisse*) bilden kann, lässt sich an die englische Entsprechung *knowledge* niemals ein Plural-*s* anhängen:

She's got a good <u>knowledge</u> of Spanish.	Sie hat gute Spanischkenntnisse.

Auch *progress*, dem im Deutschen oft der Plural *Fortschritte* entspricht, wird ausschließlich im Singular gebraucht:

There has been a lot of <u>progress</u>.	Es sind große Fortschritte gemacht worden.

Tiere als Jagdwild: meist Singular

Zur Bezeichnung von Tieren als Jagdwild steht häufig die Singularform. Vergleichen Sie:

I've never shot <u>duck</u>.	Ich habe noch nie Enten geschossen / gejagt.
I've never seen <u>ducks</u> around here.	Ich habe hier noch nie Enten gesehen.
They're not allowed to shoot <u>elephant</u> / <u>lion</u>.	Elefanten / Löwen dürfen sie nicht schießen.
We didn't see any <u>elephants</u> / <u>lions</u>.	Elefanten / Löwen sahen wir keine.

Data und *media*: Singular oder Plural

Data und *media* können mit gleicher Bedeutung als Singular oder Plural konstruiert werden.

This data <u>is</u> interesting.	Diese Daten sind interessant.
These data <u>are</u> interesting.	Diese Daten sind interessant.
The media <u>love(s)</u> sensational stories.	Die Medien lieben Sensations- geschichten.

People: je nach Bedeutung Singular oder Plural

People (= Leute / Volk) kann – je nach Verwendung – Singular oder Plural sein, und mitunter verleitet uns die Interferenz des Deutschen zur Wahl der falschen Verbform (also Singular- statt Pluralverb oder umgekehrt):

These people <u>know</u> what they want.	Diese Leute wissen, was sie wollen.
The American people <u>know</u> what they want.	Das amerikanische Volk weiß, was es will.

In der Bedeutung *Volk* kann an *people* auch ein Plural-*s* angehängt werden:

the <u>peoples</u> of Africa	die Völker Afrikas
the English-speaking <u>peoples</u>	die englischsprachigen Völker

> Von der Bedeutung hängt es auch ab, ob *people* mit dem unbestimmten Artikel gebraucht werden kann oder nicht:
>
> | | |
> |---|---|
> | They're industrious people. | Sie sind fleißige Leute / Menschen. |
> | They're an industrious people. | Sie sind ein fleißiges Volk. |

-ics-Wörter: manchmal Singular, manchmal Plural

Wörter auf *-ics* werden als Singular konstruiert, wenn sie eine Wissenschaft, ein Programm etc. ausdrücken. Mit einem Pluralverb erscheinen sie, wenn es um die „praktische Anwendung" geht:

<u>Gymnastics</u> <u>is</u> a popular spectator sport.	Turnen ist ein beliebter Publikumssport.
The <u>gymnastics</u> she performed <u>were</u> breathtaking.	Die gymnastischen Übungen, die sie vollführte, waren atemberaubend.
<u>Mathematics</u> <u>is</u> a subject I don't like very much.	Mathematik ist ein Fach, das ich nicht sehr schätze.
These <u>mathematics</u> <u>are</u> untenable.	Diese Berechnungen sind unhaltbar.

Ethics is a branch of philosophy.	Die Ethik ist ein Zweig der Philosophie.
The ethics of this policy are highly questionable.	Diese Politik ist ethisch äußerst fragwürdig.
Politics is not an exact science.	Die Politik ist keine exakte Wissenschaft.
My politics are my own affair.	Meine politischen Überzeugungen sind meine eigene Angelegenheit.

Kollektivwörter: trotz Singularform mitunter Plural

Kollektivwörter wie *family*, *group*, *staff* oder *government* werden – besonders im BE – manchmal als Plural behandelt, wenn mehr an die einzelnen Mitglieder als an die Gruppe insgesamt gedacht ist (→ S. 99).

The class / group / family are / is discussing this question.	Die Klasse / Gruppe / Familie diskutiert diese Frage gerade.
The gang knows what it is doing / know what they are doing.	Die Bande weiß, was sie tut.
The jury has / have just left the courtroom.	Die Geschworenen haben gerade den Gerichtssaal verlassen.
The enemy was / were approaching from two sides.	Der Feind näherte sich von zwei Seiten.
The crowd was / were becoming restless.	Die Menschenmenge wurde langsam unruhig.
The team is / are under immense pressure.	Die Mannschaft steht enorm unter Druck.
Our staff was / were informed in advance.	Unser Personal wurde vorab informiert.
The public has / have a right to know.	Die Öffentlichkeit hat ein Recht auf Information.

Namen von Sportmannschaften werden im BE – anders als im AE – auch bei singularischer Form stets pluralisch konstruiert:

England are one of the strongest teams / sides.	England ist eine der stärksten Mannschaften.
Wales were beaten by both England and France.	Wales wurde sowohl von England als auch von Frankreich geschlagen.
Germany / Everton have a very good chance.	Deutschland / Everton hat sehr gute Chancen.

Geldbeträge, Zeit-, Maß- und Gewichtsangaben

Wird bei Geldbeträgen, Zeit-, Maß- und Gewichtsangaben mehr an die
Gesamtheit (Summe, Zeit, Entfernung, Menge etc.) gedacht, so behandelt
man sie als Singular; stehen die einzelnen Bestandteile (*dollars, years,
miles, kilos* etc.) gedanklich im Vordergrund, so konstruiert man sie als Plural:

Ten million dollars <u>was</u> spent on the project.	Zehn Millionen Dollar wurden für das Projekt ausgegeben.
<u>Millions of dollars</u> <u>were</u> spent on the project.	Millionen Dollar wurden für das Projekt ausgegeben.

<u>Six months</u> <u>is / are</u> a long time if you have to spend it / them in prison.	Sechs Monate sind eine lange Zeit, wenn man sie im Gefängnis verbringen muss.
<u>Ten miles</u> <u>is</u> a long distance if you have to walk it.	Zehn Meilen sind eine lange Strecke, wenn man sie laufen muss.
<u>Three kilos of cocaine</u> <u>was / were</u> discovered on board the ship.	An Bord des Schiffes wurden drei Kilo Kokain entdeckt.

Bruchzahlen und Prozentangaben

Bei Bruchzahlen und Prozentangaben entscheidet das Bezugswort über den
Numerus des Verbs. Ist also das Bezugswort ein Singular (*army, population*), so
hat das Verb die Singularform (*is, lives*); einem Pluralbezugswort (*officers,
people*) entspricht ein Pluralverb (*are, live*):

<u>Two thirds</u> of the <u>army</u> <u>is</u> stationed there.	Zwei Drittel der Armee sind dort stationiert.
<u>Two thirds</u> of the <u>officers</u> <u>are</u> against the reforms.	Zwei Drittel der Offiziere sind gegen die Reformen.
42 <u>per cent</u> of the <u>population</u> <u>lives</u> in poverty.	42 Prozent der Bevölkerung leben in Armut.
42 <u>per cent</u> of the <u>people</u> <u>live</u> in poverty.	42 Prozent der Menschen leben in Armut.

Dozen(s), hundred(s), thousand(s), million(s)

Mit vorangestellter Grundzahl oder *several, a few* etc. stehen *dozen, hundred,
thousand, million* etc. im Singular. In Kombination mit nachgestelltem *of*
hingegen steht die Pluralform (→ S. 124):

She's written some <u>three dozen</u> books.	Sie hat so ungefähr drei Dutzend Bücher geschrieben.
She's written <u>dozens of</u> articles.	Sie hat Dutzende von Artikeln geschrieben.

About <u>three hundred</u> people were killed.	Etwa dreihundert Menschen wurden umgebracht.
<u>Hundreds of</u> people were killed.	Hunderte von Menschen wurden umgebracht.

We spent <u>several thousand</u> dollars.	Wir gaben mehrere tausend Dollar aus.
We spent <u>thousands of</u> dollars.	Wir gaben Tausende Dollar aus.

More than <u>30 million</u> US citizens have no health insurance at all.	Über 30 Millionen US-Bürger sind überhaupt nicht krankenversichert.
<u>Millions of</u> US citizens travel abroad each year.	Millionen von US-Bürgern reisen jedes Jahr ins Ausland.

Beachten Sie besonders, dass dem deutschen *Hunderttausende* im Englischen *hundreds of thousands* entspricht:

<u>Hundreds of thousands</u> of people were driven out of their homes.	<u>Hunderttausende</u> von Menschen wurden aus ihren Häusern vertrieben.

Englisch: Plural – deutsch: Singular

Auch die folgenden Fälle abweichenden Sprachgebrauchs sind zu beachten. Hier entspricht einem deutschen Singular ein englischer Plural:

Einstein's <u>ashes</u> were scattered at an unknown place.	Einsteins Asche wurde an einem unbekannten Ort verstreut.
The exact <u>contents</u> of the document are not known.	Der genaue Inhalt des Dokuments ist nicht bekannt.
US <u>Customs</u> have seized 2,200 kilos of cocaine.	Der amerikanische Zoll hat 2200 Kilo Kokain beschlagnahmt.
in <u>hopes</u> of a quick victory	in der Hoffnung auf einen schnellen Sieg
in the <u>interests</u> of road safety	im Interesse der Verkehrssicherheit
It takes more than good <u>looks</u> to be a successful actress.	Man braucht mehr als ein gutes Aussehen, um eine erfolgreiche Schauspielerin zu werden.
These <u>stairs</u> lead to his study.	Diese Treppe führt zu seinem Arbeitszimmer.
There's no other city with such beautiful <u>surroundings</u>.	Es gibt keine andere Stadt mit so einer schönen Umgebung.
Our <u>thanks</u> are due to the following people.	Unser Dank gebührt den folgenden Personen.

Wenn mehrere Leute den Kopf schütteln ...

... ja, dann schütteln sie auf Englisch – genauer als im Deutschen – nicht *den Kopf*, sondern *ihre Köpfe*:

His parents shook their <u>heads</u> in disbelief.

Seine Eltern schüttelten ungläubig den Kopf.

Entsprechend gebraucht man den Plural auch in Fällen wie den folgenden:

The dictator is responsible for the <u>deaths</u> of thousands of people.

Der Diktator ist für den Tod Tausender von Menschen verantwortlich.

Nine soldiers lost their <u>lives</u>.

Neun Soldaten kamen ums Leben.

The gangsters told them to keep their <u>mouths</u> shut.

Die Gangster sagten, sie sollten den Mund halten.

We don't want to break our <u>necks</u>, do we?

Wir wollen uns doch nicht den Hals brechen, oder?

Singularverb trotz Pluralkomplement

Steht das Subjekt im Singular, das Subjektkomplement dagegen im Plural, so hat das Verb im Englischen – anders als im Deutschen – häufig die Singularform:

My greatest worry <u>is</u> the children.

Meine größte Sorge <u>sind</u> die Kinder.

Our specialty <u>is</u> hopeless cases.

Unsere Spezialität <u>sind</u> hoffnungslose Fälle.

What we need most <u>is</u> lorries.

Was wir am meisten benötigen, <u>sind</u> Lastwagen.

In den vorstehenden Sätzen ist statt *is* auch *are* möglich, nicht jedoch nach *it*, wie in den folgenden Beispielen:

It <u>is</u> always the children who suffer most.

Immer <u>sind</u> es die Kinder, die am meisten leiden.

It <u>was</u> these problems that caused him to give up.

Diese Probleme <u>waren</u> es, die ihn veranlassten aufzugeben.

Test 1 Singular und Plural

1. Setzen Sie die unterstrichenen Satzteile in den Plural.

a) A pig doesn't have wings.

b) The thief was still in the building.

c) There's no wolf in this forest.

d) The town has a beautiful church.

e) This is a good potato.

f) The aircraft has returned.

g) The steelworks was hit by a bomb.

h) A woman can do this better.

i) This child needs our protection.

j) He is a hero now.

k) This TV series is very popular.

2. Verändern Sie von *one* auf *two*.

a) There was only one fish in the net.

b) We had one crash last year.

c) One page was blank.

d) One baby was crying.

e) One sheep has disappeared.

f) They shot one deer.

g) One woman is still missing.

h) One gin-and-tonic, please.

i) One passer-by was hurt.

j) There is one woman doctor on the staff.

3. Singular oder Plural?

a) The police (has / have) arrested two men.

b) Bad news (travel / travels) fast.

c) The United States (has / have) enormous power.

d) Mathematics (is / are) my best subject.

e) Twenty dollars (is / are) a lot for a 100-page paperback.

f) Most of the people here (is / are) extremely poor.

g) Three quarters of the surface of the earth (is / are) sea.

h) Two thirds of the people (lives / live) in poverty.

i) The contents of the parcel (was / were) easy to guess.

4. Setzen Sie das richtige englische Wort ein.

a) She had some interesting (*Informationen*) for us.

b) They have filled their home with antique (*Möbel*).

c) My (*Hose*) must be in the suitcase.

d) He had to wear (*eine Brille*) from an early age.

e) We've made great (*Fortschritte*).

f) Four (*Millionen*) people are out of work.

g) (*Millionen*) of people are out of work.

h) (*Zehntausende*) of people have fled across the border.

i) The old woman came slowly down the (*Treppe*).

j) Here the wild animals are in their natural (*Umgebung*).

k) They shook their (*Kopf*) when they heard this.

---

1. a) Pigs don't ... b) The thieves were ... c) There are no wolves in these forests. d) The towns have beautiful churches. e) These are good potatoes. f) The aircraft have returned. g) The steelworks were hit by bombs. h) Women ... i) These children need ... j) They are heroes now. k) These TV series are ...

2. a) There were only two fish in the net. b) We had two crashes last year. c) Two pages were blank. d) Two babies were crying. e) Two sheep have disappeared. f) They shot two deer. g) Two women are still missing. h) Two gin-and-tonics, please. i) Two passers-by were hurt. j) There are two women doctors on the staff.

3. a) have b) travels c) has d) is e) is f) are g) is h) live i) were

4. a) information b) furniture c) trousers d) glasses e) progress f) million g) Millions h) Tens of thousands i) stairs j) surroundings k) heads

1

3 # Genus

Every language reflects the prejudices of the society in which it evolved.
(*Casey Miller and Kate Swift in:* The Nonsexist Word Finder, *by Rosalie Maggio*)

> „Jede Sprache reflektiert die Vorurteile der Gesellschaft, in welcher sie
> entstand." – Das Englische entwickelte sich – wie das Deutsche – in einer
> Kultur, in der der Mann als repräsentativ für den Menschen schlechthin
> galt, die Frau dagegen als gewissermaßen abgeleitet aus dem Mann
> verstanden wurde: Eva geschaffen aus einer Rippe Adams.
> Folgerichtig wurde der Begriff *Mensch* am häufigsten durch das Wort
> *man* ausgedrückt:
>
> Man does not live by bread alone.   Der Mensch lebt nicht vom
>   Brot allein.
> Every man has his faults.   Jeder Mensch hat seine Fehler.
>
> Zu diesem patriarchalischen Gesellschaftsbild gehörte auch, dass
> als bedeutend angesehene Funktionen oder Berufe traditionell mit dem
> männlichen, bescheidenere dagegen mit dem weiblichen Geschlecht
> assoziiert wurden: Es gab kein weibliches Pendant zu *statesman* und kein
> männliches zu *housewife*. Heute ist es *politically correct*, geschlechts-
> neutrale Bezeichnungen wie *political leader / world leader* bzw. *homemaker /*
> *home manager* zu verwenden.
>
> Die Vorstellung, dass das Männliche die allgemeine Norm und das
> Weibliche die besonders zu erwähnende Ausnahme sei, fand auch in
> der Wahl der Pronomen ihren Ausdruck: *He, him(self), his* wurden nicht
> nur für männliche Personen, sondern auch immer dann verwendet,
> wenn das Geschlecht einer Person (oder eines Tieres) unbekannt war:
>
> A doctor who doesn't know this has   Ein Arzt, der das nicht weiß,
>   missed his vocation.   hat seinen Beruf verfehlt.
>
> Aussagen wie diese lassen sich leicht geschlechtsneutral umformulieren:
>
> Doctors who don't know this have   Ärzte, die das nicht wissen, haben
>   missed their vocation.   ihren Beruf verfehlt.

Allgemein unterscheidet man im Englischen zwischen *sex* (= biologisches Geschlecht) und *gender* ['dʒendə] (= grammatisches Geschlecht; Genus). *Männlich – weiblich* ist im biologischen Sinn *male – female*, im grammatischen dagegen *masculine – feminine*.
Male und *female* sind nützlich zur Unterscheidung von männlichen und weiblichen Angehörigen eines Berufsstandes, einer Gattung etc.:

male doctor – female doctor	Arzt – Ärztin
male nurse – female nurse	Krankenpfleger – Krankenschwester
male dog – female dog	Hund – Hündin
male sparrow – female sparrow	Spatzenmännchen – Spatzenweibchen
male elephant – female elephant	Elefantenbulle – Elefantenkuh

Sexist language verletzt die Regeln der *gender fairness* und gilt nicht als *politically correct*. Angestrebt werden Formulierungen, die *nonsexist*, *gender-free*, *gender-fair* sind; in anderen Worten: die männliche und weibliche Menschen gleich behandeln.

Personen

Bei Personen entspricht das Genus (= grammatische Geschlecht) dem natürlichen Geschlecht. Es kommt im Gebrauch geschlechtsspezifischer Pronomen zum Ausdruck. Dabei stehen *he, him(self), his* mit Bezug auf männliche und *she, her(self), hers* mit Bezug auf weibliche Personen:

The <u>man</u> said <u>he</u> had lost <u>his</u> wallet.	Der Mann sagte, er habe seine Brieftasche verloren.
The <u>girl</u> says <u>she</u> saw it <u>herself</u>.	Das Mädchen sagt, es habe es selbst gesehen.

Mit Bezug auf Kinder können – wenn das Geschlecht unbekannt ist oder unwichtig erscheint – auch die Pronomen *it, itself, its* stehen:

He looked at the <u>baby</u>. <u>It</u> was lying in <u>its</u> pram with <u>its</u> eyes closed.	Er schaute auf das Baby. Es lag in seinem Kinderwagen und hatte die Augen geschlossen.
He told the child to behave <u>itself</u>.	Er sagte dem Kind, es solle sich benehmen.

Tiere

Auf Tiere wird im Allgemeinen mit *it, its, itself* Bezug genommen.
Hat man zu ihnen eine emotionale Beziehung, so personifiziert man
sie entsprechend ihrem natürlichen Geschlecht oder nach anderen
Gesichtspunkten als männlich (*he* etc.) oder weiblich (*she* etc.):

The aardvark excavates a burrow, in which it rests by day.	Das Erdferkel gräbt sich einen Bau, in dem es den Tag über ruht.
The mouse is still there. It's probably under the sideboard.	Die Maus ist noch da. Sie ist wahrscheinlich unter dem Büfett.
For a few moments the bird seemed bewildered but then it flew away.	Ein paar Augenblicke lang wirkte der Vogel verwirrt, aber dann flog er davon.
Koko, the "talking gorilla", has lost its companion.	Koko, der „sprechende Gorilla", hat seine Gefährtin verloren.
Fortunately the dog managed to free itself.	Glücklicherweise gelang es dem Hund, sich zu befreien.
When he shouted, "Come on, Lady!", the dog jumped to her feet.	Als er rief: „Auf geht's, Lady!", sprang der Hund auf.
My dog died three weeks ago. He's buried ['berid] in the garden.	Mein Hund ist vor drei Wochen gestorben. Er ist im Garten beerdigt.
The calf is looking for its mother.	Das Kalb sucht seine Mutter.
The cow is looking for her / its calf.	Die Kuh sucht ihr Kalb.
The cat is naughty but the old lady loves it / her / him.	Die Katze ist böse, aber die alte Dame liebt sie.

In Sprichwörtern werden Tiere aufgrund jahrhundertealter Tradition häufig
als männlich oder weiblich aufgefasst:

Every bird likes to hear himself sing.	Jeder Vogel hört sich selbst gern singen.
You can take a horse to the water, but you can't make him drink.	Man kann ein Pferd zum Wasser bringen, aber zum Trinken kann man es nicht zwingen.
The fox barks not when he steals a lamb.	Der Fuchs bellt nicht, wenn er ein Lamm holt.
None preaches better than the ant, and she says nothing.	Niemand predigt besser als die Ameise, und die sagt nichts.
The gnat is small, to be sure, but she is not the servant of the cow.	Die Mücke ist zwar klein, doch ist sie nicht die Dienerin der Kuh.
The cat is a good friend, but she scratches.	Die Katze ist ein guter Freund, aber sie kratzt.

Nichtlebewesen

In Bezug auf Nichtlebewesen werden die sächlichen Pronomen *it, its, itself* verwendet:

The <u>city</u> <u>itself</u> is unattractive but <u>it</u> does have an ancient cathedral.	Die Stadt selbst ist unattraktiv, sie hat allerdings einen alten Dom.
The <u>park</u> is still there but <u>it</u> has lost much of <u>its</u> charm.	Der Park ist immer noch da, aber er hat viel von seinem Reiz verloren.

Auch mit Bezug auf Länder stehen grundsätzlich *it, its, itself*; als politische Einheiten werden sie in älteren Texten oft als weiblich personifiziert:

She loved <u>Italy</u> and wrote several books about <u>it</u>.	Sie liebte Italien und schrieb mehrere Bücher darüber.
<u>Luxembourg</u> is so small that you can drive through <u>it</u> in about an hour.	Luxemburg ist so klein, dass man es in etwa in einer Stunde durchfahren kann.
<u>Italy</u> has to pursue <u>its (her)</u> own interests.	Italien muss seine eigenen Interessen wahrnehmen.
<u>Luxembourg</u> has shrewdly used <u>its (her)</u> geographical location to become one of the most prosperous countries in Europe.	Luxemburg hat seine geographische Lage klug genutzt, um eines der wohlhabendsten Länder Europas zu werden.

Auch Schiffe, Fahrzeuge und Maschinen werden gelegentlich mit weiblichen Pronomen bezeichnet, besonders von Menschen, die eine emotionale Beziehung zu ihnen haben:

The <u>Titanic</u> had over 2,200 people on board when <u>it (she)</u> sank.	Die Titanic hatte über 2200 Menschen an Bord, als sie sank.
Isn't <u>it (she)</u> a fine <u>car</u>?	Ist es nicht ein feines Auto?
This <u>machine</u> is a terror. I spend half my time fixing <u>it (her)</u> up.	Diese Maschine ist zum Verrücktwerden. Ich verbringe die Hälfte meiner Zeit damit, sie zu reparieren.

In der Dichtung und in der älteren Literatur wird *the sun* häufig mit männlichen und *the moon* mit weiblichen Pronomen verbunden:

And there, beyond the river, was the setting sun in all <u>his</u> glory.	Und dort, jenseits des Flusses, war die untergehende Sonne in ihrer ganzen Pracht.
The moon cast <u>her</u> pale light over the streets.	Der Mond warf sein fahles Licht über die Straßen.

Geschlechtsneutrale Pronomen zu *every(one)* etc.

At fifty, <u>everyone</u> has the face <u>he</u> deserves.	Mit fünfzig hat jeder das Gesicht, das er verdient.

Als George Orwell 1949 diesen originellen Satz aufschrieb, meinte er natürlich nicht nur Männer, sondern auch Frauen. Dies wird durch das von ihm gewählte Pronomen *he* auch klar ausgedrückt, denn *he, him, his* etc. waren damals noch unangefochten als geschlechtsneutrale Pronomen (die also weibliche Personen einschlossen) in Gebrauch.

> Heute wird die Verwendung von *he, him, his* etc. mit Bezug auf indefinite Pronomen wie *everyone* vielfach als sexistisch empfunden und daher zunehmend vermieden.
> Wer, wie es häufig geschieht, das Anstoß erregende *he* durch *he or she* ersetzt, würde im Fall des Orwell-Zitats zwar einen nach den Regeln der Grammatik und der *political correctness* richtigen Satz erzeugen, dem Ausspruch aber stilistisch Gewalt antun:
>
> *At fifty, <u>everyone</u> has the face <u>he or she</u> deserves.*
>
> Ein eleganter Ausweg hingegen ist der Gebrauch von *they*:
>
> *At fifty, <u>everyone</u> has the face <u>they</u> deserve.*

They, them, their etc. scheinen auf dem besten Wege zu sein, *he* und seine Ableitungen als geschlechtsneutrale Pronomen abzulösen. Beispiele:

<u>Everyone</u> is responsible for <u>their</u> own destiny.	Jeder ist für sein eigenes Schicksal verantwortlich.
She rang <u>everybody</u> and told <u>them</u> what had happened.	Sie rief alle an und sagte ihnen, was passiert war.
<u>Every</u> / <u>Each</u> member has <u>their</u> own key.	Jedes Mitglied hat seinen eigenen Schlüssel.
If <u>anyone</u> / <u>someone</u> is interested, <u>they</u> can give me <u>their</u> phone number.	Wenn jemand Interesse hat, kann er mir seine Telefonnummer geben.
<u>Somebody</u> forgot to take <u>their</u> washing out of the machine.	Jemand hat vergessen, seine Wäsche aus der Maschine zu nehmen.
<u>Some</u> idiot has parked <u>their</u> car just in front of my garage.	Irgendein Idiot hat seinen Wagen genau vor meiner Garage geparkt.
<u>No one</u> / <u>Nobody</u> wants to revenge <u>themselves</u>.	Niemand will sich rächen.
Show me <u>a person</u> who's totally honest with <u>themselves</u>.	Zeig mir einen Menschen, der sich selbst gegenüber vollkommen ehrlich ist.

Genitiv

A writer's ambition should be to trade a hundred contemporary readers
for ten readers in ten years' time and for one reader in a hundred years' time.
(*Arthur Koestler, 1905–83, Hungarian-born British writer*)

> „Der Ehrgeiz eines Schriftstellers sollte es sein, hundert zeitgenössische
> Leser für zehn Leser in zehn Jahren und einen Leser in hundert Jahren in
> Zahlung zu geben", mit anderen Worten: ein Schriftsteller soll für die
> Zukunft, vielleicht für die Ewigkeit schreiben, d. h. auf Lohn und
> Anerkennung zu seinen Lebzeiten verzichten – ein äußerst idealistischer
> Standpunkt.
> Uns bietet das zum Nachdenken anregende Zitat einen gefälligen
> Einstieg in unser Thema: den Genitiv (*writer's, years'*).
> *A writer's ambition* – warum schrieb Koestler nicht *the ambition of a writer*?
> Und wie sind *in ten years' time* und *in a hundred years' time* einzuordnen?
> Hätten Sie das auch so ausgedrückt? Das Kapitel über den Genitiv
> beantwortet Ihnen diese und viele andere Fragen.

Schreibung des Genitivs

Der Genitiv wird bei Singularwörtern durch Anhängen von -'s gebildet:

the boss's ['bɒsɪz] daughter	die Tochter des Chefs / der Chefin
the lawyer's office	das Büro des Anwalts / der Anwältin / Anwaltsbüro
within arm's reach	in Reichweite

An -s-Plurale wird lediglich ein Apostroph angehängt:

the workers' demands	die Forderungen der Arbeiter
at the taxpayers' expense	auf Kosten der Steuerzahler
the ladies' room	die Damentoilette
the United States' rate of inflation	die Inflationsrate der Vereinigten Staaten

> Bei unregelmäßigen, d. h. nicht auf -s auslautenden Pluralen lautet die
> Genitivendung -'s:
>
> | | |
> |---|---|
> | the child's room | das Zimmer des Kindes |
> | the children's room | das Zimmer der Kinder |

Eigennamen, die mit einem stimmhaften -s [z] enden, hängen im Genitiv entweder nur einen Apostroph oder aber Apostroph + -s an:

Charles' children   Charles's children
Dickens' works   Dickens's works
Mrs Collins' house   Mrs Collins's house

> Unabhängig von der Schreibung überwiegt beim Sprechen die Form, bei der die Genitivendung hörbar ist, also:
>
> häufiger ['tʃɑːlzɪz] als [tʃɑːlz],
> häufiger ['dɪkɪnzɪz] als ['dɪkɪnz],
> häufiger ['kɒlɪnzɪz] als ['kɒlɪnz].

Aussprache der -'s/-s'-Endung

Die Aussprache der -'s/-s'-Endung entspricht im Allgemeinen der der Pluralendung -s (→ S. 14–16):

the girl's [gɜːlz] room   das Zimmer des Mädchens
the girls' [gɜːlz] room   das Zimmer der Mädchen

the book's [bʊks] success   der Erfolg des Buches
the books' [bʊks] success   der Erfolg der Bücher

this youth's [juːθs] misdeeds   die Missetaten dieses Jugendlichen
these youths' [juːðz] misdeeds   die Missetaten dieser Jugendlichen

the thief's [θiːfs] fingerprints   die Fingerabdrücke des Diebes
the thieves' [θiːvz] fingerprints die Fingerabdrücke der Diebe

the church's ['tʃɜːtʃɪz] traditions   die Überlieferungen der Kirche
the churches' ['tʃɜːtʃɪz] traditions   die Überlieferungen der Kirchen

the judge's ['dʒʌdʒɪz] decision   die Entscheidung des Richters
the judges' ['dʒʌdʒɪz] decision   die Entscheidung der Richter

Genitiv zum Ausdruck von Besitz / Zugehörigkeit

Anna's dog   Annas Hund
my parents' car   das Auto meiner Eltern
the country's economy   die Wirtschaft des Landes
the computer's memory   der Arbeitsspeicher des Computers

Anders als im Deutschen sind im Englischen Genitivkonstruktionen wie die folgenden nicht nur möglich, sondern sogar durchaus häufig:

the <u>Duke of Kent's</u> dog	der Hund des Herzogs von Kent
<u>someone else's</u> umbrella	der Schirm von jemand anderem
my <u>parents-in-law's</u> house	das Haus meiner Schwiegereltern
a great <u>friend of mine's</u> mother	die Mutter eines guten Freundes von mir

Genitiv als Sinnsubjekt

In Fällen wie den folgenden ist der Genitiv eine Art Sinnsubjekt zu seinem Bezugswort:

the <u>government's</u> promises	die Versprechungen der Regierung
the <u>team's</u> excellent performance	das ausgezeichnete Abschneiden der Mannschaft
the <u>newspaper's</u> disclosures	die Enthüllungen der Zeitung
<u>Gershwin's</u> compositions	Gershwins Kompositionen
the <u>miners'</u> strike	der Bergarbeiterstreik
the <u>Allies'</u> offensive	die Offensive der Alliierten

Den Sinnsubjekt-Charakter des Genitivs kann man durch Umformulierung veranschaulichen: *the government promised ...*, *the team performed excellently ...*, *the newspaper disclosed ...* etc.

Genitiv als Sinnobjekt

Hier ist der Genitiv vom Sinn her nicht Subjekt, sondern Objekt. Im ersten Beispiel etwa würde die Umschreibung nicht lauten: *Mr Brown dismissed ...*, sondern *Mr Brown was dismissed* bzw. *Someone dismissed Mr Brown.* Beispiele:

Mr <u>Brown's</u> dismissal	Herrn Browns Entlassung
the <u>dissident's</u> arrest	die Verhaftung des Dissidenten
President <u>Kennedy's</u> assassination	Präsident Kennedys Ermordung
<u>Iraq's</u> defeat in the Gulf War	Iraks Niederlage im Golfkrieg
the <u>car's</u> designers	die Konstrukteure des Autos
the <u>book's</u> author	der Autor des Buches

Beschreibender Genitiv

Gemeinsames Merkmal der folgenden Beispiele ist, dass der Genitiv sein
Bezugswort beschreibt, d. h. näher bestimmt:

women's groups	Frauengruppen
a children's hospital	ein Kinderkrankenhaus
a fine summer's day	ein schöner Sommertag
my driver's license *AE*	mein Führerschein
hen's eggs	Hühnereier
the teachers' union	die Lehrergewerkschaft

Der Genitiv gibt hier Antwort auf die Frage *What kind of... (groups, hospital,
day, etc.)?*

Genitiv in Zeitangaben

It's ten minutes' walk from here.
Von hier sind es zehn Minuten zu Fuß.

It's an hour's drive east of
Los Angeles.
Es liegt eine Autostunde östlich von
Los Angeles.

I'll ring in an hour or so's time.
Ich rufe so etwa in einer Stunde an.

You can come back in two hours'
time.
Sie können in zwei Stunden
wiederkommen.

I'm entitled to 20 days' paid holiday
a year.
Mir stehen im Jahr 20 Tage bezahlten
Urlaubs zu.

At least 200 people were killed in last
week's devastating earthquake.
Bei dem verheerenden Erdbeben in der
vorigen Woche kamen mindestens
200 Menschen ums Leben.

At week's end the worst was over.
Am Wochenende war das Schlimmste
überstanden.

I have a contract with three
months' notice.
Ich habe einen Vertrag mit
vierteljährlicher Kündigung.

He was sentenced to four years'
imprisonment.
Er wurde zu vier Jahren Gefängnis
verurteilt.

Last Saturday's defeat was a real
shock.
Die Niederlage am vergangenen
Samstag war ein echter Schock.

Did you hear today's weather
forecast?
Hast du den heutigen Wetterbericht
gehört?

She accepted without a moment's
hesitation.
Sie akzeptierte, ohne auch nur einen
Augenblick zu zögern.

Interessant in diesem Zusammenhang auch:

the <u>Thirty Years(')</u> War   der Dreißigjährige Krieg
aber: a <u>thirty-year</u> contract   ein Dreißigjahresvertrag (→ S. 127)
und: a <u>thirty-year-old</u> woman   eine dreißigjährige Frau (→ S. 127)

Im Übrigen wird der Apostroph nicht nur bei *Thirty Years(') War*, sondern auch in den oben genannten Fällen *ten minutes(') walk, two hours(') time, 20 days(') paid holiday* etc. heute häufig weggelassen.

Allein stehender Genitiv

In Fällen wie den folgenden steht der Genitiv allein, d. h. ohne nachfolgendes Bezugswort:

I like your plan better than <u>Emily's</u>.   Dein Plan gefällt mir besser als Emilys.
Are these your glasses? –   Ist das deine Brille? – Nein, es ist
  No, they're probably <u>Jack's</u>.   wahrscheinlich Jacks.
<u>Jack London's</u> was a short but   Jack London hatte ein kurzes, aber
  eventful life.   bewegtes Leben.

They're friends of <u>Hillary's</u>.   Es sind Freunde von Hillary.
I'm a patient of <u>Dr Brown's</u>.   Ich bin ein(e) Patient(in) von Herrn /
                                                      Frau Dr. Brown.

This book was a favourite of   Dies war ein Lieblingsbuch meiner
  my <u>mother's</u>.   Mutter.

Werden in Sätzen wie den vorstehenden die Genitive durch Pronomen ersetzt, so finden die allein stehenden Formen (*mine, yours, hers, ours* etc.) Verwendung:

They're friends of <u>hers</u>.   Es sind Freunde von ihr.

Allein steht der Genitiv auch in bestimmten Ortsangaben. Hier wird ein Bezugswort wie *surgery / office* (= Praxis), *shop, place* (*at Tony's place, at the Marrs' place*) oder *Cathedral* (*St Paul's Cathedral*) impliziert:

She's at the <u>doctor's / hairdresser's</u>.   Sie ist beim Arzt / Friseur.
I'm going to the <u>doctor's / hairdresser's</u>. Ich gehe zum Arzt / Friseur.
We met at <u>Tony's</u>.   Wir trafen uns bei Tony.
We'll be staying at the <u>Marrs'</u>.   Wir werden bei Marrs wohnen.
They met in a pub near <u>St Paul's</u>.   Sie trafen sich in einem Pub in der
                                            Nähe der St.-Pauls-Kathedrale.

Nicht immer ist der Genitiv zwingend. In den folgenden Fällen ist die Form ohne -'s ebenso korrekt:

They're friends of <u>Hillary</u>.	Sie sind Freunde von Hillary.
I'm a patient of <u>Dr Brown</u>.	Ich bin ein(e) Patient(in) von Herrn/Frau Dr. Brown.
This book was a favourite of my <u>mother</u>.	Dies war ein Lieblingsbuch meiner Mutter.
She's at the <u>doctor / hairdresser</u>.	Sie ist beim Arzt / beim Friseur.
I'm going to the <u>doctor / hairdresser</u>.	Ich gehe zum Arzt / Friseur.

Mit dem Genitiv konkurrierend: die *of*-Konstruktion

Häufig besteht eine Wahlmöglichkeit zwischen Genitiv und *of*-Konstruktion:

the boss's daughter – the daughter of the boss
the workers' demands – the demands of the workers
the book's success – the success of the book

Mitunter ist der Ersatz des Genitivs durch eine *of*-Konstruktion völlig ausgeschlossen:
Anna's dog – ~~the dog of Anna~~

Soweit beide Konstruktionen möglich sind, wird die Entscheidung für die eine oder die andere Variante durch Gesichtspunkte wie Wohlklang oder beabsichtigte Betonung bestimmt; bei Nomen, die durch eine nachfolgende Wortgruppe (hier *by Henry Fielding*, *in the red dress* oder *in New York*) näher bestimmt sind, verbietet sich natürlich der Gebrauch des Genitivs:

(*Beide Möglichkeiten:*)
<u>The book's title</u> is *Tom Jones*. / <u>The title of the book</u> is *Tom Jones*.
(*Nur of-Konstruktion möglich:*)
Tom Jones is <u>the title of a book by Henry Fielding</u>.

(*Beide Möglichkeiten:*)
I've forgotten <u>the woman's name</u>. / I've forgotten <u>the name of the woman</u>.
(*Nur of-Konstruktion möglich:*)
I've forgotten <u>the name of the woman in the red dress</u>.

(*Beide Möglichkeiten:*)
Can you tell us something about <u>the building's history</u>? / Can you tell us something about <u>the history of the building</u>?
(*Nur of-Konstruktion möglich:*)
Can you tell us something about <u>the history of the Empire State Building in New York</u>?

Mitunter wird die *of*-Konstruktion gewählt, um eine Häufung von Genitiven zu vermeiden:

her father's death
aber: the death of Hillary's father
statt: Hillary's father's death

Ein doppelter Genitiv wird aber nicht unter allen Umständen vermieden:

The hotel was no longer the quiet, exclusive establishment which it had been in <u>Mr Doring's father's</u> day.	Das Hotel war nicht mehr das ruhige, exklusive Etablissement, das es zu Zeiten von Herrn Dorings Vater gewesen war.

Die Artikel

2

Der bestimmte Artikel (*the*)

Geometry is to sculpture what grammar is to the art of the writer. (*Guillaume Apollinaire, French poet, 1880–1918*)

> „Die Geometrie ist für die Bildhauerkunst, was die Grammatik für die Kunst des Schriftstellers ist." Wenn Sie die Zahl der bestimmten Artikel der englischen und deutschen Fassung miteinander vergleichen, kommen Sie auf ein Verhältnis 2 zu 5 und entdecken dabei einen wesentlichen Unterschied zwischen dem Englischen und dem Deutschen (= *between English and German* – ohne Artikel!):
>
> Das Englische gebraucht den bestimmten Artikel seltener, so zum Beispiel in der Regel nicht bei Wissenschaften und Künsten (*geometry = die Geometrie, sculpture = die Bildhauerkunst, grammar = die Grammatik*). Auch *die Kunst* würde im Englischen allgemein ohne *the* verwendet:
>
> *Art was made to disturb.* = Die Kunst ist dazu da, zu beunruhigen. Dass es in unserem Zitat *the art* heißt, liegt an der angehängten näheren Bestimmung: *of the writer.*
>
> Allgemeine Regel für den Gebrauch von *the: When in doubt, leave it out.* (= Im Zweifel weglassen.)

Die englischen Artikel *the* und *a(n)* bezeichnen <u>nicht</u> das Geschlecht. Die Übersetzung „Geschlechtswort" wäre in Bezug auf das Englische also unangebracht.
In der Grammatik wird *the* als bestimmter und *a(n)* als unbestimmter Artikel bezeichnet.

In diesem Kapitel interessieren uns drei Fragen:
1. Wie wird der Artikel *the* ausgesprochen?
2. In welchen Fällen wird der bestimmte Artikel anders gebraucht als im Deutschen?
3. Welche Besonderheiten sind hinsichtlich der Stellung von *the* zu beachten?

Aussprache [ðə]

Vor Wörtern, deren gesprochene Form <u>nicht</u> mit einem Vokal anfängt, wird der bestimmte Artikel normalerweise [ðə] gesprochen:

the [ðə] stories in the [ðə] book   die Geschichten in dem Buch

Beachten Sie, dass die <u>gesprochene</u>, nicht die <u>geschriebene</u> Form des Wortes für die Aussprache von *the* maßgeblich ist. Da die Anfangsvokale bei Wörtern wie *European, united, university* und *one* als [j] bzw. [w] gesprochen werden, hat *the* also auch hier die Aussprache [ðə]:

the [ðə] European [jʊərə'piːən] Union	die Europäische Union
the [ðə] United [ju'naɪtɪd] States	die Vereinigten Staaten
the [ðə] USA [juː es 'eɪ]	die USA
the [ðə] University of Cologne	die Universität Köln
In the country of the blind the [ðə] one-eyed ['wʌn-aɪd] man is king.	Im Land der Blinden ist der Einäugige König.

Aussprache [ði]

Vor Wörtern, deren gesprochene Form mit einem Vokal anfängt, wird der bestimmte Artikel normalerweise [ði] gesprochen:

the [ði] <u>a</u>nt and the [ði] <u>e</u>lephant	die Ameise und der Elefant
the [ði] <u>i</u>nside and the [ði] <u>ou</u>tside	die Innenseite und die Außenseite
the [ði] <u>u</u>nknown soldier	der unbekannte Soldat

Nicht die geschriebene, wohl aber die gesprochene Form von Wörtern wie den folgenden beginnt mit einem Vokal – daher [ði], nicht [ðə]:

the [ði] MP [em 'piː] for Leeds West	der / die Unterhausabgeordnete für Leeds West
He joined the [ði] RAF [ɑːr eɪ 'ef].	Er ging zur (britischen) Luftwaffe.
I have the [ði] honour ['ɒnə] . . .	Ich habe die Ehre . . .
They're paid by the [ði] hour ['aʊə].	Sie werden stundenweise bezahlt.
the [ði] heir [eə] to the throne	der Thronfolger

Aussprache [ðiː]

Die Aussprache [ðiː] findet sich überwiegend
1. zur besonderen Betonung,
2. zur Überbrückung bei zögerndem, gedehntem Sprechen:

She's *the* [ðiː] authority on Celtic literature.	Sie ist *die* Autorität auf dem Gebiet der keltischen Literatur.
It's *the* [ðiː] restaurant round here.	Es ist *das* Restaurant in dieser Gegend.
"The company was founded by a man named Rockefeller." – "Was he one of *the* [ðiː] Rockefellers?"	„Die Firma wurde von einem Mann namens Rockefeller gegründet." – „War er einer *der* (berühmten) Rockefellers?"

Have you got <u>the</u> [ði:] ... er ... brochures?   Haben Sie die ... äh ... Prospekte?

Bestimmter Artikel im Englischen seltener als im Deutschen

Wir sagten bereits, dass das Englische im Gebrauch des bestimmten Artikels zurückhaltender ist als das Deutsche. Weitere Beispiele:

<u>Public opinion</u> is opposed to this policy.	Die öffentliche Meinung ist gegen diese Politik.
<u>Old age</u> is <u>second childhood</u>.	Das Alter ist die zweite Kindheit.
They discussed the role of women in <u>American society</u>.	Sie diskutierten die Rolle der Frau in der amerikanischen Gesellschaft.
It was one of the worst famines in <u>European history</u>.	Es war eine der schlimmsten Hungersnöte der europäischen Geschichte.
I've just read a book about life in <u>Victorian England</u>.	Ich habe gerade ein Buch über das Leben im viktorianischen England gelesen.
<u>Marriage</u> is a lottery.	Die Ehe ist ein Lotteriespiel.
The government has pledged to fight <u>unemployment</u>.	Die Regierung hat versprochen, die Arbeitslosigkeit zu bekämpfen.
They are fighting for <u>freedom</u>.	Sie kämpfen für die Freiheit.

Allgemeinbegriffe wie *life, death, time, love*

Die folgenden Satzpaare zeigen, dass Allgemeinbegriffe wie *life, death, time* etc. nur dann mit *the* gebraucht werden, wenn sie näher bestimmt sind. Die nähere Bestimmung geschieht häufig durch einen *of*-Zusatz (*the life of a journalist*) oder einen Relativsatz (*the love that lasts longest*).

<u>Life</u> is boring.	Das Leben ist langweilig.
<u>The life</u> of a journalist is anything but boring.	Das Leben eines Journalisten ist alles andere als langweilig.
She was not afraid of <u>death</u>.	Sie hatte keine Angst vor dem Tode.
<u>The death</u> of her dog upset her.	Der Tod ihres Hundes erschütterte sie.
<u>Time</u> will tell.	Die Zeit wird es erweisen.
I'll never forget <u>the time</u> I spent there.	Ich werde die Zeit, die ich dort verbrachte, nie vergessen.
<u>Love</u> is a game.	Die Liebe ist ein Spiel.
<u>The love</u> that lasts longest is <u>the love</u> that is never returned.	Die Liebe, die am längsten währt, ist die Liebe, die nie erwidert wird.

Art is the perfection of <u>nature</u>.	Die Kunst ist die Vollendung der Natur.
Drawing is <u>the art</u> of omission.	Zeichnen ist die Kunst des Fortlassens.

Parliament, congress, socialism etc.

Parliament, congress, socialism stehen in der Regel nur dann mit *the*, wenn sie näher bestimmt werden.
Democracy wird praktisch nie mit *the* gebraucht.
Monarchy steht im abstrakten Sinn ohne *the*; die konkrete britische Monarchie hingegen heißt immer *the monarchy*.

She ran for a seat in <u>Parliament</u>.	Sie kandidierte für einen Sitz im Parlament.
Write to your Member of <u>the European Parliament</u>.	Schreiben Sie an Ihre(n) Abgeordnete(n) im Europaparlament.
The Republicans control <u>Congress</u>.	Die Republikaner beherrschen den Kongress.
<u>The new Congress</u> convenes in January.	Der neue Kongress tritt im Januar zusammen.
He believed in <u>socialism</u>.	Er glaubte an den Sozialismus.
<u>The socialism</u> you mean is not <u>the socialism</u> I mean.	Der Sozialismus, den du meinst, ist nicht der Sozialismus, den ich meine.
a threat to <u>democracy</u>	eine Bedrohung für die Demokratie
His scepticism toward <u>(the) monarchy</u> is well known.	Seine Skepsis gegenüber der Monarchie ist bekannt.

Ländernamen

Ländernamen werden ohne Artikel gebraucht. Wichtigste Ausnahmen:
the Netherlands, the United Kingdom, the United States, the Republic of Ireland, the Irish Republic.

She lives in <u>Switzerland</u>.	Sie lebt in der Schweiz.
He comes from <u>Turkey</u> / <u>Ukraine</u>.	Er kommt aus der Türkei / Ukraine.
<u>The Netherlands</u> is a leading exporter of cheese, butter, and eggs.	Die Niederlande sind ein führender Exporteur von Käse, Butter und Eiern.
The drug is not sold in <u>the United States</u>.	Das Medikament wird in den Vereinigten Staaten nicht verkauft.

Die artikellos gebrauchten Ländernamen bleiben auch dann ohne *the*, wenn ihnen ein Adjektiv vorangestellt ist:

Greetings from <u>sunny Italy</u>.	Grüße aus dem sonnigen Italien.

The play is set in <u>18th century England</u>.	Das Stück spielt im England des 18. Jahrhunderts.

> Werden Ländernamen allerdings durch einen nachgestellten Zusatz
> näher bestimmt, so erhalten sie den bestimmten Artikel:
>
> | | |
> |---|---|
> | <u>the France</u> of my dreams | das Frankreich meiner Träume |
> | Down here it was still <u>the England</u> I had known in my childhood. | Hier unten war es immer noch das England, das ich aus meiner Kindheit kannte. |

Personennamen

Personennamen stehen – bis auf wenige Ausnahmen – ohne *the*:

I've got a present for <u>little Emily</u>.	Ich habe ein Geschenk für die kleine Emily.
<u>Old Mrs Grimes</u> died yesterday.	Die alte Frau Grimes ist gestern gestorben.
Where's <u>John</u>?	Wo ist denn (der) John?

Aber:

<u>The Browns</u> are coming to lunch.	(Die) Browns kommen zum Mittagessen.
<u>The John Smith</u> I mean is a teacher at our school.	Der John Smith, den ich meine, ist ein Lehrer an unserer Schule.
I spoke to <u>the younger Mr Fox</u>.	Ich sprach mit dem jüngeren Herrn Fox.

Namen berühmter Sehenswürdigkeiten

Die folgenden Namen werden – wie im Deutschen – stets mit dem bestimmten Artikel gebraucht:

the Bank of England	die Bank von England
the Houses of Parliament	die Häuser des Parlaments
the White House	das Weiße Haus
the Tower of London	der Tower von London
the British Museum	das Britische Museum
the National Gallery	die Nationalgalerie
the Empire State Building	das Empire State Building
the World Trade Center	das World Trade Center

Die folgenden Namen dagegen stehen ohne bestimmten Artikel:

We saw the Changing of the Guard outside <u>Buckingham Palace</u>.	Wir sahen die Wachablösung vor dem Buckingham-Palast.

Oliver Cromwell was buried ['berid] in Westminster Abbey.
Oliver Cromwell wurde in der Westminster-Abtei begraben.

Did you see the Christmas tree in Rockefeller Center?
Hast du den Weihnachtsbaum im Rockefeller Center gesehen?

One of the most interesting buildings on Fifth Avenue is Trump Tower.
Eines der interessantesten Gebäude auf der Fifth Avenue ist der Trump Tower.

A few yards away from Marble Arch is the small patch of ground called Speakers' Corner.
Ein paar Meter vom Marble Arch entfernt ist das kleine Stück Erde, das „Rednerecke" heißt.

Annie Taylor was the first person to go down Niagara [naɪ'ægərə] Falls in a barrel.
Annie Taylor war der erste Mensch, der die Niagarafälle in einer Tonne hinabfuhr.

Namen von Bahnhöfen und Flughäfen

Die Namen von Bahnhöfen und Flughäfen stehen in aller Regel ohne *the*:

Our train leaves from Victoria Station.
Unser Zug geht vom Victoria-Bahnhof ab.

We took the tube to Heathrow Airport.
Wir fuhren mit der U-Bahn zum Flughafen Heathrow.

Namen von Straßen, Plätzen, Parks

Die Namen von Straßen, Plätzen und Parks stehen – mit Ausnahme von *the High Street* – stets ohne *the*:

a store in Oxford Street
ein Kaufhaus in der Oxford Street

a boutique on Fifth Avenue
eine Boutique auf der Fifth Avenue

the theatres on Broadway
die Theater auf dem Broadway

the banks in the High Street BE / AE on Main Street
die Banken in der Hauptstraße

the cinemas round Leicester ['lestə] Square
die Kinos um den Leicester Square herum

Green Park is popular with joggers.
Der Green Park ist bei den Joggern beliebt.

Auch auf *Road* endende Straßennamen stehen in der Regel ohne bestimmten Artikel – aber waschechte Londoner erlauben sich hier gern ein *the*:

They decided to take a bus to (the) Bayswater Road.
Sie beschlossen, einen Bus zur Bayswater Road zu nehmen.

Namen von Brücken

Britische Brückennamen stehen in der Regel ohne *the*, amerikanische meistens mit *the*:

The view from <u>Waterloo Bridge</u> was beautiful.	Der Blick von der Waterloo Bridge war wunderschön.
<u>Albert Bridge</u> looks magnificent at night.	Die Albert Bridge sieht nachts großartig aus.
We walked from <u>Chelsea Bridge</u> to <u>Battersea Bridge</u>.	Wir gingen von der Chelsea Bridge zur Battersea Bridge.
<u>The Brooklyn Bridge</u> was finished in 1883.	Die Brooklyn Bridge wurde 1883 fertig gestellt.
<u>The George Washington Bridge</u> was, for a while, the longest bridge in the world.	Die George Washington Bridge war eine Zeit lang die längste Brücke der Welt.

Namen von Seen und Meeren

Namen von Seen (*lakes*) stehen ohne *the* (Ausnahme: *the Great Salt Lake* = *der Große Salzsee*), solche von Meeren (*seas*) dagegen mit *the*:

on the shore of <u>Lake Ontario</u>	am Ufer des Ontario-Sees
The Rhine enters <u>Lake Constance</u> near Bregenz.	Der Rhein fließt bei Bregenz in den Bodensee.
a house on <u>the Baltic Sea</u>	ein Haus an der Ostsee
the Jordanian shore of <u>the Dead Sea</u>	das jordanische Ufer des Toten Meeres

Bergnamen

Bergnamen stehen in der Regel ohne *the*. Bei deutschsprachigen Bergnamen bleibt der bestimmte Artikel im Englischen erhalten.

These days, ordinary tourists climb <u>Mount Everest</u>.	Heutzutage besteigen gewöhnliche Touristen den Mount Everest.
<u>Mont Blanc</u> is Europe's highest mountain.	Der Mont Blanc ist der höchste Berg Europas.
Interlaken commands a splendid view of <u>the Jungfrau</u>.	Interlaken bietet einen herrlichen Blick auf die Jungfrau.
Zermatt lies at the foot of <u>the Matterhorn</u>.	Zermatt liegt am Fuße des Matterhorns.

Wochentage

Wochentage stehen allgemein ohne *the*. Handelt es sich allerdings um einen Tag aus einem erwähnten Zeitraum, so heißt es *the Monday, the Tuesday* etc.

I saw her on <u>Sunday</u>.	Ich habe sie am Sonntag gesehen.
We met on <u>the Sunday</u>.	Wir haben uns an dem betreffenden Sonntag getroffen.

Monatsnamen

Monatsnamen stehen normalerweise ohne *the*. Handelt es sich um einen Monat innerhalb eines erwähnten Zeitraums, so ist der Artikelgebrauch nicht ausgeschlossen.

in (the month of) <u>May</u>	im (Monat) Mai
Today is the tenth of <u>May</u> / <u>May</u> (the) tenth.	Heute ist der 10. Mai.
<u>May</u> was extremely rainy.	Der Mai war äußerst regnerisch.
In <u>(the) May</u> of that year, something totally unexpected happened.	Im Mai jenes Jahres geschah etwas vollkommen Unerwartetes.

Jahreszeiten

Ist *spring, summer* etc. allgemein gemeint, so wird *the* meistens (aber nicht immer!) weggelassen.
Dagegen heißt es *the spring / summer* etc., wenn von einem bestimmten Jahr die Rede ist.
AE *fall* (= BE *autumn*) ist stets vom Artikel begleitet.

Nothing is so beautiful as <u>spring</u>.	Nichts ist so schön wie der Frühling.
We usually go there in <u>(the) autumn</u> / AE in <u>the fall</u>.	Meist fahren wir im Herbst dorthin.
We were there in <u>the spring</u> of 1998.	Wir waren im Frühjahr 1998 dort.
<u>The winter</u> of 1996 was exceptionally cold.	Der Winter 1996 war außergewöhnlich kalt.

Night

Maßgebend für den Artikelgebrauch bei *night* sind die Kriterien „allgemein – speziell" und die idiomatische Verknüpfung mit Präpositionen:

<u>Night</u> is the time between sunset and sunrise.	Die Nacht ist die Zeit zwischen Sonnenuntergang und Sonnenaufgang.
Finally <u>night</u> fell.	Schließlich brach die Nacht herein.

He spent the night on a park bench.	Er verbrachte die Nacht auf einer Parkbank.
We arrived late at night.	Wir kamen am späten Abend an.
I never work at night.	Ich arbeite nie in der Nacht / nachts.
She was sick three times in the night.	Sie hat sich in der Nacht dreimal übergeben.
on the night of October 24	am Abend des 24. Oktober
at 9.30 p.m. on election night	am Wahlabend um 21.30 Uhr
We sat up all night.	Wir blieben die ganze Nacht auf.

Transport- und Kommunikationsmittel

Hier ist der Gebrauch bzw. Nichtgebrauch des Artikels von der Art der Fügung mit bestimmten Verben, Präpositionen etc. abhängig:

I went there by bus / car / train / bicycle.	Ich fuhr mit dem Bus / Auto / Zug / Fahrrad hin.
I usually travel by plane.	Meist reise ich mit dem Flugzeug.
Aber:	
Why don't you take the bus / the car / the train / etc.?	Warum nehmen Sie nicht den Bus / Wagen / Zug / etc.?

I heard it on the radio.	Ich habe es im Radio gehört.
I watched it on (the) television / (the) TV.	Ich habe es mir im Fernsehen angeschaut.

I talked with her on the phone.	Ich sprach telefonisch mit ihr.
I'd rather not talk over the phone.	Ich möchte das lieber nicht telefonisch besprechen.
We talked twice by phone last week.	Wir haben vorige Woche zweimal telefonisch miteinander gesprochen.

Mahlzeiten

Breakfast, lunch, dinner, supper, tea werden als „Institution" ohne *the* konstruiert, können aber mit dem Artikel stehen, wenn von einer bestimmten Mahlzeit die Rede ist:

We always have breakfast at seven.	Wir frühstücken immer um sieben.
They stayed for lunch / dinner.	Sie blieben zum Essen.
She left after supper.	Sie ging nach dem Abendessen.
They swapped reminiscences over tea.	Beim Tee tauschten sie Erinnerungen aus.

The dinner she prepared for us was excellent.	Das Essen, das sie uns zubereitete, war ausgezeichnet.

The endless speeches that followed the dinner were insufferable.	Die endlosen Reden, die auf das Dinner folgten, waren unerträglich.

School, college, kindergarten

Im Zusammenhang mit der Inanspruchnahme als Bildungseinrichtung stehen *school*, *college*, *kindergarten* ohne *the*, in anderen Kontexten mit *the*:

She's still at BE / AE in school.	Sie geht noch in die Schule.
She's still in the school.	Sie ist noch in der Schule (= im Schulgebäude).
I went to school and college there.	Ich ging dort auf die Schule und aufs College.
I went to the primary school in South Street.	Ich besuchte die Grundschule in der South Street.
Today was his first day at kindergarten.	Heute war sein erster Tag im Kindergarten.
His mother went to the kindergarten to complain.	Seine Mutter ging zum Kindergarten, um sich zu beschweren.

University

University als „Institution" (also nicht als „Ort") steht heute in der Regel ohne *the*:

My father died while I was still at/in university.	Mein Vater starb, als ich noch auf der Universität war.
I went to university in Hull.	Ich habe in Hull die Universität besucht.

Wird der Name der Universität genannt, so gilt: bei Voranstellung des Namens ohne *the*; bei Nachstellung mit *the*:

She took her doctorate at Columbia University.	Sie promovierte an der Columbia University.
She received her doctorate from the University of California at Berkeley.	Sie promovierte an der University of California in Berkeley.

Für *college* und *school* (= *department of a college or university*) gilt Entsprechendes:

He's still at/in college.	Er ist noch auf dem College.
I went to college here.	Ich bin hier aufs College gegangen.
She graduated from college last year.	Sie hat voriges Jahr ihren College-Abschluss gemacht.

He became a lecturer at
  University College, London.

Er wurde Lecturer am University
  College, London.

He was President of
  the Royal College of Surgeons.

Er war Präsident der Königlichen
  Chirurgenvereinigung.

I am presently attending
  Harvard Medical School.

Zurzeit studiere ich an der
  Harvard Medical School.

Dr Smith was named Dean of
  the School of Medicine in 1996.

Dr. Smith wurde 1996 zum Dekan der
  medizinischen Fakultät ernannt.

Hospital

Hospital als „in Anspruch genommene Institution" steht im BE ohne *the*, im AE mit *the*; *hospital* als „Gebäude" stets mit *the*:

Is she still in hospital *BE* /
  AE in the hospital?

Ist sie immer noch im Krankenhaus
  (*d. h. als Patientin*)?

She's at the hospital to visit
  her father.

Sie ist im Krankenhaus, um ihren
  Vater zu besuchen.

Church, prison, jail

Church, prison, jail als „in Anspruch genommene Institution" ohne Artikel; als „Gebäude" mit Artikel:

They're in/at church.

Sie sind in der Kirche
  (*d. h. zum Gottesdienst*).

There are lots of interesting things
  to see in the church.

In der Kirche sind viele interessante
  Dinge zu besichtigen.

The killers went to prison / jail.

Die Mörder kamen ins Gefängnis.

400 soldiers stormed the jail and
  freed the hostages.

400 Soldaten stürmten das Gefängnis
  und befreiten die Geiseln.

Musikinstrumente, Gesellschaftstänze

Anders als im Deutschen steht hier in Fügungen wie den folgenden in der Regel der bestimmte Artikel:

She plays the piano / the violin /
  the flute.

Sie spielt Klavier / Geige /
  Flöte.

In the fifties, you danced the fox trot,
  the tango, or the rumba.

In den Fünfzigerjahren tanzte man
  Foxtrott, Tango oder Rumba.

Can you do the tango?

Kannst du Tango tanzen?

Translated into German / from the French etc.

Hier gilt: in die Zielsprache (allgemein) <u>ohne</u> Artikel;
aus der Ursprungssprache (also dem Original) <u>mit</u> Artikel:

The book has been translated into <u>German</u>.	Das Buch ist ins Deutsche übersetzt worden.
Translated from <u>the German</u> by Tim Watson	Aus dem Deutschen übersetzt von Tim Watson

The vor Komparativen

<u>The sooner</u> he learns it, <u>the better</u>.	Je früher er es lernt, desto besser.
<u>The more</u> you practise, <u>the better</u> you play.	Je mehr du übst, desto besser spielst du.
If he doesn't want it, so much <u>the better</u>.	Wenn er es nicht will, umso besser.
I've never seen him <u>the worse</u> for drink.	Ich habe ihn noch nie betrunken gesehen.
That makes it all <u>the harder</u>.	Das macht es umso schwieriger.
The experience hasn't made her any <u>the wiser</u>.	Die Erfahrung hat sie um nichts klüger gemacht.

Gemischte Fälle abweichenden Artikelgebrauchs

Englisch ohne *the*, deutsch mit bestimmtem Artikel:

<u>most</u> people / things / *etc.*	die meisten Leute / Dinge / *etc.*
be in <u>bed</u>	im Bett sein
go to <u>bed</u>	ins Bett gehen
on <u>condition</u> that	unter der Bedingung, dass
love at <u>first sight</u>	Liebe auf den ersten Blick
take <u>flight</u>	die Flucht ergreifen
live from <u>hand</u> to <u>mouth</u>	von der Hand in den Mund leben
lose <u>control</u> of something	die Kontrolle über etwas verlieren
lose <u>courage</u> / <u>heart</u>	den Mut verlieren
lose <u>face</u>	das Gesicht verlieren
lose <u>interest</u>	das Interesse verlieren
lose <u>patience</u>	die Geduld verlieren
lose <u>sight</u> of something	etwas aus den Augen verlieren
be in <u>power</u>	an der Macht sein
be out of <u>practice</u>	aus der Übung sein
in <u>public</u>	in der Öffentlichkeit
in <u>reception</u>	(*Hotel:*) in der Rezeption / Empfangshalle

be in <u>town</u>	in der Stadt sein
go to <u>town</u>	in die Stadt fahren
be at <u>work</u>	an / bei der Arbeit sein
under <u>cover</u> of darkness	im Schutz der Dunkelheit
win <u>first / second prize</u>	den ersten / zweiten Preis gewinnen

Englisch mit, deutsch ohne bestimmten Artikel:

turn to <u>the left / right</u>	nach links / rechts abbiegen
from <u>the beginning</u>	von Anfang an
with <u>the exception</u> of	mit Ausnahme von
with <u>the help</u> of	mit Hilfe von

Stellung des bestimmten Artikels

In Verwendungen wie den folgenden wird *the* bei *all, half, double, twice* und *quite* nachgestellt:

Did you shut <u>all the</u> windows?	Hast du alle Fenster zugemacht?
She was complaining <u>all the</u> time.	Sie klagte die ganze Zeit über / immerzu.
<u>Half the</u> children were undernourished.	Die Hälfte der Kinder war unterernährt.
at <u>half / double the</u> price	zum halben / doppelten Preis
at <u>twice the</u> speed of sound	mit zweifacher / doppelter Schallgeschwindigkeit
That would be <u>quite the</u> wrong thing to do.	Das wäre genau das Falsche.

Sowohl *all* als auch *all the* kann dem deutschen *alle* entsprechen:

<u>All poets</u> are mad.	<u>Alle Dichter</u> sind verrückt.
<u>All the poets</u> I love are dead.	<u>Alle Dichter</u>, die ich liebe, sind tot.

Hier meint *all poets* „alle Dichter schlechthin", also ohne Einschränkung, während *all the poets* eine bestimmte, in diesem Fall ausdrücklich genannte Gruppe von Dichtern bezeichnet: *all the poets I love*. *All the* steht auch in Fällen, wo die Einschränkung oder nähere Bestimmung nicht explizit formuliert, sondern nur implizit durch den Sinnzusammenhang gegeben ist: *All the neighbours were invited* (= Alle Nachbarn wurden eingeladen). Gemeint ist hier eine bestimmte Gruppe von Nachbarn, etwa die der Familie, von der die Rede ist. Wollte man aber eine Aussage über Nachbarn allgemein machen, so wäre *all neighbours* angebracht: *Not all neighbours are neighbourly* (= Nicht alle Nachbarn sind nachbarlich, d. h. gute Nachbarn).

Der unbestimmte Artikel (*a/an*)

When a dog bites a man, that is not news, because it happens so often. But if a man bites a dog, that is news. (*John B. Bogart, US journalist, 1848–1921*)

„Wenn ein Hund einen Menschen beißt, ist das keine Nachricht, denn es kommt so oft vor. Aber wenn ein Mensch einen Hund beißt, ist das eine Nachricht." Der oft zitierte Ausspruch ist als Entscheidungshilfe für Zeitungsredakteure gedacht: Wann ist etwas eine Nachricht, also für die Zeitung druckenswert, und wann nicht?
John Bogart lebte vor den Zeiten der *political correctness*. Heute hätte man ihm – und er sich – nicht durchgehen lassen, dass er *man* schrieb, wenn er *Mensch* meinte. Er hätte wohl einen umständlicheren Ausdruck wie *human being* oder einen kraftloseren wie *person* wählen müssen, denn für das pedantische *man or woman* oder *woman or man* hätte er sich wohl kaum entschieden.
Über Hunderte von Jahren hinweg, von der Bibel und Shakespeare bis hin zu George Orwell und George Bernard Shaw wurden *man, he, his, him, himself* mit Bezug auf den Menschen schlechthin gebraucht. Das ist nun nicht mehr ohne weiteres möglich, und man wüsste zu gern, wie etwa der große Dichter Tennyson (1809–92) diese berühmten Gedichtzeilen *politically correctly* formuliert hätte:
Every moment dies a man, / Every moment one is born.

Zu unserem Thema – dem mit der „Zählbarkeit" oder „Nichtzählbarkeit" zusammenhängenden Gebrauch oder Nichtgebrauch des unbestimmten Artikels – führt uns in dem Bogart-Zitat das Wort *news* hin: Das englische Wort ist *uncountable* (= nicht zählbar) – es lässt sich also nicht mit *a* oder einem Pluralverb (→ S. 21–22) kombinieren:

That was shocking news.	Das war eine schockierende Nachricht.
There <u>was</u> bad news from both fronts.	Von beiden Fronten kamen schlechte Nachrichten.

A oder *an*?

Vor Wörtern, deren gesprochene Form <u>nicht</u> mit einem Vokal anfängt, hat der unbestimmte Artikel die Form *a* [ə]:

a <u>t</u>icket	ein Fahrschein; eine Fahrkarte
a <u>n</u>umber	eine Zahl
a <u>h</u>otel	ein Hotel

Der unbestimmte Artikel (*a/an*) **59**

| the story of <u>a</u> bear in
   <u>a</u> zoo | die Geschichte eines Bären in
   einem Zoo |

Vor Wörtern, deren gesprochene Form mit einem Vokal (also *a, e, i, o, u*) anfängt, hat der unbestimmte Artikel die Form *an* [ən]:

<u>an</u> <u>a</u>ir(line) ticket	ein Flugschein
<u>an</u> <u>e</u>ven / <u>o</u>dd number	eine gerade / ungerade Zahl
<u>an</u> <u>i</u>ce-cream parlour	eine Eisdiele
<u>an</u> <u>u</u>npleasant surprise	eine unangenehme Überraschung

Beachten Sie, dass die <u>gesprochene</u>, nicht die <u>geschriebene</u> Form des nachfolgenden Wortes für die Wahl der Form des Artikels maßgeblich ist. Entsprechend heißt es:

<u>a</u> European [jʊərə'piːən] nation	eine europäische Nation
<u>a</u> one-way street	eine Einbahnstraße
<u>a</u> user-friendly program	ein benutzerfreundliches Programm
<u>a</u> US aircraft carrier	ein amerikanischer Flugzeugträger
<u>a</u> 7:30 dinner	ein Abendessen um 19.30 Uhr
<u>an</u> hour ago	vor einer Stunde
<u>an</u> honest man	ein ehrlicher Mann
<u>an</u> MBA (= Master of Business Administration)	ein(e) graduierte(r) Betriebswirt(in)
<u>an</u> FBI agent	ein Beamter des FBI
<u>an</u> RAF officer	ein Offizier der britischen Luftwaffe
<u>an</u> 8:30 dinner	ein Abendessen um 20.30 Uhr

Bei einigen wenigen mit *h* anlautenden Wörtern schwankt im BE die Aussprache und damit der Gebrauch von *a* und *an*:

a hotel [həʊ'tel] – an hotel [əʊ'tel]	ein Hotel
a historical [hɪ'stɒrɪkl] figure – an historical [ɪ'stɒrɪkl] figure	eine historische Persönlichkeit
a habitual [hə'bɪtʃʊəl] criminal – an habitual [ə'bɪtʃʊəl] criminal	ein Gewohnheitsverbrecher

Aussprache von *a(n)*

Normale, d. h. unbetonte Aussprache: *a* [ə] – *an* [ən]:

| A [ə] Mr Brown to see you, sir. | Da möchte Sie ein Herr Brown
   sprechen, Sir. |
| An [ən] old horse knows its way home. | Ein altes Pferd kennt den Weg nach
   Hause. |

Bei besonderer Betonung *a* [eɪ] – *an* [æn]:

Not a [eɪ] Mr Brown – the [ði:]   Nicht (irgend)ein Herr Brown –
  Mr Brown!   *der* Herr Brown!

> Die betonte Aussprache ist nur selten zwingend. Es gibt allerdings
> Sprecher(innen), die ständig die betonten Formen [eɪ] und [æn] benutzen
> – ein Sprachgebrauch, der vielfach als affektiert empfunden wird.

Gebrauch und Nichtgebrauch von *a(n)*

Der Gebrauch des unbestimmten Artikels im Englischen weicht nicht
selten vom Deutschen ab. So steht im Englischen zuweilen der Artikel, wo
er im Deutschen nicht steht, und umgekehrt.
Auch kann dem unbestimmten Artikel in der einen Sprache der bestimmte
Artikel in der anderen entsprechen. Mitunter steht einer Konstruktion
mit *a(n)* eine gänzlich andere Ausdrucksweise im Deutschen gegenüber.
Alle diese Fälle sind in den folgenden Unterkapiteln systematisch dargestellt.

Beruf, ausgeübte Funktion, Mitgliedschaft etc.

Häufig anders als im Deutschen steht im Englischen der unbestimmte Artikel
zur Bezeichnung des Berufs, der Funktion, Mitgliedschaft, Staatsangehörig-
keit, Religion etc.:

His wife is <u>an</u> architect.   Seine Frau ist Architektin.
He's <u>a</u> city councillor.   Er ist Stadtverordneter.
At 17, she became <u>a</u> member of   Mit 17 wurde sie Mitglied der
  the Communist Party.   Kommunistischen Partei.
Bertrand Russell was <u>a</u> pacifist.   Bertrand Russell war Pazifist.
Einstein became <u>a</u> US citizen   Einstein wurde 1940 amerikanischer
  in 1940.   Staatsbürger.
Kennedy was <u>a</u> Roman Catholic.   Kennedy war Katholik.

> Berufe und Funktionen, die es nur einmal gibt, stehen naturgemäß ohne
> *a(n)*. Vergleichen Sie:
>
> He's <u>a</u> professor. (*Einer von vielen Professoren.*)
> He's <u>a</u> professor of sociology at the University of California.
>   (*Die University of California hat mehr als einen Lehrstuhl für Soziologie.*)
> She's professor of sociology at the University of Akron.
>   (*Die University of Akron hat nur einen Lehrstuhl für Soziologie.*)

Entsprechend ohne *a(n)*:

He is (the) president of the American Society for the Prevention of Cruelty to Animals.	Er ist Präsident des Amerikanischen Tierschutzbundes.
He's (the) city manager of Hartford, Connecticut.	Er ist Stadtdirektor von Hartford, Connecticut.
He was elected sheriff.	Er wurde zum Sheriff gewählt.
She became mayor of Newington in 1992.	Sie wurde 1992 Bürgermeisterin von Newington.
For eight years, she served as treasurer.	Acht Jahre lang hatte sie das Amt des Schatzmeisters inne.

Vergleichen Sie auch:

The church served as a hospital.	Die Kirche diente als Lazarett.
She served as an adviser.	Sie wirkte als Beraterin.
She served as US ambassador to France.	Sie war amerikanische Botschafterin in Frankreich.

- -

As a child I didn't have many friends.	Als Kind hatte ich nicht viele Freunde.
As president you don't have many friends.	Als Präsident hat man nicht viele Freunde.

Hundred, thousand, million, billion

Hundred, thousand, million, billion (= Milliarde) können nicht ohne Zahl (*one, two, three* etc.) oder Artikel stehen. *Hundert Jahre* sind also *one hundred years* oder *a hundred years* und *die letzten/nächsten (ein)hundert Jahre* sind *the last/next (one) hundred years*:

The organization is nearly a hundred years old.	Die Organisation ist fast hundert Jahre alt.
She lived to be 103 (= a hundred and three).	Sie wurde 103 Jahre alt.
There were about a thousand visitors the first day.	Am ersten Tag kamen etwa tausend Besucher.
The book has sold over a million copies.	Von dem Buch sind über eine Million Exemplare verkauft worden.

Aber:

The first hundred years are the hardest.	Die ersten hundert Jahre sind die schwersten.

| the country's <u>thousand</u>-year history | die tausendjährige Geschichte des Landes |
| the <u>Hundred</u> Years(') War | der Hundertjährige Krieg |

A(n) = per

We sell about 10,000 copies <u>a</u> year.	Wir verkaufen etwa 10 000 Exemplare pro Jahr.
We did about fifty miles <u>an</u> hour.	Wir schafften etwa fünfzig Meilen in der Stunde.
She comes twice <u>a</u> day.	Sie kommt zweimal täglich.
I phone her once <u>a</u> week.	Ich rufe sie einmal in der Woche an.
The apples are 99p <u>a</u> kilo.	Die Äpfel kosten 99 Pence das Kilo.

Deutsch mit Artikel, englisch ohne Artikel

In den folgenden Beispielen ist das unterstrichene englische Wort *uncountable* (= nicht zählbar) und steht daher ohne *a(n)*, während die deutsche Entsprechung den unbestimmten Artikel hat oder haben kann:

That's good <u>advice</u>.	Das ist ein guter Rat.
She suffered <u>concussion</u>.	Sie erlitt eine Gehirneschütterung.
There was considerable <u>confusion</u>.	Es herrschte (ein) ziemliches Durcheinander.
That's interesting <u>information</u>.	Das ist eine interessarte Information.
We recommend that you take out travel <u>insurance</u>.	Wir empfehlen, dass Sie eine Reiseversicherung abschließen.
I've got bad <u>news</u> for you.	Ich habe eine schlechte Nachricht für Sie.
She has incredible <u>patience</u>.	Sie hat eine unglaubliche Geduld.
We have very good <u>police</u>.	Wir haben eine sehr gute Polizei.
She had both money and good <u>taste</u>.	Sie hatte sowohl Geld als auch einen guten Geschmack.
There was enormous <u>traffic</u> on the roads.	Auf den Straßen herrschte (ein) enormer Verkehr.
It's interesting <u>work</u>.	Es ist (eine) interessante Arbeit.

Advice, information und *news* lassen sich durch Hinzufügung von *piece, bit* oder *item* zählbar machen und können dann mit *a(n)* kombiniert werden:

| She gave me <u>an</u> excellent <u>piece / bit of advice</u>. | Sie gab mir einen ausgezeichneten Rat. |

2

That was a useful piece / bit of information.	Das war eine nützliche Information.
Here's an interesting news item from the Times.	Hier ist eine interessante Nachricht aus der Times.

Zu *insurance* und *police* gibt es die zählbaren Varianten *insurance policy* bzw. *police force* und zu *work* das mit dem unbestimmten Artikel kombinierbare Synonym *job*:

He took out a $90,000 life insurance policy.	Er schloss eine Lebensversicherung über 90 000 Dollar ab.
We have a very good police force.	Wir haben eine sehr gute Polizei.
It's an interesting job.	Es ist eine interessante Arbeit.

A(n) in Ausdrücken nachdrücklicher Verneinung

I haven't got a thing to wear.	Ich habe absolut nichts anzuziehen.
She didn't say a word about it.	Sie sagte kein Wort darüber.
I haven't got a clue.	Ich habe nicht die leiseste Ahnung.
There wasn't a soul to be seen.	Es war keine Menschenseele zu sehen.
They didn't budge an inch.	Sie wichen keinen Fingerbreit zurück.
She didn't bat an eyelid.	Sie hat nicht mal mit der Wimper gezuckt.
I didn't drink a drop.	Ich habe keinen Tropfen getrunken.
He wouldn't lift a finger to help us.	Er würde keinen Finger rühren, um uns zu helfen.
I didn't sleep a wink.	Ich habe kein Auge zugetan.
She doesn't care a rap for what her father says.	Was ihr Vater sagt, ist ihr schnurz(piep)egal.
They don't give a damn about the welfare of future generations.	Das Wohlergehen künftiger Generationen ist ihnen vollkommen wurscht.
This stuff isn't worth a damn.	Dies Zeug ist keinen Pfifferling wert.

Have a(n) ...

have a birthday	Geburtstag haben
have a break	Pause machen
have a fever / a temperature	Fieber / Temperatur haben
have a wash / a shave	sich waschen / rasieren
have a listen	sich etwas anhören
have a nice read	etwas Schönes lesen

Gemischte Fälle abweichenden Artikelgebrauchs

Englisch mit *a(n)*, deutsch ohne unbestimmten Artikel:

The season is slowly coming to <u>an</u> end.	Die Saison geht langsam zu Ende.
Traffic came to <u>a</u> standstill.	Der Verkehr kam zum Stillstand.
He got into <u>a</u> tight spot.	Er geriet in Bedrängnis.
She flew into <u>a</u> rage.	Sie geriet in Wut.
He's always in <u>a</u> hurry.	Er ist immer in Eile.
She was in <u>a</u> good mood / temper.	Sie war guter Laune.
"Oh, no!" she said in <u>a</u> loud voice.	„Oh nein!" sagte sie mit lauter Stimme.
He shows <u>an</u> interest in music.	Er zeigt Interesse für Musik.
She would've been in <u>a</u> position to help him.	Sie wäre in der Lage gewesen, ihm zu helfen.
He can't ride <u>a</u> bike yet.	Er kann noch nicht Rad fahren.
<u>An</u> eye for <u>an</u> eye, (and) <u>a</u> tooth for <u>a</u> tooth.	Auge um Auge, Zahn um Zahn.

- -

They had been working for hours <u>without a break</u>.	Sie hatten stundenlang ohne Unterbrechung gearbeitet.
Let's go to the seaside <u>for a change</u>.	Fahren wir doch zur Abwechslung mal an die See.
The country is dependent on imports <u>to a high degree</u>.	Das Land ist in hohem Grade importabhängig.
<u>To a great extent</u>, it'll depend on the weather.	Das wird in hohem Maße vom Wetter abhängen.
<u>As a result of</u> the scandal, two senior officials had to leave.	Infolge des Skandals mussten zweihochrangige Beamte ihren Hut nehmen.
<u>As a rule</u>, there are no complaints.	In der Regel gibt es keine Beschwerden.

Englisch ohne *a(n)*, deutsch mit unbestimmtem Artikel:

<u>What colour</u> was the car?	Was für eine Farbe hatte das Auto?
<u>What kind</u> of person is she?	Was für ein Mensch ist sie?
<u>What make</u> of car does he drive?	Was für eine Automarke fährt er?
<u>What size</u> shoe do you take?	Was für eine Schuhgröße haben Sie?

- -

What terrible heat!	Was für eine schreckliche Hitze!
What awful weather we're having!	Was für ein furchtbares Wetter wir doch haben!
What luck!	Was für ein Glück!
What impudence / cheek!	Was für eine Unverschämtheit / Frechheit!
What nonsense / rubbish!	Was für ein Unsinn / Quatsch!

Part wird in Verwendungen wie den folgenden in der Regel ebenfalls ohne Artikel gebraucht, außer es geht ihm – wie im dritten Beispiel – ein Adjektiv voraus (*conspicuous*).

He spent <u>part</u> of the money on an expensive car.	Einen Teil des Geldes gab er für ein teures Auto aus.
In 1848, California became <u>part</u> of the United States.	1848 wurde Kalifornien ein Teil der Vereinigten Staaten.
The World Trade Center became <u>a</u> conspicuous <u>part</u> of the Manhattan skyline.	Das World Trade Center wurde ein deutlich sichtbarer Teil der Skyline von Manhattan.

Zusammensetzungen mit *-ache*

Der Singular *headache* steht immer mit unbestimmtem Artikel:

I have <u>a</u> headache ['hedeɪk].	Ich habe Kopfschmerzen.

Der Plural *headaches* bezeichnet wiederholt auftretende Kopfschmerzen. Er steht immer ohne Artikel:

The chemical occasionally causes dizziness and <u>headaches</u>.	Die Chemikalie ruft gelegentlich Schwindel und Kopfschmerzen hervor.

Bei anderen Zusammensetzungen mit *-ache* [eɪk] ist die Variante ohne unbestimmten Artikel nur im BE, die mit *a(n)* dagegen im AE und (seltener) BE zu finden:

I have (a) backache / (an) earache / (a) stomachache / (a) toothache.	Ich habe Rückenschmerzen / Ohrenschmerzen / Bauchschmerzen / Zahnschmerzen.

Schwankender Sprachgebrauch

You'll catch <u>(a)</u> cold sitting here.	Du holst dir 'ne Erkältung, wenn du hier sitzt.
It's <u>(a)</u> quarter to ten by my watch.	Nach meiner Uhr ist es Viertel vor zehn.

Stellung des unbestimmten Artikels

Bei *half* wird der unbestimmte Artikel im BE in der Regel nach- (*half a mile*), im AE dagegen vorangestellt (*a half mile*):

It's about <u>half a</u> mile / <u>a half</u> mile from here.	Von hier ist es etwa eine halbe Meile.
At least <u>half a</u> dozen people / <u>a half</u> dozen people knew about it.	Mindestens ein halbes Dutzend Leute wussten davon.
I've been waiting <u>half an</u> hour / <u>a half</u> hour for you.	Ich warte seit einer halben Stunde auf dich.

In Verbindung mit Adjektiven wie *good* oder *long* wird der unbestimmte Artikel hingegen immer vorangestellt:

The camp was still <u>a good half mile</u> away.	Das Lager war immer noch eine gute halbe Meile entfernt.
Finally, after <u>a long half hour</u>, she returned.	Schließlich, nach einer langen halben Stunde, kam sie zurück.

Bei *rather* sind in Fällen wie den folgenden ohne Bedeutungsunterschied beide Stellungen möglich:

It was <u>rather a</u> difficult / <u>a rather</u> difficult time.	Es war eine ziemlich schwierige Zeit.

Ist allerdings kein Adjektiv (wie z. B. *difficult*) vorhanden, so ist nur die Reihenfolge *rather a(n)* möglich:

He's <u>rather a</u> fool.	Er ist ein ziemlicher Dummkopf.
Five hundred pounds – that's <u>rather a</u> lot.	Fünfhundert Pfund – das ist ziemlich viel.

In den folgenden Fällen wird *a(n)* immer nachgestellt:

That was <u>quite an</u> achievement.	Das war eine ziemliche Leistung.
We could never afford <u>such a</u> house.	Ein solches Haus könnten wir uns nie leisten.
I spent <u>many a</u> happy hour here.	So manche frohe Stunde habe ich hier verbracht.
<u>What a</u> fool I was!	Was für ein Esel bin ich doch gewesen!

Test 2 Die Artikel

1. **Setzen Sie *the* ein, wo es angebracht ist.**

a) We all know that ..... public opinion is against it.

b) In ..... opinion of most historians, Roosevelt ranks as one of America's greatest presidents.

c) She wrote a book about ..... old age.

d) Most experts expect ..... unemployment to rise.

e) What crimes are committed in ..... name of ..... liberty!

f) ..... most important thing in ..... life is ..... love.

g) Under ..... socialism ..... seller is ..... king; under ..... capitalism ..... buyer is ..... king.

h) This is ..... Switzerland.

i) This is ..... Switzerland I love.

j) Sunburn isn't much of a problem in ..... rainy Ireland.

k) One of Robin Hood's loyal followers was ..... Little John.

l) A teacher told Einstein he wouldn't get very far in ..... life.

m) What do you know about ..... life of Mark Twain?

n) We had tea with ..... queen in ..... Buckingham Palace.

o) If you go by ..... train, you'll arrive at ..... Victoria Station.

p) If ..... plane's on time, I arrive at ..... Newark Airport at 8.55.

q) There's a bank in ..... Hill Street.

r) There's a bank in ..... High Street.

s) Lots of people have climbed ..... Mount Everest.

t) I always have ..... breakfast with my children before they go to ..... school.

u) He spent ..... most of his life in ..... jail.

v) Mike plays ..... piano, and Sue plays ..... flute.

w) My name is Ernest in ..... town and Jack in ..... country.

x) With ..... exception of ..... wine, everything is more expensive here.

y) Paul, if you're not in ..... bed by ..... time I come up, I'll be very angry.

z) In ..... United States, ... Election Day is ..... first Tuesday after ..... first Monday in ..... November.

2. Setzen Sie *a(n)* ein, wo es angebracht ist.

a) Her father was ..... photographer and she became ..... journalist.

b) She was ..... Marxist and ..... member of the Socialist Party.

c) Roosevelt was elected ..... President of the US in 1932.

d) In 1995 she visited Italy as ..... tourist.

e) Minnesota serves as ..... model for other states.

f) The farm is about ..... hundred miles away.

g) The next ..... hundred miles will be more difficult.

h) We sell about ..... hundred copies ..... day.

i) It was certainly ..... good advice.

j) That's ..... good news.

k) We have ..... very good police.

l) If you've got ..... family, you've got to have ..... life insurance.

m) She isn't feeling well and I'm sure she has ..... temperature.

n) The country's isolation has finally come to ..... end.

o) I'll tell you more about it – if you're not in ..... hurry.

p) She answered slowly, but in ..... loud, clear voice.

q) You can't ride ..... bike here – it's too dangerous.

r) Why don't you say something nice for ..... change?

s) What ..... nonsense you're talking!

t) What ..... wonderful surprise that was!

u) What ..... nationality are you?

1. a) – b) the c) – d) – e) the; – f) The; –; – g) Under socialism the seller is (the) king; under capitalism the buyer is (the) king. h) – i) the j) – k) – l) – m) the n) the; – o) –; – p) the; – q) – r) the s) – t) –; – u) –; – v) the; the w) –; the x) the; – y) –; the z) In the United States, Election Day is the first Tuesday after the first Monday in November.

2. a) a; a b) a; a c) – d) a e) a f) a g) – h) a; a i) – j) – k) – l) (a); – m) a n) an o) a p) a q) a r) a s) – t) a u) –

Die Pronomen

Personalpronomen

A man cannot be too careful in the choice of his enemies. (*Oscar Wilde, Anglo-Irish poet and dramatist, 1854–1900*)

A man – das heißt hier so viel wie im Deutschen *man*: „Man kann in der Wahl seiner Feinde nicht sorgfältig genug sein." Zu Oscar Wildes Zeiten schloss *a man* – *his* die Frauen noch mit ein; heute verbietet uns die *political correctness* diesen geschlechtsübergreifenden Gebrauch der maskulinen Formen.
Wie also hätte ein „politisch korrekter" Oscar Wilde seine geistreiche Bemerkung heute formulieren können?
Förmlich hätte er sich – siehe unten – des neutralen Personalpronomens (*one*) bedienen können:
One cannot be too careful in the choice of *one's* enemies.
Umgangssprachlicher hätte er so formulieren können:
You can't be too careful in the choice of *your* enemies.
Beiden Varianten hätte die oben gegebene deutsche Übersetzung entsprochen: „Man kann in der Wahl seiner Feinde nicht sorgfältig genug sein."

Formen

Subjektform   **Objektform**

Singular

I	*ich*	he saw me	*mich*	he helped me	*mir*
you	*du/Sie*	he saw you	*dich/Sie*	he helped you	*dir/Ihnen*
he	*er*	he saw him	*ihn*	he helped him	*ihm*
she	*sie*	he saw her	*sie*	he helped her	*ihr*
it	*es/er/sie*	he saw it	*es/ihn/sie*	he helped it	*ihm/ihr*

Plural

we	*wir*	he saw us	*uns*	he helped us	*uns*
you	*ihr/Sie*	he saw you	*euch/Sie*	he helped you	*euch/Ihnen*
they	*sie*	he saw them	*sie*	he helped them	*ihnen*

Englisch *one* = deutsch *man*

Die neutrale Form des Personalpronomens ist *one*. Wie Sie aus den Beispielen sehen, gibt es dazu auch ein Possessivpronomen (*one's*) und ein *-self*-Pronomen (*oneself*):

That's an explanation <u>one</u> often hears.

Das ist eine Erklärung, die man oft hört.

<u>One</u> must develop a style of <u>one's</u> own.

Man muss seinen eigenen Stil entwickeln.

In order to love others, <u>one</u> must first learn to love <u>oneself</u>.

Um andere zu lieben, muss man erst einmal lernen, sich selbst zu lieben.

One, *one's* und *oneself* sind in der gehobenen und Schriftsprache durchaus häufig; in der Umgangssprache wird allerdings *you* in diesen Fällen vorgezogen:

After all, <u>you</u> have to / <u>one</u> has to live.

Man muss ja schließlich leben.

<u>You</u> always hurt the one <u>you</u> love.

Dem, den man liebt, tut man am meisten weh.

Subjektform oder Objektform?

In Fällen wie den folgenden zieht die Umgangssprache – entgegen der grammatischen Logik – die Objektform vor, also *me* statt *I*, *her* statt *she* etc.:

It's <u>me</u>.

Ich bin's.

Who said that? – <u>Me</u>.

Wer hat das gesagt? – Ich.

Afraid of flying? Not <u>me</u>.

Angst vor dem Fliegen? Aber doch nicht ich!

If I were <u>them</u>, I'd accept the offer.

Wenn ich sie wäre, würde ich den Vorschlag akzeptieren.

I went out in a hurry hoping it might be <u>her</u>.

Ich ging eilends raus in der Hoffnung, dass sie es wäre.

She's twenty years younger than <u>me</u>.

Sie ist zwanzig Jahre jünger als ich.

Nobody but <u>her</u> could have done such a foolish thing.

Niemand außer ihr hätte so etwas Dummes tun können.

Zu *it's me* ist anzumerken, dass der Subjektform mitunter dann der Vorzug gegeben wird, wenn ein Relativsatz folgt, in dem das Relativpronomen Subjekt ist:

It's <u>I / me</u> who suggested it in the first place.

Ich war es, der / die es als Erste(r) vorschlug.

After all, it's <u>I</u> who <u>am</u> paying. / After all, it's <u>me</u> who <u>is</u> paying.

Schließlich bin ich es, der bezahlt.

In dem folgenden Beispiel dagegen sind die unterstrichenen Personalpronomen eindeutig in Objektposition:

It's <u>me</u> you should be paying, not <u>him</u>.

Ich bin es, den/die ihr bezahlen solltet, nicht er.

Besonderer Gebrauch von *it*

It steht als Personalpronomen grundsätzlich mit Bezug auf Nichtlebewesen und Tiere (→ S. 34–35); darüber hinaus wird es häufig als bedeutungsleeres Strukturwort oder als Teil einer idiomatischen Fügung verwendet, zum Beispiel in den folgenden, vom Deutschen abweichenden Fällen:

It took me an hour.	Ich habe eine Stunde gebraucht.
It was hoped that a compromise could be reached.	Man hoffte, dass sich ein Kompromiss erreichen ließe.
As it turned out, the material was not waterproof.	Wie sich erwies, war das Material nicht wasserdicht.
The cheek of it!	So eine Frechheit!
Who is it? – Frank.	Wer ist da? – Frank.
It wasn't us, it was the others.	Wir waren es nicht, die andern waren es.
It's the poor who are going to suffer.	Leiden werden darunter die Armen.
It was for your sake that I came back.	Um deinetwillen bin ich zurückgekommen.
Why is it always me who has to do the dirty work?	Warum muss ausgerechnet ich immer die Dreckarbeit machen?
If it hadn't been for you, I would have died.	Wenn du nicht gewesen wärest, wäre ich gestorben.
The car's had it.	Das Auto ist im Eimer.
Our marriage has had it.	Unsere Ehe ist kaputt.
If I don't pay up, I've had it.	Wenn ich nicht zahle, bin ich geliefert.
Let him have it!	Gib ihm Saures!
Rumour has it that the two banks are going to merge.	Es geht das Gerücht, dass die beiden Banken fusionieren werden.
I think we should have it out.	Wir sollten uns darüber aussprechen.
I take it that you'll finish today.	Ich gehe davon aus, dass Sie heute fertig werden.
The old woman is still very much with it.	Die Alte ist immer noch schwer auf Zack.
He thinks he's really it.	Er denkt, er ist der Größte.

Entsprechungen für deutsch *sie / Sie*

I don't know who you mean.	Ich weiß nicht, wen Sie meinen.
I mean you, not your sister.	Ich meine Sie, nicht Ihre Schwester.
She's a well-known actress.	Sie ist eine bekannte Schauspielerin.
I saw her in a play by Shaw.	Ich sah sie in einem Stück von Shaw.
It (= the turkey) tasted awful.	Sie (= die Pute) schmeckte furchtbar.

He pulled a gun and aimed <u>it</u> at me.	Er zog eine Pistole heraus und richtete <u>sie</u> auf mich.
<u>They</u> lost their jobs.	<u>Sie</u> verloren ihren Arbeitsplatz.
She picked some berries and ate <u>them</u>.	Sie pflückte einige Beeren ab und aß <u>sie</u>.

Entsprechungen für deutsch *es*

Deutsch *es* – Wiedergabe durch eine Konstruktion mit *there*:

There's someone at the door.	Es ist jemand an der Tür.
Are there any problems?	Gibt es irgendwelche Probleme?
There's no time to lose.	Es ist keine Zeit zu verlieren.
There are millions of dollars involved.	Es geht um Millionen Dollar.
Once upon a time there was a poor woman . . .	Es war einmal eine arme Frau . . .

Deutsch *es* – Wiedergabe durch eine Konstruktion mit *so*:

She's disappointed and so am I.	Sie ist enttäuscht, und ich bin es auch.
Why should I do it? – Because I say so.	Warum sollte ich das tun? – Weil ich es sage.
Is she coming? – I expect so.	Kommt sie? – Ich nehme es an.
Will that be enough? – I hope so.	Wird das reichen? – Ich hoffe es.

Deutsch *es* – im Englischen ohne Entsprechung:

Is it broken? – I hope not.	Ist es kaputt? – Ich will es nicht hoffen.
How much will it cost? – I don't know.	Was wird es kosten? – Ich weiß es nicht.
Can you explain it to me? – I'll try.	Kannst du es mir erklären? – Ich werde es versuchen.
She means well.	Sie meint es gut.
I hate having to rush.	Ich hasse es, wenn ich hetzen muss.
She doesn't like being called at the office.	Sie hat es nicht gern, wenn man sie im Büro anruft.
They avoided looking at each other.	Sie vermieden es, sich anzusehen.

Deutsch *es* – Wiedergabe durch eine Passivkonstruktion:

He must be presumed dead.	Es muss angenommen werden, dass er tot ist.
He was shot at.	Es wurde auf ihn geschossen.
The case has been appealed.	Es ist Berufung eingelegt worden.

3

1

Deutsch *es* – im Englischen gänzlich andere Ausdrucksweise:

I'm sorry.	Es tut mir Leid.
I'm fed up with always being the scapegoat.	Ich bin es leid, immer als Sündenbock herhalten zu müssen.
She has difficulty sitting still.	Es fällt ihr schwer, ruhig zu sitzen.
He fancies fast cars.	Schnelle Autos haben es ihm angetan.
They face big losses.	Es drohen ihnen große Verluste.
How about a pizza at Romeo's?	Wie wäre es mit einer Pizza bei Romeo?

-self-Pronomen

The proverb warns that "You should not bite the hand that feeds you." But maybe you should, if it prevents you from feeding yourself. (*Thomas Stephen Szasz, Hungarian-born US psychiatrist, born 1920*)

> „Das Sprichwort warnt einen / dich / Sie davor, die Hand zu beißen, die einen / dich / Sie ernährt. Aber vielleicht sollte man / solltest du / sollten Sie es doch tun – wenn sie einen / dich / Sie daran hindert, sich / dich / sich selbst zu ernähren."
> Ein kluger Ausspruch, den es im Wohlfahrtsstaat zu bedenken gilt, der uns aber auch Stoff für eine sprachliche Betrachtung liefert:
> Dem Autor steht das Pronomen *you* zur Verfügung, das im Kontext seines Buches sowohl mit dem unpersönlichen *man* als auch mit der persönlichen Anrede *Sie* oder *du* übersetzt werden könnte.
> Das Deutsche hat kein gleichzeitig unpersönlich und persönlich interpretierbares Pronomen wie *you*, weshalb der Autor im Deutschen vielleicht *wir / uns* gewählt hätte: *Das Sprichwort warnt uns davor, die Hand zu beißen, die uns ernährt. Aber vielleicht sollten wir es doch tun – wenn sie uns daran hindert, uns selbst zu ernähren.*
> Auf Englisch ist die Möglichkeit mit *us* ebenfalls gegeben: *The proverb warns that we should not bite the hand that feeds us. But maybe we should, if it prevents us from feeding ourselves.*
> Steif und (für einen Psychiater undenkbar:) zu wenig leserzugewandt wäre dagegen in diesem Fall *one* gewesen: *The proverb warns that "One should not bite the hand that feeds one." But maybe one should, if it prevents one from feeding oneself.*
> Wie dem auch sei (= *be that as it may*): Uns hat diese kleine Betrachtung die Begegnung mit drei *-self*-Pronomen gebracht: *yourself, ourselves, oneself.* Um die *-self*-Pronomen geht es in diesem Kapitel. „Vorhang auf" (= *Curtain up!*) für die *-self*-Pronomen!

Formen und deutsche Entsprechungen

Rückbezüglicher Gebrauch

Singular

I saw	myself	*ich sah mich*
you saw	yourself	*du sahst dich / Sie sahen sich*
he saw	himself	*er sah sich*
she saw	herself	*sie sah sich*
it saw	itself	*es/er/sie sah sich*

Plural

we saw	ourselves	*wir sahen uns*
you saw	yourselves	*ihr saht euch / Sie sahen sich*
they saw	themselves	*sie sahen sich*

Neutrale Form

one saw	oneself	*man sah sich*

Betonender Gebrauch

Singular

I	did it	myself	*ich tat es selbst*
you	did it	yourself	*du tatest es selbst / Sie taten es selbst*
he	did it	himself	*er tat es selbst*
she	did it	herself	*sie tat es selbst*
it	did it	itself	*es/er/sie tat es selbst*

Plural

we	did it	ourselves	*wir taten es selbst*
you	did it	yourselves	*ihr tatet es selbst / Sie taten es selbst*
they	did it	themselves	*sie taten es selbst*

Neutrale Form

one	did it	oneself	*man tat es selbst*

Rückbezüglicher Gebrauch der *-self*-Pronomen

Die *-self*-Pronomen finden Verwendung, wenn S(ubjekt) und O(bjekt) identisch sind. Vergleichen Sie:

S und O nicht identisch:	She regards her as extremely generous.
	Sie hält sie für äußerst großzügig.
S und O identisch:	She regards herself as extremely generous.
	Sie hält sich für äußerst großzügig.

S und O nicht identisch:	He looked at him.
	Er schaute ihn an.
S und O identisch:	He looked at himself in the mirror.
	Er betrachtete sich im Spiegel.

Beispiele für den rückbezüglichen Gebrauch der -self-Pronomen:

I got myself ready.	Ich machte mich fertig.
Treat yourself to a night at the Ritz.	Gönnen Sie sich eine Nacht im Ritz.
You must love your neighbour as yourself.	Du sollst deinen Nächsten lieben wie dich selbst.
He considers himself a good player.	Er hält sich für einen guten Spieler.
She didn't want to commit herself.	Sie wollte sich nicht festlegen.
The organization has set itself the following targets.	Die Organisation hat sich folgende Ziele gesetzt.
We have to protect ourselves.	Wir müssen uns schützen.
Please restrict yourselves to one piece of luggage per person.	Beschränken Sie sich bitte auf ein Gepäckstück pro Person.
And these people call themselves democrats.	Und diese Leute bezeichnen sich als Demokraten.
One must be honest with oneself.	Man muss sich selbst gegenüber ehrlich sein.

Verben mit obligatorischem -self-Pronomen

Eine große Zahl von Verben können außer einem „normalen" Objekt auch ein -self-Pronomen als Objekt haben. Beispiel:

He introduced him.	Er stellte ihn vor.
He introduced himself.	Er stellte sich vor.

Begrenzt ist dagegen die Zahl der Verben, die in einer bestimmten Bedeutung ausschließlich mit einem -self-Pronomen kombiniert auftreten. Zu ihnen gehören:

absent oneself from something	einer Sache fernbleiben
avail oneself of something	von etwas Gebrauch machen
busy oneself (in) doing something	sich damit beschäftigen, etwas zu tun
busy oneself with something	sich mit etwas beschäftigen
content oneself with something	sich mit etwas begnügen
distinguish oneself	sich auszeichnen
ingratiate oneself with someone	sich bei jemand einschmeicheln
make oneself at home	sich wie zu Hause fühlen
make oneself comfortable	es sich bequem machen
make oneself understood	sich verständlich machen
make oneself useful	sich nützlich machen
perjure oneself	einen Meineid leisten
pride oneself on something	sich einer Sache rühmen können

Verben mit fakultativem -self-Pronomen

Die Verben der folgenden Gruppe können auch ohne -self-Pronomen
rückbezüglich gebraucht werden; durch die Hinzufügung des -self-Pronomens
wird der Rückbezug mitunter stärker betont:

dress (oneself)	sich anziehen
shave (oneself)	sich rasieren
wash (oneself)	sich waschen
behave (oneself)	sich benehmen
hide (oneself)	sich verstecken
acclimatize (oneself)	sich akklimatisieren
adapt (oneself)	sich anpassen
adjust (oneself) to something	sich auf etwas einstellen
identify (oneself) with something	sich mit etwas identifizieren
prepare (oneself) for something	sich auf etwas vorbereiten

Anwendungsbeispiele:

He <u>washed,</u> <u>shaved</u> and <u>dressed</u>.	Er wusch sich, rasierte sich und zog sich an.
He's only four but he can already <u>wash himself</u>.	Er ist erst vier, aber er kann sich bereits selber waschen.
She's old enough to <u>dress herself</u>.	Sie ist alt genug, um sich selber anzuziehen.
She <u>behaved</u> very well.	Sie hat sich sehr gut benommen.
If you <u>behave yourself</u>, you've got nothing to worry about.	Wenn du dich (anständig) benimmst, brauchst du dir keine Sorgen zu machen.
We're trying to <u>adapt</u> to these changes.	Wir versuchen uns auf diese Veränderungen einzustellen.
She has the ability to <u>adapt herself</u> to any environment.	Sie hat die Fähigkeit, sich jeder Umgebung anzupassen.

Ortspräposition + Personal- oder -self-Pronomen

Nach Ortspräpositionen wird trotz Rückbeziehung auf das Subjekt in aller
Regel das Personalpronomen – nicht das -self-Pronomen – gebraucht:

He walked slowly, frequently looking <u>around him</u>.	Er ging langsam, wobei er sich häufig umblickte.
I have no money <u>on me</u>.	Ich habe kein Geld bei mir.
Would you mind closing the door <u>behind you</u>.	Würden Sie bitte die Tür hinter sich zumachen.

She left the room, gently closing the door <u>behind her</u>.	Sie ging aus dem Zimmer und machte leise die Tür hinter sich zu.
She has a dazzling career <u>in front of her</u>.	Sie hat eine blendende Karriere vor sich.

Gebraucht man das -*self*-Pronomen, so geschieht dies aus Gründen der Betonung oder zur Vermeidung von Missverständnissen:

He looked <u>around himself</u> with satisfaction as guest after guest arrived.	Er blickte zufrieden um sich, während ein Gast nach dem andern eintraf.
She closed the door <u>behind herself</u>.	Sie machte die Tür hinter sich zu.
The boy pulled the blanket <u>over himself</u>.	Der Junge zog die Decke über sich.
She leapt up in panic, spilling the soup <u>over herself</u>.	Von Panik ergriffen sprang sie auf und schüttete sich dabei die Suppe über.

Besonders zu beachten:

She was beside herself (with joy).	Sie war außer sich (vor Freude).
He was beside himself (with rage).	Er war außer sich (vor Wut).

Deutsch: rückbezüglich – englisch: ohne -*self*

Rückbezügliche Verben sind im Englischen seltener als im Deutschen. So werden etwa die folgenden englischen Verben und verbalen Ausdrücke im Gegensatz zu ihren deutschen Entsprechungen nicht rückbezüglich konstruiert:

amount to	sich belaufen auf
apologize to somebody	sich bei jemand entschuldigen
approach	sich nähern
appropriate something	sich etwas aneignen
be afraid of	sich fürchten vor
be angry/annoyed at	sich ärgern über
be ashamed	sich schämen
be interested in	sich interessieren für
call in sick	sich krankmelden
calm down	sich beruhigen
change	sich (ver)ändern / sich umziehen
complain	sich beschweren
concentrate	sich konzentrieren
deal with something	sich mit etwas befassen
depend on somebody	sich auf jemand verlassen
develop	sich entwickeln
divorce	sich scheiden lassen

embrace	sich umarmen
endeavour	sich bemühen
expand	sich ausdehnen
fall in love with somebody	sich in jemand verlieben
feel well	sich wohl fühlen
freshen up	sich erfrischen / frisch machen
get used to something	sich an etwas gewöhnen
have a look at something	sich etwas anschauen
hurry	sich beeilen
imagine something	sich etwas vorstellen
improve	sich bessern
inquire	sich erkundigen
interfere	sich einmischen
join somebody	sich jemand anschließen
lie down	sich hinlegen
long for	sich sehnen nach
look after somebody	sich um jemand kümmern
make sure	sich vergewissern
make up	sich wieder vertragen
meet (with) somebody	sich mit jemand treffen
mock somebody / something	sich über jemand / etwas lustig machen
move	sich bewegen
part with somebody / something	sich von jemand / etwas trennen
qualify	sich qualifizieren
quarrel	sich streiten
recover	sich erholen
refuse	sich weigern
relax / unwind	sich entspannen
rely on	sich verlassen auf
remember / recall	sich erinnern an
rise	sich erheben
separate	sich trennen
shower	sich duschen
sit down	sich setzen
specialize in	sich spezialisieren auf
straighten up	sich aufrichten
turn (a)round	sich umdrehen
wonder	sich fragen / wundern
worry	sich Sorgen machen

Anwendungsbeispiele:

The world is changing.
The child is developing normally.
It's no use worrying about
  the future.

Die Welt verändert sich.
Das Kind entwickelt sich normal.
Es hat keinen Zweck, sich über die
  Zukunft Sorgen zu machen.

-self-Pronomen – each other / one another

In Sätzen wie *Sie kennen sich nicht.* ist das Wort *sich* grundsätzlich doppel-deutig. Es kann sich auf das Subjekt zurückbeziehen (*Sie kennen sich selbst nicht.*) oder eine wechselseitige Beziehung zwischen zwei oder mehr Beteiligten ausdrücken. Im Englischen gibt es diese Doppeldeutigkeit nicht:

(Bei Rückbezug auf das Subjekt:)
They don't know <u>themselves</u>.
  (= Sie kennen sich selbst nicht.)
(Bei wechselseitiger Beziehung:)
They don't know <u>each other</u>. / They don't know <u>one another</u>.
  (= Sie kennen sich / einander nicht.)

Weitere Beispiele:

They <u>consider themselves</u> intelligent.	Sie halten sich (selbst) für intelligent.
They <u>consider each other / one another</u> intelligent.	Sie halten einander für intelligent.
People must be prepared to <u>help themselves</u>.	Die Menschen müssen bereit sein, sich selbst zu helfen.
People must be prepared to <u>help each other / one another</u>.	Die Menschen müssen bereit sein, sich gegenseitig zu helfen.

Betonender Gebrauch der -self-Pronomen

Die -self-Pronomen werden häufig zur Verstärkung der Personalpronomen verwendet. Sie sind dann stark betont und in der Stellung mitunter variabel. Vergleichen Sie:

She ate the chocolate.	Sie aß die Schokolade.
She ate the chocolate <u>herself</u>.	Sie aß die Schokolade selbst.
She <u>herself</u> ate the chocolate.	Sie selbst aß die Schokolade.
I've never been there.	Ich bin da noch nie gewesen.
I've never been there <u>myself</u>.	Ich selbst bin da noch nie gewesen.
I would never do such a thing.	Ich würde so etwas nie tun.
I <u>myself</u> would never do such a thing.	Ich selbst würde so etwas nie tun.

3

2

In den folgenden Beispielen wird *the President* durch *himself* und *the ceremony* durch *itself* verstärkt:

The President didn't attend the ceremony.	Der Präsident nahm an der Feier nicht teil.
The President <u>himself</u> didn't attend the ceremony.	Der Präsident selbst nahm an der Feier nicht teil.
The President didn't attend the ceremony <u>himself</u>.	Der Präsident nahm nicht selbst an der Feier teil.
The President didn't attend the ceremony <u>itself</u>.	An der Feier selbst nahm der Präsident nicht teil.

Entsprechend wird im Folgenden *I* durch *myself* und *the President* durch *himself* verstärkt:

I spoke to the President.	Ich sprach mit dem Präsidenten.
I spoke to the President <u>myself</u>.	Ich sprach selbst mit dem Präsidenten.
I spoke to the President <u>himself</u>.	Ich sprach mit dem Präsidenten selbst.

Mitunter wird ein Personalpronomen durch ein betonendes -*self*-Pronomen ersetzt:

He has a dog nearly as big as <u>himself</u>.	Er hat einen Hund, der fast so groß wie er selbst ist.
She couldn't believe that the woman in the picture was <u>herself</u>.	Sie konnte nicht glauben, dass die Frau auf dem Bild sie selbst war.
Nothing can bring you peace but <u>yourself</u>.	Nichts kann einem Frieden bringen als man selbst.
I'm not quite <u>myself</u> today.	Ich bin heute nicht ganz auf der Höhe.
No one knows that better than <u>ourselves</u>.	Niemand weiß das besser als wir (selbst).
What do your neighbours and <u>yourselves</u> think of the new motorway?	Wie denken Ihre Nachbarn und Sie (selbst) über die neue Autobahn?

By oneself oder *all by oneself* heißt *allein* im Sinne von „ohne Hilfe / ohne Begleitung":

Did you do it (all) by <u>yourself</u>?	Hast du das (ganz) allein gemacht?
After the death of her husband she had to cope all by <u>herself</u>.	Nach dem Tod ihres Mannes musste sie ganz allein zurechtkommen.
The boy went into the cave all by <u>himself</u>.	Der Junge ging ganz allein in die Höhle.

Possessivpronomen

Had I but served my God with half the zeal
I served my king, he would not in mine age
Have left me naked to mine enemies.
(*William Shakespeare, English dramatist and poet, 1564–1616*)

„Hätt ich nur Gott gedient mit halb dem Eifer, / Den ich dem König weiht', er gäbe nicht / Im Alter nackt mich meinen Feinden preis." So spricht in Shakespeares Drama *Henry VIII* ['henri ði 'eɪtθ] Kardinal Wolsey (['wʊlzi] ca. 1475–1530), der unter *Henry VIII* Englands mächtigster Staatsmann war, dann aber in Ungnade fiel und des Hochverrats angeklagt wurde.

Wer genau hinsieht, dem fällt auf, dass das hier viermal vor einem Nomen verwendete Possessivpronomen (= besitzanzeigende Fürwort) zweimal die Form *my* (*my God, my king*) und zweimal die Form *mine* (*mine age, mine enemies*) hat.

Wie das? Nun, Shakespeare folgt einem weit verbreiteten Sprachgebrauch seiner Zeit: *my* vor Konsonanten (= Mitlauten wie g, k), aber *mine* vor Vokalen (= Selbstlauten wie a, e). Heute heißt es natürlich *my age, my enemies*, und *mine* wird nur noch allein stehend (siehe unten) verwendet.

Ganz nebenbei bemerkt: Nicht alle *native speakers* gebrauchen *my*, wenn sie *my* meinen. In vielen Dialekten der englischsprachigen Welt sagt man *me mother, me car, me feelings* etc., so auch in der Gegend um Liverpool, wo die *plays* (= Theaterstücke) des 1947 geborenen Willy Russell spielen, u. a. *Educating Rita* (1980).

Die Possessivpronomen sind Gegenstand dieses Kapitels. Im Folgendem wenden wir uns nun ihrem „normalen" Gebrauch zu.

Formen

Begleitende (d. h. vor einem Nomen stehende) Possessivpronomen

Singular

I	have done	my	work	*ich habe meine Arbeit getan*
you	have done	your	work	*du hast deine / Sie haben Ihre Arbeit getan*
he	has done	his	work	*er hat seine Arbeit getan*
she	has done	her	work	*sie hat ihre Arbeit getan*
it	has done	its	work	*es/er/sie hat seine/ihre Arbeit getan*

Plural

we	have done	our	work	*wir haben unsere Arbeit getan*
you	have done	your	work	*ihr habt eure / Sie haben Ihre Arbeit getan*
they	have done	their	work	*sie haben ihre Arbeit getan*

Neutrale Form

one	has done	one's	work	*man hat seine Arbeit getan*

Allein stehende Possessivpronomen

Singular

his	room is below	mine	*sein Zimmer ist unter meinem*
her	room is below	yours	*ihr Zimmer ist unter deinem/Ihrem*
my	room is below	his	*mein Zimmer ist unter seinem*
his	room is below	hers	*sein Zimmer ist unter ihrem*

Plural

your	room is below	ours	*euer Zimmer ist unter unserem*
our	room is below	yours	*unser Zimmer ist unter eurem/Ihrem*
our	room is below	theirs	*unser Zimmer ist unter ihrem*

Anmerkung: *Its* und *one's* kommen allein stehend nicht vor.

Gebrauch der begleitenden Possessivpronomen

Häufiger als im Deutschen stehen die Possessivpronomen in Bezug auf Körperteile und Kleidungsstücke sowie Wörter wie *life*, *death* und *mind*, wenn sie als eng zu einer Person bzw. personifizierten Tieren oder Institutionen gehörig angesehen werden:

Englisch: Possessivpronomen – deutsch: bestimmter Artikel:

She closed/opened her eyes.	Sie schloss/öffnete die Augen.
He shook his head.	Er schüttelte den Kopf.
She put her arm around him.	Sie legte den Arm um ihn.
Raise your right arm above your head.	Heben Sie den rechten Arm über den Kopf.
We've been on our feet all day.	Wir sind den ganzen Tag auf den Beinen gewesen.
I wish I had kept my mouth shut.	Ich wünschte, ich hätte den Mund gehalten.
The dog was unable to lift its leg.	Der Hund konnte das Bein nicht heben.
The regime was forced to its knees.	Das Regime wurde in die Knie gezwungen.
He helped her into her coat.	Er half ihr in den Mantel.
He had his hands in his pockets.	Er hatte die Hände in den Taschen.

Thousands of soldiers met <u>their</u> death on this battlefield.	Tausende von Soldaten fanden auf diesem Schlachtfeld <u>den</u> Tod.
He lost <u>his</u> balance and fell off the ladder.	Er verlor <u>das</u> Gleichgewicht und fiel von der Leiter.
She ground <u>her</u> teeth.	Sie knirschte mit <u>den</u> Zähnen.

Englisch: Possessivpronomen – deutsch: Personalpronomen oder -*self*-Pronomen + Artikel:

She saved <u>his</u> life.	Sie rettete <u>ihm das</u> Leben.
They cut <u>his</u> throat.	Sie schnitten <u>ihm die</u> Kehle durch.
The idea has been going through <u>my</u> mind for some time.	Der Gedanke geht <u>mir</u> seit einiger Zeit durch <u>den</u> Kopf.
Shall I take <u>your</u> picture?	Soll ich <u>ein</u> Bild <u>von dir</u> machen?
She broke <u>her</u> right arm.	Sie brach <u>sich den</u> rechten Arm.
He wiped <u>his</u> mouth on his sleeve.	Er wischte <u>sich den</u> Mund mit dem Ärmel ab.

In Fällen wie den folgenden steht dagegen wie im Deutschen der bestimmte Artikel:

He kissed her on <u>the</u> mouth.	Er küsste sie auf den Mund.
They shot him in <u>the</u> head.	Sie schossen ihm in den Kopf.
She looked him full in <u>the</u> face.	Sie sah ihm voll ins Gesicht.
He took her by <u>the</u> arm.	Er nahm sie am Arm.

Beachten Sie auch:

Your wish is <u>my</u> command.	Ihr Wunsch ist <u>mir</u> Befehl.

Possessivpronomen + *own*

Own (= eigen) kann nur nach einem Possessivpronomen gebraucht werden und verstärkt dieses dann.

Own + Possessivpronomen vor einem Nomen stehend:

What I do with my money is <u>my own</u> business.	Was ich mit meinem Geld mache, ist meine eigene Angelegenheit.
We're big enough now to stand on <u>our own</u> two feet.	Wir sind jetzt groß genug, um auf eigenen Füßen zu stehen.
Taking responsibility for <u>one's own</u> life is all-important.	Von entscheidender Wichtigkeit ist, dass man für das eigene Leben die Verantwortung übernimmt.
She took <u>her own</u> life.	Sie nahm sich das Leben.

Häufig entspricht der englischen Fügung Possessivpronomen + *own* im Deutschen eine Konstruktion mit *selbst*:

We bake <u>our own</u> bread.	Wir backen unser Brot <u>selbst</u>.
Thanks, I can find <u>my own</u> way.	Danke, ich finde den Weg schon <u>selbst</u>.
They've taken matters into <u>their own</u> hands.	Sie haben die Sache <u>selbst</u> in die Hand genommen.

Own + Possessivpronomen allein stehend:

The taxi <u>is his own</u>.	Das Taxi <u>gehört ihm selbst</u>.
The girl has a room <u>of her own</u>.	Das Mädchen hat ein <u>eigenes</u> Zimmer.
I've got more than enough problems <u>of my own</u>.	Ich habe mehr als genug <u>eigene</u> Probleme.
She never went out <u>on her own</u>.	Sie ging nie <u>alleine</u> aus.
She raised three children <u>on her own</u>.	Sie hat drei Kinder <u>allein</u> großgezogen.
With this win she has <u>come into her own</u>.	Mit diesem Sieg hat sie <u>gezeigt, was in ihr steckt</u>.

Gebrauch der allein stehenden Possessivpronomen

Allein stehend werden die Possessivpronomen in Konstruktionen wie den folgenden gebraucht:

She's a friend of <u>mine</u>.	Sie ist eine Freundin von mir.
She lives in the flat above <u>mine</u>.	Sie wohnt in der Wohnung über meiner/mir.
The choice is <u>yours</u>.	Sie haben / du hast / ihr habt die Wahl.
The idea was entirely <u>his</u>.	Es war ganz und gar seine Idee.
The decision is <u>hers</u> and her husband's.	Die Entscheidung liegt bei ihr und ihrem Mann.
World tours are a speciality of <u>ours</u>.	Weltreisen sind eine Spezialität von uns.
They've always been good allies of <u>ours</u>.	Sie sind uns stets gute Verbündete gewesen.
<u>Theirs</u> was not an easy task.	Ihre war keine leichte Aufgabe.

Yours findet auch in den Schlussformeln von Briefen Verwendung:

Yours ever	(*etwa*) Mit herzlichen Grüßen
Yours sincerely *BE* / *AE* Sincerely yours	(*etwa*) Mit freundlichen Grüßen
Yours faithfully *BE* / *AE* Yours truly	(*etwa*) Hochachtungsvoll

Beachten Sie den Unterschied:

some pictures of <u>hers</u> einige ihrer Bilder (d. h. Bilder, die ihr gehören oder von ihr gemalt wurden)

some pictures of <u>her</u> einige Bilder von ihr (d. h. Bilder, die sie darstellen)

Test 3 Personalpronomen, -self-Pronomen, Possessivpronomen

1. **Setzen Sie ein rückbezügliches -self-Pronomen ein, wo es angebracht ist.**

a) The enemy was approaching ..... from two sides.

b) He told the children to behave .....

c) Fortunately the dog managed to free .....

d) He likes to hear ..... talk.

e) She was keen to revenge .....

f) Show me a person who's totally honest with .....

g) We met ..... in a pub near St Paul's.

h) She went back to the store to complain .....

i) In order to love others, one must first learn to love .....

j) You regard ..... as extremely generous, don't you?

k) They treated ..... to a night at the Ritz.

l) I consider ..... a fairly good player.

m) The organization has set ..... the following targets.

n) Please restrict ..... to one piece of luggage per person.

o) The boy is old enough to wash ..... now.

p) Both men apologized ..... for their crime.

q) He divorced ..... about ten years ago.

r) We must not permit ..... to be provoked.

2. **Personalpronomen oder -self-Pronomen? Setzen Sie das passende Pronomen ein.**

a) The children laughed and played and enjoyed .....

b) They told the mugger that they had no money on .....

c) He stepped inside and locked the door quickly behind .....

d) He sunned ..... on the terrace behind his house.

e) At the corner she stopped and looked cautiously around .....

f) She was beside ..... with joy.

g) You should all be ashamed of .....

h) If you go on like this, you have a great future ahead of .....

i) If we have no weapons, we can't defend .....

3. Setzen Sie ein passendes Possessivpronomen ein.

a) I just want to freshen up and comb ..... hair.

b) She shrugged ..... shoulders.

c) You can tell an awful lot about a restaurant from ..... coffee.

d) He cut ..... hand while washing up.

e) If the British changed from left-hand to right-hand traffic, hundreds of thousands of buses would suddenly have ..... doors on the wrong side.

f) Why don't you take off ..... coat and stay a while?

g) If we will all do ..... best, we will succeed.

4. Setzen Sie *he, him, his, himself* oder *the* ein.

a) Energy saving was a hobby of .....

b) I didn't dare look ..... in ..... eye.

c) Do you think the president signed it .....?

d) A rider might easily fall off his horse and break ..... neck.

e) It's ..... who should apologize, not you.

f) She hit ..... on ..... head with a frying pan.

g) The speaker had difficulty making ..... heard.

1. a) – b) (themselves) c) itself d) himself e) herself f) themselves/himself
g) – h) – i) oneself j) yourself/yourselves k) themselves l) myself m) itself
n) yourself/yourselves o) himself p) – q) – r) ourselves

2. a) themselves b) them c) him d) himself e) her f) herself g) yourselves
h) you i) ourselves

3. a) my b) her c) its d) his e) their f) your g) our

4. a) his b) him; the c) himself d) his e) he/him f) him; the g) himself

Fragepronomen

"If it doesn't matter who anybody marries, then it doesn't matter who I marry and it doesn't matter who you marry." – "Whom, not who." – "Oh, speak English . . ." (*George Bernard Shaw, Irish writer, 1856–1950*)

In diesem Ausschnitt aus einem 1934 erschienenen, recht unbekannten Stück Shaws wird der Sprecher von seinem Gesprächspartner beckmesserisch korrigiert: *Whom* hätte er sagen müssen, nicht *who*. Shaws eigene Ansicht dürfen wir in der Antwort des Korrigierten vermuten: *Oh, speak English!*

Schon Shakespeare gebraucht *who* häufig als Objekt. Trotzdem versuchen pedantische Grammatiker seit Jahrhunderten die Englischsprechenden dazu zu bringen, dass sie dem Fragepronomen *who* in Objektposition ein *m* anhängen. Also: *Who saw you?* (*Who* ist Subjekt.), aber *Whom did you see?* (*Whom* ist Objekt.)
Die Sprachgemeinschaft hat der Vorschrift widerstanden – *whom* ist als Fragepronomen heute ziemlich selten.
Man sagt also normalerweise: *Who did you see?*, *Who are you expecting?* und in Verbindung mit Präpositionen: *Who did you talk to?*, *Who was it written by?*

Recht zwingend ist der Gebrauch von *whom* nur dann, wenn aus irgendeinem Grund die Präposition nach vorn gestellt wird, wie etwa in den folgenden erstaunten Rückfragen:
"*Try to think of your unborn child.*" – "*Of whom?*"
"*This thriller was written by the former Foreign Secretary.*" – "*By whom?*"

Außer *who* und *whom* werden in diesem Kapitel noch die anderen Fragepronomen *whose*, *what* und *which* behandelt. Zu ihrem richtigen Gebrauch in Fragesätzen muss man auch wissen, ob mit *do / does / did* zu umschreiben ist oder nicht. Hierzu finden Sie die nötigen Erklärungen auf den Seiten 342–343.

Fragepronomen *who(m)*

Who(m) fragt nach Personen, und zwar im Gegensatz zu *which* (→ S. 95–96) aus einer uneingeschränkten Zahl.
Who steht sowohl in Subjekt- als auch in Objektposition.
In Objektposition ist *whom* eine – mitunter als überkorrekt bzw. affektiert empfundene – Alternative.

Who als Subjekt in direkter und indirekter Frage:

Who's that woman over there?	Wer ist die Frau da drüben?
I don't know <u>who</u> that woman is.	Ich weiß nicht, wer diese Frau ist.
<u>Who</u> wrote *Lord of the Flies*?	Wer schrieb *Herr der Fliegen*?
Can you tell me <u>who</u> wrote *Lord of the Flies*?	Können Sie mir sagen, wer *Herr der Fliegen* geschrieben hat?

Who als Objekt in direkter und indirekter Frage:

<u>Who</u> do you mean?	Wen meinen Sie?
They wanted to know <u>who</u> I meant.	Sie wollten wissen, wen ich meinte.
<u>Who</u>'s the booking for?	Für wen ist die Reservierung?
I need to know <u>who</u> the booking is for.	Ich muss wissen, für wen die Reservierung ist.
<u>Who</u> does she work for?	Für wen arbeitet sie?
She didn't tell me <u>who</u> she works for.	Sie sagte mir nicht, für wen sie arbeitet.

> Wie gesagt, ist als Objektform auch stets *whom* grammatisch möglich (wenn auch umgangssprachlich unüblich), wobei sich in Verbindung mit einer Präposition jeweils zwei Stellungsmuster ergeben:
>
> <u>Whom</u> do you mean?
> They wanted to know <u>whom</u> I meant.
> For <u>whom</u> is the booking? / <u>Whom</u> is the booking for?
> I need to know for <u>whom</u> the booking is / <u>whom</u> the booking is for.
> For <u>whom</u> does she work? / <u>Whom</u> does she work for?
> She didn't tell me for <u>whom</u> she works / <u>whom</u> she works for.

Selten sind die Fälle, in denen die Variante mit *whom* als die wahrscheinlichere anzusehen ist:

We're trying to find out who said what to <u>whom</u>.	Wir versuchen herauszufinden, wer was zu wem gesagt hat.
<u>Who</u>'s going to sit next to <u>whom</u>?	Wer wird neben wem sitzen?
For <u>Whom</u> the Bell Tolls	Wem die Stunde schlägt

Fragepronomen *whose*

Whose (= wessen) fragt nach dem Besitzer und kann vor einem Nomen stehend (*<u>Whose</u> book is this?*) oder allein stehend (*<u>Whose</u> is this book?*) gebraucht werden:

<u>Whose</u> fault is it?	Wessen Schuld ist es?
I don't care <u>whose</u> fault it is.	Mir ist egal, wessen Schuld es ist.

Whose are those dirty socks?	Wem gehören die schmutzigen Socken da?
I've no idea whose they are.	Ich habe keine Ahnung, wem sie gehören.
Whose car are you going in?	In wessen Auto fährst du mit?
On whose authority are you acting?	In wessen Auftrag handeln Sie?

Fragepronomen *what*

What kann allein stehend (= was) oder vor einem Nomen stehend (= was für, welcher/welche/welches) gebraucht werden; *what* fragt (im Gegensatz zu *which* – siehe S. 95–96) aus einer uneingeschränkten Zahl:

What allein stehend:

What's your favourite activity?	Was machen Sie am liebsten?
What happens if she finds out?	Was passiert, wenn sie es merkt?
What do you do? – I'm an engineer.	Was machen Sie beruflich? – Ich bin Ingenieur.
What are you talking about?	Wovon redest du eigentlich?
What's the weather like?	Wie ist denn das Wetter?
What does she look like?	Wie sieht sie (denn) aus?
What are you looking for?	Was suchst du (denn)?
What're you asking that for?	Wozu fragst du (denn) das?
What did he have to jump out of the window for?	Wozu musste er denn auch aus dem Fenster springen?

What vor einem Nomen stehend:

What woman would want to marry me?	Welche Frau würde mich schon heiraten wollen?
What name was it, sir?	Wie war doch noch der (werte) Name?
What size are you?	Was für eine (Konfektions-)Größe haben Sie?
What colour would you like?	Welche Farbe hätten Sie denn gern?
What time do you usually pick them up?	Um welche Zeit holst du sie für gewöhnlich ab?
What kind of books do you read?	Was für Bücher lesen Sie denn (so)?
What kind of fool has thought that up?	Was für ein Idiot hat sich denn das ausgedacht?
What sort of arrangement did you have in mind?	Was für eine Regelung schwebt Ihnen (denn) vor?
What company's he with?	Bei welcher Firma arbeitet er?

<u>What</u> line is Swiss Cottage on?	An welcher (U-Bahn-)Linie liegt Swiss Cottage?
<u>What</u> condition were the plants in?	In was für einem Zustand waren die Pflanzen?

Im folgenden Fall sind beide Konstruktionen üblich:

<u>What</u> nationality is she? / <u>What</u>'s her nationality?	Welche Staatsangehörigkeit hat sie?

Fragepronomen *which*

Während *what* und *who* ganz allgemein, d. h. aus einer uneingeschränkten Zahl fragen, wählt *which* aus einer genannten oder gedachten Menge aus. Es kann vor einem Nomen (<u>*Which*</u> *toothpaste is the best?*) oder allein stehen (<u>*Which*</u> *is the best toothpaste?*). Oft wird die Gruppe, aus der die Auswahl erfolgt, mit *of* angefügt (<u>*Which*</u> *of these toothpastes is the best?*).

Which wird gleichermaßen mit Bezug auf Personen oder Nichtpersonen verwendet: <u>*Which*</u> *player / horse / picture impressed you most?* (= Welcher Spieler / Welches Pferd / Welches Bild hat Sie am meisten beeindruckt?)

Die folgenden Beispielpaare veranschaulichen den Unterschied zwischen *what / who* einerseits und *which* andererseits:

<u>What</u>'s the capital of the US?	Was ist die Hauptstadt der USA?
<u>Which</u> is the capital – New York or Washington?	Welches ist die Hauptstadt – New York oder Washington?
<u>Who</u>'s the boss? – His wife.	Wer ist der Chef? – Seine Frau.
<u>Which</u> is the boss? – The third from the left.	Welcher ist der Chef? – Der Dritte von links.
<u>Who</u> got here first?	Wer kam als Erster (hier) an?
<u>Which</u> of you got here first?	Wer von euch kam als Erster (hier) an?
<u>What</u> woman would knowingly run such a risk?	Welche Frau würde bewusst ein solches Risiko eingehen?
<u>Which</u> woman said of herself: "We have become a grandmother"?	Welche Frau hat von sich gesagt: „Wir sind Großmutter geworden"?
<u>What</u> (*auch:* <u>Which</u>) language has the most words?	Welche Sprache hat die meisten Wörter?
<u>Which</u> language is easier to learn – English or French?	Welche Sprache ist leichter zu lernen – Englisch oder Französisch?

Mitunter sind – wie im letzten Beispiel – sowohl *what / who* als auch *which* im gleichen Kontext verwendbar, je nachdem ob man „voraussetzungslos allgemein" fragt oder die Auswahl gedanklich begrenzt:

<u>What / Which</u> job is listed as the worst risk by American insurance companies?	Welcher Beruf wird von den amerikanischen Versicherungen als schlechtestes Risiko eingestuft?
<u>What / Which</u> country has the highest number of road deaths?	Welches Land hat die höchste Zahl von Verkehrstoten?
<u>What / Which</u> city is the opera *Carmen* set in?	In welcher Stadt spielt die Oper *Carmen*?
<u>What / Which</u> is the largest Japanese car manufacturer?	Welches ist der größte japanische Autohersteller?
<u>What / Which</u> is the world's biggest-selling brand of beer?	Was ist das meistverkaufte Bier der Welt?
<u>Who / Which</u> was the greatest US president?	Wer / Welches war der bedeutendste amerikanische Präsident?

Entscheidend ist nicht die absolute Größe der Auswahl, sondern ob die Zahl der Möglichkeiten subjektiv eingegrenzt ist. So erklärt sich der Gebrauch von *what* in den beiden folgenden Sätzen, bei denen objektiv aus einer Siebener- bzw. Zwölfergruppe ausgewählt wird:

On <u>what</u> day of the week does the Jewish Sabbath begin?	An welchem Tag der Woche beginnt der jüdische Sabbat?
<u>What</u> month are US presidential elections held in?	In welchem Monat finden die amerikanischen Präsidentschafts- wahlen statt?

Relativpronomen und Relativsätze

Discharge your obligations to everyone; pay tax and levy, reverence and respect,
to those to whom they are due. Leave no debt outstanding, but remember
the debt of love you owe one another. He who loves his neighbour has met every
requirement of the law. (*The Bible, The Letter of Paul to the Romans, 13:7–8*)

„Erfüllt eure Verpflichtungen gegenüber jedermann; zahlt Steuern und
Abgaben, erweist Ehrfurcht und Achtung denen, denen sie gebühren.
Lasst keine Schuld unbezahlt, erinnert euch vielmehr der Liebesschuld,
die ihr einander schuldet. Wer seinen Nächsten liebt, ist jeder
Anforderung des Gesetzes gerecht geworden." – Das englische Zitat
stammt aus einer neueren Übersetzung der Bibel, aus dem 13. Kapitel des
Briefes des Paulus an die Römer; es ist hier etwas holprig, dafür aber nahe
am englischen Text, übersetzt.

Drei Varianten eines Relativsatzes (siehe unten) sind in diesen Zeilen
enthalten:
pay tax and levy . . . to those <u>to whom they are due</u>
remember the debt of love <u>you owe one another</u>
he <u>who loves his neighbour</u> has met every requirement of the law
Zwei der Relativsätze sind durch Relativpronomen eingeleitet: *(to) whom*
und *who*; der mittlere ist ohne ein Relativpronomen an das Bezugswort
angehängt (Kontaktkonstruktion).

Wenn wir an dem ehrwürdigen Text ein wenig herumprobieren, stellen
wir fest, dass im ersten Beispiel – modern-umgangssprachlich – auch
those they are due to möglich wäre – grammatisch möglich, wohl gemerkt,
nicht aber dem Alter und der Würde des Textes angemessen!
Umgekehrt könnten wir im mittleren Beispiel ein Relativpronomen
einfügen: *the debt of love that / which you owe one another.*
Im letzten Satz schließlich könnten wir – etwas altmodisch und daher in
älteren Bibelfassungen durchaus anzutreffen – auch *he that loves his
neighbour* sagen (oder – entsprechend den Regeln heutiger *political
correctness*: *people / those who love their neighbour, someone who loves their
neighbour / someone who loves others / other people*).

Wir sehen aus dieser kleinen Betrachtung, dass für die Formulierung
von Relativsätzen oft mehrere Möglichkeiten bestehen; für welche
man sich entscheidet, hängt nicht zuletzt von der Stilebene (förmlich,
umgangssprachlich, geschrieben, gesprochen etc.) ab.
Die folgende Darstellung will Ihnen helfen, sich in der Vielfalt der
Relativsatztypen zurechtzufinden und für den eigenen Ausdruck jeweils
die angemessene Form zu wählen.

Bestimmende und nicht bestimmende Relativsätze

Relativpronomen leiten Nebensätze – d. h. so genannte Relativsätze –
ein, die der näheren Bestimmung oder zusätzlichen Erläuterung von Wörtern
oder Wortgruppen dienen:

People <u>who have dogs</u> are always
  nice.

Leute, die Hunde haben, sind
  immer nett.

Hier wird das Nomen *people* durch den Relativsatz *who have dogs* näher
bestimmt; der Relativsatz wird durch das Relativpronomen *who* eingeleitet.

Für den Gebrauch der Relativpronomen, die Kommasetzung und
die Bemessung der Sprechpausen ist von Bedeutung, ob ein Relativsatz
<u>bestimmend</u> oder <u>nicht bestimmend</u> ist.
Ein <u>bestimmender</u> Relativsatz ist für das Verständnis des Bezugswortes
notwendig; ein <u>nicht bestimmender</u> liefert zusätzliche Informationen zum
Bezugswort, die aber entbehrlich sind:

Bestimmend:
People <u>who read a lot</u> can easily do without TV.
Leute, die viel lesen, können leicht ohne Fernsehen auskommen.

Nicht bestimmend:
My wife, who reads a lot, can easily do without TV.

Der erste Satz wäre ohne den Relativsatz informationsmäßig unvollständig,
denn *people* wäre nicht ausreichend definiert:
People can easily do without TV. – Was für Leute?
Im zweiten Satz hingegen liefert der Relativsatz lediglich eine zusätzliche
Information, die für das Verständnis des Hauptsatzes nicht entscheidend ist.
My wife ist auch ohne den Relativsatz eindeutig definiert:
My wife can easily do without TV.

Nicht bestimmende Relativsätze werden in der Regel durch Kommas
vom Hauptsatz abgehoben. Beim Sprechen wird diese Abhebung zumeist
durch Pausen bewirkt:
My wife [Pause] *who reads a lot* [Pause] *can easily do without TV.*

Bestimmende Relativsätze kommen sowohl in der geschriebenen als auch in
der gesprochenen Sprache äußerst häufig vor; nicht bestimmende hingegen
sind sehr viel seltener und weitgehend auf die Schriftsprache beschränkt.

Relativpronomen *who*

Das Relativpronomen *who* steht mit Bezug auf Personen, Personengruppen und personifizierte Tiere; es leitet sowohl bestimmende als auch nicht bestimmende Relativsätze ein.

Bestimmende Relativsätze:

I have an uncle <u>who</u>'s a lawyer.	Ich habe einen Onkel, der Rechtsanwalt ist.
Rockwell was an artist <u>who</u> told stories in pictures.	Rockwell war ein Künstler, der Geschichten in Bildern erzählte.
It was the Americans <u>who</u> gave us Disneyland.	Die Amerikaner waren es, die uns Disneyland geschenkt haben.
It's you <u>who</u> are / is to blame, not me.	Du bist es, der/die Schuld hat, nicht ich.
I'm someone <u>who</u> spends 50 per cent of his/her/their/my time travelling.	Ich bin jemand, der 50 Prozent seiner Zeit mit Reisen verbringt.

Nicht bestimmende Relativsätze:

Carol, <u>who</u> had heard everything, rushed over.	Carol, die alles gehört hatte, stürzte herbei.
Chandler, <u>who</u> died in 1959, wrote only seven novels, but they became classics of their kind.	Chandler, der 1959 starb, schrieb nur sieben Romane, aber diese wurden Klassiker ihres Genres.

> Mit Bezug auf Kollektivwörter wie *group, class, company, team* steht *who*, wenn sie als Plural aufgefasst werden, und *which*, wenn man sie als Singular versteht (→ S. 25):
>
> | | |
> |---|---|
> | There are companies <u>who / which</u> make quite a lot of money out of it. | Es gibt Firmen, die damit eine Menge Geld verdienen. |
> | It's been wonderful playing with a team <u>who play / which plays</u> so well. | Es ist herrlich gewesen, mit einer Mannschaft zu spielen, die so gut spielt. |

In allen vorangegangenen Beispielen ist *who* Subjekt; es kann aber auch Objekt sein und ist dann eine umgangssprachliche Variante zu *whom*:

She has just divorced her third husband, <u>who(m)</u> she married in 1999.	Sie hat sich gerade von ihrem dritten Mann scheiden lassen, den sie 1999 heiratete.

Relativpronomen *whom*

Whom ist die Objektform von *who*. Als Relativpronomen kommt *whom* im gesprochenen Englisch recht selten vor, weil es in bestimmenden Relativsätzen meist weggelassen wird und nicht bestimmende Relativsätze in der gesprochenen Sprache unüblich sind.

Bestimmende Relativsätze:

She married a man (whom) she didn't love.

Sie heiratete einen Mann, den sie nicht liebte.

He looks like someone with whom it is safe to do business.

Er sieht wie jemand aus, mit dem man gefahrlos Geschäfte machen kann.

One of the few people with whom he spoke was the Reverend Donald Smith.

Einer der wenigen Menschen, mit denen er sprach, war Pfarrer Donald Smith.

A high court judge was among those against whom an inquiry had been opened.

Ein hoher Richter gehörte zu denen, gegen die ein Untersuchungsverfahren eingeleitet worden war.

She was a woman to whom sport was everything.

Sie war eine Frau, der der Sport alles bedeutete.

New generations are coming along for whom World War II is merely a historical fact.

Neue Generationen wachsen heran, für die der Zweite Weltkrieg lediglich ein historisches Faktum ist.

> In bestimmenden Relativsätzen wird ein in Objektposition stehendes Relativpronomen häufig weggelassen (Kontaktkonstruktion). Die vorstehenden Sätze mit *whom* lassen sich – soweit das Relativpronomen wegfallen kann – so umformulieren:
> *She married a man she didn't love.*
> *He looks like someone it's safe to do business with.*
> *One of the few people he spoke with was the Reverend Donald Smith.*
> *A high court judge was among those an inquiry had been opened against.*

Nicht bestimmende Relativsätze:

His mother Dolly was a formidable figure, whom Frank nicknamed "The Force".

Seine Mutter Dolly war eine eindrucksvolle Persönlichkeit, der Frank den Spitznamen „Die Macht" gab.

She has two children, Sarah and Paul, of whom she is extremely proud.

Sie hat zwei Kinder, Sarah und Paul, auf die sie sehr stolz ist.

Nach personenbezogenen Zahlen- oder Prozentangaben und Mengen-
bezeichnungen wie *many, most, all, each, both, (n)either, some* und *none*
muss in Relativsätzen wie den folgenden *of whom* stehen:

They were outraged by the behaviour of the fans, <u>many of whom</u> had been drinking since the afternoon.	Sie waren empört über das Benehmen der Fans, von denen viele schon seit dem Nachmittag Alkohol getrunken hatten.
The population totals only 1.3 million people, <u>most of whom</u> live in coastal cities.	Die Bevölkerungszahl beläuft sich auf nur 1,3 Millionen Menschen, von denen die meisten in den Küstenstädten leben.
China is now a nation of 1.2 billion people, <u>all of whom</u> would like refrigerators and other conveniences.	China ist heute eine Nation von 1,2 Milliarden Menschen, die alle gern Kühlschränke und andere Annehmlichkeiten hätten.
She has two sisters, <u>neither of whom</u> is in any way remarkable.	Sie hat zwei Schwestern, die beide in keiner Weise bemerkenswert sind.
The investors, <u>some of whom</u> he met mountain climbing, wanted to remain anonymous.	Die Investoren, von denen er einige beim Bergsteigen kennen gelernt hatte, wollten anonym bleiben.
She saw a number of specialists, <u>none of whom</u> was able to diagnose the illness.	Sie konsultierte eine Reihe von Spezialisten, von denen keiner imstande war, die Krankheit zu diagnostizieren.

Relativpronomen *whose*

Whose steht als Relativpronomen mit Bezug auf Personen und Sachen in
bestimmenden und nicht bestimmenden Relativsätzen.

Bestimmende Relativsätze:

There are special classes for children <u>whose</u> first language is not English.	Es gibt besondere Klassen für Kinder, deren Muttersprache nicht Englisch ist.
She provided the idea for a TV series <u>whose</u> main character is a baby elephant.	Von ihr stammt die Idee für eine Fernsehserie, deren Hauptfigur ein Elefantenbaby ist.
The president was facing a crisis <u>whose</u> consequences were unforeseeable.	Der Präsident sah sich mit einer Krise konfrontiert, deren Folgen unabsehbar waren.

Nicht bestimmende Relativsätze:

He is being charged with the murder of Ian Richards, <u>whose</u> body was found in Charnwood Forest two weeks ago.	Er wird des Mordes an Ian Richards angeklagt, dessen Leiche vor zwei Wochen im Charnwood-Wald gefunden wurde.
Silicon Valley, <u>whose</u> name is synonymous with the US computer industry, stretches from San Jose to Palo Alto in northern California.	(Das) Silicon Valley, dessen Name gleichbedeutend mit der amerikanischen Computer-Industrie ist, erstreckt sich von San Jose bis Palo Alto in Nordkalifornien.

Relativpronomen *which*

Das Relativpronomen *which* steht in Subjekt- oder Objektposition mit Bezug auf Nichtpersonen und nicht personifizierte Tiere in bestimmenden und nicht bestimmenden Relativsätzen.

Bestimmende Relativsätze:

Many ideas <u>which</u> look good on paper just don't work in practice.	Viele Ideen, die gut auf dem Papier aussehen, funktionieren einfach nicht in der Praxis.
We live in a society <u>which</u> is obsessed with sex.	Wir leben in einer Gesellschaft, die vom Sex besessen ist.
The place had the kind of ambience <u>which</u> you expect in Italian restaurants.	Das Lokal hatte die Art von Ambiente, die man in italienischen Restaurants erwartet.
We visited one of the ancient castles for <u>which</u> the region is famous.	Wir besuchten eine der alten Burgen, für die die Gegend bekannt ist.
We don't want a society in <u>which</u> the state is responsible for everything.	Wir wollen keine Gesellschaft, in der der Staat für alles verantwortlich ist.

In bestimmenden Relativsätzen kann statt *which* auch *that* stehen, allerdings nicht nach einer Präposition:
Many ideas <u>that</u> look good on paper just don't work in practice.
We live in a society <u>that</u>'s obsessed with sex.

Ein in Objektposition stehendes *which* kann häufig weggelassen werden (Kontaktkonstruktion); beachten Sie die sich dann ergebende Endstellung der etwaigen Präposition (hier *for*):
The place had the kind of ambience you expect in Italian restaurants.
We visited one of the ancient castles the region is famous for.

Nicht bestimmende Relativsätze:

I have a great affection for America, <u>which</u> has been very generous to me.	Ich habe eine große Zuneigung zu Amerika, das mir gegenüber sehr großzügig gewesen ist.
The effects of this law, <u>which</u> will cost $3.34 billion, will be seen only gradually.	Die Auswirkungen dieses Gesetzes, das 3,34 Milliarden Dollar kosten wird, werden erst allmählich sichtbar werden.
He owns about 2,000 books, of <u>which</u> almost half are reference works.	Er besitzt ungefähr 2000 Bücher, von denen fast die Hälfte Nachschlagewerke sind.
She wrote some 50 novels, some of <u>which</u> became bestsellers.	Sie schrieb etwa 50 Romane, von denen einige Bestseller wurden.

Which kann sich auch auf einen vorangehenden Satz oder Satzteil beziehen; der von *which* eingeleitete Relativsatz ist auch hier nicht bestimmend, daher Komma bzw. Sprechpause:

I'm down to a hundred and fifteen pounds, <u>which</u> is all right.	Ich bin auf hundertfünfzehn Pfund runter, was in Ordnung ist.
The phone didn't ring all weekend, <u>which</u> was highly unusual.	Das Telefon klingelte das ganze Wochenende nicht, was höchst ungewöhnlich war.
He had a job and money, <u>which</u> impressed me at the time.	Er hatte einen Job und Geld, was mich damals beeindruckte.
He was incredibly polite to my parents, <u>which</u> made them like him.	Er war unglaublich höflich zu meinen Eltern, weshalb sie ihn sympathisch fanden.
I gave up my acting and concentrated on what I do today, <u>which</u> is directing and writing.	Ich gab die Schauspielerei auf und konzentrierte mich auf das, was ich heute mache, nämlich Regiearbeit und Schreiben.

Relativpronomen *that*

Das Relativpronomen *that* steht mit Bezug auf Sachen und – wesentlich seltener – Personen.
That wird fast ausschließlich zur Einleitung bestimmender Relativsätze – also ohne Komma oder Sprechpause – gebraucht.
Meist steht *that* in Subjektposition. Einem *that* in Objektposition wird die Kontaktkonstruktion ohne Relativpronomen vorgezogen.
Eine etwaige Präposition kann nicht vor *that*, sondern nur am Ende des Relativsatzes stehen.

Relativpronomen *that* in Subjektposition:

Is this the plane <u>that</u> was to take off at 11.30?	Ist dies die Maschine, die um 11.30 Uhr starten sollte?
You've got your diploma and that's all <u>that</u> counts.	Du hast dein Diplom, und das ist das einzige, was zählt.
There are companies <u>that</u> specialize in this sort of thing.	Es gibt Firmen, die sich darauf spezialisiert haben.
The man <u>that</u> gets drunk is little else than a fool.	Der Mann, der sich betrinkt, ist kaum mehr als ein Dummkopf.
Man is the only animal <u>that</u> blushes – or needs to.	Der Mensch ist das einzige Tier, das errötet – oder Veranlassung dazu hat.

Relativpronomen *that* in Objektposition:

The evil <u>that</u> men do lives after them.	Das Böse, was Menschen tun, überdauert sie.
I'm living with doubts and fears <u>that</u> I never dreamed possible.	Ich lebe mit Zweifeln und Ängsten, die ich im Traum nicht für möglich gehalten habe.
Jones was everything <u>that</u> I was not.	Jones war alles, was ich nicht war.
It was great to have someone again <u>that</u> I could talk to.	Es war prima, wieder mal jemand zu haben, mit dem ich reden konnte.
She is just the dearest friend <u>that</u> I have ever had or <u>that</u> I shall ever have.	Sie ist einfach die liebste Freundin, die ich je gehabt habe oder je haben werde.

> Ein in Objektposition stehendes *that* kann häufig weggelassen werden (Kontaktkonstruktion):
> *It was great to have someone <u>I could talk to</u>.*
> Dieser Relativsatz lässt sich umgangssprachlich auch so formulieren:
> *It was great to have someone <u>who I could talk to</u>.*
> (Förmlich, steif:) *It was great to have someone <u>whom I could talk to</u>.*
> (Sehr förmlich:) *It was great to have someone <u>to whom I could talk</u>.*

Kontaktkonstruktion ohne Relativpronomen

Bestimmende Relativsätze, in denen das gleichfalls mögliche Relativpronomen in Objektposition stehen würde, werden häufig ohne Relativpronomen direkt an das Bezugswort angeschlossen:

Is that all <u>I can do for you</u>?	Ist das alles, was ich für Sie tun kann?
She showed him the letters <u>she wanted to publish</u>.	Sie zeigte ihm die Briefe, die sie veröffentlichen wollte.

He had no beliefs <u>he was willing to die for</u>.

Soccer is a sport <u>most Americans are not interested in</u>.

She's a woman <u>you can do business with</u>.

Er hatte keine Überzeugungen, für die er zu sterben bereit war.

Fußball ist ein Sport, für den sich die meisten Amerikaner nicht interessieren.

Sie ist eine Frau, mit der man Geschäfte machen kann.

Die Kontaktkonstruktion ist die umgangssprachlichste Variante des Relativsatzes. Die folgenden Alternativen sind förmlicher, ja klingen zum Teil etwas gestelzt:

Is that all <u>that I can do for you</u>?
She showed him the letters <u>that / which she wanted to publish</u>.
He had no beliefs <u>that / which he was willing to die for</u>.
He had no beliefs <u>for which he was willing to die</u>.
Soccer is a sport <u>that / which most Americans are not interested in</u>.
Soccer is a sport <u>in which most Americans are not interested</u>.
She is a woman <u>that / who(m) you can do business with</u>.
She is a woman <u>with whom you can do business</u>.

Test 4 Fragepronomen, Relativpronomen, Relativsätze

1. Fragen Sie nach dem unterstrichenen Satzteil.

a) <u>Anne</u> knows the answer.

b) She invited <u>Keith and Moira</u>.

c) They're talking about <u>Michael</u>.

d) I gave it to <u>the boss</u>.

e) <u>Canberra</u> is the capital of Australia.

f) Canberra is the capital of <u>Australia</u>.

g) He's worried about <u>his job</u>.

h) <u>The black</u> umbrella is mine.

i) I prefer <u>the brown one</u>.

j) That's <u>Jack Palmer's</u> dog.

k) She's on <u>Smith's</u> side.

l) I went in <u>Vivien's</u> car.

2. *Who, whom, whose, which* oder *that*?
Lassen Sie das Relativpronomen – wo möglich – weg.

a) Anyone ..... throws good money after bad is a fool.

b) Lots of champagne circulated amongst the guests, most of ..... seemed to be well over forty.

c) Jeremy is the only man ..... I know of ..... it might be said that he understands women.

d) They both moved in circles in ..... people kissed each other on the cheek at the most casual meetings.

e) The number ..... you have called is no longer in service.

f) He works in a stuffy little room ..... walls are entirely papered with posters.

g) The town's 4,500 people had three doctors, two of ..... were retiring.

h) The common ground on ..... all the negotiating parties stand is still pretty narrow.

i) She had expected something better than this mean, gloomy house, not one of ..... windows was lighted.

j) Your letters are the only things ..... keep me going.
k) All ..... you need is love.
l) You're the only one .....'s nice to me.
m) Most of the money ..... you spend on pills is wasted.
n) People ..... are hungry and out of a job are the stuff of .....
    dictatorships are made.

**3. Wählen Sie für die (unterstrichenen) Relativsätze die
    umgangssprachlichere Kontaktkonstruktion: Relativpronomen
    weglassen, Präposition ans Ende.**

a) The candidate must be a man <u>with whom the people can identify</u>.
b) The only person <u>for whom he shows any respect</u> is his father.
c) The Internet is a new world <u>about which she knows little</u>.
d) This is one of the points <u>on which agreement has not yet been reached</u>.
e) He had nobody <u>to whom he could turn for help</u>.
f) This is a kind of nonsense <u>up with which I will not put</u>.
g) Some misguided people think that a preposition is a word <u>with which one
    should never end a sentence</u>.

1. a) Who knows the answer? b) Who did she invite? c) Who are they
talking about? d) Who did you give it to? e) What is the capital of Australia?
f) What is Canberra the capital of? g) What is he worried about?
h) Which umbrella is yours? i) Which do you prefer? j) Whose dog is that?
k) Whose side is she on? l) Whose car did you go in?

2. a) who/that b) whom c) –; whom d) which e) – f) whose g) whom
h) which i) whose j) that/which k) – l) who/that m) – n) who/that; which

3. a) ... a man the people can identify with. b) The only person he shows
any respect for ... c) ... world she knows little about. d) ... points
agreement has not yet been reached on. e) ... nobody he could turn to
for help. f) ... nonsense I won't put up with. g) ... a word one should never
end a sentence with.

Demonstrativpronomen

Those who live in glass houses shouldn't throw stones. (*Proverb*)

Viele englische Sprichwörter beginnen mit *Those who* ... (= Diejenigen, die ...). Statt *those* steht, sogar in den gleichen Sprichwörtern, häufig auch *people*: *People who live in glass houses shouldn't throw stones.*
Die deutschen Entsprechungen solcher traditionellen Weisheiten fangen gern mit *Wer* ... an: „Wer im Glashaus sitzt, soll nicht mit Steinen werfen", „Wer zuletzt lacht, lacht am besten" (= *He who laughs last laughs best*).
Entsprechend diesem letzteren englischen Sprichwort beginnen viele althergebrachte *proverbs* mit *He who* ..., was aber im Zeitalter der *political correctness* zunehmend auf Kritik stößt (wie übrigens auch die traditionellen Übersetzungen der Bibel, aus der ja viele *He who*-Sprichwörter stammen). Als moderner, geschlechtsneutraler (= *gender-free*) Ersatz für das sprichwörtliche *He who* ... bietet sich in vielen Fällen *They who* ... an: *They who laugh last laugh best.*
Zu dem *glasshouse*-Sprichwort gibt es übrigens noch eine reizende Variante: *Those who live in glasshouses should undress in the dark.* (= Wer im Glashaus wohnt, sollte sich im Dunkeln ausziehen.) Und ähnlichen Rat bietet die jahrhundertealte Maxime *People with wax heads shouldn't walk in the sun* (= Leute mit Wachsköpfen sollten nicht in der Sonne spazieren gehen).
Sie wissen es wahrscheinlich: *Those* ist der Plural des Demonstrativpronomens *that*. Um die Gebrauchsunterschiede zwischen *that / those* und *this / these* geht es in diesem Kapitel.

Unterschied zwischen *this* und *that*

Die Demonstrativpronomen *this* (Plural: *these*) und *that* (Plural: *those*) werden vor einem Nomen (*I like this book*) oder allein stehend (*this is her best book*) gebraucht; dabei weist *this / these* auf örtlich, zeitlich oder gedanklich näher Liegendes, *that / those* hingegen auf ferner Liegendes:

Nice photo. But who's this woman here?	Schönes Foto. Aber wer ist diese Frau hier?
See that woman over there? She's my English teacher.	Siehst du die Frau da drüben? Sie ist meine Englischlehrerin.
We're expecting record sales this year.	Wir erwarten für dieses Jahr Rekordumsätze.

Her first exhibition followed in October <u>that</u> year.	Ihre erste Ausstellung folgte im Oktober jenes Jahres.

We were living in a tiny flat in Chelsea at <u>that</u> time.	Wir wohnten zu dieser Zeit in einer winzigen Wohnung in Chelsea.
<u>This</u> time he won't get away with it.	Diesmal wird er damit nicht durchkommen.

<u>This</u> is / <u>That</u>'s not what I had in mind.	Dies / Das ist nicht, was mir vorschwebte.
<u>This</u> is where the well was.	Dies ist die Stelle, wo der Brunnen war.

<u>This</u> is my son Bill.	(*Beim Vorstellen:*) Dies ist mein Sohn Bill.
<u>This</u> is John (speaking).	(*Am Telefon:*) Hier ist John.
Who's <u>that</u> speaking?	(*Am Telefon:*) Wer spricht denn da?

We got up very early <u>this</u> morning.	Wir sind heute Morgen sehr früh aufgestanden.
I'll never forget <u>that</u> morning in May.	Ich werde jenen Maimorgen nie vergessen.

You must hold the racket like <u>this</u>.	Du musst den Schläger so halten.
Are there parks like <u>this</u> in Berlin?	Gibt es in Berlin auch solche Parks?
I never think about things like <u>that</u>.	Über solche Dinge denke ich nie nach.

Terrorism isn't such a problem in <u>this</u> country.	Hierzulande stellt der Terrorismus kein solches Problem dar.
Soon he was to follow his old adversary to <u>that</u> far country from which no traveller returns.	Bald sollte er seinem alten Widersacher in jenes ferne Land folgen, aus dem kein Reisender wiederkehrt.

Weitere typische Fügungen mit *that*:

I didn't think she'd be as angry as <u>that</u>.	Ich hatte nicht gedacht, dass sie sich so ärgern würde.
It was a mistake and a big one at <u>that</u>.	Es war ein Fehler, und noch dazu ein großer.
What do you mean by <u>that</u>?	Was meinst du denn damit?
You won't get it and <u>that</u>'s <u>that</u>.	Du kriegst es nicht und damit basta.
We were talking about <u>this</u> and <u>that</u>.	Wir haben von diesem und jenem geredet.
<u>That</u>'s life.	So ist das Leben nun einmal.
You've eaten up your porridge, <u>that</u>'s a good boy / girl.	Du hast deinen Brei aufgegessen, das ist aber brav.

Gebrauch der Pluralformen *these* und *those*

These ist der Plural von *this*, *those* der Plural von *that*. Besonders zu
beachten ist der Gebrauch der Pluralform in Fällen wie diesen:
these are = dies (hier) sind, *those are* = das (da) sind.

These are sparrows and those are robins.	Dies (hier) sind Spatzen und das (da) sind Rotkehlchen.
These are my colleagues Sue and Bob.	Dies sind meine Kollegen Sue und Bob.
What are these tools for?	Wofür sind diese Werkzeuge (da)?
What are those buildings?	Was sind das für Gebäude?
Everything is so expensive these days.	Heutzutage ist alles so teuer.
Those days are over.	Diese Zeiten sind vorbei.
Those were the days.	Das waren noch Zeiten.
Those are the things that annoy me most.	Das sind die Dinge, die mich am meisten ärgern.
She's one of those who take the Bible literally.	Sie ist eine von denen, die die Bibel wörtlich nehmen.
I booked one of those package tours.	Ich habe so eine Pauschalreise gebucht.

Adverbialer Gebrauch von *this* und *that*

I didn't expect to have to wait this / that long.	Ich hatte nicht damit gerechnet, so lange warten zu müssen.
The statue is only about this high.	Die Statue ist nur etwa so groß.
It was about that big.	Es war ungefähr so groß.
I'm sure she wouldn't be that stupid.	So dumm wäre sie sicher nicht.
She has never been this late before.	So hat sie sich noch nie verspätet.
She had never been that late before.	So hatte sie sich noch nie verspätet.

Indefinite Pronomen

But we mustn't go too far back ... in anybody's life. Because if we do, ... then
nobody is to blame for anything, and nothing matters, and everything is allowed.
(*Martin Amis, born in 1949, English novelist*)

> „Wir dürfen nicht zu weit zurückgehen ... in niemandes Leben.
> Wenn wir es nämlich tun, dann ist niemand an irgendwas schuld, und
> nichts macht etwas aus, und alles ist erlaubt."
> Das Zitat aus Amis' 1989 erschienenem Roman-Bestseller *London Fields*
> widerspricht der Vorstellung, dass uns eine ungünstige Kindheit
> oder Jugend der Verantwortung für späteres Fehlverhalten enthebt.
> Ausgewählt haben wir es hier allerdings, weil es eine außerordentliche
> Häufung von indefiniten Pronomen (= unbestimmten Fürwörtern)
> aufweist: *anybody, nobody, anything, nothing, everything*).
> Die indefiniten Pronomen bilden eine große und recht gemischt
> zusammengesetzte Gruppe von entweder allein oder vor einem Nomen
> stehenden unbestimmten Zahlwörtern, von denen wir in diesem Kapitel
> nur die wichtigsten und vom Gebrauch her besonders problematischen
> behandeln.
>
> Den Unterschied zwischen unbestimmten und bestimmten und allein
> stehenden bzw. vor einem Nomen stehenden Zahlwörtern veranschau-
> lichen die folgenden Beispiele:
> Unbestimmt, vor einem Nomen stehend: *Some glasses were broken.*
> Unbestimmt, allein stehend: *Some were broken.*
> Bestimmt, vor einem Nomen stehend: *Six glasses were broken.*
> Bestimmt, allein stehend: *Six were broken.*

Some – any

Some und seine Zusammensetzungen stehen in bejahten Aussagen,
während *any* und seine Zusammensetzungen in Fragen, verneinten und
Ungewissheit ausdrückenden Sätzen auftreten:

I took <u>some</u> notes.	Ich habe mir einige Notizen gemacht.
Did you take <u>any</u> notes?	Haben Sie sich Notizen gemacht?
I didn't take <u>any</u> notes.	Ich habe mir keine Notizen gemacht.
I don't know if she took <u>any</u> notes.	Ich weiß nicht, ob sie sich Notizen gemacht hat.

3

7

She said <u>something</u> interesting.	Sie sagte etwas Interessantes.

She said <u>something</u> interesting.
Did she say <u>anything</u>
  interesting?
She didn't say <u>anything</u> interesting.
She hardly ever says <u>anything</u> interesting.
If she says <u>anything</u> interesting,
  it's probably purely accidental.
I doubt whether she has <u>anything</u>
  interesting to say.

Sie sagte etwas Interessantes.
Hat sie (irgend)was Interessantes
  gesagt?
Sie hat nichts Interessantes gesagt.
Sie sagt kaum mal etwas Interessantes.
Wenn sie irgendetwas Interessantes
  sagt, ist es wahrscheinlich reiner Zufall.
Ich bezweifle, dass sie etwas
  Interessantes zu sagen hat.

Some und seine Zusammensetzungen stehen auch in Fragen, auf
die eine bejahende Antwort erwartet wird oder die den Charakter einer
Einladung, eines Angebots oder einer Aufforderung haben:

Two cups? Were you expecting
  <u>someone</u>?
Could I have <u>some</u> mineral water,
  please?
Shall I get you <u>something</u> to drink?
Can't <u>somebody</u> tell her
  the truth?

Zwei Tassen? Hattest du jemand
  erwartet?
Könnte ich bitte etwas
  Mineralwasser haben?
Soll ich dir etwas zu trinken holen?
Kann ihr nicht jemand die Wahrheit
  sagen?

Auch in einer Frage wie der folgenden steht wegen der positiven
Aussageintention *something* (nicht *anything*):

Why doesn't the government do
  <u>something</u> about it?

Warum unternimmt die Regierung
  auch nichts dagegen?

(Aussageintention: *The government ought to do something about it.*)

Im bejahten Satz steht *any* in der Bedeutung *jede(r, s) / alles (x-Beliebige)*:

<u>Any</u> fool can be brave.
<u>Anyone</u> with <u>any</u> sense would have
  stayed at home.
I'd give <u>anything</u> for a kiss
  from her.
The bomb may explode (at) <u>any</u> time.

Jeder Dummkopf kann tapfer sein.
Jeder halbwegs vernünftige Mensch
  wäre zu Hause geblieben.
Für einen Kuss von ihr würde ich
  alles geben.
Die Bombe kann jederzeit explodieren.

All – every – each – any

all = alle allgemein
all (of) the = alle aus einer bestimmten Anzahl
every = jede(r, s) von allen
each = jede(r, s) Einzelne aus einer bestimmten Anzahl
any = jede(r, s) / alles x-Beliebige

All children need love.	Alle Kinder brauchen Liebe.
All (of) the children brought presents.	Alle Kinder brachten Geschenke mit.
Every child brought a present.	Jedes Kind brachte ein Geschenk mit.
Each child was given a number.	Jedes (einzelne) Kind erhielt eine Nummer.
Any child knows that.	Das weiß doch jedes Kind.

Möglichkeiten der Verneinung:

There are no children here. / There aren't any children here.	Es gibt hier keine Kinder.
They haven't got any children.	Sie haben keine Kinder.
None (of the children) brought a present.	Keines (der Kinder) brachte ein Geschenk.
She isn't a child any longer. / She's no longer a child.	Sie ist (doch) kein Kind mehr.

Everyone – no one, everything – nothing

Everyone / Everybody knows about it.	Jeder weiß davon. / Alle wissen davon.
No one / Nobody knows about it.	Niemand weiß davon.
He thinks he knows everything but he actually knows nothing.	Er denkt, dass er alles weiß, aber tatsächlich weiß er nichts.

Die Varianten auf (-)one und -body (everyone – everybody, no one – nobody, someone – somebody, anyone – anybody) sind gleichbedeutend und stets gegeneinander austauschbar. Die (-)one-Variante ist statistisch häufiger als die auf -body.

Both – the two – either – neither

Beachten Sie die verschiedenen Entsprechungen für dt. beide:
Ohne vorangehenden Artikel: both men (= beide Männer).
Mit vorangehendem Artikel: the two men (= die beiden Männer).
Mit nachfolgendem Artikel: both the men (= die Männer … beide).
Einen Teil aus einer Zweiergruppe aussondernd: either man / either of the two men (= jeder der beiden Männer).
Verneintes either: neither man / neither of the two men (= keiner der beiden Männer).

| Both (women) were cured. | Beide (Frauen) wurden geheilt. |
| Both the kids like her. | Die Kinder lieben sie beide. |

They were <u>both</u> cured. / <u>Both</u> of them were cured.	Sie wurden beide geheilt.
They <u>both</u> arrived at the same time.	Sie kamen beide zur gleichen Zeit an.
Which of <u>the two</u> arrived first?	Welche(r) von beiden kam als Erste(r) an?
There were trees on <u>either</u> side of the road.	Auf beiden Seiten der Straße waren Bäume.
I don't like <u>either</u> of them.	Ich mag beide nicht / keine(n) von beiden.
<u>Neither</u> of them is likeable.	Keine(r) von beiden ist sympathisch.

Vergleichen Sie:

<u>Both</u> of them speak English.	Beide sprechen (sie) Englisch.
<u>All</u> of them speak English.	Alle sprechen (sie) Englisch.
<u>Some</u> of them speak English.	Einige von ihnen sprechen Englisch.
(Zwei Beteiligte:) <u>Neither</u> of them speaks English.	Keine(r) von ihnen spricht Englisch.
(Mehr als zwei Beteiligte:) <u>None</u> of them speak(s) English.	Keine(r) von ihnen spricht Englisch.

Entsprechungen für *viele* und *viel*

Many (= viele) und *much* (= viel) finden sich überwiegend in verneinten Aussagen und Fragesätzen sowie nach *so, as, that* (= so), *too* und *how*. Häufig wird das deutsche *viel(e)* idiomatischer durch einen der folgenden Ausdrücke wiedergegeben:
many = a lot (of), lots of, plenty of, a large number of, quite a few
much = a lot (of), lots of, plenty of, a great/good deal (of)

I don't know <u>many</u> / <u>a lot of</u> people here.	Ich kenne hier nicht viele Leute.
Do you know <u>many</u> / <u>a lot of</u> people here?	Kennen Sie hier viele Leute?
I know so <u>many</u> people here.	Ich kenne hier so viele Leute.
I know <u>a lot of</u> people here.	Ich kenne hier viele Leute.
<u>Lots of</u> people have lost their jobs.	Viele Menschen haben ihre Arbeit verloren.
She doesn't eat <u>much</u> / <u>a lot</u>.	Sie isst nicht viel.
How <u>much</u> cash do we have?	Wie viel Bargeld haben wir?
These people have <u>plenty of</u> cash.	Diese Leute haben viel / eine Menge Geld.

People like her can do <u>a good deal of</u> damage.	Leute wie sie können viel Schaden anrichten.
There's so <u>much</u> going on here.	Hier ist so viel los.
<u>Much</u> of what she says makes sense.	Viel von dem, was sie sagt, leuchtet ein.

> Ob *lots of* mit einem Singular- oder Pluralverb steht, hängt von dem Nomen ab, auf das sich *lots of* bezieht:
>
> | | |
> |---|---|
> | There<u>'s</u> lots of <u>work</u> here. | Hier gibt es viel / eine Menge Arbeit. |
> | There <u>are</u> lots of <u>problems</u> here. | Hier gibt es viele / eine Menge Probleme. |

Entsprechungen für *wenige* und *wenig*

Few bezieht sich – als Antonym zu *many* – auf zählbare Begriffe:

There are <u>few</u> places he hasn't been to.	Es gibt nur wenige Orte, an denen er nicht gewesen ist.
<u>Few</u> people really know her.	Nur wenige Menschen kennen sie wirklich.
Many are invited, but <u>few</u> are chosen.	Viele sind eingeladen, aber (nur) wenige sind auserwählt.

> Zu beachten sind die Unterschiede zwischen *few*, *a few* und *quite a few*:
>
> | | |
> |---|---|
> | few accidents | wenig(e) Unfälle |
> | a few accidents | ein paar / einige Unfälle |
> | quite a few accidents | ziemlich viele Unfälle |
>
> *Only a few / just a few* entsprechen oft dem deutschen *nur wenige*:
>
> | | |
> |---|---|
> | The pilot brought the plane to a halt <u>only a few</u> yards from the end of the runway. | Der Pilot brachte die Maschine nur wenige Meter vom Ende der Rollbahn zum Stehen. |
> | <u>Just a few</u> years ago, that was impossible. | Noch vor wenigen Jahren war das unmöglich. |

Little bezieht sich – als Antonym zu *much* – auf nicht zählbare Begriffe:

I was paid very <u>little</u> as an actor.	Als Schauspieler habe ich sehr wenig verdient.
There's <u>little</u> hope of finding them alive.	Es besteht wenig Hoffnung, sie lebend zu finden.

They had <u>little</u> time for
sightseeing.
We have too many problems and
too <u>little</u> money.

Sie hatten wenig Zeit für
Besichtigungen.
Wir haben zu viele Probleme und zu
wenig Geld.

A little ist meist mehr als *little*:

It takes <u>a little</u> time to get used
to it.
We can save <u>a little</u> money
that way.

Man braucht ein wenig / etwas Zeit,
um sich daran zu gewöhnen.
Auf diese Weise können wir etwas
Geld sparen.

Fewer – less (→ S. 148)

Grundregel: *Fewer* steht mit Bezug auf zählbare Plurale, *less* mit Bezug auf
nicht zählbare (aber messbare) Quantitäten:
fewer calories (= weniger Kalorien) – *less fat* (= weniger Fett)
fewer than 40 per cent of the students – *less than 40 per cent of the time*

<u>fewer</u> cars – <u>less</u> traffic
<u>fewer</u> corruption cases – <u>less</u>
  corruption
<u>fewer</u> criminals
<u>fewer</u> crimes
<u>less</u> crime

weniger Autos – weniger Verkehr
weniger Korruptionsfälle – weniger
  Korruption
weniger Kriminelle
weniger Straftaten
weniger Kriminalität

Entgegen der Grundregel wird *less* im modernen Englisch mitunter auch
mit Bezug auf zählbare Dinge verwendet, insbesondere wenn diese als eine
„Summe", eine „Masse" angesehen werden, also mehr an die Gesamtheit
als an die einzelnen Bestandteile gedacht wird. Dies gilt fast immer in Bezug
auf Geldbeträge (*less than 100,000 dollars*) sowie Zeit- (*less than six months*)
und Entfernungsangaben (*less than five miles*).

In Fällen wie den folgenden ist der Sprachgebrauch schwankend, wobei die
erstere Variante jeweils die häufigere ist:

The book sold <u>fewer / less</u> than
  100 copies.
She rarely does <u>fewer / less</u> than two
  things at once.
a jury consisting of <u>less / fewer</u> than
  12 persons
cities with a population of <u>less / fewer</u>
  than two million

Von dem Buch wurden weniger als
  100 Exemplare verkauft.
Selten tut sie weniger als zwei Dinge
  gleichzeitig.
eine Jury, die aus weniger als
  12 Personen besteht
Städte mit einer Einwohnerzahl von
  weniger als zwei Millionen

no(t) <u>less / fewer</u> than two thirds of the votes cast	nicht weniger als zwei Drittel der abgegebenen Stimmen

Stützwort *one*

Will man ein bereits genanntes zählbares Nomen nicht wiederholen, so kann man es häufig nicht einfach weglassen. Vielmehr ersetzt man es nach Adjektiven, *this / that*, *the* und in einigen anderen Fällen durch das Stützwort *one(s)*:

Which <u>one</u> (= Which man) do you mean?	Welchen (= Welchen Mann) meinst du?
The bearded <u>one</u> in the pink shirt.	Den bärtigen mit dem rosa Hemd.
This <u>one</u>. / That <u>one</u>.	Diesen.
The <u>one</u> with the beard.	Den mit dem Bart.
He drives an old car because he can't afford a new <u>one</u>.	Er fährt ein altes Auto, weil er sich kein neues leisten kann.
People drive old cars because they can't afford new <u>ones</u>.	Leute fahren alte Autos, weil sie sich keine neuen leisten können.
This is a real gun, not a toy <u>one</u>.	Dies ist eine echte Pistole, keine Spielzeugpistole.
These are real guns, not toy <u>ones</u>.	Dies sind echte Pistolen, keine Spielzeugpistolen.
I'm the <u>one</u> who's losing out.	Ich bin derjenige, der schlecht wegkommt.
We're the <u>ones</u> who're losing out.	Wir sind diejenigen, die schlecht wegkommen.

One(s) steht nie nach Grundzahlen und häufig nicht nach Ordnungszahlen:

We need six tickets for the first evening, <u>four</u> for the <u>second</u>, and <u>two</u> for the <u>third</u>.	Wir benötigen sechs Karten für den ersten Abend, vier für den zweiten und zwei für den dritten.
This shot isn't as blurry as the first <u>one</u>.	Diese Aufnahme ist nicht so unscharf wie die erste.
These shots aren't as blurry as the first <u>ones</u>.	Diese Aufnahmen sind nicht so unscharf wie die ersten.

T

Test 5 Indefinite Pronomen

1. **Put in** *some, any, something, anything, someone/somebody,*
   anyone/anybody.

a) There are ..... questions I'd like to ask you.

b) Do you have ..... more questions?

c) If you have ..... more questions, do feel free to ask them.

d) ..... questions are easier to answer than others.

e) I'll be glad to answer ..... questions you have on transport, restaurants,
   sightseeing, etc., so don't be shy.

f) Is there ..... I can do for you? Would you like ..... tea or coffee,
   a glass of water?

g) It was just past four and she'd taken the afternoon off to do .....
   Christmas shopping.

h) I'm going to do ..... I've been wanting to do for a long time.

i) He who never made a mistake never made .....

j) What are you asking ..... like that for?

k) She had expected ..... small but this man was over six foot, thin and wiry.

l) If I understand it, ... can.

m) I have a plane to catch. Can ..... run me to the airport?

n) Do you have ..... brothers or sisters?

o) You're very quiet. Is ..... wrong?

p) Unfortunately, there is no joke that does not make fun of .....

q) I don't know ..... by the name of Cecily.

r) I pity ..... woman who is married to a man called John.

s) I have never loved ..... in the world but you.

t) I have a country house with ..... land attached to it.

u) He was evidently a man of ..... wealth.

v) There is supposed to be ..... good in everyone but I can't see ..... good in her.

w) What's the matter, Antonia? Has ..... bad happened?

x) You're smiling? Did I say ..... funny?

y) ..... plan is better than no plan at all.

z) Never do ..... yourself you can get ..... else to do.

2. **Put in** *all, every, everyone/everybody, everything, anything, each, any.*

a)   ..... animals are equal but some animals are more equal than others.

b)   I am very sorry for ..... the trouble I have caused you.

c)   ..... good things come from heaven.

d)   Take ..... day as it comes.

e)   ..... of us have been invited.

f)   ..... soldier knows that underestimating the enemy is a fatal mistake.

g)   ..... of us has received an equal share.

h)   She has read ..... book on the list.

i)   ..... of these books is good in its own way.

j)   ..... loves a good joke.

k)   The first thing you learn as a politician is that ..... you say has to
be worded carefully.

l)   Doesn't ..... American schoolchild know Lincoln's Gettysburg Address?

m) Ask ..... doctor – they will tell you the same thing.

n)   Do you really keep a diary? I'd give ..... to look at it.

o)   You can buy ..... except day and night.

p)   Where ..... goes the grass never grows.

q)   ..... man can be a sailor on a calm sea.

r)   We did ..... wrong.

s)   Revenge is sweet. – Yes, but in this case it doesn't change .....

---

1. a) some b) any c) any d) Some e) any f) anything; some g) some
h) something i) anything j) something k) someone/somebody
l) anybody/anyone m) somebody/someone/anybody/anyone n) any
o) something/anything p) somebody/someone q) anyone/anybody r) any
s) anyone/anybody t) some u) some v) something; anything
w) something/anything x) something/anything y) Any z) anything;
someone/somebody

2. a) All b) all c) All d) each/every e) All f) Every g) Each h) every
i) Each j) Everyone/Everybody k) everything/anything l) every m) any
n) anything o) anything p) everyone/everybody q) Any r) everything
s) anything

Die Zahlen

4

Grundzahlen

There's luck in odd numbers. (*Proverb*)

„Ungerade Zahlen bringen Glück." Nur eine von vielen abergläubischen Vorstellungen, die sich an Zahlen knüpfen. Die anscheinend weniger Glück bringenden geraden Zahlen heißen übrigens *even numbers*.
Ein *proverb*, das dagegen mehr auf Erfahrungen beruht, ist *There's safety in numbers*, was wohl sagen soll: Menschen fühlen sich sicherer, je mehr Berater, Mitarbeiter, Soldaten etc. sie zur Verfügung haben.
Soldaten im Einsatz (= *soldiers in action*) wiederum sehen die um sie fliegenden Kugeln (= *bullets*) als gleichsam nummeriert an: *That one didn't have my number on it* sagen sie, wenn sie gerade noch einmal davongekommen sind (= *have had a narrow escape*).
Wer aber tatsächlich mit etwas Bösem wie Tod (= *death*), Pleite (= *bankruptcy*) oder Jobverlust (= *job loss*) an der Reihe ist, dessen *number is up*, in anderen Worten: *they've had it*.
Sagt man zu jemandem *I've got your number*, so kann das außer der Telefonnummer auch noch etwas anderes meinen: Ich habe dich durchschaut; ich weiß, woran ich mit dir bin – *I've seen through you, I know what you're up to*.
Nach dieser kleinen Betrachtung über *number proverbs* und *number idioms* nun aber ausführlich alles Wissenswerte zum Gebrauch der Zahlen – der Grundzahlen zunächst, die Ordnungszahlen folgen im nächsten Kapitel.

Allgemeines zum Gebrauch der Grundzahlen

1	one [wʌn]	11	eleven [ɪ'levn]	21	twenty-one [twenti'wʌn]
2	two [tuː]	12	twelve [twelv]	30	thirty ['θɜːti]
3	three [θriː]	13	thirteen [θɜː'tiːn]	35	thirty-five [θɜːti'faɪv]
4	four [fɔː]	14	fourteen [fɔː'tiːn]	40	forty ['fɔːti]
5	five [faɪv]	15	fifteen [fɪf'tiːn]	48	forty-eight [fɔːti'eɪt]
6	six [sɪks]	16	sixteen [sɪks'tiːn]	50	fifty ['fɪfti]
7	seven ['sevn]	17	seventeen [sevn'tiːn]	60	sixty ['sɪksti]
8	eight [eɪt]	18	eighteen [eɪ'tiːn]	70	seventy ['sevnti]
9	nine [naɪn]	19	nineteen [naɪn'tiːn]	80	eighty ['eɪti]
10	ten [ten]	20	twenty ['twenti]	90	ninety ['naɪnti]

100	one hundred [ˈhʌndrəd] / a hundred
101	one hundred and one / a hundred and one
102	one hundred and two / a hundred and two
200	two hundred
368	three hundred and sixty-eight
1,000	one thousand [ˈθaʊznd] / a thousand
1,101	one thousand one hundred and one
3,000	three thousand
100,000	one hundred thousand / a hundred thousand
1,000,000	one million [ˈmɪljən] / a million
1,000,000,000	one billion [ˈbɪljən] / a billion

Beachten Sie:

a. Zahlen, die Besonderheiten in der Schreibung aufweisen, sind unterstrichen.

b. Die Zahlen 13 bis 19 sind hier mit der Betonung auf -teen transkribiert: thirˈteen [θɜːˈtiːn] etc. Die Betonung kann sich jedoch auf die erste Silbe verlagern, so etwa beim Zählen ('thirteen, 'fourteen, 'fifteen) oder wenn die Zahl vor einem Nomen steht ('fifteen 'years). Aber auch wenn die Hauptbetonung nicht auf -teen liegt, muss diese Silbe deutlich gesprochen werden, da sie sonst als -ty missverstanden werden kann: 'fifty 'years.

c. Während man im Deutschen *hundert* statt *einhundert* und *tausend* statt *eintausend* sagen kann, ist im Englischen in der Regel eine Kombination mit (betont) *one* oder (unbetont) *a* notwendig: *a / one hundred per cent* (= hundert Prozent), *one / a hundred and fifty-six miles* (= hundertsechs-undfünfzig Meilen), *a thousand good ideas* (= tausend gute Ideen), *one thousand three hundred dollars* (= tausenddreihundert Dollar), *a / one million people* (= eine Million Menschen).
Ausnahmen sind solche Fälle wie: *the first hundred years are the hardest* (= die ersten hundert Jahre sind die schwersten), *the country's thousand-year history* (= die tausendjährige Geschichte des Landes), *the Hundred Years War* (= der Hundertjährige Krieg).

d. Das *and* in *one hundred and one*, *one thousand one hundred and one* etc. wird im AE häufig weggelassen.

e. Bei Zahlen über tausend (nicht jedoch bei Jahreszahlen und Telefonnummern) werden oft je drei Stellen von rechts durch Komma abgeteilt: *6,000 (six thousand), 19,000 (nineteen thousand), 785,395 (seven hundred and eighty-five thousand three hundred and ninety-five).* Bei Dezimalzahlen entspricht dem deutschen Komma ein Punkt: *3.5 (three point five)* (= 3,5).

Beispiele für das Sprechen von Jahreszahlen:

the Battle of Hastings in 1066 (= ten sixty-six)
the fire of London in 1666 (= sixteen sixty-six*)
the death of Queen Victoria in 1901 (= nineteen oh one*)
the Gulf War of 1991 (= nineteen ninety-one)
the year 2000 (= two thousand)
the elections in 2002 (= two thousand [and] two / twenty oh two)
the situation in 2020 (= two thousand [and] twenty / twenty-twenty)

* Förmlich auch: *sixteen hundred and sixty-six, nineteen hundred and one* etc.

Unbestimmte Zahlenangaben

Bei unbestimmten Zahlenangaben der folgenden Art steht der Plural, bei bestimmten dagegen der Singular (→ S. 26–27):

hundreds of miles	Hunderte von Meilen
(*aber:*) two hundred miles	zweihundert Meilen
thousands of years	Tausende von Jahren
(*aber:*) two thousand years	zweitausend Jahre
hundreds of thousands of people	Hunderttausende von Menschen
(*aber:*) two hundred thousand people	zweihunderttausend Menschen
millions of copies	Millionen von Exemplaren
(*aber:*) three million copies	drei Millionen Exemplare
dozens of cases	Dutzende von Fällen
(*aber:*) two dozen cases	zwei Dutzend Fälle

Entsprechungen für dt. *Null*

Four minus four is zero [ˈzɪərəʊ] / BE auch nought [nɔːt].	Vier minus vier ist null.
3.06 (= three point zero / BE auch nought six)	3,06 (= drei Komma null sechs)
0.26 (= zero / BE auch nought point two six)	0,26 (= null Komma zwei sechs)
There are three zeros / BE auch noughts in 1,000.	Tausend hat drei Nullen.
There is no year zero in the Christian calendar.	In der christlichen Zeitrechnung gibt es kein Jahr null.
(*year dates:*) in 1905 (= nineteen oh five)	(*Jahreszahlen:*) im Jahre 1905
from zero to 60 mph in 8.4 seconds	von null auf 100 km/h in 8,4 Sekunden
zero growth	Nullwachstum

The temperature was ten degrees below <u>zero</u>.	Die Temperatur war zehn Grad unter Null.
Our chances are practically <u>nil</u> / <u>zero</u>.	Unsere Chancen sind gleich null.
(*Soccer:*) Leeds United won 3–0 (= three <u>nil</u> / <u>nothing</u>).	(*Fußball:*) Leeds gewann 3:0.
(*Baseball:*) The Chicago White Sox won 3–0 (= three <u>nothing</u> / <u>zip</u>).	(*Baseball:*) Die Chicago White Sox gewannen 3–0.
(*Tennis:*) 15–0 (= fifteen <u>love</u>).	(*Tennis:*) 15:0 (= fünfzehn null).
My phone / room / account number is 7030 (= seven <u>oh</u> / <u>zero</u> three <u>oh</u> / <u>zero</u>).	Meine Telefon- / Zimmer- / Kontonummer ist 7030.

Wiederholungszahlen

Normalerweise werden die Wiederholungszahlen mit *times* (= mal) gebildet. Ausnahmen sind *once* (= einmal), *twice* (= zweimal) und das nur noch selten gebrauchte *thrice* (= dreimal):

<u>once</u> a week	einmal wöchentlich
the <u>one time</u> I lost	das eine Mal, wo ich verloren habe
<u>twice</u> a week / <u>two times</u> a week	zweimal wöchentlich
the <u>two times</u> she was here	die beiden Male, wo sie hier war
<u>three times</u> a week	dreimal wöchentlich
her <u>thrice</u>-weekly flights to Rome	ihre dreimal wöchentlichen Flüge nach Rom
he made the trip <u>nine times</u>	er machte die Reise neunmal

Im Einmaleins (= *multiplication table*) findet *times* durchgängig Verwendung:

1 times 12 is 12	1 mal 12 ist 12
2 times 12 is 24	2 mal 12 ist 24
3 times 12 is 36 *etc.*	3 mal 12 ist 36 *etc.*

Dem deutschen *zigmal* entspricht *umpteen times*:

I've told you <u>umpteen times</u> not to do that.	Ich habe dir doch zigmal gesagt, dass du das nicht tun sollst.

Die Grundzahlen in den Grundrechenarten

Unter einer Vielzahl von Ausdrucksweisen sind die folgenden die
häufigsten bzw. „sichersten":

19 + 11 = 30	19 plus 11 is / equals 30
19 – 11 = 8	19 minus 11 is / equals 8
	11 from 19 is / equals / makes / leaves 8
19 × 11 = 209	19 multiplied by 11 is / equals 209
	19 times 11 is / equals 209
96 ÷ 16 = 6	96 divided by 16 is / equals six

Geldbeträge

Das Pfund- (£) bzw. Dollarzeichen ($) wird ohne Abstand vor der
Betragsangabe geschrieben, aber nach der Zahl gesprochen:
£50 = fifty pounds
$50 = fifty dollars

Die Abkürzung für *penny/pence* (p) bzw. *cent(s)* hingegen wird – ebenfalls
ohne Abstand – nachgestellt:
99p = ninety-nine pence / ninety-nine p [pi:]
99¢ = ninety-nine cents

„Gemischte" Geldbeträge werden wie folgt geschrieben bzw. gesprochen:
£49.95 = forty-nine pounds ninety-five (pence)
£9.99 = nine (pounds) ninety-nine
$89.95 = eighty-nine dollars (and) ninety-five cents
$16.90 = sixteen (dollars) ninety

Uhrzeit

6.00	six / six o'clock
6.02	two minutes past six / *AE auch* two minutes after six
6.05	five (minutes) past six / *AE auch* five (minutes) after six
6.10	ten (minutes) past six / *AE auch* ten (minutes) after six
6.15	(a) quarter past six / *AE auch* (a) quarter after six
6.30	half past six / *BE auch* half six / *AE auch* half after six
6.40	twenty (minutes) to seven / *AE auch* twenty (minutes) of seven
6.45	(a) quarter to seven / *AE auch* (a) quarter of seven

Beachten Sie:
1. Im AE ist statt des Punktes ein Doppelpunkt üblich: BE *6.00* = AE *6:00*, BE *6.45* = AE *6:45* etc.
2. *o'clock* kann nur bei der vollen Stunde stehen.
3. Häufig werden Uhrzeiten auch so gesprochen: *six oh two* (6.02), *six ten* (6.10), *six fifteen* (6.15), *six forty* (6.40) etc.
4. Zur Unterscheidung der ersten und zweiten Tageshälfte wird, wenn nötig, *a.m.* oder *p.m.* hinzugefügt: *9.45 a.m.* (= 9.45 Uhr vormittags), *9.45 p.m.* (= 21.45 Uhr).
5. In Fahrplänen, Flugplänen, beim Militär etc. werden die 24 Stunden durchgezählt: *1415 (= fourteen fifteen)*, *1845 (= eighteen forty-five)*, *2300 twenty-three hundred hours*, *0700 (= oh seven hundred hours)*.
6. Für 12 Uhr mittags sagt man auch *midday* oder *(twelve) noon*; für 12 Uhr nachts *(twelve) midnight*.

Sätze mit bestimmten oder unbestimmten Uhrzeitangaben:

We start at 7.30 sharp.	Wir fangen Punkt halb acht an.
It was twenty past five / five twenty when they left the bar.	Es war zwanzig nach fünf, als sie die Bar verließen.
What time is it? – (Just) After ten.	Wie spät ist es? – (Kurz) Nach zehn. / (Gerade) Zehn Uhr durch.
It's nearly / It's coming up to four (o'clock).	Es ist kurz vor vier.
It was just past four when they arrived.	Als sie ankamen, war es kurz nach vier.
It's gone half past seven.	Es ist (schon) nach halb acht.
She got there a little after eight.	Sie kam kurz nach acht dort an.
I came home (at) about nine.	Ich kam gegen neun nach Hause.
It happened around 4 p.m.	Es passierte gegen 16 Uhr.
What time shall we meet? Fourish?	Um welche Zeit wollen wir uns treffen? So gegen vier?

Adjektive aus Grundzahl + Singularnomen

In Fällen wie den folgenden steht bei Voranstellung der Singular, bei Nachstellung dagegen der Plural (→ S. 139):

a two-hour walk	ein zweistündiger Spaziergang
(*aber:*) the walk took two hours	der Spaziergang dauerte zwei Stunden
a twelve-pound turkey	eine zwölf Pfund schwere Pute
(*aber:*) the turkey weighed twelve pounds	die Pute wog zwölf Pfund
a 500-word essay	ein 500-Wörter-Aufsatz
(*aber:*) an essay of 500 words	ein Aufsatz von 500 Wörtern
a ten-year-old girl	ein zehnjähriges Mädchen
(*aber:*) the girl is ten years old	das Mädchen ist zehn Jahre alt

Ordnungszahlen

Third time lucky. (*Saying*)

> „Beim dritten Mal gelingt's. / Aller guten Dinge sind drei." Eine
> trostvolle Redensart für Leute, denen zweimal etwas nicht gelungen ist,
> von den Amerikanern auch so ausgedrückt: *Third time is the charm.*
>
> Ist die Durststrecke besonders lang, seufzt schon mal jemand:
> *The first hundred years are the hardest.* (= Die ersten hundert Jahre
> sind die schwersten.)
>
> Hat man es zum x-ten Mal (= *for the umpteenth time*) erfolglos versucht,
> kann man sich mit dem *proverb* trösten: *First is worst, second the same,*
> *last is best of all the game.*
>
> Dem hält die Schriftstellerin Doris Lessing allerdings entgegen: *There*
> *is only one real sin, and that is to persuade oneself that the second-best*
> *is anything but the second-best.* (= Es gibt nur eine wirkliche Sünde,
> und die ist, dass man sich einredet, das Zweitbeste sei etwas anderes
> als das Zweitbeste.)
> Und der mehrfache *snooker*-Weltmeister Ray Reardon bemerkt
> illusionslos: *I cannot remember anyone ever asking "Who came second?"*
> *Can you?* (= Ich kann mich nicht erinnern, dass jemand irgendwann
> mal gefragt hätte „Wer war Zweiter?" Sie etwa?)
>
> Um die Ordnungszahlen *from first to last* geht es in diesem Kapitel.
> Sie finden auch bei der Bildung von gemeinen Brüchen (= *vulgar*
> *fractions*) Verwendung, weshalb wir diese hier gleich mit behandeln.

Bildung der Ordnungszahlen

Die Ordnungszahl wird regelmäßig gebildet aus der Grundzahl + *-th*:

4th	(the) fourth [fɔːθ]	(der / die / das) Vierte
15th	(the) fifteenth	(der / die / das) Fünfzehnte
27th	(the) twenty-seventh	(der / die / das) Siebenundzwanzigste
100th	(the) hundredth [ˈhʌndrədθ]	(der / die / das) Hundertste
110th	(the) hundred and tenth	(der / die / das) Hundertzehnte

Unregelmäßig gebildete Ordnungszahlen:

1st	(the) first [fɜ:st]	*(der / die / das) Erste*
2nd	(the) second ['sekənd]	*(der / die / das) Zweite*
3rd	(the) third [θɜ:d]	*(der / die / das) Dritte*

Entsprechend auch bei zusammengesetzten Zahlen: *21st = twenty-first, 32nd = thirty-second, 43rd = forty-third etc.*

Unregelmäßige Schreibung bzw. Aussprache:

five [faɪv] – fifth [fɪfθ]	twenty – twentieth [twentiəθ]
eight [eɪt] – eighth [eɪtθ]	thirty – thirtieth ['θɜ:tiəθ]
nine [naɪn] – ninth [naɪnθ]	forty – fortieth ['fɔ:tiəθ]
twelve [twelv] – twelfth [twelfθ]	*etc.*

Anwendungsbeispiele

the 20th (= twentieth) century	das zwanzigste Jahrhundert
her 85th (= eighty-fifth) birthday	ihr 85. Geburtstag
on 14th (= Fourteenth) Street	in der 14. Straße
on Fifth (= 5th) Avenue	in der Fifth Avenue
the Third World	die Dritte Welt
the fourth largest country	das viertgrößte Land

Die römischen Ziffern nach Herrschernamen werden ohne Punkt geschrieben und als Ordnungszahl gesprochen:

Edward VII (= Edward the Seventh)	Eduard VII.
Henry VIII (= Henry the Eighth)	Heinrich VIII.

Aufzählungen

Für die Ziffernfolge in Aufzählungen gibt es folgende Sprechweisen:

1.	first	firstly	one	in the first place
2.	second	secondly	two	in the second place
3.	third	thirdly	three	in the third place
4.	fourth	fourthly	four	in the fourth place

Datum

Für das Datum gibt es folgende Schreib- und Sprechweisen:

4 March / 4th March / March 4 / March 4th

the fourth of March
March the fourth
March four
March fourth

Gemeine Brüche

Die Ordnungszahlen finden sich auch im Nenner von Brüchen – bei Zählern über 1 mit der Pluralendung -s. Ausnahmen sind *half / halves* und *quarter(s)*.

$\frac{1}{2}$	a half / one half
$\frac{1}{3}$	a third / one third
$\frac{2}{3}$	two thirds
$\frac{1}{4}$	a quarter / one quarter / one fourth
$\frac{3}{4}$	three quarters / three fourths
$\frac{1}{5}$	a fifth / one fifth
$1\frac{3}{5}$	one and three fifths
$2\frac{5}{16}$	two and five sixteenths
$\frac{7}{100}$	seven hundredths
$\frac{25}{32}$	twenty-five over thirty-two

Häufig werden die Brüche mit Bindestrich ausgeschrieben: *two-thirds, one-fifth, seven-hundredths* etc.

Typische Anwendungsbeispiele:

five and a half inches / five inches and a half	fünfeinhalb Zoll
half a mile / *AE* a half mile	eine halbe Meile
half an hour / *AE* a half hour	eine halbe Stunde
half the world's population	die Hälfte der Weltbevölkerung
half their money	die Hälfte ihres Geldes
about (a / one) half of all farms	etwa die Hälfte aller landwirtschaftlichen Betriebe
Half of 52 is 26.	Die Hälfte von 52 ist 26.
every half hour	alle halbe Stunde / halbstündlich
every quarter of an hour	alle Viertelstunde / viertelstündlich

one / a quarter / one fourth of US farm production	ein Viertel der amerikanischen Agrarproduktion
one / a third of the money	ein Drittel des Geldes
more than a quarter (of a) million people	über eine Viertelmillion Menschen
three quarters / fourths of the country	drei Viertel des Landes
three quarters of an hour	eine Dreiviertelstunde
three quarters / three fourths of a mile / a three-quarter mile	eine Dreiviertelmeile
a three-quarters / three-fourths majority	eine Dreiviertelmehrheit
what is half of three quarters / fourths?	was ist die Hälfte von drei Viertel?
a two-thirds majority	eine Zweidrittelmehrheit
one / a hundredth of a second	eine Hundertstelsekunde
one / a two hundredth of a second	eine Zweihundertstelsekunde
five sixths is less than seven eighths	fünf Sechstel sind weniger als sieben Achtel
twelve and seven-eighths inches	zwölf sieben Achtel Zoll

Test 6 Die Zahlen

1. Schreiben Sie die Zahlen in den folgenden Sätzen aus.

a) Greater London has an area of 1,580 square kilometres.

b) Greater London's population is about 9,000,000.

c) Queen Victoria lived from 1819 to 1901.

d) 1 yard is equivalent to 0.9144 metre(s).

e) 1 inch is equal to 2.54 centimetres.

f) As measured by satellite, Mount Everest is 8,872 metres high.

g) Water begins to freeze at 0° Celsius or 32° Fahrenheit.

h) Our room number is 208.

i) There are nine 0s in a billion.

j) Her chances of finding work are practically 0.

k) Manchester United crushed Sunderland 4-0.

l) Call 020-7090 4600 for further details.

m) $13 \times 12 = 156$.

n) They paid about £150,000 for the house.

o) These work boots cost exactly $24.76.

p) Your train leaves from platform 14 at 8.04.

2. Vervollständigen Sie die Sätze auf Englisch.

a) (*Der 1. April*) is called April Fools' Day.

b) Christmas Day is (*der 25. Dezember*).

c) Boxing Day is (*der 26. Dezember*).

d) Mother's Day is (*der zweite Sonntag im Mai*) in the US.

e) Father's Day is (*der dritte Sonntag im Juni*).

f) (*Das 20. Jahrhundert*) was the bloodiest in all history.

g) Our son is now in the (*8.*) grade.

h) Mr Black's office is on the (*9.*) floor.

i) Her family traces its roots back to the (*12.*) century.

3. Übersetzen Sie.

a) Hunderte von Unfällen
b) Hunderttausende von Arbeitsplätzen
c) vier Millionen Arbeitslose
d) dreimal die Woche
e) ein fünfjähriges Kind
f) das Kind ist fünf Jahre alt
g) dreieinhalb Zoll
h) die Hälfte aller Frauen
i) zwei Drittel des Geldes
j) ein halbes Dutzend Eier
k) ein Dutzend Filme
l) mehrere Dutzend Autos
m) Dutzende von Autos
n) zwei Drittel der Studierenden
o) eine Zweidrittelmehrheit
p) eine Dreiviertelstunde
q) drei Viertel seiner Bevölkerung

1. a) one thousand five hundred and eighty b) nine million c) eighteen nineteen to nineteen oh one d) one yard; nought/zero point nine one four four e) one inch; two point five four f) eight thousand eight hundred and seventy-two g) zero/nought degrees; thirty-two degrees h) two oh eight / two zero eight / two hundred and eight i) noughts/zeros j) nil k) four nil / four nothing l) oh/zero two oh/zero, seven oh/zero nine oh/zero, four six double oh/zero m) thirteen times twelve is/equals one/a hundred and fifty-six n) a/one hundred and fifty thousand pounds o) twenty-four dollars seventy-six / twenty-four dollars and seventy-six cents p) fourteen; eight oh four

2. a) April (the) first / The first of April b) December (the) twenty-fifth / the twenty-fifth of December c) December (the) twenty-sixth / the twenty-sixth of December d) the second Sunday in May e) the third Sunday in June f) The twentieth century g) eighth h) ninth i) twelfth

3. a) hundreds of accidents b) hundreds of thousands of jobs c) four million unemployed d) three times a week e) a five-year-old child f) the child is five years old g) three and a half inches / three inches and a half h) half of all women i) two(-)thirds of the money j) half a dozen / a half dozen eggs k) a dozen films l) several dozen cars m) dozens of cars n) two(-)thirds of the students o) a two-thirds majority p) three(-)quarters of an hour q) three(-)quarters / three(-)fourths of its population

Das Adjektiv

5

1 Attributiver und prädikativer Gebrauch

The true poet is most easily distinguished from the false when he trusts himself to the simplest expression and writes without adjectives. (*Ezra Pound, US poet, 1885–1972*)

„Der echte Dichter ist am leichtesten dadurch vom falschen zu unterscheiden, dass er sich dem einfachsten Ausdruck anvertraut und ohne Adjektive schreibt." Der wahre Dichter erweist sich nach Ezra Pound also darin, dass er einfach schreibt und auf Adjektive nach Möglichkeit verzichtet.

Mark Twain (1835–1910) schlägt in die gleiche Kerbe, wenn er bemerkt: *As to the adjective: when in doubt, strike it out.* (= Was das Adjektiv angeht: im Zweifel streiche es.)

Sicher ist es richtig, dass der Gebrauch zu vieler Adjektive der Stilqualität abträglich ist. Oft aber wird man auf diese ein Nomen bestimmenden oder näher beschreibenden Wörter nicht verzichten können. Sie sind das Salz in der Suppe, mitunter mehr.

Auch Ezra Pound kommt in seinem Satz nicht ohne Adjektive aus: *the true poet – the false (poet), the simplest* ['sɪmplɪst] *expression.* Und Shakespeare lässt in *Hamlet* Ophelia einen Satz sprechen, von dem kaum etwas übrig bleibt, wenn man die Adjektive eliminiert: *To the noble mind / Rich gifts wax poor when givers prove unkind.* (= Dem edlen Gemüt werden reiche Geschenke armselig, wenn die Schenker sich als unfreundlich erweisen.)

Wenn Sie um ein englisches Adjektiv oder andere Wörter verlegen sind, kann Ihnen ein alphabetisch geordneter *thesaurus* [θɪˈsɔːrəs] gute Dienste leisten. Dort finden Sie zum Beispiel unter *noble* auch *virtuous* (= tugendhaft), unter *rich* auch *generous* (= großzügig), unter *poor* auch *inferior* (= minderwertig) und unter *unkind* auch *hard-hearted* (= hartherzig). Und für das heute selten gewordene Verb *wax* finden Sie im *thesaurus* das geläufige Synonym *become*.

Die meisten englischen Adjektive können – wie ihre deutschen Entsprechungen – sowohl attributiv (d. h. beim Nomen stehend) als auch prädikativ (d. h. beim Verb stehend) gebraucht werden:

Attributiv vor dem Nomen:
an ideal dictionary   ein ideales Wörterbuch

Attributiv nach dem Nomen:

a dictionary <u>ideal</u> for the purpose	ein Wörterbuch, das für den Zweck ideal ist

Prädikativ:

This dictionary is <u>ideal</u> for the purpose.	Dieses Wörterbuch ist für den Zweck ideal.

Während ein Adjektiv wie *ideal* jede der drei Positionen einnehmen kann, bestehen bei einer kleinen Zahl von Adjektiven hinsichtlich der Stellungsmöglichkeiten gewisse Einschränkungen.

Adjektive, die nur attributiv gebraucht werden

Häufig gebrauchte Adjektive, die nur attributiv vor dem Nomen stehen können, sind *main*, *chief* und *only*:

Our <u>main</u> / <u>chief</u> problem is unemployment.	Unser Hauptproblem ist die Arbeitslosigkeit.
Unemployment is not our <u>only</u> problem.	Die Arbeitslosigkeit ist nicht unser einziges Problem.

Auch die „Himmelsrichtungs"-Adjektive *eastern, western, northern, southern* gehören in diese Gruppe. Man spricht also etwa von *the Western democracies* (= die westlichen Demokratien), *the Eastern churches* (= die Ostkirchen), *the northern part of the country* (= der nördliche Teil des Landes), *the Southern states* (= die Südstaaten), würde aber zum Beispiel nicht sagen ~~the state is southern~~.

„Verstärkungs"-Adjektive wie *utter, complete, total, pure, sheer, mere, outright, whole, entire* und *very* werden ebenfalls nicht prädikativ gebraucht:

That's <u>utter</u> nonsense.	Das ist doch totaler Blödsinn.
The show was a <u>complete</u> flop.	Die Show war ein absoluter Reinfall.
It was a <u>total</u> waste of time.	Es war totale Zeitverschwendung.
The offer was <u>pure</u> eyewash.	Das Angebot war reine Augenwischerei.
It was discovered by <u>sheer</u> chance.	Es wurde rein zufällig entdeckt.
The <u>mere</u> thought of it makes me feel sick.	Schon bei dem bloßen Gedanken daran wird mir übel.
There were some cases of <u>outright</u> abuse.	Es gab einige Fälle ausgesprochenen Missbrauchs.
He spent his <u>whole</u> / <u>entire</u> life there.	Er verbrachte sein ganzes Leben dort.
You're the <u>very</u> man we need.	Sie sind genau der Mann, den wir brauchen.

5

1

Das Gleiche gilt für umgangssprachliche Verstärker wie die folgenden:

Turn that <u>goddamn</u> radio off.	Mach doch das verdammte Radio aus.
You <u>blithering</u> idiot!	Du Vollidiot!
The <u>flaming</u> computer has crashed again.	Der Scheißcomputer ist schon wieder abgestürzt.
You can keep your <u>stinking</u> money.	Du kannst dein Scheißgeld behalten.
What a <u>fucking</u> waste.	Was für eine verdammte Verschwendung!

Schließlich verdient *elder* in diesem Zusammenhang Beachtung. Statt *my older sister* kann man *my elder sister* sagen, aber im Vergleich nach *is* ist nur *older* möglich: *My sister is older* (nicht: *elder*) *than me.* (= Meine Schwester ist älter als ich.)

In einer Reihe von traditionellen Fügungen steht das Adjektiv stets attributiv hinter dem Nomen:

the president <u>elect</u>	der/die gewählte / designierte Präsident(in)
the prime minister <u>designate</u>	der/die designierte Premierminister(in)
the attorney <u>general</u>	der/die Justizminister(in)
the postmaster <u>general</u>	der/die Postminister(in)
his heir <u>apparent</u>	sein gesetzlicher Erbe / erklärter Nachfolger
a court <u>martial</u>	ein Kriegs-/Militärgericht
a notary <u>public</u>	ein(e) Notar(in)

Auch *proper* in der Bedeutung „selbst / im engeren Sinn" wird nur attributiv hinter dem Nomen gebraucht:

the Serbs in Serbia <u>proper</u>	die Serben in Serbien selbst / im eigentlichen Serbien

Die Adjektive *present* (= anwesend), *concerned* (= betreffend) und *involved* (= beteiligt) können sowohl attributiv als auch prädikativ gebraucht werden; attributiv stehen sie in den genannten Bedeutungen stets hinter dem Nomen:

the women <u>present</u> at the meeting	die bei der Sitzung anwesenden Frauen
the minister <u>concerned</u>	der betreffende Minister
the federal agencies <u>involved</u>	die beteiligten Bundesbehörden

Zusammengesetzte Adjektive

Attributiv vor ein Nomen gestellt werden auch adjektivartige, durch
Bindestrich verbundene Fügungen der folgenden Art:

feel-good drugs	Medikamente, die das Wohlbefinden steigern
a fly-by-night operation	ein windiges / unseriöses Unternehmen
stop-and-go traffic	stockender Verkehr
a devil-may-care attitude	eine leichtsinnige Einstellung
middle-of-the-road parties	gemäßigte Parteien
across-the-board spending cuts	pauschale Ausgabenkürzungen
a round-the-world trip	eine Weltreise

Zu beachten sind in diesem Zusammenhang auch die adjektivartigen
Fügungen aus Grundzahl + Singularnomen (→ S. 127):

a ten-mile tailback	ein zehn Meilen langer Stau
an 850-pupil school	eine Schule mit 850 Schülern
a two-hour walk	ein zweistündiger Spaziergang
a hundred-dollar bill	eine Hundertdollarnote
a 10-ride ticket	eine Zehnerkarte (d. h. für 10 Fahrten)
a five-year plan	ein Fünfjahresplan
a twelve-year-old girl	ein zwölfjähriges Mädchen

Nomen in adjektivischer Funktion

Mitunter entsprechen attributiv gebrauchte englische Nomen deutschen
Adjektiven:

a gold watch	eine goldene Uhr
a silver ring	ein silberner Ring
a silk dress	ein seidenes Kleid
a business appointment	eine geschäftliche Verabredung
for tax reasons	aus steuerlichen Gründen
a phone message	eine telefonische Mitteilung
a surprise phone call	ein überraschender Anruf
enemy ships	feindliche Schiffe

Auch Ortsnamen werden im Englischen in der Regel – anders als im
Deutschen – unverändert in adjektivischer Funktion verwendet:

the fall of the Berlin Wall	der Fall der Berliner Mauer
a London department store	ein Londoner Kaufhaus
the New York subway	die New Yorker U-Bahn

Adjektive, die nur prädikativ gebraucht werden

In der Regel nur prädikativ gebraucht werden zweisilbige Adjektive, die mit unbetontem *a*- beginnen:

ablaze	be ablaze (= *in Flammen stehen*)
adrift	be adrift (= *treiben*)
afire	be afire (= *brennen*)
aflame	be aflame (= *in Flammen stehen*)
afloat	be afloat on the river (= *auf dem Fluss treiben*)
afraid	be afraid (= *Angst haben*)
aghast	be aghast (= *entgeistert sein*)
alike	be alike (= *gleich / sehr ähnlich sein*)
alive	be alive (= *am Leben sein*)
alone	be alone (= *allein sein*)
ashamed	be ashamed (= *sich schämen*)
asleep	be asleep (= *schlafen*)
awake	be awake (= *wach sein*)
aware	be aware of something (= *sich einer Sache bewusst sein*)

Fügungen wie ~~an afraid man~~ oder ~~an asleep child~~ sind also unmöglich.
Die folgenden für Lernzwecke konstruierten Sätze zeigen, wie das prädikative
a-Adjektiv jeweils attributiv ausgedrückt werden könnte:

A <u>frightened</u> animal is <u>afraid</u>.	Ein verängstigtes Tier hat Angst.
<u>Similar</u> cases are <u>alike</u>.	Ähnliche Fälle sind einander ähnlich.
<u>Live</u> [laɪv] animals are <u>alive</u>.	Lebende Tiere sind lebendig.
A <u>lone</u> tree stands <u>alone</u>.	Ein einsamer Baum steht allein.
A <u>sleeping</u> baby is <u>asleep</u>.	Ein schlafendes Baby schläft.

Weitere Adjektive, die in der Regel nur prädikativ gebraucht werden,
sind *content* (= zufrieden), *unable* (= außerstande), *poorly* (= krank / elend),
unwell (= unwohl):

Not everyone was <u>content</u> with the terms.	Nicht alle waren mit den Bedingungen zufrieden.
We were <u>unable</u> to agree on that point.	Über diesen Punkt konnten wir uns nicht einigen.
She was <u>poorly</u> after the operation.	Nach der Operation ging es ihr schlecht.
He's been feeling <u>unwell</u> for some time.	Er fühlt sich seit einiger Zeit nicht gut.

Glad kann mit Bezug auf Menschen nur prädikativ stehen; in idiomatischer
Verbindung mit einigen wenigen anderen Nomen steht es attributiv:

I'm <u>glad</u> I didn't go.	Ich bin froh, dass ich nicht gegangen bin.

I'm glad you came.	Ich freue mich, dass du gekommen bist.
She went to give them the glad tidings.	Sie ging, um ihnen die frohe Kunde zu bringen.
I have glad news for you.	Ich habe eine freudige Nachricht für euch.

Bei *ill* (= krank) und *well* (= wohl[auf]) überwiegt der prädikative Gebrauch bei weitem; vereinzelt finden sich diese Adjektive aber auch in attributiver Stellung:

Normalfall – *ill* in prädikativer Stellung:

Her child is <u>ill</u>.	Ihr Kind ist krank.

In attributiver Stellung dagegen normalerweise *sick*:

She has a <u>sick</u> child to look after.	Sie hat ein krankes Kind, um das sie sich kümmern muss.

Aber auch *ill* gelegentlich attributiv, besonders nach *-ly*-Adverb:

a severely/seriously/critically <u>ill</u> child	ein schwer krankes Kind

Ausschließlich attributiv gebraucht wird *ill* hingegen in der Bedeutung „schlecht / schlimm / übel":

There's no <u>ill</u> feeling between us.	Zwischen uns gibt es keine Verstimmung.
the <u>ill</u> treatment of prisoners	die Misshandlung von Gefangenen
the <u>ill</u> effects of smoking	die schädlichen Folgen des Rauchens
an extraordinary run of <u>ill</u> luck	eine außergewöhnliche Pechsträhne

Normalfall – *well* in prädikativer Stellung:

I'm not feeling very <u>well</u>.	Ich fühle mich nicht sehr gut.
It'll be some time before she's completely <u>well</u>.	Es wird einige Zeit dauern, bis sie wieder ganz gesund ist.

In attributiver Stellung dagegen eher *healthy*:

She's an extremely <u>healthy</u> woman.	Sie ist eine sehr gesunde Frau.

Well selten auch attributiv, besonders in Verbindung mit *man/woman*:

I am not a <u>well</u> man.	Ich bin ein kranker Mann.

Steigerung und Vergleich

Horrible as successful artists often are, there is nothing crueller or more vain than a failed artist. (*Erica Jong, US writer, born 1942*)

„Wie grauenhaft erfolgreiche Künstler auch oft sein mögen, es gibt nichts Grausameres oder Eitleres als einen gescheiterten Künstler." – In dieser Formulierung der amerikanischen Schriftstellerin kommen zwei Steigerungsformen vor: *crueller* BE / AE *crueler* (von *cruel*) und *more vain*. Interessant ist nun, dass grammatisch bei den beiden Adjektiven auch die jeweils andere Steigerungsform möglich gewesen wäre: *more cruel* und *vainer*. Theoretisch bestanden also vier Konstruktionsmöglichkeiten:

1. *there is nothing crueller or vainer*
2. *there is nothing crueller or more vain*
3. *there is nothing more cruel or vainer*
4. *there is nothing more cruel or more vain*

Die gewählte Form (2) sagte der Autorin stilistisch offenbar am meisten zu; ihrer Aussageintention entsprochen hätte auch (4) (wegen der durch die Wiederholung von *more* bewirkten Betonung); (1) ist grammatisch nicht zu beanstanden, klingt aber nicht so gut; (3) ist ebenfalls richtig, hat aber einen höchst ungefälligen Klang.

Wir lernen aus dieser Betrachtung, dass die nachstehend für die Steigerung mit *-er/-est* oder *more/most* gegebenen Regeln nicht unumstößlich sind, sondern lediglich eine Tendenz aufzeigen. Beachtet man sie, so kann man nichts falsch machen, aber stilistische Absichten können zu einer anderen Wahl führen.

Englische Adjektive werden durch Anhängen von *-er/-est*, Voranstellen von *more/most* oder unregelmäßig gesteigert:

-er/-est:		
a <u>cheap</u> car	a <u>cheaper</u> car	the <u>cheapest</u> car
ein billiges Auto	*ein billigeres Auto*	*das billigste Auto*
more/most:		
an <u>expensive</u> car	a <u>more expensive</u> car	the <u>most expensive</u> car
ein teures Auto	*ein teureres Auto*	*das teuerste Auto*
Unregelmäßig:		
a <u>good</u> car	a <u>better</u> car	the <u>best</u> car
ein gutes Auto	*ein besseres Auto*	*das beste Auto*

Steigerung mit -er/-est

Einsilbige Adjektive werden in der Regel mit -er/-est gesteigert. Beispiel *old*:

London is <u>older</u> ['əʊldə] than New York.
She was the <u>oldest</u> ['əʊldɪst] of six
  children.

London ist älter als New York.
Sie war die älteste von sechs
  Kindern.

Schreibbesonderheiten

Ein -e am Ende des Adjektivs entfällt beim Anhängen von -er/-est:

fin<u>e</u> [faɪn] – fin<u>er</u> ['faɪnə] – fin<u>est</u> ['faɪnɪst]
larg<u>e</u> [lɑːdʒ] – larg<u>er</u> ['lɑːdʒə] – larg<u>est</u> ['lɑːdʒɪst]
nic<u>e</u> [naɪs] – nic<u>er</u> ['naɪsə] – nic<u>est</u> ['naɪsɪst]
saf<u>e</u> [seɪf] – saf<u>er</u> ['seɪfə] – saf<u>est</u> ['seɪfɪst]
free [friː] – freer ['friːə] – freest ['friːɪst]

Bei einsilbigen Adjektiven werden die Endbuchstaben -d, -g, -n, -t
nach kurzem *a, e, i, o* verdoppelt:

gla<u>d</u> – gla<u>dd</u>er – gla<u>dd</u>est
ma<u>d</u> – ma<u>dd</u>er – ma<u>dd</u>est
sa<u>d</u> – sa<u>dd</u>er – sa<u>dd</u>est
re<u>d</u> – re<u>dd</u>er – re<u>dd</u>est
big – bigger – biggest

thi<u>n</u> – thi<u>nn</u>er – thi<u>nn</u>est
fla<u>t</u> – fla<u>tt</u>er – fla<u>tt</u>est
fa<u>t</u> – fa<u>tt</u>er – fa<u>tt</u>est
fi<u>t</u> – fi<u>tt</u>er – fi<u>tt</u>est
hot – hotter – hottest

Zweisilbige Adjektive auf -y werden ebenfalls in der Regel mit -er/-est
gesteigert, wobei das -y zu -i- wird. Beispiel *easy*:

Life could be much <u>easier</u> ['iːziə].
It's the <u>easiest</u> ['iːziɪst] way to
  cut costs.

Das Leben könnte viel einfacher sein.
Es ist die leichteste Möglichkeit, die
  Kosten zu senken.

Häufig gebrauchte zweisilbige Adjektive auf -y sind: *angry, busy, dirty, early,
funny, happy, heavy, lucky*.

Beachten Sie zur Aussprache

[ŋ] wird [ŋg]:
long [lɒŋ] – longer ['lɒŋgə] – longest ['lɒŋgɪst]
strong [strɒŋ] – stronger ['strɒŋgə] – strongest ['strɒŋgɪst]
young [jʌŋ] – younger ['jʌŋgə] – youngest ['jʌŋgɪst]

Silbisches *l* wird unsilbisch gesprochen:
able ['eɪbəl] – abler ['eɪblə] – ablest ['eɪblɪst]
simple ['sɪmpəl] – simpler ['sɪmplə] – simplest ['sɪmplɪst]

Steigerung mit *more/most*

Adjektive mit mehr als zwei Silben werden stets mit *more/most* gesteigert.
Beispiel *important* (= wichtig):

This is an <u>important</u> point.	Dies ist ein wichtiger Punkt.
This point is <u>more important</u> than all the others.	Dieser Punkt ist wichtiger als alle anderen.
This is the <u>most important</u> point.	Dies ist der wichtigste Punkt.

Zweisilbige Adjektive – mit Ausnahme derer auf *-y* – werden ebenfalls in der
Regel mit *more/most* gesteigert. Beispiel *famous* (= berühmt):

Chaplin was <u>more famous</u> than most other clowns.	Chaplin war berühmter als die meisten anderen Clowns.
Chaplin was one of the <u>most famous</u> personalities of his time.	Chaplin war eine der berühmtesten Persönlichkeiten seiner Zeit.

Steigerung mit *-er/-est* oder *more/most*

Von den zweisilbigen, nicht auf *-y* endenden Adjektiven können einige
außer mit *more/most* auch mit *-er/-est* gesteigert werden. Die wichtigsten sind:
*able, bitter, clever, common, cruel, handsome, narrow, pleasant, polite, profound,
quiet, simple, stupid.*

Beispiele:

That was one of the <u>pleasanter / more pleasant</u> surprises.	Das war eine der angenehmeren Überraschungen.
They're even <u>stupider / more stupid</u> than we thought.	Sie sind sogar noch dümmer, als wir dachten.
He's one of our <u>ablest</u> ['eɪblɪst] / <u>most able</u> reporters.	Er ist einer unserer fähigsten Reporter.
The <u>simplest</u> ['sɪmplɪst] / <u>most simple</u> words are often the best.	Die einfachsten Wörter sind oft die besten.

Es kommt durchaus vor, dass einsilbige Adjektive oder zweisilbige auf *-y*
entgegen den obigen Regeln mit *more* gesteigert werden:

The effects have been far <u>more grim</u> in the Third World.	Wesentlich schlimmer sind die Auswirkungen in der Dritten Welt gewesen.
I'd never seen our teacher <u>more mad</u>.	Noch nie hatte ich unseren Lehrer wütender erlebt.

I would have been even <u>more proud</u> if I had managed it alone.	Ich wäre noch stolzer gewesen, wenn ich es allein geschafft hätte.
They've become <u>more lazy</u>.	Sie sind fauler geworden.

Werden allerdings Eigenschaften ein und derselben Person miteinander verglichen, so ist die Steigerung mit *more* in jedem Fall geboten:

She was <u>more sad</u> than angry.	Sie war mehr traurig als ärgerlich.

Unregelmäßige Steigerung

Stets unregelmäßig gesteigert werden die folgenden Adjektive:

good (= *gut*) – <u>better</u> – <u>best</u>
bad (= *schlecht / schlimm*) – <u>worse</u> [wɜːs] – <u>worst</u> [wɜːst]
much (= *viel*) / many (= *viele*) – <u>more</u> – <u>most</u>
little (= *wenig*) – <u>less</u> – <u>least</u> [liːst]

Anwendungsbeispiele

She was <u>good</u>, even <u>better</u> than last time.	Sie war gut, noch besser als letztes Mal.
We are prepared for the <u>worst</u>.	Wir sind auf das Schlimmste vorbereitet.
Many offices and <u>most</u> shops remained closed.	Viele Büros und die meisten Geschäfte blieben geschlossen.
That's the <u>least</u> I can do.	Das ist das wenigste, was ich tun kann.

Zu *far* und *old* gibt es je zwei Sets von Steigerungsformen:
far (= *weit*) – <u>further / farther</u> – <u>furthest / farthest</u>
old (= *alt*) – <u>older / elder</u> – <u>oldest / eldest</u>

Further, furthest und *farthest* können sowohl in örtlichem als auch übertragenem Sinn gebraucht werden; *farther* erlaubt nur eine Verwendung in örtlichem Sinn, übertragen ist also nur *further* möglich:

They crossed to the <u>farther / further</u> side of the river.	Sie setzten zum anderen Flussufer über.
Their farm is the <u>farthest / furthest</u> from the village.	Ihr Hof liegt am weitesten vom Dorf entfernt.
the <u>farthest / furthest</u> planet of our solar system	der entfernteste Planet unseres Sonnensystems
Technology now enables us to reach people in the <u>farthest / furthest</u> corners of the globe.	Heute macht es uns die Technik möglich, Menschen in den entferntesten Winkeln der Erde zu erreichen.

These allegations are totally false and don't merit <u>further</u> comment.	Diese Anschuldigungen sind vollkommen haltlos und verdienen keinen weiteren Kommentar.
The restaurant will be closed until <u>further</u> notice.	Das Restaurant bleibt bis auf weiteres geschlossen.
He declined to answer <u>further</u> questions.	Er lehnte es ab, weitere Fragen zu beantworten.

Als Steigerungsformen von *old* werden normalerweise *older – oldest* verwendet; der Gebrauch von *elder – eldest* ist weitgehend auf verwandtschaftliche Beziehungen beschränkt:

London is much <u>older</u> than Berlin.	London ist viel älter als Berlin.
My sister is six years <u>older</u> than me.	Meine Schwester ist sechs Jahre älter als ich.
the <u>older</u> building	das ältere Gebäude
my <u>elder / older</u> sister	meine ältere Schwester
an <u>elder</u> statesman	(ein erfahrener und angesehener Politiker, der kein Amt mehr innehat)
the <u>oldest</u> of the city's six churches	die älteste der sechs Kirchen der Stadt
the <u>eldest / oldest</u> of six children	das älteste von sechs Kindern
the city's <u>oldest</u> church	die älteste Kirche der Stadt
my sister's <u>eldest / oldest</u> son	der älteste Sohn meiner Schwester

Idiomatische Fügungen mit *better* und *worse*

<u>Better</u> luck next time.	Mehr Glück beim nächsten Mal!
She'll stay there for the <u>better</u> part of a month.	Sie wird fast einen Monat dort bleiben.
She's getting <u>better</u> and <u>better</u>.	Sie wird immer besser.
She knows <u>better</u> than to say that in public.	Sie wird sich hüten, das öffentlich zu sagen.
We'd (= We had) <u>better</u> book a table.	Wir sollten besser einen Tisch reservieren.
If you don't need it, so much the <u>better</u>.	Wenn Sie es nicht brauchen – umso besser.
We were going to move out but then thought <u>better</u> of it.	Wir wollten ausziehen, haben es uns dann aber anders überlegt.
Things have changed for the <u>better</u> / <u>worse</u>.	Die Dinge haben sich zum Besseren / Schlechteren gewendet.

We're <u>better</u> / <u>worse</u> off than our neighbours.	Wir sind besser / schlechter dran als unsere Nachbarn.
For <u>better</u> or <u>worse</u>, we're in the same boat now.	Wir sitzen jetzt so oder so im gleichen Boot.
You'll be none the <u>better</u> / <u>worse</u> for his help.	Seine Hilfe wird dir nichts nützen / schaden.
The man was obviously the <u>worse</u> for drink.	Der Mann war offensichtlich betrunken.
Things have gone from bad to <u>worse</u>.	Die Lage hat sich noch verschlechtert.
His bark is <u>worse</u> than his bite.	Er wirkt schlimmer, als er ist.

Fehlerquellen

<u>the former</u> (= *der/die/das Erstere*) – <u>the latter</u> (= *der/die/das Letztere*):

Given the choice between gas and oil, I'd prefer <u>the former</u> to <u>the latter</u>.	Wenn ich die Wahl zwischen Gas und Öl hätte, würde ich das Erstere dem Letzteren vorziehen.

<u>last</u> (= *[Reihenfolge:] letzte[r/s]*) – <u>latest</u> (= *[zeitlich] letzte[r/s] / neueste[r/s]*):

Z is the <u>last</u> letter of the alphabet.	Z ist der letzte Buchstabe des Alphabets.
"More light!" were Goethe's <u>last</u> words.	„Mehr Licht!" waren Goethes letzte Worte.
He's so ill that his <u>latest</u> book might well be his <u>last</u>.	Er ist so krank, dass sein neuestes Buch durchaus sein letztes sein könnte.
His <u>latest</u> / <u>newest</u> book is to be published in May.	Sein neuestes Buch soll im Mai erscheinen.
the <u>latest</u> reports / news	die letzten / neuesten Meldungen
the <u>latest</u> hits / trends / fashions	die neuesten Schlager / Trends / Moden

<u>next</u> (= *[Reihenfolge:] nächste[r/s]*) – <u>nearest</u> (= *[räumlich:] nächste[r/s]*):

The <u>next</u> train for Glasgow leaves at 8.15.	Der nächste Zug nach Glasgow geht um 8.15 Uhr.
When is the <u>next</u> general election?	Wann ist die nächste Unterhauswahl?
The <u>next</u> few weeks will be decisive.	Die nächsten Wochen werden entscheidend sein.
the <u>next</u> street to the left	die nächste Straße links
<u>Next</u> please!	Der/Die Nächste bitte!
our <u>nearest</u> neighbours	unsere nächsten Nachbarn
We live 40 miles from the <u>nearest</u> town.	Wir wohnen 40 Meilen von der nächsten Stadt entfernt.

She was taken to the <u>nearest</u> hospital.	Sie wurde ins nächste Krankenhaus gebracht.
The <u>nearest</u> way is not always the quickest.	Der nächste Weg ist nicht immer der schnellste.

Beachten Sie den Unterschied:

(*Reihenfolge*)

The <u>next</u> petrol station (we came to) was closed.	Die nächste Tankstelle(, zu der wir kamen,) war zu.

(*Entfernung*)

The <u>nearest</u> petrol station is ten miles from here.	Die nächste Tankstelle ist zehn Meilen von hier entfernt.

Problemfall *fewer – less* (→ S. 116)

Verwirrung – auch unter Muttersprachlern – herrscht über den korrekten Gebrauch von *less* und *fewer*. Als Grundregel merke man sich, dass *fewer* bei zählbaren, *less* bei nicht zählbaren (aber messbaren) Quantitäten steht:

They made <u>fewer</u> mistakes.	Sie machten weniger Fehler.
They made <u>less</u> money.	Sie verdienten weniger Geld.

We have <u>fewer</u> crimes.	Wir haben weniger Straftaten.
We have <u>less</u> crime.	Wir haben weniger Kriminalität.

In Kombination mit *than* steht *less* dagegen häufig vor normalerweise zählbaren Wörtern, wenn diese als Quantitäten (Zeiträume, Entfernungen, Geldbeträge etc.) aufgefasst werden:

<u>less than</u> ten years / hours / miles / dollars / points	weniger als zehn Jahre / Stunden / Meilen / Dollar / Punkte

---

Auch Muttersprachler kombinieren *less* mitunter mit echt zählbaren Wörtern. Dieser Sprachgebrauch findet sich im gesprochenen häufiger als im geschriebenen Englisch. Er wird von vielen Grammatikern, Lehrern, Korrektoren u. dgl. als falsch angesehen:

The companies invest <u>less</u>, and they hire <u>less</u> (*besser:* <u>fewer</u>) people.	Die Firmen investieren weniger, und sie stellen weniger Leute ein.

Vergleichs- und Steigerungskonstruktionen

A is <u>as big as</u> B.	A ist so groß wie B.
A <u>isn't as big as</u> B.	A ist nicht so groß wie B.
A <u>isn't as big as all that</u>.	So groß ist A nun auch wieder nicht.
A is <u>bigger than</u> B.	A ist größer als B.
A is <u>more important than</u> B.	A ist wichtiger als B.
A is <u>less big than</u> B.	A ist weniger groß als B.
<u>The bigger</u>, <u>the better</u>.	Je größer, desto besser.
<u>The uglier</u> the man, <u>the better</u> the husband.	Je hässlicher der Mann, desto besser der Ehemann. (*Sprichwort*)
<u>The more</u> they got, <u>the more</u> they demanded.	Je mehr sie bekamen, desto mehr forderten sie.
A is getting <u>bigger and bigger</u>.	A wird immer größer.
The situation is getting <u>more and more</u> dangerous.	Die Situation wird immer gefährlicher.
It's <u>the biggest</u> building in the village.	Es ist das größte Gebäude im Dorf.
This house is <u>the biggest</u>.	Dieses Haus ist das größte.
He's one of <u>the richest</u> men in the world.	Er ist einer der reichsten Männer der Welt.
She's one of <u>the most intelligent</u> people I've ever met.	Sie ist einer der intelligentesten Menschen, die mir je begegnet sind.
She's <u>the most talked about</u> woman in the United States.	Sie ist die Frau, über die man in den USA am meisten spricht.

Ein Satz wie der folgende ist zweideutig:

I know him better than Jack.	Ich kenne ihn besser als Jack.

Eindeutig dagegen sind:

I know him better than I do Jack.	Ich kenne ihn besser, als ich Jack kenne.
I know him better than Jack does.	Ich kenne ihn besser, als Jack ihn kennt.

Das Adjektiv als Nomen

Down, down, down into the darkness of the grave
Gently they go, the beautiful, the tender, the kind;
Quietly they go, the intelligent, the witty, the brave.
I know. But I do not approve. And I am not resigned.
(*Edna St Vincent Millay, US poet, 1892–1950*)

> *Dirge Without Music* (= Trauergesang ohne Musik / ohne Noten) heißt
> das Gedicht, aus dem diese Strophe entnommen ist. Die Dichterin
> weiß, kann sich aber nicht damit abfinden (*I am not resigned*), dass *the
> beautiful* (= die Schönen), *the tender* (= die Zärtlichen), *the kind* (= die
> Freundlichen), *the intelligent* (= die Intelligenten), *the witty*
> (= die Geistvollen), *the brave* (= die Tapferen) in die Finsternis des Grabes
> hinabgehen. Das Wort *resigned* kommt auch gleich am Anfang des
> Gedichts vor: *I am not resigned to the shutting away of loving hearts in the
> hard ground* (= ich finde mich nicht damit ab, dass liebende Herzen
> im harten Boden weggeschlossen werden).
> Uns illustriert dieses Zitat die Möglichkeit des Englischen, ein Adjektiv
> durch Voransetzen von *the* zu einem Pluralnomen zu machen, das
> alle Menschen bezeichnet, die eine bestimmte Eigenschaft besitzen: *the
> beautiful* = die Schönen, das heißt alle, die schön sind. In der ersten
> Strophe schon beklagt die Dichterin das Hinscheiden der Klugen und der
> Liebenswerten: *Into the darkness they go, the wise and the lovely.*

Englische Adjektive können nicht in dem gleichen Umfang als
Nomen gebraucht werden wie deutsche. Häufig entspricht einem als
Nomen gebrauchten deutschen Adjektiv im Englischen die
Konstruktion Adjektiv + Nomen:

A <u>lazy man</u> always finds
  excuses.

Ein <u>Fauler</u> ist um Ausreden nie
  verlegen.

The <u>strange thing</u> about this story is
  that it is true.

Das <u>Seltsame</u> an dieser Geschichte ist,
  dass sie wahr ist.

Wenn Adjektive als Nomen verwendet werden, so geschieht dies
meist nach *the*, und das Adjektiv hat dann die Bedeutung eines Singular-
oder Pluralnomens:

<u>The beautiful</u> is always shocking.

Das Schöne ist immer schockierend.

<u>The innocent</u> and <u>the beautiful</u> have
  no enemy but time.

Die Unschuldigen und die Schönen
  haben keinen Feind außer der Zeit.

Nur am Rande erwähnt sei hier die Verwendung von Adjektiven
nach indefiniten Pronomen wie *something* oder *nothing*, bei der
das Adjektiv in der deutschen Entsprechung ebenfalls Eigenschaften
eines Nomens annimmt:

She has created something <u>beautiful</u>.	Sie hat etwas Wunderschönes geschaffen.
That's nothing <u>unusual</u>.	Das ist doch nichts <u>Ungewöhnliches</u>.

Das Adjektiv als Singularnomen

Die Möglichkeit, ein Adjektiv als Singularnomen zu gebrauchen, ist
weitgehend auf höhere Sprachebenen (Sprichwort, Aphorismus, Essay, die
Bibel etc.) beschränkt und besteht nur für eine relativ kleine Zahl von
abstrakten Adjektiven pauschaler Bedeutung. Beispiele:

It's never too late to do <u>good</u>.	Es ist nie zu spät, Gutes zu tun.
He who looks for <u>bad</u> will find it.	Wer Schlechtes sucht, wird es finden.
It's better to <u>accentuate the positive</u>.	Es ist besser, das Positive zu betonen.
It's always <u>the unexpected</u> that happens.	Immer passiert das Unerwartete.
She achieved <u>the impossible</u>.	Sie vollbrachte das Unmögliche.
Great art tries to express <u>the inexpressible</u>.	Große Kunst versucht das Unausdrückbare auszudrücken.
I have no pleasure in the death of <u>the wicked</u> ['wɪkɪd], but that <u>the wicked</u> turn from his way and live.	Ich habe kein Gefallen am Tode des Bösen, sondern dass der Böse umkehre von seinem Wege und lebe.

Gebraucht man das Adjektiv nicht in allgemeinem Sinn („das Gute/Böse/
Unerwartete schlechthin"), so bietet sich eine Kombination mit *thing(s)* an:

The <u>good thing</u> about her is that she hardly ever takes offence.	Das Gute an ihr ist, dass sie fast nie etwas übel nimmt.
That isn't necessarily a <u>bad thing</u>.	Das ist nicht notwendigerweise etwas Schlechtes.
In a case like this, divorce can be a <u>positive thing</u>.	In einem Fall wie diesem kann eine Ehescheidung etwas Positives sein.
The <u>most interesting thing</u> about him is his eyes.	Das Interessanteste an ihm sind die Augen.
A lot of <u>unexpected things</u> have happened.	Es ist viel Unerwartetes passiert.

Das Adjektiv als Pluralnomen

Zur Bezeichnung der Gesamtheit der Menschen, die eine bestimmte
Eigenschaft besitzen, können eine Reihe von Adjektiven – meist
mit vorangestelltem *the* – als Pluralnomen ohne -s-Endung gebraucht
werden:

The rich are getting richer, and
the poor are getting poorer.

She has always championed the
rights of the disabled, the aged,
the less privileged.

It is only the ignorant that despise
education.

To the immature, all apples
are green.

In the land of the blind, the one-eyed
are kings.

You cannot strengthen
the weak by weakening
the strong.

God makes the sun rise on
the evil and on the good, and
sends rain on the just and on
the unjust.

Die Reichen werden reicher, und die
Armen werden ärmer.

Sie hat sich immer für die Rechte der
Behinderten, der Alten, der weniger
Privilegierten eingesetzt.

Nur die Unwissenden verachten die
Bildung.

Für die/den Unreifen sind alle Äpfel
grün.

Im Land der Blinden sind die
Einäugigen Könige.

Man kann die Schwachen nicht
dadurch stärken, dass man die
Starken schwächt.

Gott lässt die Sonne aufgehen über die
Bösen und die Guten und lässt
regnen über die Gerechten und die
Ungerechten.

Nur gelegentlich bezeichnen als Nomen verwendete Adjektive auch
weniger als „die Gesamtheit eines Personenkreises":

The six injured were taken to
hospital.

The allied forces suffered 77 dead
and 830 wounded.

Some 50 wounded were flown out
of the battle zone.

Die sechs Verletzten wurden ins
Krankenhaus gebracht.

Die alliierten Streitkräfte beklagten
77 Tote und 830 Verwundete.

Etwa 50 Verwundete wurden aus
dem Kampfgebiet geflogen.

Normalerweise wird das Adjektiv zur Bezeichnung Einzelner mit einem
Nomen wie *man/men, woman/women, people* oder *person(s)* kombiniert:

Who is the lucky man?

A rich man will find it hard to
enter the kingdom of heaven.

The dead woman hasn't been
identified yet.

Wer ist denn der Glückliche?

Ein Reicher wird nur schwer ins
Himmelreich kommen.

Die Tote ist noch nicht
identifiziert.

Unemployment among <u>blind people</u> is higher than average.	Bei den Blinden ist die Arbeits- losigkeit überdurchschnittlich hoch.
There are a lot of <u>disabled people</u> who don't qualify for state aid.	Es gibt viele Behinderte, die keinen Anspruch auf staatliche Unter- stützung haben.
No entry for <u>unauthorized persons</u>	Unbefugten ist der Zutritt verboten
Most of the <u>missing persons</u> are now presumed dead.	Von den meisten der Vermissten nimmt man jetzt an, dass sie tot sind.

Nationalitätsbezeichnungen

Auf -*an* auslautende Nationalitätsadjektive werden auch als Nomen verwendet – zur Bezeichnung von Einzelpersonen oder der Gesamtheit des Volkes:

She's American.	Sie ist Amerikanerin.
an American woman	eine Amerikanerin
an American	ein(e) Amerikaner(in)
two Americans	zwei Amerikaner(innen)
the Americans	die Amerikaner (*als Gesamtheit*)

Nach dem gleichen Schema können u. a. die folgenden Adjektive gebraucht werden: *Australian, Austrian, Belgian, Canadian, Cuban, German, Hungarian, Italian, Mexican, Norwegian, Russian* sowie *Czech, Greek* und *Slovak*.

Adjektive auf -*ese* und das Adjektiv *Swiss* (= schweizerisch / Schweizer) lassen sich ebenfalls nach diesem Muster verwenden, haben aber keinen -*s*-Plural:

She's Chinese.	Sie ist Chinesin.
a Chinese woman	eine Chinesin
a Chinese	ein Chinese / eine Chinesin
two Chinese	zwei Chinesen / Chinesinnen
the Chinese	die Chinesen (*als Gesamtheit*)

In diese Gruppe gehören auch *Japanese, Maltese, Portuguese, Vietnamese* und – wie gesagt – *Swiss*.

Die den Adjektiven auf -*ish* und -*ch* entsprechenden Nomen sind etwas uneinheitlich. Hier das Muster für *English*, dem die für *French, Irish, Welsh* und *Dutch* genau entsprechen:

She's English.	Sie ist Engländerin.
an Englishman – an Englishwoman	ein Engländer – eine Engländerin
two Englishmen / Englishwomen	zwei Engländer / Engländerinnen
the English	die Engländer (*als Gesamtheit*)

Den Adjektiven *British, Finnish, Polish, Spanish, Swedish* und *Turkish* entsprechen besondere Nomen zur Bezeichnung von Einzelpersonen (*Briton, Finn, Pole, Spaniard, Swede, Turk*), die – außer *Briton* – auch für die Gesamtheit des Volkes verwendet werden können (*the Spaniards*) oder müssen (*the Finns / Poles / Swedes / Turks*):

She's British.	Sie ist Britin.
a British woman	eine Britin
a Briton	ein Brite / eine Britin
the British (*nicht:* the Britons!)	die Briten (*als Gesamtheit*)
She's Spanish.	Sie ist Spanierin.
a Spanish woman	eine Spanierin
a Spaniard	ein Spanier / eine Spanierin
the Spanish / the Spaniards	die Spanier (*als Gesamtheit*)
She's Finnish / Polish / Swedish / Turkish.	Sie ist Finnin / Polin / Schwedin / Türkin.
a Finnish / Polish / Swedish / Turkish woman	eine Finnin / Polin / Schwedin / Türkin
a Finn / Pole / Swede / Turk	ein Finne/Pole/Schwede/Türke / eine Finnin/Polin/Schwedin/Türkin
the Finns / Poles / Swedes / Turks	die Finnen / Polen / Schweden / Türken (*als Gesamtheit*)

„Schottisch" ist ein Sonderfall, da es hier allein für das Adjektiv drei Formen gibt: *Scottish, Scots* und *Scotch* – die erste allgemein für Menschen und Dinge aus Schottland, die zweite hauptsächlich in Bezug auf die Sprache, die dritte überwiegend für schottischen Whisky (der auch einfach *Scotch* heißt: *a bottle of Scotch* = eine Flasche schottischer Whisky):

a Scottish girl / village	ein schottisches Mädchen / Dorf
Scottish folk songs	schottische Volkslieder
a Scots accent	ein schottischer Akzent
Scotch whisky	schottischer Whisky

Hier ergibt sich folgendes Gebrauchsmuster:

She's Scottish.	Sie ist Schottin.
a Scotsman – a Scotswoman	ein Schotte – eine Schottin
a Scot	ein Schotte / eine Schottin
the Scots	die Schotten

Beachten Sie auch diesen Gebrauch von Nationalitätsadjektiven:

the <u>German-born</u> physicist Albert Einstein	der in Deutschland geborene Physiker Albert Einstein
his <u>Russian-born</u> grandfather	sein in Russland geborener Großvater
McCormack was an <u>Irish-born</u> naturalized American.	McCormack war in Irland geboren und durch Einbürgerung Amerikaner geworden.

1. Vervollständigen Sie die Sätze auf Englisch.

a) You will need to get a residence permit if you want to stay
   (*länger als*) six months.

b) Secondhand books are usually (*billiger als*) new ones.

c) The new model is (*teurer als*) its predecessor.

d) Trams are (*schneller als*) buses, aren't they?

e) They're (*aktiver als*) they've been in years.

f) In 1900 London was (*viel größer als*) New York.

g) She's (*intelligenter als*) the rest of us.

h) Mongrels are usually (*gesünder als*) pure-breds.

i) If the novel I'm reading was (*interessanter*), I wouldn't have fallen asleep.

j) Things will probably get much (*schlimmer*) before they get (*besser*).

k) Are there any (*weitere*) questions you'd like to ask?

l) We have (*weniger*) work and (*weniger*) employees.

m) Our environment is becoming (*immer schmutziger*).

2. Vervollständigen Sie die Sätze auf Englisch.

a) She is one of the five (*reichsten*) women in England.

b) He's one of the (*nettesten*) people I know.

c) The country's (*größtes*) problem now is cash.

d) This is one of the (*heißesten*) places in the States.

e) Yesterday was probably the (*traurigste*) day of my life.

f) There's no such person as the (*schönste*) woman in the world.

g) The New York Times is one of the (*einflussreichsten*) newspapers
   in the United States.

h) English is among the (*leichtesten*) languages to speak badly, but the
   (*schwierigste*) to use well.

i) Even the (*fähigste*) journalist sometimes gets things wrong.

j) It's the (*am wenigsten schwierige*) and (*am wenigsten teure*) solution
   I can think of.

k) The first seven years are the (*schlimmsten*).

l) It's one of the (*schlechtesten*) films I've seen in years.

m) Flowers are always brighter in the (*nächsten*) field.

n) They live somewhere out in the country – the (*nächste*) supermarket is 50 miles away.

o) The (*neuste*) model is (*leichter*), (*einfacher zu benutzen*), and (*billiger*).

3. Vervollständigen Sie die Sätze auf Englisch.

a) I'm (*so groß wie*) mein Vater.

b) She isn't (*so klug wie*) her sister.

c) (*Je eher, desto besser.*)

d) The company grew (*immer größer*).

e) The family became (*immer wohlhabender*).

f) A (*Reicher*) is never ugly in the eye of a girl.

g) It is better to be an honest man than (*ein reicher*).

h) (*Die Reichen*) don't have children; they have heirs.

i) It is not (*die Gesunden*) who need a doctor, but (*die Kranken*).

1. a) longer than b) cheaper than c) more expensive than c) faster than
e) more active than f) much larger/bigger than g) more intelligent than
h) healthier than i) more interesting j) worse; better k) further l) less; fewer
m) dirtier and dirtier

2. a) richest/wealthiest b) nicest c) biggest/greatest d) hottest e) saddest
f) most beautiful g) most influential h) easiest; most difficult i) ablest / most
able j) least difficult; least expensive k) worst l) worst m) next n) nearest
o) latest; lighter; easier to use; cheaper

3. a) as tall as b) as clever as c) The sooner the better. d) bigger and bigger
e) more and more prosperous f) rich man g) a rich one h) The rich i) the
healthy; the sick

Das Adverb

6

6
1 Form und Gebrauch der Adverbien

Adverb: a part of speech which being joined to a verb serves to express the manner, time, etc. of the action. (*Nathan Bailey, English lexicographer, ?–1742*)

„Adverb: eine Wortart, die – einem Verb angefügt – dazu dient, die Art und Weise, Zeit usw. der Handlung auszudrücken."
Nathan Baileys Wörterbücher gehören zu den ersten großen der englischen Sprache. Seinem 1730 erschienenen *Dictionarium Britannicum* haben wir diese Definition des Begriffs Adverb entnommen. Sie ist unvollständig, wie wir in diesem Kapitel sehen werden, denn Adverbien (die im Englischen oft durch Anhängen der Endung *-ly* an ein Adjektiv gebildet werden) dienen nicht nur der näheren Bestimmung von Verben, sondern können sich u. a. auch auf Adjektive, Adverbien, Wortgruppen und ganze Sätze beziehen.
Es ist gar nicht leicht, das Adverb gegenüber anderen Wortarten abzugrenzen, denn unter dieser Bezeichnung ist extrem Unterschiedliches zusammengefasst.
Aber theoretische Erörterungen zum Wesen des Adverbs sind hier nicht unsere Aufgabe. Wir konzentrieren uns auf das Praktische, für deutsche Englischlernende Wesentliche: Wann muss an ein Wort die Endung *-ly* angehängt werden und wann nicht?

Wenn im Englischen ein Adverb aus einem Adjektiv abgeleitet wird, so geschieht dies durch Anhängen von *-ly*:

(*Adjektiv*) She is <u>beautiful</u>.   Sie ist schön.
(*Adverb*) She sings <u>beautifully</u>.   Sie singt schön.

Da in der deutschen Entsprechung die beiden Formen gleich lauten (*ist schön, singt <u>schön</u>*), liegt hier eine besondere Fehlerquelle. Es ist also wichtig, dass man als Englischlernende(r) versteht, in welchen Fällen im Englischen die *-ly*-Form verwendet werden muss.

Adjektiv (ohne *-ly*) oder Adverb (mit *-ly*)?

Adjektive beziehen sich auf Nomen (She is a <u>happy</u> <u>woman</u>.) oder Pronomen (<u>She</u> is <u>happy</u>.)
-ly-Adverbien beziehen sich nicht auf Nomen, sondern auf Verben, Adjektive, Adverbien sowie Wortgruppen und ganze Sätze.

Um den Gebrauchsunterschied zwischen -ly-Adverb und Adjektiv deutlich zu machen, ist in den folgenden Beispielen der adverbialen Konstruktion jeweils eine möglichst ähnliche adjektivische gegenübergestellt.

Das -ly-Adverb als nähere Bestimmung zu einem Verb:

She listened politely. — Sie hörte höflich zu.
(She was polite. — Sie war höflich.)
He travelled frequently to Europe. — Er reiste oft nach Europa.
(He made frequent trips to Europe. — Er machte häufige Reisen nach Europa.)
The crime rate rose sharply. — Die Kriminalität nahm stark zu.
(There was a sharp rise in the crime rate. — Es kam zu einem starken Anstieg der Kriminalität.)
They were severely punished. — Sie wurden streng bestraft.
(They deserve severe punishment. — Sie verdienen eine strenge Bestrafung.)

Das -ly-Adverb als nähere Bestimmung zu einem Adjektiv:

That sounds reasonably convincing. — Das klingt recht überzeugend.
(That sounds reasonable. — Das klingt vernünftig.)
Isn't he wonderfully clever? — Ist er nicht wunderbar klug?
(Isn't he wonderful? — Ist er nicht wunderbar?)
Their motives are purely selfish. — Ihre Motive sind rein selbstsüchtiger Natur.
(Their motives are pure. — Ihre Motive sind rein / lauter.)
They're economically disadvantaged. — Sie sind wirtschaftlich benachteiligt.
(They suffer economic disadvantages. — Ihnen erwachsen wirtschaftliche Nachteile.)

Das -ly-Adverb als nähere Bestimmung zu einem Adverb:

You've acted extremely irresponsibly. — Sie haben extrem / äußerst verantwortungslos gehandelt.
(It was an act of extreme irresponsibility. — Es war ein Akt extremer Verantwortungslosigkeit.)
She has behaved perfectly sensibly. — Sie hat sich vollkommen vernünftig verhalten.
(Her behaviour has been perfect throughout. — Ihr Verhalten war die ganze Zeit über vorbildlich.)

Das -ly-Adverb als nähere Bestimmung zu einer Wortgruppe:

I know exactly what it means. — Ich weiß genau, was es bedeutet.
(I know the exact meaning. — Ich kenne die genaue Bedeutung.)

6

1

The outcome will <u>probably</u> <u>be a compromise</u>.	Das Resultat wird wahrscheinlich ein Kompromiss sein.
(The <u>probable outcome</u> will be a compromise.	Das wahrscheinliche Resultat wird ein Kompromiss sein.)
For two years, she has been <u>virtually</u> <u>under house arrest</u>.	Seit zwei Jahren steht sie buchstäblich unter Hausarrest.
(For two years, she has been under <u>virtual</u> house arrest.	Seit zwei Jahren lebt sie unter buchstäblichem Hausarrest.)
It's more than <u>merely</u> <u>a matter</u> <u>of money</u>.	Es ist mehr als bloß eine Frage des Geldes.
(It's more than a <u>mere</u> <u>matter</u> of money.	Es ist mehr als eine bloße Geldfrage.)
She died <u>shortly</u> <u>after midnight</u>.	Sie starb kurz nach Mitternacht.
(She died a <u>short</u> <u>time</u> later.	Sie starb kurz danach / darauf.)

Das -*ly*-Adverb als nähere Bestimmung zu einem Satz:

<u>Actually</u>, the film is better than its reviews.	Tatsächlich ist der Film besser als seine Kritiken.
<u>Unfortunately</u>, the government made a total hash of the reform.	Leider hat die Regierung die Reform total vermasselt.
<u>Finally</u>, let me summarize the main points.	Lassen Sie mich abschließend die Hauptpunkte zusammenfassen.
<u>Obviously</u>, the shrinking value of the euro doesn't make things easier.	Der sinkende Wert des Euro macht die Dinge natürlich nicht einfacher.
<u>Culturally</u>, the city is still second to none.	In kultureller Hinsicht ist die Stadt immer noch unübertroffen.
<u>Psychologically</u>, that was a disastrous blunder.	Psychologisch gesehen war das ein katastrophaler Fehler.
The Cathedral is a bit of a dog's breakfast <u>architecturally</u>.	Architektonisch / Von der Architektur her ist die Kathedrale ein ziemlicher Mischmasch.

Bildung der -*ly*-Adverbien

Im Normalfall wird die Endung -*ly* einfach an das Adjektiv angehängt: *careful – carefully, exact – exactly, general – generally, soft – softly* etc.

Sodann sind die folgenden Besonderheiten zu beachten.

Bei mehrsilbigen Adjektiven wird auslautendes -*y* zu -*i*-: *angry – angrily, easy – easily, lucky – luckily, steady – steadily* etc. Bei den wenigen einsilbigen Adjektiven auf -*y* wird die adverbiale Form uneinheitlich gebildet: *shy – shyly, spry – spryly, wry – wryly, coy – coyly*, aber *dry – dryly/drily, gay – gaily*.

Auf einen Konsonanten folgendes *-le* wird zu *-ly*:
probably – probably, possible – possibly, gentle – gently, idle – idly,
simple – simply etc.
Aber natürlich: *sole – solely*.

Adjektive auf *-ic* hängen *-ally* an:
automatic – automatically, basic – basically, economic – economically, realistic –
realistically, specific – specifically etc.
Einzige Ausnahme: *public – publicly*.

Außerdem weisen noch folgende Wörter Unregelmäßigkeiten bei der Bildung
des Adverbs auf:
due – duly, true – truly, whole – wholly, full – fully, eerie (= unheimlich) *– eerily*.

Endungslose Adverbien

Eine begrenzte Zahl von Adverbien ist grundsätzlich endungslos (hängt also
nicht *-ly* an) und bietet deshalb von der Form her keinerlei Schwierigkeiten.
Zu dieser Gruppe gehören:

again	further	often	still
almost	here	only	then
already	however	otherwise	there
also	indeed	outside	therefore
always	instead	perhaps	though
anyway	just	quite	thus
anywhere	little	rather	today
besides	maybe	seldom	tomorrow
early	meanwhile	so	tonight
else	more	somehow	too
enough	much	sometimes	very
even	never	somewhat	yesterday
ever	next	somewhere	
everywhere	now	soon	

Beachten Sie auch das endungslose *usual* in dem zusammengesetzten
Adverb *as usual*:

As usual, he was late.   Wie üblich, kam er zu spät.
He was late, as usual.   Er kam zu spät – wie immer.

Ohne *as* hingegen ist *usual* Adjektiv und bildet das Adverb mit *-ly*:

Usually he is late.   Meistens kommt er zu spät.
He is usually late.   Er kommt meistens zu spät.

6

1

Sonderfall *good – well*

Dem Adjektiv *good* entspricht das Adverb *well*:

(*Adjektiv*) Her English is very <u>good</u>.   Ihr Englisch ist sehr gut.
(*Adverb*) She speaks English very <u>well</u>.   Sie spricht sehr gut Englisch.

Im gesprochenen Englisch kommt allerdings auch *good* als Adverb vor, wobei im folgenden Beispiel auch beim Adverb *real* die hochsprachlich übliche *-ly*-Endung fehlt:

(*Umgangssprachlich:*)
  Sam cooks <u>real good</u>.   Sam kocht echt gut.
(*Hochsprachlich:*)
  Sam cooks <u>really well</u>.   Sam kocht wirklich gut.

Schließlich wird auch *well* als Adjektiv gebraucht und heißt dann u. a. *in good health*:

We're all <u>well</u>.   Wir sind alle wohlauf. / Uns geht es allen gut.

Adjektiv und endungsloses Adverb mit gleicher Bedeutung

Die folgenden Adjektive können mit gleicher Form und Bedeutung auch als Adverbien gebraucht werden:

<u>beastly</u> (= *scheußlich*): what <u>beastly</u> weather – it's <u>beastly</u> hot here
<u>big</u> (= *groß*): he has a <u>big</u> mouth – he talks <u>big</u> but achieves little
<u>daily</u> (= *täglich*): <u>daily</u> meetings – we meet <u>daily</u>
<u>deep</u> (= *tief*): a <u>deep</u> hole – they had to dig <u>deep</u>
<u>early</u> (= *früh*): their <u>early</u> arrival – they arrived <u>early</u>
<u>extra</u> (= *zusätzlich*): at no <u>extra</u> cost – it'll cost <u>extra</u>
<u>fair</u> (= *fair*): I believe in <u>fair</u> play – I believe in playing <u>fair</u>
<u>fast</u> (= *schnell*): a <u>fast</u> car – we drive too <u>fast</u>
<u>fine</u> (= *prima*): she's a <u>fine</u> person – we get along <u>fine</u>
<u>free</u> (= *kostenlos*): we had <u>free</u> tickets – we got in <u>free</u>
<u>hard</u> (= *schwer*): it was <u>hard</u> work – we worked <u>hard</u>
<u>high</u> (= *hoch*): the <u>high</u> mountains – she didn't jump <u>high</u> enough
<u>hourly</u> (= *stündlich*): an <u>hourly</u> train service – the trains run <u>hourly</u>
<u>late</u> (= *spät*): he took the <u>late</u> train – he arrived <u>late</u>
<u>little</u> (= *wenig*): she had very <u>little</u> sleep – she slept <u>little</u>
<u>long</u> (= *lang / lange*): the speech was too <u>long</u> – he talked too <u>long</u>
<u>low</u> (= *niedrig*): a <u>low</u> table – the plane was flying too <u>low</u>
<u>monthly</u> (= *monatlich*): our <u>monthly</u> meeting – we meet <u>monthly</u>

right (= *richtig*): I don't know the <u>right</u> way – they can't do anything <u>right</u>
straight (= *gerade*): a long, <u>straight</u> road – sit up <u>straight</u>
weekly (= *wöchentlich*): our <u>weekly</u> meetings – we meet twice <u>weekly</u>
wide (= *weit*): <u>wide</u> trousers – open (your mouth) <u>wide</u>

Adjektiv und endungsloses Adverb mit verschiedener Bedeutung

clean (= *sauber – total*): a <u>clean</u> shirt – I <u>clean</u> forgot her birthday
dead (= *tot – völlig*): he's <u>dead</u> – he's <u>dead</u> against it
even (= *eben – sogar [noch]*): an <u>even</u> surface – that's <u>even</u> better
ill (= *krank – schlecht*): seriously <u>ill</u> patients – he seemed <u>ill</u> informed
jolly (= *fröhlich – ganz schön*): a <u>jolly</u> party – a <u>jolly</u> good idea
just (= *gerecht – gerade*): a <u>just</u> punishment – they've <u>just</u> arrived
only (= *einzig – nur*): the <u>only</u> way out – there's <u>only</u> one way out
poorly (= *krank – ärmlich*): he was feeling <u>poorly</u> – <u>poorly</u> dressed people
precious (= *kostbar – herzlich*): life is <u>precious</u> – we know <u>precious</u> little
pretty (= *hübsch – ziemlich*): she's <u>pretty</u> and smart – she's <u>pretty</u> smart
right (= *richtig – direkt*): a step in the <u>right</u> direction – I'll be <u>right</u> back
round (= *rund – herum*): a <u>round</u> table – she turned <u>round</u>
sharp (= *scharf – genau*): a <u>sharp</u> knife – at 10 o'clock <u>sharp</u>
still (= *still – immer noch*): she sat very <u>still</u> – she was <u>still</u> asleep
very (= *genau – sehr*): at this <u>very</u> moment – a <u>very</u> good writer

Adjektiv und *-ly*-Adverb mit verschiedener Bedeutung

deep – deeply (= *tief – zutiefst*): a <u>deep</u> lake – I was <u>deeply</u> concerned
fair – fairly (= *fair – ziemlich*): <u>fair</u> competition – a <u>fairly</u> normal reaction
full – fully (= *voll – vollkommen*): a <u>full</u> glass – I <u>fully</u> understand that
hard – hardly (= *schwer – kaum*): he works <u>hard</u> – he can <u>hardly</u> work
high – highly (= *hoch – höchst*): it's 50 metres <u>high</u> – it's highly <u>unlikely</u>
late – lately (= *spät – in letzter Zeit*): it's too <u>late</u> – I haven't seen her <u>lately</u>
near – nearly (= *nahe – beinahe*): a <u>near</u> relative – she <u>nearly</u> died
ready – readily (= *bereit – bereitwillig*): I'm <u>ready</u> – he <u>readily</u> admits that
wide – widely (= *breit – allgemein*): a <u>wide</u> gap – it's <u>widely</u> known that . . .

Adverb mit und ohne *-ly* mit gleicher Bedeutung

Zu einer ganzen Reihe häufig gebrauchter Adjektive existieren zwei
Adverbien: eines auf *-ly* und eines ohne *-ly*, das also mit dem Adjektiv
identisch ist:

He became rich too <u>quickly</u>.   Er wurde zu schnell reich.
He wants to get rich <u>quick</u>.   Er möchte schnell reich werden.

6
1

Zumeist unterliegt in diesen Fällen die Form ohne -ly stärkeren Gebrauchsbeschränkungen, d. h. sie tritt nur im Zusammenhang mit bestimmten
Bezugswörtern auf (*I played fair. Drive slow. You guessed right.*) oder ist auf
die saloppe Umgangssprache beschränkt (*He acted foolish. This is real
important stuff.*). Auf keinen Fall kann sie in der Stellung vor dem Verb
verwendet werden:

He quickly got rich that way. (*Nicht* quick!)	Auf diese Weise wurde er schnell reich.
They slowly drove down the High Street. (*Nicht* slow!)	Sie fuhren langsam die Hauptstraße hinunter.
She foolishly rejected the offer. (*Nicht* foolish!)	Sie war so dumm, das Angebot abzulehnen.
This cannot fairly be described as extremism. (*Nicht* fair!)	Dies kann man gerechterweise nicht als Extremismus bezeichnen.

Fälle, in denen das Adverb mit oder ohne -ly stehen kann:

She didn't do too bad(ly).	Sie hat ihre Sache ganz gut gemacht.
It was bitter(ly) cold.	Es war bitterkalt.
The fire was burning bright(ly).	Das Feuer brannte hell.
You can get them cheap(ly) at any DIY store.	Man kann sie billig in jedem Baumarkt kriegen.
The others were following close(ly) behind.	Die anderen folgten dicht dahinter.
She's dead(ly) serious about it.	Sie meint es todernst damit.
That decision cost us dear(ly).	Diese Entscheidung kam uns teuer zu stehen.
There'll doubtless(ly) be protests.	Es wird zweifellos Proteste geben.
A lot of people simply don't play fair(ly).	Viele Leute spielen einfach nicht fair.
You must chop the herbs very fine(ly).	Du musst die Kräuter sehr klein schneiden.
There's no need to shout quite so loud(ly).	Es ist doch nicht nötig, so zu brüllen.
I had guessed right(ly).	Ich hatte richtig geraten.
Nobody has been treated rough(ly).	Niemand ist grob behandelt worden.
He won the match almost singlehanded(ly).	Er hat das Spiel fast im Alleingang gewonnen.
Don't spread the butter too thick(ly).	Trag die Butter nicht zu dick auf.
The doors and windows were shut tight(ly).	Die Türen und Fenster waren fest zu.
She opened her eyes wide(ly).	Sie machte weit die Augen auf.

Auch in Verbindung mit attributivem -ed-Partizip ist neben dem -ly-Adverb mitunter die Form ohne -ly möglich:

The kitchen smelled of freshly baked / fresh-baked bread.	Die Küche roch nach frisch gebackenem Brot.
The conflict eventually developed into a fully fledged / full-fledged war.	Der Konflikt entwickelte sich schließlich zu einem richtigen Krieg.
These people are highly paid / high-paid specialists.	Diese Leute sind hoch bezahlte Spezialisten.
There's a shortage of highly skilled / high-skilled workers.	Es besteht Mangel an hoch qualifizierten Arbeitskräften.
She's highly strung / high-strung but extremely creative.	Sie ist übernervös, aber sehr kreativ.
He's as innocent as a newborn / newly born child.	Er ist so unschuldig wie ein neugeborenes Kind.
She comes from a tightly knit / tight-knit family.	Sie kommt aus einer fest gefügten Familie.

In anderen Fällen sind die beiden Adverbformen im konkreten Einzelfall nicht austauschbar, in der Bedeutung aber eng verwandt:

She was closely followed by a security man.	Sie war dicht gefolgt von einem Sicherheitsbeamten.
Don't come too close!	Komm nicht zu dicht heran!
The missiles are deeply dug into the ground.	Die Raketen sind tief in der Erde vergraben.
You have to dig deep to find water.	Man muss tief graben, um Wasser zu finden.
The hostages were flown directly back to London.	Die Geiseln wurden direkt nach London zurückgeflogen.
You can now fly there direct.	Man kann jetzt direkt dorthin fliegen.
That could easily happen.	Das könnte leicht passieren,
You'll have to take it easy for a while.	Sie werden sich eine Weile schonen müssen.
She fully understands that.	Sie versteht das vollkommen.
She knows it full well.	Sie weiß das sehr wohl.
This threat should not be taken lightly.	Diese Drohung sollte man nicht leicht nehmen.
One should always travel light.	Man sollte immer mit leichtem Gepäck reisen.
They arrived safely.	Sie kamen sicher an.
He always plays it safe.	Er geht immer auf Nummer sicher.

She was sleeping <u>soundly</u>.	Sie schlief fest.
She was <u>sound</u> asleep.	Sie schlief fest.
She was <u>wrongly</u> convicted of murder.	Sie wurde zu Unrecht wegen Mordes verurteilt.
The press got the whole thing <u>wrong</u>.	Die Presse hat die ganze Sache falsch dargestellt.

Schwierigkeiten der Unterscheidung zwischen Adjektiv und Adverb

Im folgenden Beispiel könnte man versucht sein, das unterstrichene Wort wegen seiner Nähe zum Verb als Adverb misszuverstehen und statt *sad* die adverbiale Form *sadly* zu gebrauchen:

She looked <u>sad</u>.	Sie sah traurig aus.

Tatsächlich bezieht sich *sad* aber nicht auf das Verb *looked*, sondern auf das Subjekt *she*, ist also Adjektiv, nicht Adverb – die Form ohne *-ly* ist also richtig. *Looked* bezeichnet man hier als *linking verb* (= Gleichsetzungsverb, Kopulaverb). Das Verb *looked* stellt also eine Verbindung (= Kopula) zwischen *she* und *sad* her. Die am häufigsten verwendete Kopula ist eine Form von *be* (= sein), also z. B. *is* oder *was*:

She was <u>sad</u>.	Sie war traurig.

Im folgenden Satz ist *looked* kein Gleichsetzungsverb; *sad* bezieht sich nicht auf *she*, sondern auf *looked*, ist also Adverb (nicht Adjektiv) und muss daher die Endung *-ly* erhalten:

She looked <u>sadly</u> at her broken doll.	Traurig schaute sie auf ihre kaputte Puppe.

Wie *look* können auch *smell*, *feel*, *sound* und *taste* als *linking verbs* gebraucht werden – also mit nachfolgendem <u>Adjektiv</u>, das sich auf das <u>Subjekt</u> bezieht:

<u>They</u> hadn't washed for days and smelled <u>bad</u>.	Sie hatten sich tagelang nicht gewaschen und rochen schlecht.
<u>I</u> was just feeling <u>awful</u>.	Ich fühlte mich einfach schrecklich.
<u>The plan</u> sounds <u>good</u>, but will it work?	Der Plan klingt gut, aber wird er funktionieren?
<u>The sauce</u> tastes <u>delicious</u>.	Die Soße schmeckt köstlich.

Im folgenden Beispiel dagegen ist *taste* kein *linking verb*; näher bestimmt wird das <u>Verb</u>, nicht das Subjekt, daher *easily*, nicht *easy*:

You can <u>easily</u> <u>taste</u> the garlic.	Den Knoblauch kann man leicht herausschmecken.

Weitere häufig gebrauchte *linking verbs* sind *seem, appear, remain, stay, become* und *get* (= werden).
Beachten Sie den Unterschied zwischen Adjektiv und Adverb in den folgenden Beispielen. Durch <u>doppelte</u> Unterstreichung ist deutlich gemacht, worauf sich das <u>einfach</u> unterstrichene Adjektiv oder Adverb jeweils bezieht:

<u>The situation</u> seemed <u>hopeless</u>.	Die Situation schien hoffnungslos.
The situation seemed <u>hopelessly confused</u>.	Die Situation schien hoffnungslos verworren.
<u>She</u> remained <u>quiet</u>.	Sie blieb still.
She remained <u>quietly confident</u>.	Sie blieb in stiller Weise zuversichtlich.
<u>They</u> have become <u>dangerous</u>.	Sie sind gefährlich geworden.
They have become <u>dangerously aggressive</u>.	Sie sind gefährlich aggressiv geworden.

Hier noch einige weitere Beispiele, die den Unterschied zwischen <u>Adjektiv</u> und <u>Adverb</u> veranschaulichen. Die durch das Adjektiv / Adverb bestimmten Wörter oder Wortgruppen sind jeweils <u>doppelt</u> unterstrichen:

<u>All men</u> are created <u>equal</u>.	Alle Menschen sind gleich geschaffen.
Not all men are <u>equally bad</u>.	Nicht alle Männer / Menschen sind gleich schlecht.
<u>She</u> was certainly born <u>lucky</u>.	Sie war bestimmt als Glückskind geboren.
<u>Luckily</u>, <u>she was not born on Friday the thirteenth</u>.	Glücklicherweise wurde sie nicht am Freitag dem Dreizehnten geboren.
<u>Breathless</u> with anger, <u>she</u> picked up the phone and called the police.	Atemlos vor Wut nahm sie den Hörer ab und rief die Polizei an.
She <u>breathlessly</u> <u>picked up the phone and called the police</u>.	Atemlos (= „in atemloser Weise") nahm sie den Hörer ab und rief die Polizei an.
<u>The man</u> looked <u>suspicious</u> to the policeman.	Der Mann erschien dem Polizisten verdächtig.
The policeman <u>looked at the man suspiciously</u>.	Der Polizist sah den Mann misstrauisch an.

Steigerung der Adverbien

Adverbien werden nach den gleichen Regeln wie Adjektive gesteigert
(→ S. 142 ff.).

Einsilbige hängen *-er/-est* an:
close [kləʊs], *deep, fast, hard, high, long, near, quick, soon* etc.
Stummes End-*e* entfällt:
close [kləʊs] *– closer – closest, late – later – latest.*

Nicht aus Adjektiven abgeleitete Adverbien auf *-ly* werden ebenfalls mit
-er/-est gesteigert:
early – earlier – earliest.

Aus Adjektiven abgeleitete Adverbien auf *-ly* und nicht auf *-ly* endende
mehrsilbige Adverbien werden mit *more/most* gesteigert:
briefly, frequently, quickly, regularly; seldom etc.

Entsprechend den vorstehenden Regeln werden die Adverbien *quick*
und *quickly* verschieden gesteigert: *quick – quicker – quickest* und *quickly –
more quickly – most quickly.*

The computer does everything <u>quicker / more quickly</u>.	Der Computer erledigt alles schneller.
The prize will go to the one who can do it <u>quickest / the quickest / the most quickly</u>.	Der Preis geht an den, der es am schnellsten schafft.

Often wird normalerweise mit *more/most* gesteigert; daneben findet sich
auch der Komparativ auf *-er*, selten hingegen der Superlativ auf *-est*:

It happens <u>oftener</u> / <u>more often</u> than you think.	Es geschieht öfter, als du denkst.
The bouts came <u>oftener and oftener</u> / <u>more and more often</u>.	Die Anfälle kamen immer öfter.
This is the question I was asked <u>most often</u> / (*auch:*) <u>oftenest</u>.	Dies ist die Frage, die mir am häufigsten gestellt wurde.

Unregelmäßig gesteigerte Adverbien:

badly – worse [wɜːs] – worst
well – better – best

little – less – least
much – more – most

They treated me even <u>worse</u>.	Sie behandelten mich sogar noch schlimmer.
I can do it <u>better</u>.	Ich kann es besser.

This is the picture I like <u>best</u>.

You work <u>less</u> / <u>more</u> than I do.

Dies ist das Bild, das mir am besten gefällt.

Du arbeitest weniger / mehr als ich.

Zu *far* gibt es zwei Sets von Steigerungsformen:
far – <u>further</u> / <u>farther</u> – <u>furthest</u> / <u>farthest</u>

Further und *furthest* können sowohl in örtlichem als auch übertragenem Sinn gebraucht werden; *farther* und *farthest* erlauben nur eine Verwendung in örtlichem Sinn:

No one jumped <u>farther</u> / <u>further</u> than he.	Niemand sprang weiter als er.
We had the <u>farthest</u> / <u>furthest</u> to go.	Wir hatten am weitesten zu gehen.
the politicians <u>furthest</u> / <u>farthest</u> on the left	die am weitesten links stehenden Politiker
If you don't want to win $1,000, you needn't read any <u>further</u>.	Wenn Sie keine 1000 Dollar gewinnen wollen, brauchen Sie nicht weiterzulesen.
The decision can't be postponed any <u>further</u>.	Die Entscheidung kann nicht weiter aufgeschoben werden.

Stellung der Adverbien im Satz

If you do not immediately suppress the person who takes it upon himself to lay down the law almost every day in your columns on the subject of literary composition, I will give up the Chronicle. The man is a pedant, an ignoramus, an idiot and a self-advertising duffer. Your fatuous specialist . . . is now beginning to rebuke "second-rate" newspapers for using such phrases as "to suddenly go" and "to boldly say". I ask you, Sir, to put this man out . . . without interfering with his perfect freedom of choice between "to suddenly go", "to go suddenly", and "suddenly to go". . . . Set him adrift and try an intelligent Newfoundland dog in his place. (*George Bernard Shaw, Irish writer, 1856–1950*)

„Wenn Sie nicht sofort den Menschen aus dem Verkehr ziehen, der fast jeden Tag in Ihren Spalten Vorschriften zum Thema des literarischen Aufsatzes machen zu müssen glaubt, werde ich den Chronicle abbestellen. Der Mann ist ein Pedant, ein Ignorant, ein Idiot und selbstverliebter Schwachkopf. Dieser törichte Spezialist . . . hat nun damit begonnen, „zweitklassige" Zeitungen dafür zu tadeln, dass sie solche Formulierungen wie "to suddenly go" und "to boldly say" gebrauchen. Ich bitte Sie, sehr geehrter Herr, diesen Mann vor die Tür zu setzen . . . und es dabei vollkommen ihm zu überlassen, ob er es vorzieht, "to suddenly go", "to go suddenly" oder "suddenly to go". . . . Setzen Sie ihn auf die Straße und probieren Sie es mit einem intelligenten Neufundländer." – So schreibt der berühmte Dramatiker und Gesellschaftskritiker 1892 an die Redaktion der Zeitung Chronicle. Er verurteilt sprachliche Pedanterie und Besserwisserei, die sich – nicht nur im Englischen – im Aufstellen von willkürlichen Regeln äußert. Ein solche willkürliche, die Sprachrealität leugnende Regel ist das Verbot des so genannten *split infinitive*, d. h. einer Konstruktion, bei der das Adverb den *to*-Infinitiv „spaltet": to *suddenly* go, to *really* appreciate, to *finally* meet you. Das Problem ist, dass die von den Kritikastern empfohlene Anfangs- (*suddenly* to go) oder Endstellung (to go *suddenly*) oft holprig klingt und/oder zu ungewünschten Betonungen führt. Keine Angst also vor dem *split infinitive*!

Für die Stellung der Adverbien im Satz bestehen verschiedene Möglichkeiten. Welche Möglichkeit gewählt wird, hängt ab von Faktoren wie Bezug (worauf bezieht sich das Adverb?), Betonung (wie erreiche ich die gewünschte Hervorhebung?) und Bedeutung (ist es z. B. ein Häufigkeitsadverb wie *usually* oder ein Adverb der Art und Weise wie *softly*?).

Es lassen sich folgende Grundstellungen unterscheiden:

Adverb vor einem Adjektiv oder Adverb

She's <u>tremendously</u> intelligent.	Sie ist enorm intelligent.
We're <u>incredibly</u> busy right now.	Wir haben zur Zeit unwahrscheinlich viel zu tun.
It's a <u>thoroughly</u> boring film.	Es ist ein ausgesprochen langweiliger Film.
We had a <u>fairly</u> frank discussion.	Wir hatten eine recht freimütige Diskussion.
I'm <u>extremely</u> surprised.	Ich bin äußerst überrascht.
I was <u>really</u> nervous.	Ich hatte wirklich Angst.

- -

The whole thing works <u>tolerably</u> well.	Die Sache funktioniert leidlich.
We discussed it <u>fairly</u> frankly.	Wir haben recht freimütig darüber diskutiert.
She has behaved <u>perfectly</u> sensibly.	Sie hat sich vollkommen vernünftig verhalten.

> Ein Sonderfall ist *enough*, das nicht vor, sondern nach seinem Bezugswort steht:
>
> | | |
> |---|---|
> | He was intelligent <u>enough</u> to see that I was right. | Er war intelligent genug zu erkennen, dass ich Recht hatte. |
>
> Vgl. dagegen *sufficiently*, das mit *enough* annähernd bedeutungsgleich ist, aber – der allgemeinen Regel entsprechend – vor seinem Bezugswort steht:
>
> | | |
> |---|---|
> | He was <u>sufficiently</u> intelligent to see that I was right. | Er war hinreichend intelligent, um zu erkennen, dass ich Recht hatte. |

Adverb vor dem Subjekt

<u>Suddenly</u> the car stopped.	Plötzlich hielt das Auto.
<u>Eventually</u> she returned to her home town.	Schließlich kehrte sie in ihre Heimatstadt zurück.
<u>Originally</u> it was a cinema.	Ursprünglich war es ein Kino.
<u>Superficially</u> the two are similar.	Oberflächlich gesehen sind die beiden sich sehr ähnlich.
<u>Normally</u> the river is higher at this time of year.	Normalerweise führt der Fluss um diese Jahreszeit mehr Wasser.
<u>Actually</u> we haven't started yet.	An sich haben wir noch gar nicht angefangen.
<u>Frankly</u>, I don't give a damn.	Ehrlich gesagt, es ist mir vollkommen schnuppe.
<u>Oddly enough</u>, the film became a big success.	Merkwürdigerweise wurde der Film ein großer Erfolg.

<u>Strictly speaking</u>, the country is not a democracy at all.

Streng genommen ist das Land gar keine Demokratie.

Adverb vor dem Verb bzw. Hilfsverb

They <u>secretly</u> met in Italy.	Sie trafen sich heimlich in Italien.
I <u>usually</u> have breakfast in bed.	Meistens frühstücke ich im Bett.
The car <u>suddenly</u> stopped.	Plötzlich hielt das Auto. / Das Auto hielt plötzlich.
She <u>obviously</u> knows about it.	Offensichtlich weiß sie davon.
The trial will <u>probably</u> take three to four months.	Der Prozess wird wahrscheinlich drei bis vier Monate dauern.
You can't <u>suddenly</u> walk out on me.	Du kannst mich doch nicht plötzlich verlassen.
They could <u>easily</u> afford a new car.	Sie können sich leicht ein neues Auto leisten.
One <u>really</u> can't / can't <u>really</u> ask for more.	Man kann wirklich nicht mehr verlangen.
I <u>honestly</u> don't need it.	Ich brauche es ehrlich nicht.
I don't <u>honestly</u> think I'll need it.	Ich glaube ehrlich nicht, dass ich es brauchen werde.
It <u>originally</u> was a cinema.	Es war ursprünglich ein Kino.
I <u>really</u> was nervous.	Ich hatte wirklich Angst.
I'm not sure that this approach would <u>actually</u> have worked.	Ich bin nicht sicher, ob diese Methode tatsächlich funktioniert hätte.
They couldn't get close enough to <u>really</u> see the president.	Sie kamen nicht nahe genug heran, um den Präsidenten wirklich zu sehen.
To <u>hardly</u> know him is to know him well.	Ihn kaum kennen heißt ihn gut kennen.

Adverb nach dem Verb (und seinen Ergänzungen)

The car stopped <u>suddenly</u>.	Das Auto hielt plötzlich.
These shoes fit <u>perfectly</u>.	Diese Schuhe passen ausgezeichnet.
The minister acted <u>unwisely</u> and <u>irresponsibly</u>.	Der Minister hat sich unklug und verantwortungslos verhalten.
People want to be treated <u>honestly</u>.	Die Menschen wollen, dass man ehrlich mit ihnen umgeht.
He performs his duties <u>conscientiously</u>.	Er nimmt seine Pflichten gewissenhaft wahr.
She beats him <u>easily</u> at tennis.	Im Tennis schlägt sie ihn mühelos.

Beachten Sie besonders, dass das Adverb – anders als im Deutschen – in der Regel nicht zwischen Verb (hier: *admire*) und Objekt (hier: *your courage*) stehen kann:

I <u>honestly</u> admire your courage.   Ich bewundere aufrichtig deinen Mut.

Hinweise zur Stellung der Adverbien (z. B. *carefully, soon*) bzw. adverbialen Bestimmungen (z. B. *in a careful manner, next Friday*) finden Sie u. a. noch an folgenden Stellen:

Seite 177: 2. Testaufgabe mit Schlüssel
Seite 270 und 290: *split infinitive*
Seite 285–287, 292, 293: adverbiale Infinitivfügungen
Seite 315–321: *-ing*-Fügung als adverbiale Bestimmung
Seite 326–327: *-ed*-Fügung als adverbiale Bestimmung
Seite 382: adverbiale Bestimmungen im einfachen Satz
Seite 386–387: Häufung von adverbialen Bestimmungen in längeren Sätzen
Seite 391: adverbiale Bestimmungen im bejahten Aussagesatz
Seite 393–394: Adverbien und adverbiale Bestimmungen im Fragesatz
Seite 397–401: Abweichungen von der normalen Wortstellung
Seite 408–409: Stellungsmuster bei *phrasal verbs*

1. Adjektiv (ohne -*ly*) oder Adverb (mit -*ly*)?
Wählen Sie die richtige Form.

a) She owns a (luxurious) apartment overlooking Central Park.

b) She owns a (luxurious) furnished apartment overlooking Central Park.

c) He is (easy) distracted.

d) It is (easy) to distract him.

e) His speech amused them (immense).

f) They found his speech (immense) amusing.

g) She doesn't play (accurate) but with (wonderful) expression.

h) The forecast has proved (surprising) (accurate).

i) Wasn't that a (wonderful) (clever) remark?

j) To be (perfect) (frank), the performance was an (absolute) disaster.

k) We (frank) don't know what (exact) caused this (terrible) disaster.

l) You know (perfect) (good) what I mean.

m) How (utter) (unromantic) you are!

n) The princess became (romantic) involved with her riding instructor.

o) The minister called the accusations "(total) (false) and (utter) nonsense".

p) The movie is about a doctor (false) accused of murdering his wife.

q) We play once a week and I (usual) lose.

r) This morning we had our (usual) game and, as (usual), I lost.

s) He seemed (strange) (absent-minded) when I last saw him.

t) The old man smiled (absent-minded) as he viewed the (strange) scene.

u) In the suburbs, office space is (natural) much less (expensive).

v) Many companies have moved to the suburbs where they can
    operate less (expensive).

w) I felt (terrible).

2. Setzen Sie die eingeklammerten Adverbien an passender Stelle ein.

a) He needed money. (badly)
b) She was hurt by his remark. (deeply)
c) He went to her house. (directly)
d) She did the right thing. (instinctively)
e) He sells all his paintings. (privately)
f) She misses a lesson. (never)
g) After Albert's death, Victoria retired from public life. (largely)
h) She knows how to take care of herself. (usually)
i) The Irish language lost ground during the 18th and 19th centuries. (steadily)
j) During the last years of his life he withdrew from public life. (gradually)
k) She had always been able to beat the big man at tennis. (effortlessly)

1. a) luxurious b) luxuriously c) easily d) easy e) immensely f) immensely
g) accurately; wonderful h) surprisingly accurate i) wonderfully clever
j) perfectly frank; absolute k) frankly; exactly; terrible l) perfectly well
m) utterly unromantic n) romantically o) totally false; utter p) falsely
q) usually r) usual; usual s) strangely absent-minded t) absent-mindedly;
strange u) naturally; expensive v) expensively w) terrible

2. a) needed money badly / badly needed money b) deeply hurt c) went
directly to d) She instinctively did / Instinctively she did / the right thing
instinctively e) paintings privately f) never misses g) Victoria largely retired
h) She usually knows i) steadily lost ground / lost ground steadily
j) he gradually withdrew / withdrew gradually k) to beat the big man
effortlessly at tennis

Das Verb

Übersicht: Formen und Zeiten des Verbs

Übersicht: Formen und Zeiten des Verbs (englische Terminologie)

Active	Passive
Simple infinitive:	
(to) ask (zu) fragen	*(to) be asked* gefragt (zu) werden
Progressive infinitive:	
(to) be asking (zu) fragen	—
Perfect infinitive:	
(to) have asked gefragt (zu) haben	*(to) have been asked* gefragt worden (zu) sein
***-ing* form:**	
asking fragend / (das) Fragen	*being asked* gefragt werdend / (das) Gefragtwerden
	***-ed* participle:**
	asked gefragt
Affirmative imperative:	
ask frage	—
Negative imperative:	
don't ask frage nicht	—
Negative progressive imperative:	
don't be asking frage nicht	
Present simple:	
I ask ich frage	*I am asked* ich werde gefragt
Present progressive:	
I am asking ich frage (gerade)	*I am being asked* ich werde (gerade) gefragt
Past simple:	
I asked ich fragte	*I was asked* ich wurde gefragt
Past progressive:	
I was asking ich fragte (gerade)*	*I was being asked* ich wurde (gerade) gefragt
Present perfect simple:	
I have asked ich habe gefragt	*I have been asked* ich bin gefragt worden
Present perfect progressive:	
I have been asking ich habe gefragt	—
Past perfect simple:	
I had asked ich hatte gefragt	*I had been asked* ich war gefragt worden
Past perfect progressive:	
I had been asking ich hatte gefragt	—
Future (*will*):	
I will ask ich werde fragen	*I will be asked* ich werde gefragt werden
Future (*will + be + -ing*):	
I will be asking ich werde fragen	—
Future (*going to*):	
I am going to ask ich werde fragen	*I am going to be asked* ich werde gefragt werden
Future (*going to + be + -ing*):	
I am going to be asking ich werde fragen	—
Future perfect simple:	
I will have asked ich werde gefragt haben	*I will have been asked* ich werde gefragt worden sein
Future perfect progressive:	
I will have been asking ich werde gefragt haben	—
Conditional simple:	
I would ask ich würde fragen	*I would be asked* ich würde gefragt werden
Conditional progressive:	
I would be asking ich würde fragen	—
Conditional perfect simple:	
I would have asked ich hätte gefragt	*I would have been asked* ich wäre gefragt worden
Conditional perfect progressive:	
I would have been asking ich hätte gefragt	—

Present simple tense

While you glory in the past, be busy in the present lest you be caught unprepared in the future. (*Proverb*)

„Während du dich der Vergangenheit rühmst, sei tätig in der Gegenwart, auf dass die Zukunft dich nicht unvorbereitet trifft." Ein Stück Volksweisheit (= *folk wisdom*), das etwas über die Rolle der drei Zeitstufen (Vergangenheit, Gegenwart, Zukunft) im Menschenleben aussagt. Um die Zeiten (= *tenses* ['tensɪz]) des englischen Verbs geht es in diesem und den folgenden Kapiteln, beginnend mit der Gegenwart, die man in der Grammatik oft Präsens nennt oder, auf Englisch, *present tense*.

Es ist wichtig, dass man reale Zeit und grammatische Zeit unterscheidet. Mit *present tense* meinen wir nicht eine Zeit des wirklichen Lebens (= *time*), sondern eine grammatische Zeitform (= *tense*) des englischen Verbs. Sie wird, wie Sie in diesem Kapitel sehen werden, nicht ausschließlich zum Ausdruck von Gegenwärtigem gebraucht, sondern – wenn auch nur am Rande – auch für Handlungen in der Zukunft oder Vergangenheit.

Schließlich steht in der Überschrift dieses Kapitels nicht einfach *present tense*, sondern *present simple tense*. Warum *present simple*, also einfaches Präsens, einfache Gegenwart? Weil es auch ein *present progressive* gibt, d. h. die Verlaufsform des Präsens, Verlaufsform der Gegenwart. Vergleichen Sie:

Present simple:
She lives in a council flat.   Sie wohnt in einer Sozialwohnung.
Present progressive:
She is staying in a hotel.   Sie wohnt (zurzeit) in einem Hotel.

Wir konzentrieren uns in diesem Kapitel auf das *present simple*. Mit dem *present progressive* beschäftigen wir uns ausführlich auf den Seiten 187–191.

Das *present simple* ist zum Teil endungslos – also formgleich mit dem Infinitiv, der Grundform des Verbs: *I know* (= ich weiß). In der 3. Person Singular jedoch – also nach *he*, *she*, *it* oder Wörtern, die durch *he*, *she*, *it* ersetzt werden können – hat diese Zeitform die Endung -s: *she knows* (= sie weiß).

Gebrauch der -s-Form

Die -s-Form des Verbs steht im *present tense* bei Singularnomen und -namen –
also bei Wörtern, die durch *he, she* oder *it* ersetzt werden können.
Vergleichen Sie:

The girl	knows	that.	Das Mädchen weiß das.
Judy	knows	that.	Judy weiß das.
She	knows	that.	Sie weiß das.

Aber:

The girls	know	that.	Die Mädchen wissen das.
Sue and Liz	know	that.	Sue und Liz wissen das.
They	know	that.	Sie wissen das.

Bildung und Aussprache der -s-Form

Die Endung -s wird bei den meisten Verben stimmhaft, also [z] gesprochen:
pays, knows, cares, fills, swims, runs, gives, robs, reads etc.

Bei Verben, die auf [t], [k], [p] oder [f] auslauten, wird die -s-Endung stimmlos,
also [s] gesprochen:
puts, drinks, packs, drops, jumps, bluffs, laughs, coughs etc.

Verben, die auf stummes -e mit vorhergehendem [z], [s] oder [dʒ] enden,
hängen -s an, das zusammen mit dem -e- [ɪz] gesprochen wird:
*loses, rises, analyses, recognizes, amazes, forces, notices, produces, increases,
manages, charges, changes* etc.

Verben, die auf -ss, -ch, -sh oder -x enden, hängen -es [ɪz] an:
passes, expresses, reaches, fetches, pushes, finishes, mixes, relaxes etc.

End-*y* wird beim Anhängen der -s-Endung zu -ie-, wenn dem -y nicht ein
Vokal (*a, e, o* oder *u*) vorausgeht:
*study – studies, identify – identifies, supply – supplies, occupy – occupies,
carry – carries* etc.

Sonderfälle sind:
do [duː] – *does* [dʌz], *go* [gəʊ] – *goes* [gəʊz], *have – has*.
Und von der Aussprache her:
say [seɪ] – *says* [sez].

Gebrauch des *present simple*

Mit dem *present simple* werden Gewohnheiten, Fähigkeiten, Eigenschaften etc. ausgedrückt – Handlungen, die nicht vorübergehender Art,
sondern kennzeichnend für ein Lebewesen oder eine Sache sind:

We usually get up around 6.30.	Wir stehen meistens gegen 6.30 Uhr auf.
What does he do in the evening?	Was macht er abends?
She only sees him on the weekends.	Sie sieht ihn nur an den Wochenenden.
She never reads reviews of her books.	Sie liest nie Besprechungen ihrer Bücher.
Air bags save thousands of lives every year.	Airbags retten jedes Jahr Tausende von Menschenleben.
The buses run every hour.	Die Busse verkehren stündlich.
I paint objects as I think them, not as I see them.	Ich male Gegenstände, wie ich sie denke, nicht wie ich sie sehe.
He sings better than Rex Harrison and looks terrific.	Er singt besser als Rex Harrison und sieht fantastisch aus.
What do you do? – I'm an engineer.	Was machen Sie beruflich? – Ich bin Ingenieur.
Foxes also eat berries.	Füchse essen auch Beeren.

Allgemein findet das *present simple* Verwendung, wenn ein Sachverhalt ohne
Betonung des Andauerns oder Ablaufens einfach festgestellt oder erfragt wird
(vgl. dagegen das *present progressive*, S. 187 ff.):

They live in Dublin.	Sie leben / wohnen in Dublin.
She writes under the name Anne Perry.	Sie schreibt unter dem Namen Anne Perry.
In that position you feel very much alone.	In dieser Stellung fühlt man sich sehr allein.
The book sells quite well.	Das Buch verkauft sich recht gut.
He speaks English well, though with a heavy accent.	Er spricht gut Englisch, wenn auch mit starkem Akzent.
I declare the meeting closed.	Ich erkläre die Sitzung für geschlossen.
(*Bildunterschrift:*) Richard Nixon reads his resignation as President of the United States, August 8, 1974.	Richard Nixon verliest seine Rücktrittserklärung als Präsident der Vereinigten Staaten am 8. August 1974.
Are you happy? – Yes, I'm very happy. Why do you ask?	Bist du glücklich? – Ja, ich bin sehr glücklich. Warum fragst du?
What brings you here?	Was führt dich denn hierher?
(*Anruf des Wachpostens:*) Who goes there?	Wer da?

Entsprechend steht das *present simple* auch, wenn eine Folge von Handlungen aufgezählt oder reportagemäßig berichtet wird:

(*Bühnenanweisung:*)
She <u>goes</u> to the door, <u>opens</u> it,   Sie geht zur Tür, öffnet sie und
  then <u>slams</u> it loudly.   knallt sie dann laut zu.
(*Fußballkommentar:*)
Mannix <u>passes</u> the ball to Bradley,   Mannix gibt ab an Bradley, und
  and Bradley <u>scores</u>!!!   Bradley macht ein Tor!!!
(*Zauberer:*)
I <u>place</u> the rabbit in the box   Ich tue das Kaninchen in den Kasten
  and <u>close</u> the lid.   und schließe den Deckel.

Auch in Konstruktionen wie den folgenden steht typischerweise das *present simple*:

Here <u>comes</u> my train.   Da kommt mein Zug.
There <u>goes</u> my bus.   Da fährt mein Bus.
There you <u>go</u> again.   Du fängst ja schon wieder an!
Now <u>comes</u> my best trick.   Jetzt kommt mein bester Trick.
And so <u>say</u> all of us.   Und das sagen wir alle.
And up <u>goes</u> the curtain.   Und auf geht der Vorhang.
In <u>comes</u> Billy, swinging his   Herein kommt Billy und schwingt
  little axe.   seine kleine Axt.

Mit Hilfe des *present simple* werden auch Aussagen gemacht, die als allgemein bzw. zeitlos gültig angesehen werden:

The moon <u>orbits</u> the earth in   Der Mond umkreist die Erde in
  28 days.   28 Tagen.
The Rhine <u>rises</u> in the   Der Rhein entspringt in den
  Swiss Alps.   Schweizer Alpen.
Water <u>freezes</u> at 0°C and <u>boils</u>   Wasser gefriert bei 0° C und siedet
  at 100°C.   bei 100° C.
The early bird <u>catches</u> the worm.   Morgenstund' hat Gold im Mund.
Conceit <u>spoils</u> the finest genius.   Einbildung verdirbt das beste Genie.
Parents <u>learn</u> a lot from their children.   Eltern lernen viel von ihren Kindern.

In Fällen wie den folgenden bezieht sich das *present simple* eigentlich auf Mitteilungen, die bereits in der Vergangenheit erfolgten:

I <u>hear</u> that John's had an accident.   Wie ich höre, hatte John einen Unfall.
Jane <u>tells</u> me you're getting married.   Jane hat mir gesagt, du willst heiraten.

Das „historische Präsens" als Mittel anschaulichen Erzählens gibt es im Englischen wie im Deutschen. Hier erzählt ein New Yorker *taxi driver*:

This guy <u>gets</u> in and <u>asks</u> me to wait outside some apartment building. I <u>tell</u> him he <u>has</u> to leave me something as collateral. It<u>'s</u> the rules. He <u>says</u>, "What do you want – my arm?" I <u>say</u>, "If you want to give me your arm, that's all right by me." So he <u>takes</u> off his arm and <u>gives</u> it to me. It<u>'s</u> an artificial arm. And believe it or not, he never came back for it.

Da steigt dieser Typ ein und bittet mich, vor einem Wohnblock zu warten. Ich sage, er muss mir was als Sicherheit hinterlassen. Das ist Vorschrift. Er sagt, „Was wollen Sie – meinen Arm?" Ich sage, „Wenn Sie mir Ihren Arm geben wollen, mir ist es recht." Er nimmt also seinen Arm ab und gibt ihn mir. Es ist ein künstlicher Arm. Und ob Sie's glauben oder nicht – er hat ihn nie abgeholt.

Beachten Sie den stark vom Deutschen abweichenden Gebrauch des *present simple* in folgendem Fall:

I <u>wish</u> I had a dress like that.
I <u>wish</u> I had kept my mouth shut.
I <u>wish</u> we could help you.
I <u>wish</u> I was/were young again.

Ich wünschte, ich hätte so ein Kleid.
Ich wünschte, ich hätte den Mund gehalten.
Ich wünschte, wir könnten dir helfen.
Ich wünschte, ich wäre wieder jung.

Häufig wird das *present simple* auch zum Ausdruck einer fest für einen bestimmten Zeitpunkt in der Zukunft vorgesehenen Handlung gebraucht (→ S. 230–231):

Our flight <u>leaves</u> at 8.35.
Dixon <u>retires</u> at the end of this year.
The show <u>opens</u> in New York on August 13.

Unser Flug geht um 8.35 Uhr ab.
Dixon geht Ende dieses Jahres in den Ruhestand.
Die Show wird am 13. August in New York uraufgeführt.

In Fällen wie den folgenden (also nach Konjunktionen wie *when, as soon as, before, till, until* und *if*) hat das Verb trotz des Zukunftsbezuges die Zeitform des *present simple* (→ S. 231):

You can do that when you <u>come</u> back.
We'll call you as soon as we <u>arrive</u>.
He must have something to eat before he <u>goes</u> to work.

Das kannst du tun, wenn du zurückkommst.
Wir werden euch anrufen, sobald wir ankommen.
Er muss was zu essen haben, bevor er zur Arbeit geht.

Wait here till I <u>call</u> you.

We'll stay here until the situation <u>improves</u>.

If I <u>see</u> her, I'll tell her.

Warte hier, bis ich dich rufe.

Wir bleiben hier, bis die Lage sich bessert.

Wenn ich sie sehe, werde ich ihr Bescheid sagen.

Nach dem Verb *hope* schließlich steht auch bei Zukunftsbezug häufig das *present simple* (→ S. 231):

I hope nothing <u>happens</u> to him.

Let's hope nothing <u>happens</u> to him.

I hope we <u>see</u> more of you in future.

I hope you <u>get</u> well soon.

Ich hoffe, es passiert ihm nichts.

Wir wollen hoffen, dass ihm nichts passiert.

Ich hoffe, wir sehen Sie in Zukunft öfter.

Hoffentlich wirst du bald wieder gesund.

Present progressive

Polonius: What do you read, my lord? – Hamlet: Words, words, words. –
Polonius: What is the matter, my lord? – Hamlet: Between who? –
Polonius: I mean the matter that you read, my lord. (*William Shakespeare,
English dramatist and poet, 1564–1616*)

„Polonius: Was leset ihr, mein Prinz? – Hamlet: Worte, Worte, Worte. –
Polonius: Aber wovon handelt es? – Hamlet: Wer handelt? – Polonius:
Ich meine, was in dem Buche steht, mein Prinz."
Ein Zitat aus Shakespeares *Hamlet*, das sicher in keinem Zitatenlexikon
steht, uns hier aber im Zusammenhang mit unserem grammatischen
Thema interessiert: *What do you read?* Die Frage könnte auch heute noch
so formuliert werden, aber – und das ist nun ganz wesentlich – nicht
in der Situation, in der sie in Shakespeares Drama gestellt wird. Polonius
fragt so den lesend einhergehenden Hamlet: Was ist das, was ihr da
gerade lest, mein Prinz?
Fragt man heute einen lesend dasitzenden oder -stehenden
Mitmenschen, was es denn sei, das er da gerade liest, so sagt man *What
are you reading?* (= Was liest du denn da gerade?) Möchte man dagegen
eine „abstrakte", nicht an eine gerade ablaufende „Lesesituation"
gebundene Information, so formuliert man wie weiland Shakespeare
What do you read? (= Was liest du denn so?) und erhält dann eine
Antwort wie *Well, the daily paper, comics, romances.* (= Na, die
Tageszeitung, Comics, Liebesromane.)
Der Unterschied zwischen *What are you reading?* und *What do you read?*
ist der zwischen Verlaufsform (= *progressive form*) und einfacher Form
(= *simple form*). Die Verlaufsform war zu Shakespeares Zeit zwar schon
vorhanden (und wird von ihm auch manchmal benutzt), aber zwingend
war ihr Gebrauch in einer Situation wie der Polonius-Hamlet-Szene noch
nicht. Heute ist die Entscheidung zwischen progressivem und einfachem
Aspekt (so kann man es auch nennen) ein wichtiges (im Deutschen
nicht vorhandenes!) Mittel sprachlicher Differenzierung, dem wir uns in
diesem Kapitel mit der gebotenen Ausführlichkeit widmen wollen.

Bildung des *present progressive*

Das *present progressive* (also die Verlaufsform der Gegenwart / des Präsens)
wird aus *am / is / are* (bzw. den Kurzformen *'m, 's, 're*) und der *-ing*-Form des
Verbs zusammengesetzt:

I <u>am reading</u>.   Ich („bin am Lesen") lese.
She <u>is avoiding</u> me.   Sie meidet mich („zurzeit").

They <u>are building</u> a new bridge. Sie bauen („gerade") eine neue Brücke.

Auch das Verb be (*am*, *is*, *are*) kann in die Verlaufsform gesetzt werden:

You'<u>re being</u> generous Du bist / gibst dich heute aber
   today. spendabel.

Grundsätzliches zum Gebrauch

Durch den Gebrauch der Verlaufsform betont man, dass man die Handlung
als gerade ablaufend, vorübergehend, mitunter auch als Ausnahme zur
Regel ansieht. Die Handlung hat begonnen, wird von begrenzter Dauer sein,
ist noch nicht zu Ende. Typische Beispiele:

Liz <u>is trying</u> to lose weight. Liz versucht abzunehmen.
We'<u>re having</u> such a good time here. Wir verleben hier so eine schöne Zeit.
I don't know what you'<u>re talking</u> about. Ich weiß nicht, wovon Sie reden.
We'<u>re working</u> overtime to fill Wir machen Überstunden, um diesen
   this order. Auftrag auszuführen.
I'<u>m</u> not <u>feeling</u> well. Ich fühle mich nicht gut.

In Sätzen wie den folgenden bezeichnet die Verlaufsform die
„Rahmenhandlung", die durch eine mit der einfachen Form ausgedrückte
„Kurzhandlung" unterbrochen wird:

Louise and Tom <u>are having</u> breakfast Louise und Tom frühstücken gerade,
   when the phone <u>rings</u>. als das Telefon klingelt.
The maiden <u>is sitting</u> on the floor Die Maid sitzt weinend auf dem
   weeping when the door suddenly Boden, als plötzlich die Tür aufgeht
   <u>opens</u> and a little man <u>appears</u>. und ein kleines Männchen erscheint.
I'<u>m going</u> about 85 miles an Ich fahre mit einer Geschwindigkeit
   hour when I <u>notice</u> this police car von ungefähr 135 Stundenkilometern,
   behind me. als ich dieses Polizeiauto hinter mir
   bemerke.

Wenn das Verb be (*am*, *is*, *are*) in die Verlaufsform gesetzt wird, drückt es nicht
eine bloße Eigenschaft, sondern ein (gerade) praktiziertes Verhalten aus:

You'<u>re being</u> childish Du führst dich ja wieder wie ein
   again. Kind auf.
<u>Is</u> Robin <u>being</u> horrid to you? Ist Robin gemein zu dir?
<u>Aren't</u> you <u>being</u> overly critical? Sind Sie da nicht allzu kritisch?
I'<u>m</u> not <u>being</u> insulting, Mitch, Ich bin nicht beleidigend, Mitch, ich
   I'<u>m</u> just <u>being</u> honest. bin einfach nur ehrlich.
Maybe we'<u>re</u> just <u>being</u> overly Vielleicht sind wir diesen Dingen
   sensitive to these things. gegenüber einfach zu sensibel.
You'<u>re</u> not <u>being</u> much help. Du bist aber auch keine große Hilfe.

Gebrauchsunterschied zwischen *present progressive* und *present simple*

Den wesentlichen Gebrauchsunterschied zwischen *present progressive* und *present simple* veranschaulichen die folgenden Beispielpaare:

(Aussage über das, was sie gerade macht:)
She's playing tennis.   Sie spielt (gerade) Tennis.
(Aussage über ihr Hobby / ihren Beruf:)
She plays tennis.   Sie spielt Tennis.

(Zurzeit gerade:)
Are you sleeping well?   Schlafen Sie gut?
(Allgemein:)
Do you sleep well?   Schlafen Sie gut?

(Im Augenblick gerade:)
What are you doing here?   Was machen Sie denn hier?
(Beruflich:)
What do you do? – I'm a   Was machen Sie beruflich? – Ich bin
  solicitor.   Rechtsanwalt.

(Zurzeit gerade, vorübergehend:)
The injured man is lying on the ground. Der Verletzte liegt auf dem Boden.
(Immer, geographische Tatsache:)
The town lies on a river.   Die Stadt liegt an einem Fluss.

(Zurzeit, vorübergehend:)
We're eating a lot of rice.   Wir essen viel Reis.
(Teil der Lebensweise, immer:)
The Chinese eat a lot of rice.   Die Chinesen essen viel Reis.

(Vorübergehend, vielleicht weil die Sekretärin krank ist:)
I'm typing my own letters.   Ich tippe meine Briefe selber.
(Ständige Gewohnheit:)
I type my own letters.   Ich tippe meine Briefe selber.

(In der jetzigen wirtschaftlichen Situation:)
Shops like these are having to be   Geschäfte wie diese müssen sehr
  very competitive to survive.   leistungsstark sein, um zu überleben.
(Allgemein gültige wirtschaftliche Tatsache:)
Shops like these have to be very   Geschäfte wie diese müssen sehr
  competitive to survive.   leistungsstark sein, um zu überleben.

In den durchaus nicht seltenen Fällen, wo für die sprachliche Darstellung einer Handlung sowohl das *present progressive* als auch das *present simple* in Frage kommt, entscheidet die subjektive Anschauung der formulierenden Person über die Wahl der Form, weshalb Grammatiker auch von Aspekt sprechen: progressiver Aspekt – einfacher Aspekt.

In den folgenden Beispielen sind jeweils beide Aspekte möglich – je nachdem, ob der Sprecher mehr an einen gerade ablaufenden, zeitlich begrenzten Vorgang (progressiver Aspekt) oder das bloße Feststellen einer Tatsache (einfacher Aspekt) denkt. Auch schwingt in der progressiven Form mehr Gefühl mit, sie ist anschaulicher; die einfache Form dagegen wirkt sachlicher, unpersönlicher.

Im letzten Satz laufen die beiden Handlungen (das Schreiben und das Fliegen) parallel zueinander ab. Der Berichtende (George Orwell) vermerkt das Schreiben sachlich im *present simple*; die Handlung der ihn bedrohenden Flieger formuliert er – emotionaler und eindringlicher – im *present progressive*.

She's looking / She looks tired.	Sie sieht müde aus.
How are you feeling / do you feel?	Wie fühlst du dich?
We're living / We live in an age of scientific miracles.	Wir leben in einem Zeitalter naturwissenschaftlicher Wunder.
We're hoping / We hope it will be different ten years from now.	Wir hoffen, dass es in zehn Jahren anders sein wird.
How are you liking / do you like the show?	Wie gefällt dir die Show?
The president is seeing / sees progress where there is none.	Der Präsident sieht Fortschritte, wo es gar keine gibt.
Is anybody believing / Does anybody believe what the authorities are saying about the cause of the crash?	Glaubt denn irgendjemand, was die Behörden über die Ursache des Absturzes sagen?
This American hotel group I'm working / I work for has just bought the King's Hotel.	Diese amerikanische Hotelgruppe, bei der ich arbeite, hat gerade das King's Hotel gekauft.
I never know when you're being / when you're serious.	Ich weiß nie, wann du es ernst meinst.
As I write, highly civilized human beings are flying overhead, trying to kill me.	Während ich schreibe, fliegen hoch zivilisierte Menschen über mir und versuchen mich umzubringen.

Present progressive mit *always, forever* etc.

Das *present progressive* steht auch in Verbindung mit Adverbien wie *always, forever, constantly* und *perpetually*. Mit dieser Konstruktion wird in der Regel nicht eine sachliche Aussage gemacht, sondern – durch ironische Übertreibung – Verärgerung oder Kritik zum Ausdruck gebracht. Vergleichen Sie:

(*Sachliche Aussage über eine Gewohnheit:*)	
I always leave the lights on when I go out.	Ich lasse immer die Lampen an, wenn ich weggehe.
(*Kritik an einer schlechten Gewohnheit:*)	
Someone is always leaving the lights on.	Irgendjemand lässt immer die Lampen an.

Weitere Beispiele:

Mother is constantly picking on me.	Mutter hackt andauernd auf mir herum.
Grandpa is forever quoting the Bible.	Opa führt ständig die Bibel im Munde.
He's perpetually making the same mistakes.	Er macht ewig die gleichen Fehler.

Present progressive für zukünftige Handlungen

Durch die Wahl des *present progressive* betont man, dass eine Handlung gegenwärtig für die Zukunft geplant ist; in der Regel wird der Zukunftsbezug durch eine Zeitbestimmung der Zukunft deutlich gemacht:

We're going to the theatre tonight.	Wir gehen heute Abend ins Theater.
We're having a party on Saturday.	Am Samstag haben wir 'ne Fete.
They're getting married in May.	Sie heiraten im Mai.
Jack's retiring at the end of this year.	Jack tritt Ende dieses Jahres in den Ruhestand.
We're going swimming, Dad. Wanna (= Want to) come?	Papa, wir gehen schwimmen. Kommste mit?

Eine eingehendere Behandlung dieses Gebrauchs des *present progressive* finden Sie auf den Seiten 228–229.

Test 9 *Present simple* und *present progressive*

1. Stellen Sie die Sätze von *I* auf *she* um.

a) I spend most of my time in the country.

b) I do find that the quality of life is better there.

c) I always have a cooked breakfast.

d) I read the papers before I start doing the housework.

e) I get awful pains in my shoulders – perhaps because I sit at the wrong angle at my word processor.

f) I finish working at about five.

g) I often go out with friends.

h) I do what I like.

i) What time do I have to check in for my flight?

j) I don't like the way things are at the moment.

k) I miss being at home but I feel that my job gives me a great opportunity to travel to places I couldn't afford otherwise.

l) I pity any man who is married to a woman like me.

2. *Present simple* oder *present progressive*?
Setzen Sie die passende Form ein.

a) Where (you usually stay) when you're in London?

b) We (just have) dinner – would you mind calling again in about an hour?

c) What (you normally do) in the evening – (watch) TV?

d) I (visit) my grandmother about once every two weeks.

e) It (get) late. Shall we go home?

f) What are you good at? – Oh, I (play) squash reasonably well.

g) What (you do)? – I'm a teacher.

h) What (you do) here? – Oh, I (look) for a knife and fork – where (you keep) them?

i) My boss (speak) English and French fluently. I (not know) if he also (speak) Spanish.

j) (You love) me? – Of course I (love) you. Why (you ask)?

k) We (exchange) e-mails at least once a day.

l) I think you (look) wonderful tonight.

m) We (think) about opening a branch in Brighton.

n) Give my blessing to the kids when you (speak) to them.
    And tell them Linda (send) her love

o) What (you usually do) with your weekends? – Oh, I (shop),
    (go) to a film, (see) friends.

p) The trouble is, I (never know) when you (be) serious.

q) The McGregors can afford it – they (roll) in money.

r) When my wife (arrive), tell her I'm in here, would you?

s) That's the third time you've sneezed – you (not catch) cold, are you?

t) For some people the country (signify) peace.

u) What (you read) these days? – *Jane Eyre* by Charlotte Brontë.
    I (enjoy) it enormously.

1. a) She spends most of her time b) She does find c) She always has
d) She reads the papers before she starts e) She gets awful pains in her
shoulders – perhaps because she sits at the wrong angle at her f) She finishes
working g) She often goes out h) She does what she likes. i) does she have
to check in for her j) She doesn't like k) She misses being at home but she
feels that her job gives her a great opportunity to travel to places she couldn't
l) She pities any man who is married to a woman like her.

2. a) do you usually stay b) We're just having c) do you normally do; watch
d) visit e) It's getting late f) play g) do you do? h) are you doing; I'm
looking; do you keep i) speaks; don't know; speaks j) Do you love; love; do
you ask / are you asking k) exchange l) you're looking / you look m) We're
thinking n) speak; sends o) do you usually do; shop; go; see p) never know;
you're (being) q) they're rolling r) arrives s) you aren't catching / you're not
catching t) signifies u) are you reading; I'm enjoying

Past simple und past progressive

People who are always praising the past
And especially the times of faith as best
Ought to go and live in the Middle Ages
And be burnt at the stake as witches and sages.
(*Stevie Smith, English poet and novelist, 1902–71*)

„Leute, die immerfort die Vergangenheit loben / Und besonders die Zeiten des Glaubens als die besten, / Sollten mal gehen und im Mittelalter leben / Und sich auf dem Scheiterhaufen verbrennen lassen als Hexen und Weise." – Hier ist von der realen Vergangenheit die Rede, nicht von der grammatischen, um die es in diesem Kapitel geht: die Vergangenheitsform des Verbs, das Präteritum oder Imperfekt, auf Englisch das *past tense*, das wir in *past simple* und *past progressive* gegliedert haben.

Das *past tense* wird in aller Regel (aber, wie wir sehen werden, nicht ausschließlich) zur Bezeichnung vergangener Handlungen gebraucht. Nicht oft genug gesagt werden kann, dass das *past tense* – anders als im Deutschen – immer stehen muss, wenn eine Handlung durch eine (ausdrückliche oder gedachte) Zeitbestimmung der Vergangenheit „datiert" ist:

Grandma <u>baked</u> a cake yesterday.

Oma <u>hat</u> gestern einen Kuchen <u>gebacken</u>.

Übrigens: Stevie Smith, die Dichterin unserer Gedichtstrophe, hat außer sieben Gedichtsammlungen auch drei Romane veröffentlicht. Immer wieder hat sie der Tod und die Frage nach Gott beschäftigt: *There is a god in whom I do not believe / Yet to this god my love stretches / This god whom I do not believe in is / My whole life, my life and I am his.* (= Da ist ein Gott, an den ich nicht glaube / Doch nach diesem Gott reckt sich meine Liebe / Dieser Gott, an den ich nicht glaube, ist / Mein ganzes Leben, mein Leben und ich bin sein.)

Bildung des *past tense*

Das *past tense* wird bei regelmäßigen Verben durch Anhängen von *-ed* (manchmal nur *-d*) an den Infinitiv (= die Grundform) gebildet:

answer – answer<u>ed</u>, ask – ask<u>ed</u>, start – start<u>ed</u>, agree – agree<u>d</u>

Bei unregelmäßigen Verben wird das *past tense* nicht durch Anhängen von *-(e)d*, sondern auf andere Weise gebildet. Die Liste auf den Seiten 419–425 sagt

Ihnen, welche Verben unregelmäßig sind und wie die entsprechenden Formen lauten.

Aussprache der -*ed*-Endung

1. Bei den meisten Verben wird die -*ed*-Endung [d] gesprochen:
play – play<u>ed</u>, kill – kill<u>ed</u>, seem – seem<u>ed</u>, sign – sign<u>ed</u>, order – order<u>ed</u>

2. Nach den Lauten [f], [k], [p], [s] und [ʃ] wird die Endung [t] gesprochen:
laugh – laugh<u>ed</u>, work – work<u>ed</u>, develop – develop<u>ed</u>, pass – pass<u>ed</u>, push – push<u>ed</u>

3. Nach *d* und *t* wird die -*ed*-Endung [ɪd] gesprochen:
need – need<u>ed</u>, intend – intend<u>ed</u>, act – act<u>ed</u>, want – want<u>ed</u>

Besonderheiten der Schreibung

1. Stummes -*e* am Wortende entfällt:
describe – describ<u>ed</u>, guide – guid<u>ed</u>, engage – engag<u>ed</u>, like – lik<u>ed</u>, assume – assum<u>ed</u>, combine – combin<u>ed</u>, escape – escap<u>ed</u>, compare – compar<u>ed</u>, raise – rais<u>ed</u>, vote – vot<u>ed</u>, serve – serv<u>ed</u>, organize – organiz<u>ed</u>

2. An Verben auf -*ee* und auf -*ie* wird -*d* angehängt:
agree – agree<u>d</u>, decree – decree<u>d</u>, guarantee – guarantee<u>d</u>, free – free<u>d</u>, pee – pee<u>d</u>; die – die<u>d</u>, lie – lie<u>d</u>, tie – tie<u>d</u>

3. -*y* am Wortende wird zu -*i*-, wenn dem -*y* nicht ein *a*, *e* oder *o* vorausgeht:
study – stud<u>ied</u>, satisfy – satisf<u>ied</u>, rely – rel<u>ied</u>, apply – appl<u>ied</u>, accompany – accompan<u>ied</u>, occupy – occup<u>ied</u>, cry – cr<u>ied</u>, marry – marr<u>ied</u>, hurry – hurr<u>ied</u>
Aber:
stay – stay<u>ed</u>, survey – survey<u>ed</u>, destroy – destroy<u>ed</u>

4. Die Endbuchstaben -*b*, -*d*, -*g*, -*m*, -*n*, -*p*, -*r*, -*t*, -*v*, -*z* werden nach kurzem, betontem *a*, *e*, *i*, *o*, *u* meistens verdoppelt:
stab – stab<u>bed</u>, skid – skid<u>ded</u>, beg – beg<u>ged</u>, slam – slam<u>med</u>, plan – plan<u>ned</u>, stop – stop<u>ped</u>, occur – occur<u>red</u>, spot – spot<u>ted</u>, rev – rev<u>ved</u>, quiz – quiz<u>zed</u>
Entsprechend der Regel also keine Verdopplung bei:
visit – visit<u>ed</u>, gossip – gossip<u>ed</u>, gallop – gallop<u>ed</u>, develop – develop<u>ed</u>, frighten – frighten<u>ed</u>, stoop – stoop<u>ed</u>, succeed – succeed<u>ed</u>

5. Bei den Verben *panic*, *frolic* und *traffic* wird das -*c* zu -*ck*-:
panic – panic<u>ked</u>, frolic – frolic<u>ked</u>, traffic – traffic<u>ked</u>

6. Verdopplung im BE, keine Verdopplung im AE:
travel – travel<u>led</u> BE / AE *travel<u>ed</u>, cancel – cancel<u>led</u>* BE / AE *cancel<u>ed</u>*
Entsprechend: *counsel, dial, model, quarrel, signal* etc.

7

3 | Gebrauch des *past tense* mit Bezug auf die Vergangenheit

Vergangene Geschehnisse werden normalerweise im *past tense* erzählt (beachten Sie aber das Stilmittel des „historischen Präsens" → S. 185); eine Zeitbestimmung der Vergangenheit ist meist nicht ausdrücklich genannt, sondern impliziert:

Once two princes <u>went</u> forth in search of adventure, and after they <u>fell</u> into a wild, decadent way of life, they never <u>returned</u> home again.
> Zwei Königssöhne gingen einmal auf Abenteuer und gerieten in ein wildes, wüstes Leben, sodass sie gar nicht wieder nach Hause kamen.

The day <u>broke</u> grey and dull. The clouds <u>hung</u> heavily, and there <u>was</u> a rawness in the air that <u>suggested</u> snow.
> Grau und trüb brach der Tag an. Schwer hingen die Wolken, und die Luft hatte eine Rauheit, die Schnee verhieß.

Napoleon <u>overthrew</u> the ruling Directory and <u>made</u> himself dictator.
> Napoleon stürzte das regierende Direktorium und machte sich zum Diktator.

<u>Did</u> Shaw also <u>write</u> any novels?
> Hat Shaw auch Romane geschrieben?

Who <u>invented</u> the computer?
> Wer hat den Computer erfunden?

Angry farmers <u>clashed</u> with police this week as protests against planned agricultural reforms <u>turned</u> violent.
> Zu Zusammenstößen zwischen erbosten Landwirten und der Polizei kam es in dieser Woche, als Proteste gegen geplante Agrarreformen zu Gewalttätigkeiten führten.

At the hospital they <u>X-rayed</u> my shoulder.
> Im Krankenhaus haben sie meine Schulter geröntgt.

In Verbindung mit Zeitbestimmungen der Vergangenheit (*yesterday*, *last week*, *three days ago* etc.) kann im Englischen <u>nicht</u> – wie im Deutschen – das *present perfect* (z. B. *habe gesehen*) stehen; in der Regel ist der Gebrauch des *past tense* (z. B. *saw*) zwingend:

She <u>left</u> yesterday.
> Sie <u>ist</u> gestern <u>abgereist</u>.

We <u>met</u> twice last week.
> Wir <u>haben</u> uns vorige Woche zweimal <u>getroffen</u>.

I last <u>saw</u> him three days ago.
> Vor drei Tagen <u>habe</u> ich ihn das letzte Mal <u>gesehen</u>.

Before the war, and especially before the Boer War, it <u>was</u> summer all the year round.
> Vor dem Krieg, und besonders vor dem Burenkrieg, war das ganze Jahr lang Sommer.

Auch wenn man fragt, wann etwas in der Vergangenheit geschah, gebraucht man das *past tense*, nicht das *present perfect*:

When <u>did</u> you <u>write</u> this?
> Wann haben Sie das geschrieben?

What time <u>did</u> they <u>arrive</u>?
> Um welche Zeit sind sie angekommen?

Ebenso muss das *past tense* stehen, wenn eine Handlung gedanklich einem bestimmten Zeitpunkt der Vergangenheit zugeordnet wird (die gedachten Zeitbestimmungen stehen in Klammern):

(At their last meeting) The board nixed the idea as too costly.	Der Vorstand hat die Idee als zu kostspielig verworfen.
That car cost me twenty thousand dollars (when I bought it).	Das Auto hat mich zwanzigtausend Dollar gekostet.
Did you get home all right (last night)?	Bist du gut nach Hause gekommen?
What did the doctor say (when you were there)?	Was hat der Arzt gesagt?
Did you see the cat (when you were in the garden)?	Hast du die Katze gesehen?
I'm glad you came.	Ich bin froh, dass du gekommen bist.
What the hell happened?	Was ist denn hier passiert?

Mit Zeitbestimmungen wie *today*, *this morning*, *this week* und *this month* kann grundsätzlich sowohl das *past tense* als auch das *present perfect* gebraucht werden.

Das *past tense* (z. B. *didn't see*) wählt man, wenn man an einen vergangenen Zeitpunkt innerhalb der noch andauernden Zeitspanne denkt; dem *present perfect* (z. B. *haven't seen*) hingegen gibt man den Vorzug, wenn sich die Aussage auf den ganzen, bis an die Gegenwart heranreichenden Zeitraum bezieht:

I didn't see her today.	Heute (d. h. während ich im Büro war) habe ich sie nicht gesehen.
I haven't seen her today.	Ich habe sie heute (bisher noch) nicht gesehen.
The two delegations met twice this week.	Die beiden Delegationen sind in dieser Woche zweimal zusammengetroffen.
The negotiators have so far met twice this week.	In dieser Woche sind die Unterhändler bisher zweimal zusammengetroffen.
This year, 51.3 per cent of the candidates achieved grade C or better.	In diesem Jahr haben 51,3 Prozent der Prüflinge mit der Note 3 oder besser abgeschlossen.
His school work has improved markedly this year.	Seine schulischen Leistungen haben sich dieses Jahr spürbar gebessert.

Bei Zeitbestimmungen wie *this morning*, *this afternoon* oder *this summer* ist der Gebrauch des *present perfect* natürlich ausgeschlossen, wenn es nicht mehr Vormittag, Nachmittag oder Sommer ist.
Am Abend ist also mit Bezug auf den Morgen desselben Tages und im November mit Bezug auf den vergangenen Sommer nur das *past tense*, nicht das *present perfect* möglich:

I <u>went</u> to the doctor this morning.	Ich bin heute Morgen beim Arzt gewesen.
We <u>spent</u> two weeks at the seaside this summer.	Wir haben in diesem Sommer zwei Wochen an der See verbracht.

Gebrauch des *past tense* mit Bezug auf Gegenwart oder Zukunft

Nach *it's time*:

It's time we <u>got</u> up.	Es wird Zeit, dass wir aufstehen.
It's high time the government <u>addressed</u> the problem.	Es wird höchste Zeit, dass sich die Regierung mit dem Problem befasst.
It's about time I <u>was</u> getting home.	Es wird langsam Zeit, dass ich nach Hause komme.

Nach *I wish* und *I'd rather*:

I wish I <u>had</u> someone to talk to.	Ich wünschte, ich hätte jemand, mit dem ich reden kann.
I wish I <u>knew</u> more about him.	Ich wünschte, ich wüsste mehr über ihn.
I wish Tim <u>was / were</u> more talented.	Ich wünschte, Tim wäre talentierter.
I'd rather you <u>asked</u> your mother.	Es wäre mir lieber, du fragst deine Mutter.
I'd rather you <u>didn't</u> go by car.	Es wäre mir lieber, wenn du nicht mit dem Auto fährst.

Zwei Anmerkungen zu den vorstehenden Beispielen:

1. In dem Satz *I wish Tim was more talented* ist auch *were* möglich, ja viele gebildete Sprachbenutzer würden diese (ältere!) Form sogar vorziehen: *I wish I/he/she/Tim/Sue were more talented.*
Die *were*-Variante weist uns darauf hin, dass das *past tense* nach *wish* und *I'd rather* eigentlich ein alter Konjunktiv (= Möglichkeitsform) ist – wie übrigens auch die deutsche Entsprechung *wäre* und die in den beiden letzten Beispielen möglichen Varianten *fragtest* und *führest*.
– Entsprechendes gilt für den Gebrauch des *past tense* in *if*-Sätzen und nach *if only* (s. u.).

2. Nach *I'd rather* ist auch das *present tense* möglich – nämlich dann,
wenn das auf *I'd rather* folgende Verb kein eigenes Subjekt hat:

I'd rather <u>ask</u> my mother.	Ich würde lieber meine Mutter fragen.
I'd rather <u>go</u> by car.	Ich würde lieber mit dem Auto fahren.

In *if*-Sätzen (→ S. 236–237), nach *if only* und *as if*:

What would you do if you <u>had</u> a million dollars?	Was würdest du tun, wenn du 'ne Million Dollar hättest?
If only she <u>had</u> a flat in London!	Wenn sie nur eine Wohnung in London hätte!
If only he <u>didn't</u> talk so much!	Wenn er nur nicht so viel redete!
If only it <u>wasn't</u> / <u>weren't</u> so cold!	Wenn es nur nicht so kalt wäre!
Some patients act as if the disease <u>did</u> not exist.	Manche Patienten tun so, als ob die Krankheit nicht existierte.
He looked as if he <u>was</u> / <u>were</u> about to cry.	Er sah aus, als ob er gleich weinen würde.

Zum Gebrauch des *past tense* in der indirekten Rede → S. 242 ff.

Bildung und Gebrauch des *past progressive*

Das *past progressive* (also die Verlaufsform der Vergangenheit / des
Präteritums) wird aus *was* / *were* und der *-ing*-Form des Verbs
zusammengesetzt:

It <u>was snowing</u>.	Es („war am Schneien") schneite.
<u>Were</u> you <u>dreaming</u>?	Hast du (da gerade) geträumt?

Auch das *past tense* von *be* (*was*, *were*) kann in die Verlaufsform
gesetzt werden:

Sorry, I <u>was</u> just <u>being</u> silly.	Tut mir Leid, ich war einfach nur albern.

Durch den Gebrauch des *past progressive* macht man deutlich, dass man
an die Handlung als in der Vergangenheit gerade ablaufend, vorübergehend
bzw. nicht vollendet denkt (→ *present progressive*, S. 187–190). Grund-
unterschiede zwischen *past progressive* und *past simple* veranschaulichen
die folgenden Beispielpaare:

(Handlung wurde nicht abgeschlossen:)
I <u>was reading</u> an interesting book
 last night.
(Handlung wurde abgeschlossen:)
I <u>read</u> [red] an interesting article
 last night.

Ich las gestern Abend in einem
 interessanten Buch.

Ich habe gestern Abend einen
 interessanten Artikel gelesen.

(Das Hören wird zeitlupenartig gedehnt:)
I couldn't believe what I
 <u>was hearing</u>.
(Das Hören wird sachlich festgestellt:)
You won't believe what I <u>heard</u> in the
 news.

Ich konnte nicht glauben, was ich da
 hörte. / Ich traute meinen Ohren nicht.

Du wirst nicht glauben, was ich in den
 Nachrichten gehört habe.

----

*("Zeitlupenaufnahme" einer längeren Handlung, in die eine kürzere
Handlung hineintrifft:)*
She <u>was having</u> breakfast when
 he phoned.
*(Aufzählung von Handlungen – einer nach der anderen; bei keiner wird
„beschreibend verweilt":)*
She <u>had</u> breakfast, <u>made</u> a few
 phone calls, and then <u>left</u> for
 the office.

Als er anrief, frühstückte sie
 gerade.

Sie frühstückte, führte ein paar
 Telefongespräche und fuhr dann
 ins Büro.

(Momentanes Gefühl:)
At this moment he <u>was liking</u>
 the old man.
(Grundeinstellung:)
He <u>liked</u> the old man.

In diesem Augenblick empfand er
 Zuneigung für den alten Mann.

Der alte Mann war ihm sympathisch.

(Verhalten im Einzelfall:)
He was extremely likeable – except
 when he <u>was being</u> pedantic.
(Charaktereigenschaft:)
He <u>was</u> extremely pedantic and
 hardly anybody liked him.

Er war äußerst sympathisch – außer
 wenn er sich pedantisch aufführte.

Er war äußerst pedantisch und kaum
 jemand mochte ihn.

Deutlich wird der Aspektunterschied auch in folgendem Satzpaar:

When I came in they
 <u>were leaving</u>.
When I came in
 <u>they left</u>.

Als ich hereinkam, waren sie gerade
 im Aufbruch begriffen.
Als ich hereinkam, gingen sie (*vielleicht
 infolge meines Hereinkommens!*).

Gelegentlich geht mit dem Aspektunterschied auch ein
Bedeutungsunterschied einher:

She <u>saw</u> not only him.	Sie sah nicht nur ihn.
She <u>was seeing</u> not only him.	Sie hatte nicht nur mit ihm ein Verhältnis.

In den nächsten Beispielen sind *past progressive* und *past simple* grundsätzlich austauschbar – die Verlaufsform wirkt anschaulicher, unmittelbarer,
die einfache Form dagegen sachlicher, unpersönlicher:

He <u>was wearing</u> / He <u>wore</u> a tie she had given him.	Er trug einen Schlips, den sie ihm geschenkt hatte.
She <u>was looking</u> / She <u>looked</u> tired.	Sie sah müde aus.
She <u>was feeling</u> / She <u>felt</u> so sick that she couldn't eat anything.	Ihr war so schlecht, dass sie nichts essen konnte.
This was his one big chance and he <u>was</u> not <u>(being)</u> able to make the most of it.	Dies war seine eine große Chance, und er war nicht imstande, sie voll zu nutzen.

Wie das *present progressive* (→ S. 191) steht auch das *past progressive* in
Verbindung mit Adverbien wie *always, forever, constantly* und *perpetually* zum
Ausdruck ironischer Übertreibung, Verärgerung oder Kritik:

The Fascists <u>were</u> always <u>having</u> parades.	Die Faschisten veranstalteten immerzu Paraden.
She <u>was</u> forever <u>writing</u> to the landlord to complain of something or other.	Sie schrieb ständig an den Hauswirt, um sich über irgendwas zu beklagen.
They <u>were</u> constantly <u>jabbing</u> him with needles to give or take blood.	Sie stachen ihn dauernd mit Nadeln, um Blut zu geben oder zu entnehmen.
The phone <u>was ringing</u> day and night.	Das Telefon klingelte Tag und Nacht.

Zu beachten ist auch der Gebrauch des *past progressive* zum Ausdruck
eines (nicht mehr ausführbaren) Vorhabens (→ S. 226):

<u>Weren't</u> you <u>going</u> to be a poet?	Wolltest du nicht Dichter werden?
I <u>was going</u> to repay you tomorrow, but now I can't.	Ich wollte es dir morgen zurück- zahlen, aber das kann ich nun nicht.
We <u>were going</u> to invite Fiona too, but she's on holiday.	Wir wollten auch Fiona einladen, aber die ist in Urlaub.
He <u>was flying</u> to New York tomorrow, but he's had to change his plans.	Er wollte morgen nach New York fliegen, aber er musste umdisponieren.

7
4

Present perfect simple und present perfect progressive

A statesman is a politician who has been dead ten or fifteen years.
(*Harry S. Truman, US president, 1884–1972*)

> „Ein Staatsmann ist ein Politiker, der schon zehn oder fünfzehn Jahre tot
> ist." – Der Satz Trumans macht augenfällig, dass das englische *present
> perfect tense* mitunter anders gebraucht wird als das deutsche Perfekt.
> ... *der zehn oder fünfzehn Jahre tot gewesen ist*, hieße es wörtlich übersetzt
> – als ob der Politiker dann als Staatsmann von den Toten auferstehen
> würde!
> Entsprechend heißt *We've been married 20 years* nicht *Wir sind 20 Jahre
> verheiratet gewesen*, sondern *Wir sind jetzt 20 Jahre verheiratet*, und *How
> long have you known Judy?* bedeutet nicht *Wie lange hast du Judy gekannt?*,
> sondern *Wie lange kennst du Judy schon?*
> Um diese und andere Besonderheiten des Perfektgebrauchs geht es in
> diesem Kapitel. Hinter ihnen verbergen sich einige der hartnäckigsten
> Fehlerquellen für Englischlernende mit deutscher Muttersprache.

Dem englischen Begriff *present perfect (tense)* entspricht die deutsche
Bezeichnung Perfekt. Im Deutschen kann diese Form mit *haben* oder mit
sein gebildet werden, im Englischen nur mit *have*:

The show <u>has started</u>.   Die Vorstellung <u>hat begonnen</u>.
The boat <u>has disappeared</u>.   Das Boot <u>ist verschwunden</u>.

Bei *started* und *disappeared* handelt es sich hier um das -*ed*-Partizip des
Verbs, das man im Deutschen auch Perfektpartizip oder Partizip Perfekt,
im Englischen -*ed participle* oder *past participle* nennt.
Dieses Partizip ist bei regelmäßigen Verben <u>immer</u> mit dem *past tense*
(d. h. der Vergangenheitsform) identisch, bei unregelmäßigen dagegen nur
<u>manchmal</u>: *buy* – <u>*bought*</u> – <u>*bought*</u> (identisch), aber *write* – <u>*wrote*</u> – <u>*written*</u>
(nicht identisch). (Unregelmäßige Verben → S. 419–425.)

Wie schon beim *present tense* und *past tense* unterscheiden wir auch beim
present perfect zwei Aspekte: *simple* und *progressive*:

Present perfect simple:
We <u>have lived</u> in the same house for   Wir wohnen jetzt seit 15 Jahren im
  15 years now.   selben Haus.
Present perfect progressive:
We <u>have been living</u> in the same   Wir wohnen jetzt seit 15 Jahren im
  house for 15 years now.   selben Haus.

Present perfect simple:
That's something I've wanted to do
for a long time.

Das ist etwas, was ich schon lange
tun wollte.

Present perfect progressive:
That's something I've been wanting
to do for a long time.

Das ist etwas, was ich schon lange
tun wollte.

Form und Gebrauch des *present perfect simple*

Sind sie unbetont, so werden die Vollformen *have, has* und *not* häufig durch
die Kurzformen *-'ve, -'s* und *-n't* ersetzt; die Kurzformen signalisieren eine
umgangssprachliche, ungezwungene Art des Sprechens oder Schreibens:

I've (= I have) never seen him before.

Ich habe ihn noch nie gesehen.

She's (= She has) brought up
four children.

Sie hat vier Kinder
großgezogen.

We haven't (= have not) spent
the money yet.

Wir haben das Geld noch nicht
ausgegeben

Our cat hasn't (= has not) come
home for a week.

Unsere Katze ist seit einer Woche nicht
nach Hause gekommen.

> Beachten Sie, dass *-'s* auch die Kurzform von *is* sein kann:
>
> Our cat's (= Our cat is) still
> missing.
>
> Unsere Katze ist immer noch
> verschwunden.

Für das *present perfect simple* gibt es im Wesentlichen zwei Verwendungen:
1. Ausdruck von Handlungen, die bereits abgeschlossen sind;
2. Ausdruck von Handlungen, die aus der Vergangenheit in die
die Gegenwart reichen.

Zur Vermeidung von Fehlern müssen Englischlernende mit deutscher
Muttersprache besonders Folgendes beachten:

1. Der Gebrauch des *present perfect* ist – anders als im Deutschen –
ausgeschlossen, wenn die Handlung durch eine Zeitbestimmung der
Vergangenheit „datiert" ist:

(Ohne Zeitbestimmung der Vergangenheit:)
They have arrived.

Sie sind angekommen.

They have just arrived.

Sie sind gerade angekommen.

(Mit Zeitbestimmung der Vergangenheit:)
They arrived a minute ago.

Sie sind vor einer Minute angekommen.

2. Anders als im Deutschen steht das *present perfect*, wenn das Andauern einer Handlung aus der Vergangenheit in die Gegenwart ausgedrückt werden soll:

(Nur der gegenwärtige Zustand wird ausgedrückt:)

They <u>are</u> married (now).   Sie sind (jetzt) verheiratet.

(Das Andauern aus der Vergangenheit in die Gegenwart wird ausgedrückt:)

They <u>have been</u> married five years   Sie sind (jetzt) fünf Jahre
  (now).   verheiratet.

Present perfect für abgeschlossene Handlungen

Es wird ausgedrückt, <u>dass</u> eine Handlung in der Vergangenheit stattgefunden (oder nicht stattgefunden) hat, aber nicht <u>wann</u>:

Oh hell, I'<u>ve missed</u> my train!	Verdammt nochmal, ich habe meinen Zug verpasst!
They'<u>ve lost</u> a great deal of money.	Sie haben eine Menge Geld verloren.
Their marriage <u>has broken up</u>.	Ihre Ehe ist gescheitert.
The experience <u>hasn't made</u> her any the wiser.	Die Erfahrung hat sie um nichts klüger gemacht.
The company <u>has</u> just <u>brought out</u> a new model.	Die Firma hat gerade ein neues Modell herausgebracht.
The police <u>have</u> already <u>arrested</u> one suspect.	Die Polizei hat bereits einen Tatverdächtigen verhaftet.
I <u>haven't been</u> to a movie in months.	Ich bin seit Monaten nicht im Kino gewesen.
<u>Have</u> you ever <u>been</u> to Australia?	Sind Sie schon mal in Australien gewesen?
I'<u>ve seen</u> that film before.	Diesen Film habe ich schon mal gesehen.
<u>Have</u> you <u>seen</u> her lately?	Hast du sie in letzter Zeit mal gesehen?
When an MP <u>has died</u>, a by-election is held.	Wenn ein Abgeordneter gestorben ist, findet eine Nachwahl statt.

Ist die Handlung durch eine Zeitbestimmung der Vergangenheit „datiert", so ist der Gebrauch des *present perfect* ausgeschlossen:

I <u>missed</u> my train <u>this morning</u>.	Ich habe heute Morgen meinen Zug verpasst.
The police <u>arrested</u> one suspect <u>yesterday</u>.	Die Polizei hat gestern einen Tatverdächtigen verhaftet.
The company <u>brought out</u> a new model <u>last year</u>.	Die Firma hat voriges Jahr ein neues Modell herausgebracht.

Ist die Handlung durch eine gedachte Zeitbestimmung der Vergangenheit „datiert", so ist der Gebrauch des *present perfect* ebenfalls ausgeschlossen. In den folgenden Beispielen ist die gedachte Zeitbestimmung in Klammern hinzugefügt (→ S. 197):

Why <u>didn't</u> you <u>call</u> the police (when you discovered the theft)?	Warum haben Sie nicht die Polizei gerufen?
<u>Were</u> you in Glasgow too (when you visited Scotland)?	Seid ihr auch in Glasgow gewesen?
She <u>told</u> me about it (when we met).	Sie hat mir davon erzählt.

Auch die Tatsache, dass eine Person nicht mehr lebt oder eine Institution nicht mehr existiert, die damit verknüpfte Handlung also unwiederholbar der Vergangenheit angehört, schließt den Gebrauch des *present perfect* aus. Vergleichen Sie:

(*Über einen noch Lebenden:*)

He<u>'s</u> never <u>let</u> me down in 24 years of marriage.	In 24 Jahren Ehe hat er mich nie enttäuscht.

(*Über einen nicht mehr Lebenden:*)

He never <u>let</u> me down in 24 years of marriage.	In 24 Jahren Ehe hat er mich nie enttäuscht.

(*England existiert noch:*)

England <u>has produced</u> many great poets.	England hat viele große Dichter hervorgebracht.

(*Das alte Rom existiert nicht mehr:*)

Ancient Rome <u>produced</u> many great poets.	Das alte Rom hat viele große Dichter hervorgebracht.

Beachten Sie auch Unterschiede wie diese:

(*Das Licht ist noch aus:*)

Why <u>has</u> the light <u>gone</u> out?	Warum ist das Licht ausgegangen?

(*Das Licht ist wieder an:*)

Why <u>did</u> the light <u>go</u> out?	Warum war denn das Licht aus?

In Fällen wie den folgenden hängt die Entscheidung – *present perfect* oder *past*? – auch davon ab, ob der genannte Zeitraum noch andauert oder bereits vorüber ist (→ S. 198):

(*Der betreffende Sommer dauert noch an:*)

It <u>hasn't rained</u> all summer.	Es hat den ganzen Sommer über nicht geregnet.

7

4

(Der betreffende Sommer ist bereits vorüber:)
It <u>didn't rain</u> all summer.   Den ganzen Sommer über hat es
                                      nicht geregnet.

(Es ist noch Morgen bzw. Vormittag:)
I <u>haven't seen</u> him this   Ich habe ihn heute Morgen (noch)
    morning.   nicht gesehen.
(Der Vormittag ist bereits vorüber:)
I <u>didn't see</u> him this morning.   Heute Morgen habe ich ihn nicht
                                          gesehen.

In Verbindung mit den Adverbien *just, ever, never, yet, already* kann
das Verb bei gleicher Bedeutung im *present perfect* oder im *past* stehen;
die Konstruktion mit dem *past tense* findet sich überwiegend im
amerikanischen Englisch. Beispiele:

She (<u>has</u>) just <u>left</u>.   Sie ist gerade gegangen.
That's the saddest story I(<u>'ve</u>)   Das ist die traurigste Geschichte, die
    ever <u>heard</u>.   ich je gehört habe.
I(<u>'ve</u>) never <u>told</u> anyone.   Ich habe es nie jemandem erzählt.
<u>Has</u> she <u>left</u> yet? / <u>Did</u> she <u>leave</u> yet?   Ist sie schon gegangen?
She(<u>'s</u>) already <u>told</u> me.   Sie hat es mir schon erzählt.

Present perfect für aus der Vergangenheit in die Gegenwart reichende Handlungen

Mit dem *present perfect tense* werden Handlungen, Gewohnheiten, Zustände
usw. ausgedrückt, die in der Vergangenheit begannen und bis zur Gegenwart
angedauert haben bzw. noch über die Gegenwart hinaus andauern.
Beachten Sie, dass in der deutschen Entsprechung hier häufig das Präsens
(= die Gegenwartsform) steht, es sich von daher also um eine Fehlerquelle
ersten Ranges handelt:

I'<u>ve lived</u> in New York for years.   Ich lebe (schon) seit Jahren in New York.
We'<u>ve been</u> married twenty years.   Wir sind (jetzt) zwanzig Jahre verheiratet.
She'<u>s been</u> dead a long time.   Sie ist schon lange tot.
We'<u>ve</u> only <u>been</u> here for an hour.   Wir sind doch erst seit einer Stunde hier.
I <u>haven't had</u> any contact with Joan   Ich habe seit Ewigkeiten keinen
    for donkey's years.   Kontakt mehr mit Joan.
<u>Have</u> you <u>known</u> him long?   Kennen Sie ihn schon lange?
I'<u>ve known</u> him since he   Ich kenne ihn seit seinem zehnten
    was ten.   Lebensjahr.
Ever since that happened I'<u>ve had</u>   Seitdem das passiert ist, habe ich
    nightmares.   Albträume.

I've felt better since I've been here. — Seit ich hier bin, fühle ich mich besser.

It has been 20 years since he was first elected. — Seit er das erste Mal gewählt wurde, sind 20 Jahre vergangen.

I've always prided myself on my ability to communicate. — Ich habe mir immer etwas auf meine kommunikativen Fähigkeiten zugute gehalten.

How long have I been asleep? — Wie lange habe ich geschlafen?

Achtung, Fehlerquelle!

Dem deutschen *seit* entsprecht im Englischen *(ever) since* oder *for*.
Since oder *ever since* bezeichnet den Anfangspunkt der Handlung,
for den Zeitraum ihrer bisherigen Dauer.
Statt *for* steht gelegentlich auch *in*.

The building has been a hotel since 1980.	Seit 1980 ist das Gebäude ein Hotel.
The building has been a hotel for over 20 years.	Seit über 20 Jahren ist das Gebäude ein Hotel.
I haven't seen her since that meeting.	Seit dieser Zusammenkunft habe ich sie nicht mehr gesehen.
I haven't seen her for / in months.	Ich habe sie seit Monaten nicht gesehen.
I've had this car ever since we moved here.	Ich habe dieses Auto, seit wir hierher gezogen sind.
I've had this car for 15 years.	Dieses Auto habe ich seit 15 Jahren.

Since when steht entsprechend der Regel mit dem *present perfect*, wenn gefragt wird, wann eine sich in die Gegenwart erstreckende Handlung begonnen hat; dagegen steht es mit dem *present tense*, wenn Zweifel, Überraschung, Ärger etc. über eine gegenwärtige Handlung geäußert wird:

(Frage nach der Dauer:)
Since when have you known him? — Wie lange kennen Sie ihn schon?
(Überraschung über die Großzügigkeit:)
Since when is the boss so generous? — Seit wann ist der Chef so großzügig?

(Frage nach der Dauer:)
Since when have you had this cat? — Seit wann habt ihr diese Katze?
(Man weiß, dass es nicht so ist:)
Since when are cats vegetarians? — Seit wann sind denn Katzen Vegetarier?

Form und Gebrauch des *present perfect progressive*

Das *present perfect progressive* wird aus *have/has* + *been* + *-ing*-Form gebildet:

I <u>have</u> / I've <u>been looking</u> for you for half an hour.	Ich suche dich schon seit einer halben Stunde.
It's (= It is) a flu virus that's (= that <u>has</u>) <u>been going round</u> for some time.	Es ist ein Grippevirus, der seit einiger Zeit umgeht.
Judy <u>hasn't been sleeping</u> too well lately.	Judy hat in letzter Zeit nicht allzu gut geschlafen.
How long <u>have</u> you <u>been teaching</u> at this school?	Wie lange unterrichten Sie schon an dieser Schule?

Grundsätzlich gilt für das *present perfect progressive*, dass es stets eine Handlung bezeichnet, die in der Vergangenheit begann und in der Gegenwart noch andauert:

It's (= It <u>has</u>) <u>been raining</u> for days.	Es regnet nun schon seit Tagen.

Mitunter sind Verlaufsform und einfache Form bei nahezu gleicher Bedeutung austauschbar; die Wahl der Form ist dann eine Frage der Betrachtungsweise, des Aspekts (→ S. 190):
Die <u>Verlaufsform</u> hat mehr beschreibenden Charakter; sie betont Ablauf, Vorläufigkeit, Nichtabgeschlossenheit.
Die <u>einfache Form</u> ist weniger anschaulich; sie registriert die Tatsache, dass die Handlung stattgefunden hat.
Beispiele:

How long <u>have</u> you <u>been living</u> / <u>have</u> you <u>lived</u> here?	Wie lange wohnen Sie schon hier?
She <u>has been working</u> / <u>has worked</u> for our company for 15 years.	Sie arbeitet seit 15 Jahren bei unserer Firma.
The war <u>has been raging</u> / <u>has raged</u> for years and still there is no end in sight.	Der Krieg wütet nun schon seit Jahren, und immer noch ist kein Ende in Sicht.
We've <u>been talking</u> / We've <u>talked</u> of nothing else for the last fortnight.	Wir haben in den letzten vierzehn Tagen von nichts anderem geredet.
I've <u>been wanting</u> / I've <u>wanted</u> to do this for a long time.	Ich wollte das schon lange tun.

In den folgenden Beispielen sind ebenfalls beide Formen möglich. In der Übersetzung versuchen wir deutlich zu machen, dass die Verlaufsform stärker die Gegenwart einbezieht:

My back <u>has been giving</u> me a lot of trouble.	Mein Rücken macht mir (schon immer) sehr zu schaffen.
My back <u>has given</u> me a lot of trouble.	Mein Rücken hat mir schon sehr zu schaffen gemacht.
You'<u>ve been seeing</u> too many horror films.	Du siehst dir zu viele Horrorfilme an.
You'<u>ve seen</u> too many horror films.	Du hast (in deinem Leben) zu viele Horrorfilme gesehen.
The film <u>has been playing</u> to packed audiences in London movie theaters.	Der Film beschert den Londoner Kinos seit einiger Zeit volle Häuser.
The film <u>has played</u> to packed audiences all over the world.	Der Film ist in der ganzen Welt vor vollen Häusern gelaufen.

In anderen Fällen sind Verlaufsform und einfache Form in der Bedeutung klar unterschieden, und eine bestimmte Aussage kann nur mit der einen oder anderen Form gemacht werden:
<u>Verlaufsform:</u> Die Handlung – oder Kette von Handlungen – begann in der Vergangenheit und dauert in der Gegenwart noch an, ist also nicht abgeschlossen.
<u>Einfache Form:</u> Die Handlung hat zu einem unbestimmten Zeitpunkt in der Vergangenheit stattgefunden und ist abgeschlossen.
Beispiele:

I'<u>ve been thinking</u> about this problem for weeks.	Ich denke schon seit Wochen über dieses Problem nach.
I'<u>ve</u> never <u>thought</u> about this problem.	Über dieses Problem habe ich noch nie nachgedacht.
It'<u>s been raining</u> for weeks.	Es regnet nun schon seit Wochen.
It <u>hasn't rained</u> for weeks.	Es hat wochenlang nicht geregnet.
I'<u>ve been reading</u> the paper.	Ich war gerade dabei, die Zeitung zu lesen.
I'<u>ve read</u> the paper.	Die Zeitung habe ich gelesen.
The book <u>has been selling</u> extremely well.	Das Buch hat sich (bisher) extrem gut verkauft.
We'<u>ve sold</u> 20,000 copies so far.	Wir haben bisher 20 000 Exemplare verkauft.

4

What <u>have</u> you <u>been doing</u> all these months?	Was hast du in den letzten Monaten denn so gemacht?
What <u>have</u> you done?	Was hast du denn da angerichtet?

<u>Have</u> you <u>been drinking</u>?	Haben Sie (Alkohol) getrunken?
<u>Have</u> you <u>drunk up</u> your milk?	Hast du deine Milch ausgetrunken?

Die Frage *Have you been drinking?* wird vielleicht von einem Polizisten gestellt, der einen Autofahrer anhält – der mögliche Alkoholgenuss läge also schon um einige Zeit zurück.

Wir sehen daraus: Der Gebrauch des *present perfect progressive* setzt nicht voraus, dass die Handlung direkt bis an den Zeitpunkt der Äußerung heranreicht.

Entsprechend ist auch in den folgenden Beispielen das *present perfect progressive* angebracht:

Look, it<u>'s</u> (= it <u>has</u>) <u>been snowing</u>.	Schau doch mal, es hat geschneit.
The air was heavy with smoke. "Who<u>'s</u> (= Who <u>has</u>) <u>been smoking</u>?" she asked.	Die Luft war rauchgeschwängert. „Wer hat denn hier geraucht?" fragte sie.
There was a strong smell of fresh paint. "I<u>'ve been painting</u> the doors and windows," he said.	Es roch stark nach frischer Farbe. „Ich war dabei, die Türen und Fenster zu streichen", sagte er.
All night long I<u>'ve been dreaming</u> about this breakfast.	Die ganze Nacht habe ich von diesem Frühstück geträumt.

Past perfect simple und past perfect progressive

As soon as I stepped out of my mother's womb on to dry land, I realized that I had made a mistake ... but the trouble with children is that they are not returnable. (*Quentin Crisp, British-born writer, performer and critic, 1908–99*)

„Sobald ich aus dem Schoß meiner Mutter auf festen Boden trat, war mir klar, dass ich einen Fehler gemacht hatte ... aber das Problem ist, dass bei Kindern keine Rückgabemöglichkeit besteht." – So schreibt der berühmte Exzentriker in seiner 1965 erschienenen und 1975 verfilmten Autobiografie *The Naked Civil Servant* (= Der nackte Staatsdiener). Den Begriff *autobiography* hat Quentin Crisp einmal so definiert: *An autobiography is an obituary in serial form with the last instalment missing.* (= Eine Autobiografie ist ein Nachruf in Fortsetzungen, bei dem die letzte Folge fehlt.)
Uns interessieren hier die zeitlichen Beziehungen in dem Zitat. Der Autor versetzt uns auf einen bestimmten Zeitpunkt in der Vergangenheit: den Moment, als Quentin Crisp aus dem Mutterleib auf „festen Boden" kommt. Von dieser Erzählebene („Vergangenheit") aus schaut er zurück auf den Augenblick in der Vorvergangenheit, als er den Entschluss fasste, den Uterus zu verlassen und ins Licht der Welt zu treten – ein Fehler, wie er nachträglich feststellt.
In diesem Kapitel geht es uns um die Zeitform – das *past perfect tense*, das Plusquamperfekt, die Vorvergangenheit –, mit deren Hilfe wir Aussagen über Handlungen formulieren, die vor der als Erzählebene gewählten Vergangenheit stattfanden.
Diese Zeitform ist häufig und daher wichtig, denn z. B. Romane oder Zeitungsartikel werden ja meist in der Vergangenheitsform (= *past tense*) erzählt. Häufig kommt es dabei zu Rückblenden in die Vergangenheit vor der Vergangenheit – ein klarer Fall für das *past perfect*.

Dem englischen Begriff *past perfect (tense)* entspricht die deutsche Bezeichnung Plusquamperfekt.
Im Deutschen kann diese Form mit *haben* oder mit *sein* gebildet werden, im Englischen nur mit *have*:

They <u>had planned</u> it carefully.   Sie <u>hatten</u> es sorgfältig <u>geplant</u>.
We <u>had arrived</u> rather late.   Wir <u>waren</u> ziemlich spät <u>angekommen</u>.

Bei *planned* und *arrived* handelt es sich hier um das *-ed*-Partizip des Verbs, das man im Deutschen auch Perfektpartizip oder Partizip Perfekt, im Englischen *-ed participle* oder *past participle* nennt.

Dieses Partizip ist bei regelmäßigen Verben <u>immer</u> mit dem *past tense* (d. h. der Vergangenheitsform) identisch, bei unregelmäßigen dagegen nur <u>manchmal</u>: *catch* – <u>*caught*</u> – <u>*caught*</u> (identisch), aber *take* – <u>*took*</u> – <u>*taken*</u> (nicht identisch). (Unregelmäßige Verben → S. 419–425.)

Wie bei anderen Zeiten (→ S. 180) unterscheiden wir auch beim *past perfect tense* zwei Aspekte: *simple* und *progressive*:

Past perfect simple:
Hawthorne's ancestors <u>had lived</u> in Salem since the 17th century.

Hawthornes Vorfahren hatten seit dem 17. Jahrhundert in Salem gelebt.

Past perfect progressive:
Laura <u>had been living</u> on her own for some time.

Laura hatte eine Zeit lang allein gelebt.

Past perfect simple:
She <u>had</u> never <u>listened</u> to what he had to say.

Sie hatte noch nie auf das gehört, was er zu sagen hatte.

Past perfect progressive:
She <u>had</u> obviously not <u>been listening</u>.

Sie hatte offensichtlich nicht zugehört.

Form und Gebrauch des *past perfect simple*

Sind sie unbetont, so werden die Vollformen *had* und *not* häufig durch die Kurzformen -*'d* und -*n't* ersetzt; die Kurzformen signalisieren eine umgangssprachliche, ungezwungene Art des Sprechens oder Schreibens:

She<u>'d</u> (= She <u>had</u>) <u>fallen</u> asleep while watching television.

Sie war beim Fernsehen eingeschlafen.

I <u>hadn't</u> (= <u>had not</u>) <u>seen</u> her since we moved away.

Ich hatte sie, seit wir weggezogen waren, nicht mehr gesehen.

Beachten Sie, dass -*'d* auch die Kurzform von *would* sein kann:

You<u>'d</u> (= You <u>would</u>) never do that, would you?

Das würdest du doch nie tun, oder?

Für das *past perfect simple* gibt es im Wesentlichen zwei Verwendungen:

1. Ausdruck von Handlungen, die bereits vor einem bestimmten Vergangenheitszeitpunkt abgeschlossen waren (Rückblick aus der Vergangenheit in die Vorvergangenheit);

2. Ausdruck von Handlungen, die aus der Vorvergangenheit an einen bestimmten Vergangenheitszeitpunkt heranreichen, also zu der bezeichneten Zeit in der Vergangenheit noch andauerten.

Past perfect für in der Vorvergangenheit abgeschlossene Handlungen

Typischerweise findet das *past perfect (simple!)* Verwendung, wenn in einem im *past tense* gehaltenen Text (Erzählung, Bericht etc.) auf Dinge zurückgeschaut wird, die vor der Erzählebene (= Vergangenheit), also in der Vorvergangenheit, stattgefunden haben.

In den folgenden Abschnitten markiert der erste Satz jeweils die Erzählebene (Vergangenheit – *past tense*); die Folgesätze beschreiben Dinge, die vor der Erzählebene liegen (Vorvergangenheit – *past perfect*):

The rain was heavy and it was now almost dark. This time yesterday evening the sky <u>had been</u> full of tender pastel colours. It <u>had been</u> warm and quiet. She <u>had felt</u> carefree, almost serene.

Der Regen war stark und es war nun fast dunkel. Gestern Abend um diese Zeit war der Himmel voller zarter Pastellfarben gewesen. Warm und still war es gewesen. Sie hatte sich unbeschwert gefühlt, fast heiter.

They reached Bridgewater late. There <u>had been</u> heavy traffic. They <u>had dropped</u> Linda off at her apartment in Greenville. Bob <u>had said</u> goodnight and <u>had gone</u> off on a date.

Sie erreichten Bridgewater spät. Es war starker Verkehr gewesen. Linda hatten sie an ihrer Wohnung in Greenville abgesetzt. Bob hatte sich verabschiedet und war zu einer Verabredung gegangen.

The President arrived 2^1/$_2$ hours late. By that time, the guests of honour <u>had</u> long <u>run out</u> of anything to say to one another and were ankle-deep in mud under a tent in the driving rain.

Der Präsident erschien mit 2^1/$_2$ Stunden Verspätung. Den Ehrengästen war inzwischen längst der Gesprächsstoff ausgegangen und sie standen unter einem Zeltdach knöcheltief im peitschenden Regen.

In den nächsten Beispielen erscheinen *past tense* (= Erzählebene Vergangenheit) und *past perfect tense* (= Zeit vor der Erzählebene, Vergangenheit vor der Vergangenheit) jeweils im selben Satz:

I could see that I <u>had made</u> a mistake.
He couldn't remember what he <u>had planned</u> to say next.
He was wearing a tie she <u>had given</u> him.
He was young, fit, educated, and had a wife so pretty she <u>had</u> once <u>been</u> voted Miss Miami Beach.

Mir war klar, dass ich einen Fehler gemacht hatte.
Er konnte sich nicht erinnern, was er als Nächstes hatte sagen wollen.
Er trug eine Krawatte, die sie ihm geschenkt hatte.
Er war jung, gesund, gebildet und hatte eine Frau, die so hübsch war, dass sie früher einmal zur Miss Miami Beach gewählt worden war.

They <u>had</u> just <u>gone</u> to bed when the phone rang.	Sie waren gerade zu Bett gegangen, als das Telefon läutete.
Before he became a lawyer, Lincoln <u>had tried</u> his hand at a variety of occupations.	Bevor er Anwalt wurde, hatte Lincoln sich in den verschiedensten Berufen versucht.
The Eliots were New Englanders; they <u>had come</u> to Massachusetts around 1670 from England.	Die Eliots waren Neuengländer; sie waren um 1670 von England nach Massachusetts gekommen.

Ist ein Missverstehen der zeitlichen Beziehungen ausgeschlossen, so wird statt des *past perfect* auch häufig das *past tense* gebraucht:

Her answer came by fax about an hour after <u>she (had) left</u>.	Ihre Antwort kam per Fax etwa eine Stunde, nachdem sie gegangen war.
He had the face of a man who <u>(had) stopped</u> worrying about things a long time ago.	Er hatte das Gesicht eines Mannes, der schon vor langer Zeit aufgehört hatte, sich über irgendetwas Sorgen zu machen.

In Fällen wie den folgenden jedoch bezeichnen *past perfect* und *past tense* völlig verschiedene Sachverhalte:

When the police arrived, the boys <u>had run away</u>.	Als die Polizei kam, waren die Jungen weg(gelaufen).
When the police arrived, the boys <u>ran away</u>.	Als die Polizei kam, rannten die Jungen weg.

Past perfect für aus der Vorvergangenheit in die Vergangenheit reichende Handlungen

Mit dem *past perfect tense* werden auch Handlungen, Gewohnheiten, Zustände usw. ausgedrückt, die in der „Vergangenheit vor der Vergangenheit" begannen und bis zur Vergangenheit („Erzählebene") angedauert haben bzw. noch über diesen Vergangenheitszeitpunkt hinaus andauern.
Ausschließlich in dieser Verwendung findet sich das *past perfect progressive* – es lässt also den oben beschriebenen Gebrauch für abgeschlossene Handlungen nicht zu.
Das *past perfect simple* wird hier immer dann gebraucht, wenn es sich um ein „statisch" (nicht „dynamisch") gebrauchtes Verb handelt (vgl. die Erläuterungen zum Aspekt auf den Seiten 190 und 208).

Nur selten sind *past perfect simple* und *past perfect progressive* in dem gleichen Kontext denkbar:

(„Dynamisch", anschaulich schildernd:)

It was the chance he <u>had been waiting</u> for all his life.	Es war die Chance, auf die er sein Leben lang gewartet hatte.
By now, he realized, Sara <u>had been living</u> in New York almost twice as long as in London.	Inzwischen, so wurde ihm bewusst, hatte Sara fast doppelt so lange in New York als in London gelebt.

(„Statisch", sachlich die Tatsache registrierend:)

It was the chance he <u>had waited</u> for all his life.	Es war die Chance, auf die er sein Leben lang gewartet hatte.
By now, he realized, Sara <u>had lived</u> in New York almost twice as long as in London.	Inzwischen, so wurde ihm bewusst, hatte Sara fast doppelt so lange in New York als in London gelebt.

Beachten Sie auch Bedeutungsunterschiede wie den folgenden:

He folded the letter <u>he had been writing</u> and looked at her.	Er faltete den Brief, an dem er gerade geschrieben hatte, und schaute sie an.
He folded the letter <u>he had written</u> and looked at her.	Er faltete den Brief, den er geschrieben hatte, und schaute sie an.

Beispiele für den Gebrauch des *past perfect progressive*:

Gray, who <u>had been fouling</u> persistently, was booked by the referee.	Gray, der ständig gefoult hatte, wurde vom Schiedsrichter verwarnt.
I <u>had been waiting</u> for about 40 minutes, when I felt this gentle tap on my shoulder.	Ich hatte etwa 40 Minuten gewartet, als jemand mir sanft auf die Schulter klopfte.
I <u>had been reading</u> a bit of Shakespeare lately, and now my mind recalled a line from *King Lear*.	Ich hatte in letzter Zeit ein bisschen Shakespeare gelesen, und jetzt kam mir eine Stelle aus *König Lear* in den Sinn.
For the past two days she <u>had been becoming</u> more and more anxious.	In den letzten beiden Tagen war ihr immer mehr angst geworden.

Auch das Verb *be* kommt im *past perfect progressive* vor:

He had started writing poetry after the war, and <u>had been being</u> a failed poet ever since.	Er hatte nach dem Krieg zu dichten angefangen und führte seitdem das Dasein eines gescheiterten Poeten.

Beispiele für den Gebrauch des *past perfect simple*:

When they got married, they <u>had known</u> each other barely a month.	Als sie heirateten, kannten sie sich kaum einen Monat.
By the time she retired, she <u>had worked</u> for the company 37 years.	Zum Zeitpunkt ihrer Pensionierung hatte sie 37 Jahre bei der Firma gearbeitet.
His English <u>had made</u> excellent progress lately; only *v* and *w* still sometimes bedevilled him.	Sein Englisch hatte in letzter Zeit großartige Fortschritte gemacht; nur das *V* und das *W* machten ihm noch manchmal Schwierigkeiten.
Since she <u>had known</u> Andrew he <u>had</u> never <u>spoken</u> a word of his boyhood.	Seit sie Andrew kannte, hatte er noch nie von seiner Kindheit gesprochen.
Until the end there <u>had been</u> hope.	Bis zum Schluss hatte Hoffnung bestanden.
A 23-year-old woman who <u>had been</u> deaf and blind from birth died at her home in squalor.	Eine 23-jährige Frau, die von Geburt an taub und blind gewesen war, starb total verwahrlost in ihrer Wohnung.
Right up to the day of the wedding she <u>had been plagued</u> with doubts.	Bis zum Tag der Hochzeit war sie von Zweifeln geplagt gewesen.

Sonstige Verwendungen des *past perfect*

Nach *I wish*, *I'd rather*, *if only* und *as if* hat das *past perfect* den Charakter eines Konjunktivs:

I wish you <u>hadn't done</u> that.	Ich wünschte, du hättest das nicht getan.
I'd rather you <u>hadn't told</u> her.	Es wäre mir lieber gewesen, wenn du es ihr nicht gesagt hättest.
If only you<u>'d listened</u> to me! / If you<u>'d</u> only <u>listened</u> to me!	Wenn du doch nur auf mich gehört hättest!
He smiled as if I <u>had said</u> something funny.	Er lächelte, als ob ich etwas Komisches gesagt hätte.

Auch in bestimmten Bedingungssätzen (→ S. 234 ff.) hat das *past perfect* Konjunktivcharakter:

If he <u>had lived</u> in 19th century America, he would have been a backwoodsman.	Wenn er im Amerika des 19. Jahrhunderts gelebt hätte, wäre er ein Hinterwäldler gewesen.
He would not have been so frightened if he <u>had known</u> that he himself was not in danger.	Er hätte sich nicht so gefürchtet, wenn er gewusst hätte, dass er selbst nicht in Gefahr war.

Gelegentlich stellt das *past perfect* nicht einen Bezug von der Vergangenheit zur Vorvergangenheit, sondern von der Vergangenheit zur (natürlich vor der realen Gegenwart liegenden) Zukunft her:

They <u>had been going</u> to see the play, but Sue was ill in bed all day, so they couldn't.	Sie hatten sich das Stück ansehen wollen, aber Sue lag den ganzen Tag krank im Bett und so konnten sie es nicht.
One day he was penniless, the next day he <u>had created</u> a company that was to become hugely successful.	An einem Tag war er mittellos, am nächsten hatte er ein Unternehmen geschaffen, das ungeheuer erfolgreich werden sollte.

Schließlich findet sich das *past perfect* in indirekter Rede, der ein *past tense* in der direkten Rede entspricht (→ S. 244 ff.):

Direkte Rede:
"We <u>did</u> all we could."　　　　　„Wir taten, was wir konnten."
Indirekte Rede:
He said they <u>had done</u> all they　　Er sagte, sie hätten getan, was sie
    could.　　　　　　　　　　　　 konnten.

Direkte Rede:
"<u>Did</u> you enjoy the book?"　　　　„Hat dir das Buch gefallen?"
Indirekte Rede:
She asked him whether he　　　　　Sie fragte ihn, ob ihm das Buch
    <u>had enjoyed</u> the book.　　　　 gefallen hätte.

Test 10 *Past, present perfect* und *past perfect* (*simple* und *progressive*)

1. Setzen Sie *since* oder *for* und die passende Form des *present perfect* ein.

a) I (have) a cold ..... the last couple of weeks.

b) ..... the war, incomes (steadily increase).

c) She (work) ..... she was 16.

d) O'Sullivan (work) for the airline ..... three years.

e) ..... you left, Johnny (have) an operation on his foot and I (start) a new job.

f) I (not see) him ..... months.

g) Mike owns his own cab and (drive) ..... eight years.

h) I (gain) almost fifteen pounds ..... we've been here.

i) She's the best friend I (have) ..... I was a very little girl.

j) I (love) him ..... as long as I can remember.

k) What (you do) ..... you got here?

l) I (not write) ..... about a week because nothing of interest has happened.

2. Setzen Sie das Verb in die passende Zeitform: *past, present perfect* oder *past perfect* (*simple* bzw. *progressive*).

a) We (just come) back from Italy when we got the news.

b) We (come) back from Italy yesterday.

c) He noticed she (look) tired and (ask) her where she (be).

d) Don't you ever go to movies? – No, I don't. I (not be) to a movie in months.

e) Now that both our parents were dead, we (feel) free to go and live elsewhere.

f) I love chess. I (play) it for years. Good mental training.

g) Before he (become) a lawyer, Lincoln (try) his hand at a variety of occupations.

h) We (live) here for years – yes, we (move) into this house nine years ago.

i) Mr Jones is your brother-in-law, isn't he? – Yes. – How long (you know) him?

j) The guerrillas first surfaced in March, when they (ambush) and (kill) seven men on army patrol. Since then, they (strike) once every two or three weeks. By last week they (kill) 33 soldiers and civilians and (lose) only six or eight of their own men.

k)   You (be) together less than an hour and already you're quarrelling.

l)   She began to think a mistake (be) made.

m) I (search) high and low this last half hour, and the devil take me if I can find it.

n)   Oscar Wilde (be) dead for over 100 years but his plays are still frequently
     produced and a number of films (be) made from his plays and about his life.

o)   The leaders of the rebellion were court-martialled and executed, one of them
     propped up in a chair because he (be) wounded in the leg and couldn't stand.

p)   He said he (work) for six hours without a break and still wasn't finished.

q)   It's time we (go) to sleep.

r)   I wish I (know) what you're thinking right now.

1. a) have had; for b) Since; have steadily increased / have increased steadily /
have been steadily increasing / have been increasing steadily c) has worked /
has been working; since d) has been working / has worked; for e) Since; has
had; have started f) have not seen; for g) has been driving / has driven; for
h) have gained; since i) have had; since j) have loved; for k) have you been
doing / have you done; since l) have not written; for

2. a) had just come b) came c) was looking / looked; asked; had been
d) haven't been e) felt f) have played g) became; (had) tried h) have lived /
have been living; moved i) have you known j) ambushed; killed; have been
striking / have struck; had killed; (had) lost k) have been l) had been m) have
been searching / have searched n) has been; have been o) had been p) had
been working q) went r) knew

Möglichkeiten zum Ausdruck der Zukunft (Futur)

My interest is in the future because I am going to spend the rest of my life there.
(*Charles F. Kettering, US engineer and inventor, 1876–1958*)

„Mein Interesse gilt der Zukunft, denn dort werde ich den Rest meines Lebens verbringen."
Auch unser Interesse gilt in diesem großen Grammatikkapitel der Zukunft – allerdings in einem anderen Sinn als das des amerikanischen Ingenieurs Kettering, zu dessen zukunftsträchtigen Erfindungen der elektrische Anlasser (= *electric starter*) gehört.
Uns geht es hier um die Verbkonstruktionen, mit denen man im Englischen ausdrückt, dass eine Handlung in der Zukunft stattfinden wird.
Wenn Kettering sagt *I am going to spend the rest of my life there*, so äußert er mit der Konstruktion *be going to* die Gewissheit, dass das so sein wird: Wie lang oder wie kurz sein künftiges Leben auch sein mag, er wird es in der Zukunft verbringen.
In diesem Kapitel werden wir sechs Zukunftsformen kennen lernen und herausarbeiten, mit welchen Sprechabsichten diese gebraucht werden.
So kann durch die Wahl einer bestimmten Variante außer Gewissheit zum Beispiel Absicht oder Planung zum Ausdruck gebracht werden.
Die neutralste, „farbloseste" – und daher gebrauchshäufigste – Futurform ist *will* (bzw. die Kurzform *'ll*).

Anders als z. B. im Französischen (*je verrai* = *ich werde sehen*) haben die Verben im Englischen kein *future tense* (= Futur), d. h. eine besondere Zeitform um auszudrücken, dass eine Handlung in der Zukunft stattfinden wird.
Anstelle einer ausgesprochenen Futurform gibt es im Englischen eine Reihe von Konstruktionen, mit deren Hilfe die Zukünftigkeit einer Handlung deutlich gemacht werden kann:

1. *will / shall / 'll:*	I will / I shall / I'll see	her tomorrow.
2. *will / shall / 'll be -ing:*	I will / I shall / I'll be seeing	her tomorrow.
3. *be going to:*	I am / I'm going to see	her tomorrow.
4. *be going to be -ing:*	I am / I'm going to be seeing	her tomorrow.
5. *present progressive:*	I am / I'm seeing	her tomorrow.
6. *present simple:*	I see	her tomorrow.

Alle sechs Varianten des Satzes lassen sich in diesem Fall übersetzen mit *Ich werde sie morgen sehen.*

Im Folgenden werden wir sehen, dass die sechs Ausdrucksformen keineswegs beliebig verwendet werden – dass vielmehr jede von ihnen bestimmte „Untertöne" hat, man also je nach Sprechabsicht die eine oder die andere Möglichkeit bevorzugen wird.

Zukunft ausgedrückt durch *will / shall / 'll*

Will + Infinitiv (z. B. *will go*) ist die von den Gebrauchsmöglichkeiten her universalste, bedeutungsmäßig neutralste und am häufigsten gebrauchte Zukunftsform:

The festival <u>will take</u> place October 9–16.	Das Festival wird vom 9. bis 16. Oktober stattfinden.
Eddie <u>will be</u> six weeks old on Monday.	Eddie wird am Montag sechs Wochen alt.
When you get this letter, I <u>will be</u> a dead man.	Wenn du diesen Brief erhältst, werde ich tot sein.
We <u>will continue</u> this work.	Wir werden diese Arbeit fortsetzen.
Scheduled arrival time is 16:05, but the flight <u>will be</u> delayed.	Die fahrplanmäßige Ankunftszeit ist 16.05 Uhr, aber der Flug wird verspätet eintreffen.
I don't think there <u>will</u> ever <u>be</u> peace in this part of the world.	Ich glaube nicht, dass es in diesem Teil der Welt je Frieden geben wird.
We do hope that you <u>will enjoy</u> your subscription.	Wir hoffen sehr, dass Ihnen Ihr Abonnement Freude machen wird.
<u>Will</u> I <u>see</u> you tomorrow?	Werde ich dich morgen sehen?

Die *will*-Konstruktion dient insbesondere zum Ausdruck eines spontanen Entschlusses:

Wait, I'<u>ll get</u> a cloth.	Warte, ich hole einen Lappen.

Auch bei Ungewissheit über das Eintreten der Handlung steht *will*:

Maybe I'<u>ll feel</u> differently when I'm older.	Vielleicht sehe ich das anders, wenn ich älter bin.
I guess I'<u>ll</u> always <u>love</u> him.	Ich werde ihn wohl immer lieben.
If you do that again, I'<u>ll call</u> the police.	Wenn Sie das noch einmal tun, rufe ich die Polizei.

Mitunter „genügt" im Deutschen ein Präsens, während im Englischen –
genauer – eine Futurform steht:

Maybe things <u>will look</u> brighter tomorrow.	Vielleicht sieht morgen alles schon wieder rosiger aus.
Mike <u>will run</u> you home.	Mike fährt dich nach Hause.
What <u>will</u> we <u>have</u> for dinner?	Was gibt's zu Mittag / zum Abendbrot?
When <u>will</u> you <u>be</u> home?	Wann bist du wieder zu Hause?
"That <u>will be</u> 96 dollars and 80 cents," the clerk said.	„Das macht dann 96 Dollar und 80 Cent", sagte der Verkäufer.

In unbetonter Stellung wird umgangssprachlich – besonders nach
Pronomen – *will* durch die Kurzform *'ll* ersetzt:

By the time we get home it<u>'ll be</u> dark.	Bis wir nach Hause kommen, wird es dunkel sein.
She's just phoned to say she<u>'ll be</u> late.	Sie hat gerade angerufen um zu sagen, dass sie sich verspäten wird.
You<u>'ll have</u> to wait until tomorrow.	Sie werden bis morgen warten müssen.
The prosecutor says he<u>'ll seek</u> the death penalty.	Der Staatsanwalt sagt, er werde die Todesstrafe beantragen.

Maybe someday we<u>'ll meet</u> again.	Vielleicht treffen wir uns irgendwann mal wieder.
Bring your luggage with you, and I<u>'ll run</u> you down to the station at about ten.	Bring dein Gepäck mit, und ich fahre dich dann gegen zehn zum Bahnhof.
You<u>'ll stay</u> the night, won't you?	Du bleibst doch über Nacht, oder?
That<u>'ll be</u> forty-two dollars.	Das macht dann zweiundvierzig Dollar.

Will not wird zu *won't* verkürzt:

That <u>won't work</u>.	Das wird nicht funktionieren.
I <u>won't do</u> it again.	Ich werde es nicht wieder tun.
This time he <u>won't get</u> away with it.	Diesmal wird er nicht ungeschoren davonkommen.
You <u>won't be</u> able to stay long, I imagine.	Sie werden wohl nicht lange bleiben können.
We'll give you an anaesthetic so there <u>won't be</u> any pain.	Wir geben Ihnen eine Narkose, deshalb wird es nicht wehtun.

This time they <u>won't get</u> an absolute majority.	Diesmal bekommen sie keine absolute Mehrheit.
Sit still, I <u>won't be</u> a minute.	Bleib still sitzen, ich bin gleich wieder da.

Shall als Futurform ist förmlicher und wesentlich seltener als *will*, kann nur nach *I* oder *we* gebraucht werden und ist stets durch *will* bzw. *'ll* ersetzbar:

I <u>shall look</u> forward to seeing you on December the fourteenth.	Ich werde mich freuen, Sie am 14. Dezember zu sehen.
We <u>shall</u> never <u>surrender</u>.	Wir werden niemals kapitulieren.
I <u>shall</u> probably <u>be</u> forced to resign.	Ich werde wahrscheinlich zurücktreten müssen.
Under no circumstances <u>shall</u> we <u>accept</u> such a solution.	Unter keinen Umständen werden wir eine solche Lösung akzeptieren.
<u>Shall</u> we ever again <u>get</u> a poet worth reading?	Werden wir je wieder einen Dichter bekommen, den es zu lesen lohnt?

Die aus *shall* und *not* zusammengezogene Form *shan't* [ʃɑːnt] findet sich im BE heute nur noch selten, im AE praktisch überhaupt nicht; sie ist stets durch *won't* ersetzbar:

I <u>shan't stand</u> in your way.	Ich werde dir nicht im Weg stehen.
Oh, I <u>shan't go</u> into work today. I'll work at home.	Oh, ich werde heute nicht zur Arbeit reinfahren. Ich werde zu Hause arbeiten.

Zukunft ausgedrückt durch *will / shall / 'll be -ing*

Diese heute recht häufige Zukunftsform drückt zum einen das aus, was man als Summe ihrer Teile – Betonung des Verlaufs in der Zukunft – bezeichnen kann:

I'<u>ll be waiting</u> for you at the top of the stairs.	Ich werde oben an der Treppe auf dich warten.
At this time tomorrow we'<u>ll be having</u> tea at Fortnum & Mason's.	Morgen um diese Zeit werden wir bei Fortnum & Mason Tee trinken.
On marathon day, well over a million spectators <u>will be lining</u> the streets to watch the event.	Am Marathontag werden weit über eine Million Zuschauer die Straßen säumen, um das Ereignis mitzuerleben.

Häufiger als „Verlauf in der Zukunft" drückt die Konstruktion aus, dass die Handlung für die Zukunft vorgesehen ist, dass sie infolge des normalen Gangs der Ereignisse eintreten wird:

We'<u>ll be staying</u> at the King's Hotel as usual.	Wir werden wie immer im King's Hotel wohnen.
The refugees <u>will be arriving</u> at the rate of 400 every day.	Die Flüchtlinge werden in Quoten von 400 pro Tag eintreffen.

Mrs Dean <u>won't be coming</u> in today. She's working from home.	Frau Dean kommt heute nicht ins Büro. Sie arbeitet zu Hause.
Thank you, Jeeves. I <u>shan't be wanting</u> you any longer.	Danke, Jeeves. Ich werde Sie dann nicht weiter benötigen.
Next time I'm in the neighborhood, <u>I'll</u> certainly <u>be stopping</u> by.	Wenn ich nächstes Mal in der Gegend bin, komme ich bestimmt vorbei.
Of course, we<u>'ll be upping</u> your salary – by something like seven thousand a year.	Natürlich werden wir Ihr Gehalt aufstocken – um so etwa siebentausend im Jahr.
I imagine you<u>'ll be celebrating</u> tonight.	Ihr werdet heute Abend sicher feiern.
I guess Jack <u>will be taking</u> over the new position at the beginning of October.	Jack wird den neuen Posten wohl Anfang Oktober antreten.

Vergleichen Sie die folgenden Futur-Varianten.

[1] ist am neutralsten, betont weder Absicht, noch Planung, noch „normalen Gang der Ereignisse", könnte einen plötzlichen Entschluss implizieren.
[2] betont die persönliche Planung des Sprechers.
[3] betont ebenfalls das Element der Planung, des Vorgesehenseins, sagt aber nichts darüber, ob die Planung vom Sprecher oder von anderen Personen ausgeht.
[4] betont die bereits bestehende Absicht des Sprechers.
[5] ist weitgehend bedeutungsgleich mit [3], signalisiert aber noch stärkere Gewissheit.

[1] <u>I'll spend</u> the weekend with friends in the country.
[2] <u>I'm spending</u> the weekend with friends in the country.
[3] <u>I'll be spending</u> the weekend with friends in the country.
[4] <u>I'm going to spend</u> the weekend with friends in the country.
[5] <u>I'm going to be spending</u> the weekend with friends in the country.

Fragen nach künftigen Handlungen anderer werden durch den Gebrauch der Futurvariante *will be -ing* weniger direkt, höflicher, taktvoller:

About what time d'you think you<u>'ll be arriving</u>?	Was meinen Sie, um welche Zeit Sie etwa ankommen werden?
Where <u>will</u> you <u>be staying</u> in Paris?	Wo werden Sie denn in Paris wohnen?
<u>Won't</u> you <u>be needing</u> this?	Werden Sie das denn nicht brauchen?

Vergleichen Sie die folgenden Fragevarianten.

[1] ist als Einladung gesprochen (= *Willst du kommen?*),
[2] als höfliche Erkundigung nach den Plänen des Gesprächspartners
(= *Werden Sie kommen?*),
[3] als direkte Frage nach der persönlichen Planung (= *Kommst du?*).

[1] <u>Will</u> you <u>come</u>?
[2] <u>Will</u> you <u>be coming</u>?
[3] <u>Are</u> you <u>coming</u>?

Zukunft ausgedrückt durch *be going to*

Der Gebrauch von *be going to* signalisiert <u>Absicht</u> und <u>Entschlossenheit</u>; mit
dieser Bedeutung steht die Konstruktion besonders häufig nach *I*:

I<u>'m just going to go</u> and get today's papers.	Ich gehe nur mal schnell und besorge die heutigen Zeitungen.
I<u>'m going to quit</u> my job and get out of the city.	Ich werde meinen Beruf aufgeben und der Stadt den Rücken kehren.
I<u>'m going to run</u> for President, and I<u>'m going to win</u>.	Ich werde für das Präsidentenamt kandidieren, und ich werde gewinnen.
It's a very good question, and I<u>'m not going to answer</u> it.	Das ist eine sehr gute Frage, und ich werde sie nicht beantworten.
We<u>'re not going to give in</u>.	Wir werden nicht nachgeben.
Come on, boys, you<u>'re not going to make</u> trouble for an old friend of mine, are you?	Nun mal sachte, Jungs, ihr wollt doch nicht einen alten Freund von mir in Schwulitäten bringen, oder?

In direkten oder indirekten Fragesätzen kann *be going to* nach <u>Absicht</u>
bzw. <u>Entschlossenheit</u> fragen, es kann aber auch ganz <u>allgemein</u> erfragen,
was wohl in Zukunft geschehen wird:

<u>Are</u> you <u>going to give</u> me the key or not?	Gibst du mir nun den Schlüssel oder nicht?
Waiter! For Christ's sake, <u>am I going to have</u> to wait all night for my steak?	Herr Ober! Zum Donnerwetter noch mal, soll ich denn die ganze Nacht auf mein Steak warten?
What <u>am</u> I <u>going to do</u> with four bottles of milk?	Was soll ich mit vier Flaschen Milch anfangen?
I don't know how I<u>'m going to make</u> ends meet.	Ich weiß nicht, wie ich geldlich zurechtkommen werde.
I've no idea what they<u>'re going to do</u>.	Ich habe keine Ahnung, was sie tun werden.

What my phone bill <u>is going to be</u>
  I hesitate to think.

Wie meine Telefonrechnung aussehen
  wird, möchte ich mir gar nicht
  vorstellen.

I hope there<u>'s going to be</u>
  enough room.

Ich hoffe, dass genug Platz vorhanden
  sein wird.

In der saloppen Umgangssprache wird *going to* häufig zu *gonna* [ˈgənə]
zusammengezogen; vorangehendes *is / are* fällt dabei oft weg (nicht aber
am bzw. *'m*!):

I<u>'m gonna</u> look for a new job.

Ich werde mich nach einem neuen
  Job umsehen.

You never know what
  you<u>('re) gonna</u> get.

Du weißt nie, was du kriegen
  wirst.

It<u>'s gonna</u> be expensive.

Es wird teuer werden.

Nobody<u>('s) gonna</u> miss him.

Niemand wird ihn vermissen.

We<u>'re</u> not <u>gonna</u> take it.

Wir werden es nicht hinnehmen.

It <u>ain't</u> (= isn't) <u>gonna</u> happen.

Es wird nicht passieren

When you <u>gonna</u> wake up?

Wann wachst du auf?

What you / What y' / Whatcha
  <u>gonna</u> do?

Was wirst du tun?

Mit *was/were going to* kann ausgedrückt werden, dass eine Handlung
vorgesehen war, aber nun nicht oder möglicherweise nicht zur Ausführung
kommt:

I <u>was going to ask</u> you something.

Ich wollte dich etwas fragen.

He <u>was going to say</u> something but
  thought better of it.

Er wollte etwas sagen, tat es dann aber
  doch nicht.

I <u>was going to give</u> it to you last night
  but you weren't there.

Ich wollte es dir gestern Abend geben,
  aber du warst ja nicht da.

I <u>was going to take</u> next
  Monday off, but there's
  so much work that I probably
  can't.

Ich wollte eigentlich den nächsten
  Montag frei nehmen, aber nun ist so
  viel zu tun, dass ich es wahrscheinlich
  nicht kann.

We <u>were going to have</u> a picnic
  but I don't know if that's
  still on.

Wir wollten ein Picknick machen,
  aber ich weiß nicht, ob das noch
  vorgesehen ist.

We <u>were going to do</u> it tomorrow,
  but after what you've told me we'd
  better go tonight.

Wir wollten es morgen tun, aber nach
  dem, was du mir gesagt hast, gehen
  wir besser heute.

Häufig drückt *be going to* auch die <u>Erwartung</u>, ja <u>Gewissheit</u> aus, dass etwas geschehen wird:

We<u>'re going to be</u> very busy for the next day or two.	Wir werden in den nächsten Tagen sehr viel zu tun haben.
I <u>am going to have</u> to start looking for work.	Ich werde anfangen müssen, mich nach Arbeit umzusehen.
Paula <u>is going to have</u> a baby.	Paula erwartet ein Kind.
I can see we<u>'re going to be</u> great friends.	Ich sehe schon, wir werden dicke Freunde.
It looks like it<u>'s going to start</u> raining any moment.	Es sieht aus, als ob es jeden Augenblick zu regnen anfangen wird.
I think I'll go to a fortune teller and find out what<u>'s going to happen</u> to us in the next five years.	Ich glaube, ich werde zu einer Wahrsagerin gehen und herausfinden, was uns in den nächsten Jahren bevorsteht.

In Bedingungssätzen findet sich die Konstruktion *be going to* naturgemäß seltener. Sie kommt aber durchaus vor – sowohl im Hauptsatz als auch im *if*-Satz, im letzteren vor allem in der Bedeutung *wollen*:

***Be going to* im Hauptsatz:**

If you're as bad as that, I<u>'m going to phone</u> the doctor right away.	Wenn es dir so schlecht geht, werde ich sofort den Arzt anrufen.
If something doesn't happen soon, I<u>'m going to blow</u> my brains out.	Wenn nicht bald was passiert, werde ich mir 'ne Kugel durch den Kopf jagen.
If you're serious about getting there before dark, you<u>'re going to have</u> to drive faster.	Wenn es dir ernst damit ist, noch vor Dunkelheit anzukommen, wirst du schneller fahren müssen.

***Be going to* im *if*-Satz:**

If we<u>'re going to hire</u> a copywriter, we might as well have a top-notch one.	Wenn wir schon einen Werbetexter einstellen wollen, dann sollte es auch ein Spitzenmann sein.
If you<u>'re going to tell</u> me that suffering builds character, I can only laugh.	Wenn du mir erzählen willst, dass Leiden den Charakter formt, kann ich nur lachen.
If you<u>'re going to make</u> sweeping generalizations, you can't expect to be taken seriously.	Wenn Sie sich in platten Verallgemeinerungen ergehen wollen, können Sie nicht erwarten, dass man Sie ernst nimmt.
Just be sure not to drink if you<u>'re going to drive</u>.	Man darf eben einfach nichts trinken, wenn man vorhat Auto zu fahren.

Zukunft ausgedrückt durch *be going to be -ing*

Diese Zukunftsform ist weitgehend bedeutungsgleich mit der Verlaufsform der Zukunft (*will be -ing* → S. 223–225), wirkt aber etwas umgangssprachlicher und drückt neben dem Geplantsein der Handlung auch noch ein höheres Maß an Gewissheit aus:

We're not going to be spending a lot of time there.	Wir werden dort nicht viel Zeit zubringen.
I'm going to be working most of the night.	Ich werde den größten Teil der Nacht über arbeiten.
You're going to be seeing a lot of me from now on.	Ab jetzt werden Sie mich häufig sehen.
If you go on like this, you're going to be looking for a job soon.	Wenn Sie so weitermachen, werden Sie bald auf Jobsuche sein.
We don't trust him, and we're going to be watching closely what he does.	Wir trauen ihm nicht, und wir werden genau beobachten, was er tut.
They're going to be judging me by a higher standard than they have others.	An mich wird man einen höheren Maßstab als an andere anlegen.
I'm sure we are going to be moving out of recession in the months ahead.	Ich bin sicher, dass wir in den nächsten Monaten aus der Rezession herauskommen werden.

In der indirekten Rede (→ S. 244 ff.) erscheint diese Zukunft nach einem im *past tense* stehenden Einleitungsverb um eine Zeitstufe in die Vergangenheit verschoben:

I told him that I didn't know if she was going to be coming back.	Ich sagte ihm, dass ich nicht wüsste, ob sie zurückkommen würde.
I asked him what he was doing and he said he was going to be going into the office soon.	Ich fragte ihn, was er mache, und er sagte, er würde bald ins Büro gehen.

Zukunft ausgedrückt durch das *present progressive*

Mit dem *present progressive* drückt man aus, dass eine Handlung für die Zukunft planmäßig vorgesehen ist:

I'm meeting Pat at seven.	Ich treffe Pat um sieben.
We're leaving for Scotland tomorrow.	Wir reisen morgen nach Schottland ab.
My daughter's getting married in January.	Meine Tochter heiratet im Januar.
The bar is closing in a few minutes.	Die Bar macht in ein paar Minuten zu.
What are you doing on Saturday?	Was macht ihr am Samstag?

Während *be going to* (→ S. 225 ff.) Absicht oder Gewissheit betont, drückt das *present progressive* aus, dass die Handlung aufgrund einer in der Gegenwart bereits bestehenden Regelung stattfinden wird:

(*„Das ist so vorgesehen":*)

I'm visiting my grandparents next week.	Ich besuche nächste Woche meine Großeltern.

(*„Ich habe jetzt die Absicht":*)

I'm going to visit my grandparents next week.	Ich habe vor, nächste Woche meine Großeltern zu besuchen.

Wie sehr das *present progressive* ein „Futur der Planung, der Verabredung, des Programms" ist, zeigt auch das folgende authentische Beispiel:

What the hell are you doing here? I'm not seeing you till next week.	Was wollen Sie denn hier? Wir sind doch erst für nächste Woche verabredet.

Der Zukunftsbezug des *present progressive* wird in der Regel durch eine Zeitbestimmung der Zukunft (*at seven, tomorrow, in a few minutes* etc.) deutlich gemacht, damit die Aussage nicht als auf die Gegenwart bezogen missverstanden werden kann:

We're watching television.	Wir sehen (zurzeit gerade) fern.
We're watching television this evening.	Wir sehen heute Abend fern.

Auch ein auf die Zukunft bezogenes Fragewort macht den Zukunftsbezug deutlich:

What time are you leaving?	Um welche Zeit fahrt ihr ab?

Eine Zeitbestimmung der Zukunft erübrigt sich natürlich, wenn der Zukunftsbezug sich aus der Situation oder dem Sinnzusammenhang ergibt:

We're going swimming, Bill. Wanna ['wɒnə] come?	Bill, wir gehen schwimmen. Willst du mitkommen?

Der folgende Satz kann sich – je nach Situation, in der er gesprochen wird – sowohl auf die Gegenwart als auf die Zukunft beziehen:

Where's the exam being held?	Wo findet die Prüfung (zurzeit gerade) statt? / Wo wird die (bevorstehende) Prüfung stattfinden?

Zukunft ausgedrückt durch das *present simple*

Häufig ist der Gebrauch dieser Zukunftsform in Nebensätzen, selten dagegen in Hauptsätzen:

Present simple mit Zukunftsbezug im Nebensatz:
I'll phone you as soon as I <u>arrive</u>.   Sobald ich ankomme, rufe ich dich an.

Present simple mit Zukunftsbezug im Hauptsatz:
Our ship <u>sails</u> tomorrow.   Unser Schiff läuft morgen aus.

In Hauptsätzen steht das *present simple* typischerweise für Handlungen, die aufgrund eines Fahrplans, eines festen Programms, einer getroffenen Vereinbarung oder einer offiziellen Regelung eintreten werden. So steht etwa in einer New Yorker Lokalzeitung:

Traffic in lower Manhattan and on the East Side is likely to be heavy tonight because of a visit by President Clinton. The president <u>comes</u> to town for a Democratic fund-raising dinner. He <u>arrives</u> at Kennedy Airport at 6:30 this evening. His motorcade <u>leaves</u> the Wall Street heliport at 7:10 for Madison Avenue between 50th and 51st streets. The president <u>has</u> an 8:30 dinner and <u>leaves</u> from the Wall Street heliport about 9:30.

Wegen eines Besuches von Präsident Clinton wird es heute Abend im südlichen Teil Manhattans und auf der East Side wahrscheinlich zu Verkehrsbehinderungen kommen. Der Präsident besucht die Stadt zu einem Abendessen, das der Spendenbeschaffung für die Demokratische Partei dient. Er kommt um 18.30 Uhr am Kennedy-Flughafen an. Seine Fahrzeugkolonne verlässt den Hubschrauberflugplatz Wall Street um 19.10 Uhr in Richtung Madison Avenue zwischen 50. und 51. Straße. Nach dem um 20.30 Uhr beginnenden Abendessen fliegt der Präsident gegen 21.30 Uhr vom Hubschrauberflugplatz Wall Street ab.

Beachten Sie, dass auch die folgenden Beispiele zur Deutlichmachung des Zukunftsbezuges jeweils eine Zeitbestimmung der Zukunft – oder einen auf die Zukunft weisenden Frageausdruck – enthalten:

He <u>goes</u> off duty at 11 p.m.   Sein Dienst endet um 23 Uhr.
I <u>do</u> my big wash   Ich mache morgen meine große
  tomorrow.   Wäsche.
What time <u>does</u> your train leave?   Um wie viel Uhr geht dein Zug?

Present simple und *present progressive* sind als Ausdrucksformen des Futurs häufig austauschbar; beide drücken aus, dass eine Handlung „auf dem Programm steht" bzw. geplant ist:

Your bus <u>leaves</u> at 8.30 a.m.	Ihr Bus geht um 8.30 Uhr ab.
Your bus <u>is leaving</u> at 8.30 a.m.	Ihr Bus fährt um 8.30 Uhr.

Das *present simple* betont, dass die Handlung aufgrund eines von vornherein festliegenden Fahrplans stattfinden wird, während das *present progressive* auf die gegenwärtige Planung abhebt.
Das erste der vorstehenden Beispiele informiert also über die fahrplanmäßige Abfahrt des Busses (Verspätung nicht ausgeschlossen), das zweite über die im konkreten Einzelfall vorgesehene reale Abfahrtszeit (die nicht der fahrplanmäßigen zu entsprechen braucht).

In Nebensätzen steht das *present simple* mit Bezug auf die Zukunft besonders nach *if* (→ S. 185–186), *when, as soon as, before, till, until* oder *by the time* – ein Sprachgebrauch, der weitgehend dem Deutschen entspricht:

If he <u>goes</u> on working like that, he'll be dead at forty.	Wenn er so weiter arbeitet, ist er mit vierzig tot.
A few heads will roll <u>when</u> this <u>becomes</u> known.	Wenn das bekannt wird, werden ein paar Köpfe rollen.
She'll leave <u>as soon as</u> she <u>gets</u> her visa.	Sie wird abreisen, sobald sie ihr Visum hat.
Go to the dentist <u>before</u> your tooth <u>gets</u> worse.	Geh zum Zahnarzt, bevor der Zahn schlimmer wird.
Could you stay at home <u>till</u> I <u>call</u> again?	Könntest du zu Hause bleiben, bis ich wieder anrufe?
Go down this road <u>until</u> you <u>come</u> to a church.	Gehen Sie diese Straße runter, bis Sie zu einer Kirche kommen.
If you<u>'re</u> not in bed <u>by the time</u> I <u>come</u> up, you'll be in trouble.	Wenn du, bis ich raufkomme, nicht im Bett bist, kriegst du Ärger.

Nach *I hope* kann mit Bezug auf die Zukunft außer einer Zukunftsform (*will / shall* oder *be going to*) auch das *present simple* stehen, sofern der Zukunftsbezug aus dem Sinnzusammenhang hervorgeht (→ S. 186):

I hope he <u>gets</u>/ he<u>'ll get</u> used to it eventually.	Ich hoffe, dass er sich schließlich dran gewöhnt / gewöhnen wird.
I hope it <u>doesn't / won't</u> come to that.	Ich hoffe, dass es dazu nicht kommt / kommen wird.
I hope they <u>change</u> / they<u>'ll change</u> / they<u>'re going to change</u> their minds.	Ich hoffe, dass sie sich's noch anders überlegen (werden).

Das *future perfect*

Mit dem *future perfect* kann man ausdrücken, dass eine Handlung bis zu einem bestimmten Zeitpunkt in der Zukunft gedauert haben wird:

By 10 p.m. most of the guests <u>will have left</u>.	Bis 22 Uhr werden die meisten Gäste gegangen sein.
By the time I retire I <u>will / shall have worked</u> for the company 32 years.	Zum Zeitpunkt meiner Pensionierung werde ich 32 Jahre bei der Firma gearbeitet haben.
If they get this bill through parliament, they <u>will have achieved</u> a great deal.	Wenn sie dieses Gesetz durchs Parlament bringen, werden sie viel erreicht haben.

Weiter kann man mit dem *future perfect* eine Vermutung im Hinblick auf ein vergangenes Geschehnis formulieren:

Most of you <u>will have heard</u> about these plans.	Die meisten von Ihnen werden von diesen Plänen gehört haben.
If you've been to New York, you <u>will have seen</u>, or perhaps even <u>walked across</u>, the Brooklyn Bridge.	Wenn Sie in New York gewesen sind, werden Sie die Brooklyn Bridge gesehen haben oder vielleicht sogar über sie gegangen sein.

Bedingungsformen und Bedingungssätze (Konditional)

If there were no rain, there'd be no hay to make when the sun shines. (*Proverb*)

„Wenn es keinen Regen gäbe, gäbe es kein Heu zu machen, wenn die Sonne scheint." Oder: „Wenn kein Regen wäre, wäre kein Heu zu machen, wenn die Sonne scheint."

Im Deutschen haben wir das Sprichwort *Wenn das Wörtchen „wenn" nicht wär', wär' mein Vater Millionär*, was – wörtlich übersetzt – im Englischen so hieße: *If it wasn't / weren't for the word "if", my father would be a millionaire.*

Allerdings gibt es im Englischen sogar ein authentisches Sprichwort, das das Gleiche ausdrückt: *If it wasn't for the "ifs", you would be rich.*
(= Wenn die „wenn" nicht wären, wärst du reich.)

Und die Volksweisheit hat schon vor langer Zeit erkannt: *If "ifs" and "ands" were pots and pans, there'd be no work for tinkers' hands.*
(= Wenn die „wenn" und „und" Töpfe und Pfannen wären, gäbe es keine Arbeit für Kesselflickerhände.)

Sie merken, wir sind schon mittendrin in dem, was uns in diesem Kapitel beschäftigen soll: Bedingungssätze.

Wir haben sie im Folgenden in drei Typen eingeteilt. Alle bisherigen Beispiele waren vom Typ 2, der nicht ganz einfach ist. Typ 3 ist noch schwieriger, d. h. für Deutschsprachige sehr fehleranfällig.

Aber nachdem Sie dieses Kapitel durchgearbeitet und die Übungen gemacht haben, werden Ihnen die englischen Bedingungssätze hoffentlich kein Buch mit sieben Siegeln mehr sein (= *hopefully they won't be a closed book to you any more*)!

Für das Verständnis der Bedingungssätze ist es hilfreich, wenn man zunächst drei Grundtypen unterscheidet:

Typ 1: *if*-Satz *present tense* – Hauptsatz *will* + Infinitiv

If I <u>miss</u> the bus, I <u>will take</u> a taxi.

Wenn ich den Bus verpasse, nehme ich ein Taxi.

Typ 2: *if*-Satz *past tense* – Hauptsatz *would* + Infinitiv

If I <u>missed</u> the bus, I <u>would take</u> a taxi.

Wenn ich den Bus verpasste / verpassen würde, würde ich ein Taxi nehmen.

Typ 3: *if*-Satz *had* + *-ed*-Partizip – Hauptsatz *would have* + *-ed*-Partizip

If I <u>had missed</u> the bus, I <u>would have taken</u> a taxi.

Wenn ich den Bus verpasst hätte, hätte ich ein Taxi genommen.

Beim Sprechen gebraucht man oft die Kurzformen:

If I miss the bus, I'<u>ll</u> take a taxi.
If I missed the bus, I'<u>d</u> take a taxi.
If I'<u>d</u> missed the bus, I'<u>d</u> have taken / I would'<u>ve</u> taken a taxi.

Mitunter werden die Typen 2 und 3 miteinander vermischt gebraucht:

If I <u>had missed</u> the bus (*Typ 3*), I <u>wouldn't be</u> here now (*Typ 2*).

Wenn ich den Bus verpasst hätte, dann wäre ich jetzt nicht hier.

If she <u>had lived</u> (*Typ 3*), she'<u>d be</u> over a hundred now (*Typ 2*).

Wenn sie am Leben geblieben wäre, wäre sie jetzt über 100.

If we <u>had</u> a larger house (*Typ 2*), we <u>would have invited</u> more people (*Typ 3*).

Wenn wir ein größeres Haus hätten, hätten wir mehr Leute eingeladen.

In den vorstehenden Beispielen ist der *if*-Satz jeweils vorangestellt.
Er kann aber – wie im Deutschen – genauso gut auf den Hauptsatz folgen.
Beachten Sie, dass vor dem nachgestellten *if*-Satz kein Komma steht:

The boss will make mincemeat of me <u>if he hears that</u>.

Der Chef macht Hackfleisch aus mir / macht mich zur Schnecke, wenn er das hört.

I would have been surprised <u>if I had seen him there</u>.

Ich wäre überrascht gewesen, wenn ich ihn dort gesehen hätte.

Statt *will/would* steht im Hauptsatz häufig ein Modalverb wie *can/could*, *must* oder *may/might*:

If we miss the bus, we <u>can take</u> a taxi.

Wenn wir den Bus verpassen, können wir ein Taxi nehmen.

If you miss the bus, you <u>must take</u> a taxi.	Wenn du den Bus verpasst, musst du ein Taxi nehmen.
She <u>could have stayed</u> if she had wanted to.	Sie hätte bleiben können, wenn sie es gewollt hätte.
If the politicians had acted more resolutely, the war <u>might have been</u> avoided.	Wenn die Politiker entschlossener gehandelt hätten, wäre der Krieg vielleicht vermieden worden.

Statt mit *if* wird der Nebensatz gelegentlich auch mit *unless* (= es sei denn / wenn ... nicht) eingeleitet:

You can't afford this kind of house <u>unless you're wealthy</u>.	So ein Haus kann man sich nicht leisten, es sei denn, man ist reich.
We wouldn't be doing what we do <u>unless we were optimistic</u>.	Wir täten nicht, was wir tun, wenn wir nicht optimistisch wären.
<u>Unless you want to do the same thing all the time</u>, you have to take chances.	Wenn man nicht immer nur dasselbe tun will, muss man auch mal ein Risiko eingehen.

Bedingungssätze Typ 1

Kennzeichnend für diese Art von Bedingungssatz ist, dass die Bedingung, von der das Eintreten der Handlung abhängig gemacht wird, als erfüllbar angesehen wird: Wenn (jetzt oder in Zukunft) eine bestimmte Voraussetzung gegeben ist, dann wird/kann/muss/sollte/könnte dieses oder jenes die Folge sein. Weitere Beispiele:

If you <u>smile</u>, you<u>'ll feel</u> better.	Wenn du lächelst, wirst du dich besser fühlen.
They <u>won't understand</u> you if you <u>speak</u> German.	Wenn du deutsch sprichst, wird man dich nicht verstehen.
If you <u>can't</u> stand the heat, you <u>should keep</u> out of the kitchen.	Wenn man die Hitze nicht vertragen kann, sollte man aus der Küche bleiben.

Die bisherigen Beispiele vom Typ 1 hatten im Hauptsatz *will* oder ein Modalverb wie *can*, *must* oder *should*. Es kann im Hauptsatz aber – wie im *if*-Satz – auch das *present tense* stehen:

You <u>need</u> A levels if you want to go to university.	Wenn man auf die Universität will, braucht man das Abitur.
If your purchase totals over fifty dollars, you <u>get</u> a free twelve-pound turkey.	Wenn Ihr Einkauf sich auf über fünfzig Dollar beläuft, erhalten Sie kostenlos eine 5½ Kilo schwere Pute.

Sehr häufig ist auch die Kombination eines *if*-Satzes mit dem Imperativ:

If you wish to leave a message, please <u>wait</u> for the beeping sound.	Wenn Sie eine Nachricht hinterlassen möchten, warten Sie bitte auf den Piepton.
<u>Take</u> the green channel if you have nothing to declare.	Gehen Sie, wenn Sie nichts zu verzollen haben, durch den grünen Ausgang.

Im *if*-Satz steht in der Regel keine Zukunftsform. Kommen hier *will* oder *be going to* vor, so drücken sie normalerweise nicht Zukünftigkeit, sondern z. B. Wollen aus:

Will zum Ausdruck einer höflichen Bitte:

If you'<u>ll</u> follow me please, I'll show you where it is.	Wenn Sie mir bitte folgen wollen, zeige ich Ihnen, wo es ist.

Will zum Ausdruck der Bereitwilligkeit:

If we <u>will</u> all do our best, we will succeed.	Wenn wir alle bereit sind, unser Bestes zu tun, wird es uns gelingen.

Will zum Ausdruck der Entschlossenheit:

If you <u>will</u> make a fool of yourself, I can't stop you.	Wenn du dich unbedingt lächerlich machen willst, kann ich dich nicht daran hindern.

Be going to zum Ausdruck der Absicht:

If we'<u>re going to</u> have a serious conversation, you'd better turn the TV off.	Wenn wir uns ernsthaft unterhalten wollen, machst du den Fernseher besser aus.

Bedingungssätze Typ 2

Bedingungssätze vom Typ 2 können sich entweder auf die Gegenwart oder auf die Zukunft beziehen.

Beziehen sie sich auf die Gegenwart, so ist die Bedingung unerfüllbar:

If I <u>was</u> a chicken, I <u>would lay</u> an egg every day.	Wenn ich ein Huhn wäre, würde ich jeden Tag ein Ei legen.
If all fools <u>wore</u> white caps, we'<u>d</u> all <u>look</u> like geese.	Wenn alle Dummköpfe weiße Mützen trügen, würden wir alle wie Gänse aussehen.
If we <u>had</u> kids, we <u>wouldn't live</u> here.	Wenn wir Kinder hätten, würden wir nicht hier wohnen.

I wouldn't hold out too much hope if I were you.	Ich würde mir keine zu großen Hoffnungen machen, wenn ich du wäre.

Beziehen sie sich auf die Zukunft, so wird die Bedingung als grundsätzlich erfüllbar angesehen:

It would be cheaper if we went by car.	Es wäre billiger, wenn wir mit dem Auto führen.
If they did that, they'd be prosecuted.	Wenn sie das täten, würden sie strafrechtlich verfolgt.
If he said that, he'd be lying.	Wenn er das sagte, würde er lügen.
If you were ever strapped for cash, you could always sell this painting.	Wenn du je knapp bei Kasse wärst, könntest du ja immer dieses Bild verkaufen.

Mitunter findet sich im *if*-Satz nach *I/he/she/it* noch der Konjunktiv *were* statt des modern-umgangssprachlichen Indikativs *was* (in allen diesen Fällen ist auch *was* möglich):

If I were ten years younger, I'd put up a fight.	Wenn ich zehn Jahre jünger wäre, würde ich mich wehren.
If she were here with me, the situation would be different.	Wenn sie hier bei mir wäre, wäre die Lage anders.
It would be a great shame if the ferry service were discontinued.	Es wäre sehr schade, wenn der Fährbetrieb eingestellt würde.

If I were you hingegen ist eine feste Redensart, in der *was* als nicht korrekt empfunden würde:

If I were you, I'd carry on regardless.	Wenn ich du wäre, würde ich trotz allem weitermachen.
I'd watch out if I were you.	An deiner Stelle würde ich aufpassen.

In einem echten Bedingungssatz steht im *if*-Satz in der Regel kein *would*. Soweit hier *would* vorkommt, wird eine höfliche Bitte oder ein Wunsch ausgedrückt:

I would be grateful if you would put the matter right.	Ich wäre dankbar, wenn Sie die Sache in Ordnung bringen würden.
I would be honoured if you would come to the Regent Hotel to have dinner with us.	Ich würde mich geehrt fühlen, wenn Sie ins Regent Hotel kommen würden, um dort mit uns zu Abend zu essen.
If only it would stop raining, I could go out and mow the lawn.	Wenn es doch nur aufhören wollte zu regnen, dann könnte ich rausgehen und den Rasen mähen.

7

> In förmlichem Stil wird statt *would* in der Bedeutung *würde* gelegentlich *should* verwendet:
>
> | | |
> |---|---|
> | I **should** be obliged if you would call on me at your earliest convenience. | Ich wäre dankbar, wenn Sie mich so bald wie möglich aufsuchen würden. |
> | If you would like to bring a guest, I **should** be delighted to meet them. | Wenn Sie gern einen Gast mitbringen möchten, würde ich mich sehr freuen, ihn kennen zu lernen. |
>
> Da *should* aber im heutigen Sprachgebrauch normalerweise in der Bedeutung *sollte* verwendet wird (→ S. 362 ff.), kann dieser Sprachgebrauch zu Missverständnissen führen. Für Lernende empfiehlt es sich, zum Ausdruck von *würde* ausschließlich *would* zu gebrauchen:
>
> | | |
> |---|---|
> | I **would** wait until next week. | Ich würde bis nächste Woche warten. |
> | I **should** wait until next week. | Ich sollte bis nächste Woche warten. |

Bedingungssätze Typ 3

Bedingungssätze vom Typ 3 drücken eine Annahme in Bezug auf die Vergangenheit aus: Wäre in der Vergangenheit eine bestimmte Bedingung erfüllt worden (sie wurde aber nicht erfüllt!), dann wäre dieses oder jenes die Folge gewesen. Weitere Beispiele:

I would have helped you if I had known.	Ich hätte dir geholfen,
I'd have helped you if I'd known.	wenn ich es gewusst
I'd've helped you if I'd known.	hätte.
I would have been happier if you had been there too.	Ich wäre glücklicher gewesen, wenn du auch da gewesen wärst.
If it hadn't been for us, she wouldn't have got(ten) in.	Wenn wir nicht gewesen wären, wäre sie nicht hereingekommen.
If you hadn't dithered, you might have got the job.	Wenn du nicht so gezaudert hättest, hättest du den Job vielleicht bekommen.
You could have stopped her if you'd really wanted (to).	Du hättest sie zurückhalten können, wenn du's wirklich gewollt hättest.
All the passengers could have been saved if there had been enough lifeboats.	Alle Passagiere hätten gerettet werden können, wenn genug Rettungsboote da gewesen wären.

Gar nicht selten steht – überwiegend in der Schriftsprache – die
Fragekonstruktion in der Funktion eines *if*-Satzes:

Had our competitors been better, we would have taken longer getting to the top.	Wären unsere Konkurrenten besser gewesen, hätten wir länger gebraucht, um zur Spitze aufzusteigen.
He could have remained chairman had he chosen to.	Er hätte Vorsitzender bleiben können, wenn er das gewollt hätte.
Had the negotiations continued, some kind of compromise might have been reached.	Wären die Verhandlungen weitergegangen, so wäre vielleicht irgendeine Art von Kompromiss erzielt worden.

Beachten Sie die englischen Entsprechungen für *hätte* und *wäre*:

Im Hauptsatz:

she would have helped us	sie hätte uns geholfen
it would have been easier	es wäre leichter gewesen
he would have come	er wäre gekommen

Im *if*-Satz:

if she had helped us	wenn sie uns geholfen hätte
if it had been easier	wenn es leichter gewesen wäre
if he had come	wenn er gekommen wäre

Test 11 Futur und Konditional

1. Setzen Sie die passendste Zukunftsform ein.

a) (I ever) see you again?

b) The prime minister (resume) talks with the union leaders tomorrow.

c) Can I see you home, then? – No, it's all right, thanks. I (just find) a taxi.

d) Our relationship (never be) the same again.

e) Non-urgent cases (have to) wait until Friday.

f) I (probably see) you at Friday's meeting, then.

g) Wait here – I (not be) long.

h) How long (you stay)?

i) There's one thing I'm absolutely sure about: I (not marry) him.

j) Come on, boys, you (not make) trouble for an old friend of mine, are you?

k) While we sit here arguing whether hunger exists or not, children (die).

l) How do you think she (take) the news?

m) I (quit) my job and (get) out of the city.

n) We (watch) a film on TV tonight.

o) If he's not up to it, he (look) for a job soon.

p) I think I (go) to a fortune teller and find out what (happen) to us in the next five years.

q) It's a very good question, very direct, and I (not answer) it.

r) Excuse me, sir, the bar (close) in a few minutes.

s) I (be) very busy for the next day or two.

t) My daughter (get) married in January.

u) I imagine you (celebrate) tonight.

v) No, Mr Quirk, Miss Dell (not come) in today. She's working from home.

w) The headmistress (retire) next July.

x) Don't forget Professor Bottomley (expect) you this afternoon.

y) The museum (open) to the public on Thursday.

z) What (we do) now?

2. Vervollständigen Sie die folgenden Bedingungssätze.

a) If you (lie) down with dogs, you'll get up with fleas.

b) If you drive this slowly, we (never get) there in time.

c) She'd achieve more if she (be) more patient.

d) I'd just die if I (not have) something to do.

e) I (not risk) it if I were you.

f) There would be 1,600 fewer crashes and 110 fewer road deaths a year
    if people (not drive) while taking drugs.

g) If you (do) that, they would've arrested you on the spot.

h) If you hadn't woken me up, I (miss) my train.

i) If friends (not bail) him out, he would've gone broke.

j) If we had told her, it (break) her heart.

k) If the dog hadn't stopped to lift his leg, he (catch) the fox.

l) If you (not take) pictures all the time, you would've seen more of the country.

---

1. a) Will / Shall I ever see b) will resume c) I'll just find d) will never be
e) will have to f) I'll / I will / I shall probably see g) won't/shan't be h) are you
going to stay / will you be staying / are you staying i) I'm not going to marry /
I'm not marrying j) you're not going to make k) are going to die / will die /
will be dying / (oder auch Präsens:) are dying l) she'll take / she's going to
take m) I'm going to quit; get / I'm quitting my job; getting n) We're
watching / We're going to watch / We'll be watching o) he'll be looking
p) I'll go; what's going to happen / what will happen q) I'm not going to
answer / I won't answer r) is closing / closes / will be closing s) I'm going
to be / I'll be t) is getting / will be getting married u) you'll be celebrating
v) won't be coming / isn't coming w) will be retiring / is retiring / retires
x) is expecting / will be expecting y) will open / is opening / opens / will be
opening z) are we going to do

2. a) lie b) we'll / we will / we shall never get c) was / were d) didn't have
e) wouldn't risk f) didn't drive g) you'd / you had done h) would've / would
have missed i) hadn't bailed j) would have broken k) would've / would have
caught l) hadn't been taking

Direkte und indirekte Rede

"I said I hoped he'd write and give politics a rest. He replied that he wasn't in the mood for writing. "Besides," with a smile, "I shan't write while the Government take all you earn. Dr Johnson said that only a fool wrote when he wasn't paid for writing." (*Entry for 2 September 1945 in the diary of Winston Churchill's personal doctor, Lord Moran, 1882–1977*)

„Ich sagte, ich hoffte, er (Churchill) würde schreiben und sich von der Politik erholen. Er antwortete, er sei nicht in der Stimmung zum Schreiben. „Außerdem", mit einem Lächeln, „werde ich nicht schreiben, während die Regierung einem alles, was man verdient, wegnimmt. Dr. Johnson hat gesagt, nur ein Dummkopf schreibe, wenn er für das Schreiben nicht bezahlt wird."

In der *general election* vom 5. Juli 1945 (die Wahlergebnisse lagen – wegen der Soldatenstimmen – erst drei Wochen später vor) hatten die englischen Wähler die Konservativen und ihren erfolgreichen *wartime prime minister* zugunsten einer *Labour*-Regierung abgewählt. Churchills Arzt und Freund versucht dem jäh in die undankbare Rolle des *opposition leader* Entlassenen neue Perspektiven aufzuzeigen: zum Beispiel die Wiederaufnahme seiner schriftstellerischen Tätigkeit (1953 erhielt Churchill den *Nobel Prize for Literature*!).

Das Zitat enthält typische Beispiele für indirekte Rede. Wörtlich, also in direkter Rede, war Folgendes gesagt worden:
Lord Moran: *"I hope you'll write and give politics a rest."*
Churchill: *"I'm not in the mood for writing. Besides, I shan't write while the Government take all you earn."*
Churchill zitiert dann sinngemäß (Dr) Samuel Johnson, den großen englischen Schriftsteller und Lexikographen (1709–84): *"Only a fool writes when he isn't paid for writing."* (Wörtlich hat Dr Johnson gesagt: *No man but a blockhead ever wrote, except for money.*)

Das Umwandeln direkter in indirekte Rede ist im Englischen leichter als im Deutschen, weil dabei der – im Englischen ohnehin nur noch spärlich verwendete – Konjunktiv kaum eine Rolle spielt.

In der direkten Rede (→ S. 399) wird eine Äußerung genau so wiedergegeben, wie sie tatsächlich gemacht wurde:

Rita said, "I am disappointed."
"I'm disappointed," she said.
"The press is not treating me fairly,"
  complained the president.

Rita sagte: „Ich bin enttäuscht."
„Ich bin enttäuscht", sagte sie.
„Die Presse geht nicht fair mit mir um",
  klagte der Präsident.

"I have a daughter who can spin straw into gold," the miller said to the king.	„Ich habe eine Tochter, die Stroh zu Gold spinnen kann", sagte der Müller zum König.

In der indirekten Rede wird eine Äußerung nicht so wiedergegeben, wie sie tatsächlich gemacht wurde, sondern es werden Veränderungen vorgenommen. Bei der Umwandlung der obigen Sätze zum Beispiel werden Verbformen verändert (*am → was, is → was, have → had, can → could*); außerdem wird *I* zu *she* oder *he* und *me* zu *him*:

Rita said she was disappointed.	Rita sagte, sie sei enttäuscht.
She said she was disappointed.	Sie sagte, sie sei enttäuscht.
The president complained that the press was not treating him fairly.	Der Präsident klagte darüber, dass die Presse nicht fair mit ihm umgehe.
The miller told the king he had a daughter who could spin straw into gold.	Der Müller erzählte dem König, er habe eine Tochter, die Stroh zu Gold spinnen könne.

Soweit die direkte Rede Zeit- oder Ortsbestimmungen enthält, werden diese verändert, wenn die zeitliche oder örtliche Situation beim Berichten anders ist als bei der ursprünglichen Aussage. Beispiele:

"I'll leave it <u>here</u>."	„Ich werde es hier lassen."
(*Am selben Ort berichtet:*)	
He said he'd leave it <u>here</u>.	Er sagte, er würde es hier lassen.
(*An einem anderen Ort berichtet:*)	
He said he'd leave it <u>there</u>.	Er sagte, er würde es dort lassen.

"I'm going to be very busy <u>tomorrow</u>."	„Ich habe morgen sehr viel zu tun."
(*Am selben Tag berichtet:*)	
She said she was going to be very busy <u>tomorrow</u>.	Sie sagte, sie hätte morgen sehr viel zu tun.
(*An einem späteren Tag berichtet:*)	
She said she was going to be very busy <u>the next day</u>.	Sie sagte, sie hätte am nächsten Tag sehr viel zu tun.

"I'll pay <u>next Monday</u>."	„Ich zahle nächsten Montag."
(*Am selben Tag berichtet:*)	
He assured me he'd pay <u>next Monday</u>.	Er versicherte mir, er werde nächsten Montag zahlen.
(*Am Sonntag vor dem betreffenden Montag berichtet:*)	
He assured me he'd pay <u>tomorrow</u>.	Er versicherte mir, er werde morgen zahlen.
(*An dem betreffenden Montag berichtet:*)	
He assured me he'd pay <u>today</u>.	Er versicherte mir, er werde heute zahlen.

(*Wochen später berichtet:*)

He assured me he'd pay <u>the following Monday</u>.	Er versicherte mir, er werde am darauf folgenden Montag zahlen.

Wenn Sie sich die vorstehenden Beispiele zur direkten und indirekten Rede genau anschauen und die englische Seite mit der deutschen vergleichen, erkennen Sie schon jetzt folgende Unterschiede:

1. Der Einleitung zur direkten Rede folgt im Englischen meist ein Komma (*Rita said,*), nicht – wie im Deutschen – ein Doppelpunkt (*Rita sagte:*).

2. Die Anführungszeichen stehen im Englischen immer oben.

3. Ein Komma am Ende der direkten Rede steht im Englischen innerhalb, im Deutschen außerhalb der Anführungszeichen: *"I'm disappointed,"* she said. – „Ich bin enttäuscht", sagte sie.

4. „Signal" für die indirekte Rede ist im Englischen das *past tense* (*was, had, could*), nicht – wie im Deutschen – ein schwieriger Konjunktiv (*sei, umgehe, habe, könne, werde*).

Beachten Sie, dass im Englischen – anders als im Deutschen – nach der Einleitung zur indirekten Rede <u>kein Komma</u> steht: *She said she was disappointed.* – *Sie sagte, sie sei enttäuscht.*

Schließlich sei auf einen – mitunter lustigen – Fall von Doppeldeutigkeit hingewiesen:
Der Satz *Bill said Paul was a fool* wäre in der Regel so zu verstehen: *Bill sagte, Paul sei ein Dummkopf.* Immerhin wäre – bei dem für das Englische typischen sparsamen Umgang mit Kommas – auch die folgende Deutung denkbar: *Bill, meinte Paul, sei ein Dummkopf.* Ist diese letztere Aussage beabsichtigt, so empfiehlt sich auch im Englischen der Gebrauch von Kommas: *Bill, said Paul, was a fool.* Eindeutig würde der Satz auch durch diese Veränderung der Wortfolge: *Bill was a fool, said Paul.*

Indirekte Rede mit Zeitverschiebung

In den allermeisten Fällen steht die Einleitung zur indirekten Rede im *past tense* (z. B. *said*). Ist dies der Fall, so verschiebt sich die Zeitform des Verbs der direkten Rede um eine Stufe in die Vergangenheit (*backshift* = Rückverschiebung): *want → wanted, is → was, have → had, will → would, can → could* etc.:

"Liberty <u>means</u> responsibility." He remarked that liberty <u>meant</u> responsibility.	„Freiheit bedeutet Verantwortung." Er bemerkte, dass Freiheit Verantwortung bedeute.
"I'<u>m</u> enjoying myself." She said (that) she <u>was</u> enjoying herself.	„Ich habe viel Spaß." Sie sagte, dass sie viel Spaß habe.

"I've done my best."
He assured me (that) he <u>had</u>
  done his best.
	„Ich habe mein Bestes getan."
	Er versicherte mir, dass er sein Bestes
	  getan habe.

"We <u>will</u> look into the matter."
They wrote (that) they <u>would</u> look
  into the matter.
	„Wir werden die Sache prüfen."
	Sie schrieben, dass sie die Sache
	  prüfen würden.

"I <u>can't</u> pay." She informed us that she <u>couldn't</u> pay.	„Ich kann nicht zahlen." Sie teilte uns mit, dass sie nicht zahlen könne.

"I <u>don't</u> know what you're talking about."
He claimed (that) he <u>didn't</u> know
  what I was talking about.
	„Ich weiß nicht, wovon Sie reden."
	Er behauptete, er wisse nicht, wovon
	  ich redete.

Beachten Sie die unterschiedlichen „Berichtsverben" in den
vorstehenden Sätzen: *remarked, said, assured, wrote, informed, claimed*.

Weitere häufig zur Einleitung indirekter Rede gebrauchte Verben sind:
told (= erzählte / sagte), *declared* (= erklärte), *explained* (= erklärte), *reported*
(= berichtete), *mentioned* (= erwähnte), *promised* (= versprach), *announced*
(= kündigte an), *predicted* (= sagte voraus), *maintained* (= behauptete),
hinted (= deutete an), *admitted* (= gab zu), *denied* (= leugnete), *complained*
(= klagte), *answered* (= antwortete), *replied* (= erwiderte), *retorted*
(= entgegnete).

Nach den gleichen Regeln wie bei der indirekten Rede findet eine
Zeitverschiebung in die Vergangenheit statt nach Einleitungen
mit *thought* (= dachte), *believed* (= glaubte), *was sure* (= war sich sicher),
knew (= wusste), *hoped* (= hoffte), *heard* (= hörte), *learned / learnt* (= erfuhr),
found (= stellte fest), *guessed* (= vermutete), *expected* (= erwartete),
suspected (= hatte den Verdacht), *remembered* (= erinnerte sich), *forgot*
(= vergaß), *was afraid* (= befürchtete), *feared* (= befürchtete) etc.:

I thought it <u>was</u> important.	Ich dachte, es sei wichtig.
I was sure they <u>knew</u> about it.	Ich war mir sicher, dass sie Bescheid wussten.

They suspected that he <u>had been</u>
  trying to escape.
	Sie hatten den Verdacht, dass er
	  versucht habe zu fliehen.

Natürlich können die Einleitungsverben auch in der verneinten oder
fragenden Form stehen:

He didn't deny that he <u>had</u> received
  substantial sums of money.
	Er leugnete nicht, dass er erhebliche
	  Geldbeträge erhalten hatte.

I didn't think she<u>'d</u>
  come.
	Ich dachte nicht, dass sie kommen
	  würde.

She wasn't sure she <u>was</u> doing the right thing.	Sie war sich nicht sicher, dass sie das Richtige tat.

Did she really say she <u>didn't know</u> me?	Hat sie wirklich gesagt, sie kenne mich nicht?
Why didn't you tell me you <u>were</u> married?	Warum haben Sie mir nicht gesagt, dass Sie verheiratet sind?
What did you say your name <u>was</u>?	Wie, sagten Sie, war doch noch Ihr Name?

Die Modalverben *would, could, might, should, ought to* und *must* lassen sich nicht in die Vergangenheit verschieben:

"I <u>wouldn't</u> mind."	„Ich hätte nichts dagegen."
She said she <u>wouldn't</u> mind.	Sie sagte, sie habe nichts dagegen.

"The problem <u>could</u> easily be solved."	„Das Problem könnte leicht gelöst werden."
We thought (that) the problem <u>could</u> easily be solved.	Wir dachten, dass das Problem leicht gelöst werden könnte.

"The bomb <u>might</u> explode any time."	„Die Bombe kann jederzeit explodieren."
We were aware that the bomb <u>might</u> explode any time.	Uns war klar, dass die Bombe jederzeit explodieren konnte.

"The rules <u>should</u> be changed."	„Die Regeln sollten geändert werden."
He took the view that the rules <u>should</u> be changed.	Er vertrat den Standpunkt, dass die Regeln geändert werden sollten.

"You <u>must</u> be prepared for a great deal of work."	„Sie müssen sich auf 'ne Menge Arbeit einstellen."
They told me I <u>must</u> be prepared for a great deal of work.	Man sagte mir, ich müsse mich auf eine Menge Arbeit einstellen.

Entsprechend den Regeln der Zeitverschiebung müsste ein *past tense* der direkten Rede immer zu einem *past perfect* der indirekten Rede werden:

"I <u>was</u> surprised at your reaction."	„Ich war über Ihre Reaktion erstaunt."
He told me he <u>had been</u> surprised at my reaction.	Er sagte mir, er sei über meine Reaktion erstaunt gewesen.

Tatsächlich wird auf diese Zeitverschiebung aber oft verzichtet, wenn die zeitlichen Bezüge auch so unmissverständlich sind. In den folgenden Fällen ist die Zeitverschiebung möglich, aber nicht notwendig:

"I <u>didn't like</u> you at first."	„Anfangs warst du mir unsympathisch."

She confessed (that) she <u>hadn't liked</u> me / that she <u>didn't like</u> me at first.	Sie gestand, dass ich ihr anfangs unsympathisch gewesen sei.
"I <u>sold</u> the knife to the accused."	„Ich verkaufte das Messer an den Angeklagten."
The salesclerk testified that he <u>(had) sold</u> the knife to the accused.	Der Verkäufer sagte aus, dass er dem Angeklagten das Messer verkauft habe.

Im folgenden Beispiel hingegen ist der Gebrauch des *past perfect* in der indirekten Rede zwingend, wenn der Vater zum Zeitpunkt des Berichts nicht mehr lebt und dies nicht aus dem situativen Zusammenhang bekannt ist; das *past tense* (*was*) könnte zu dem Missverständnis führen, dass der Vater immer noch Bücher verschlingt:

"My father <u>was</u> a voracious reader."	„Mein Vater war ein Bücherwurm."
She told us that her father <u>had been</u> a voracious reader.	Sie sagte uns, dass ihr Vater ein Bücherwurm gewesen sei.

Geradezu als unnatürlich wird die Zeitverschiebung *past → past perfect* empfunden, wenn der zeitliche Bezug sich bei der Umwandlung von direkter in indirekte Rede nicht verändert hat:

"Ann <u>phoned</u> this morning."	„Ann hat heute Morgen angerufen."
I told you that Ann <u>phoned</u> this morning, didn't I?	Dass Ann heute Morgen angerufen hat, habe ich dir doch gesagt, nicht (wahr)?
"They <u>had</u> a wonderful holiday."	„Sie hatten einen herrlichen Urlaub."
I had John on the phone five minutes ago. He told me that you <u>had</u> a wonderful holiday.	Ich habe vor fünf Minuten mit Tom telefoniert. Er sagte mir, ihr hättet einen herrlichen Urlaub gehabt.

Indirekte Frage mit Zeitverschiebung

Bei der Umwandlung von direkten in indirekte Fragen finden die gleichen Zeitverschiebungen und sonstigen Veränderungen und Anpassungen statt wie bei den bereits behandelten Fällen der indirekten Rede:

"Do you live here?"	„Wohnen Sie hier?"
She asked him if / whether he lived here / there.	Sie fragte ihn, ob er hier / dort wohne.
"Where do you live?"	„Wo wohnen Sie?"
She asked him where he lived.	Sie fragte ihn, wo er wohne.

Außer durch *ask* werden indirekte Fragen auch durch Ausdrücke wie *wanted to know*, *wondered*, *inquired* oder auch *had no idea* eingeleitet:

"Did you talk to Jack?" She wanted to know if I had talked to Jack.	„Hast du mit Jack gesprochen?" Sie wollte wissen, ob ich mit Jack gesprochen hätte.
"Shall I go home?" I wondered if I should go home.	„Soll ich nach Hause gehen?" Ich überlegte, ob ich nach Hause gehen sollte.
"Why is the museum closed?" Our tour guide inquired why the museum was closed.	„Warum ist das Museum geschlossen?" Unsere Reiseleiterin erkundigte sich, warum das Museum geschlossen sei.
"How did the thieves get into the house?" They had no idea how the thieves (had) got into the house.	„Wie sind die Diebe ins Haus gekommen?" Sie hatten keine Ahnung, wie die Diebe ins Haus gekommen waren.

Wie auch aus den bisherigen Beispielen zu sehen ist, gibt es zwei Typen von Fragen:
Entscheidungsfragen (*yes/no* questions) – sie enthalten in der indirekten Form *if* oder *whether* (*whether* ist etwas förmlicher, manchmal aber auch eindeutiger als *if*, das ja auch *wenn / falls* bedeuten kann) –
und Fragewortfragen – sie enthalten in der indirekten Form eine Fragewort wie *when*, *why*, *how*, das aus der direkten Frage übernommen wird.

Entscheidungsfrage: "Do you mean me?" She asked me if / whether I meant her.	 „Meinen Sie mich?" Sie fragte mich, ob ich sie meinte.
Fragewortfrage: "Who do you mean?" She asked me who(m) I meant.	 „Wen meinen Sie?" Sie fragte mich, wen ich meinte.

Bei indirekten Fragen der folgenden Art ist die vom Deutschen abweichende Wortstellung zu beachten:

"What's your name?" What did you say your name was?	„Wie ist Ihr Name?" Wie, sagten Sie, war Ihr Name?
"How old is Joan?" How old did you say Joan was?	„Wie alt ist Joan?" Wie alt, sagtest du, ist Joan?
"When were the books shipped?" When did you say the books were shipped?	„Wann wurden die Bücher abgeschickt?" Wann, sagten Sie, wurden die Bücher abgeschickt?

Indirekte Rede und Frage ohne Zeitverschiebung

Steht das einleitende Berichtsverb im *present tense*, *present perfect* oder einer Zukunftsform (→ S. 220 ff.), so bewahrt die indirekte Rede die Zeitform der entsprechenden direkten Rede; das heißt, es findet keine Zeitverschiebung statt:

"I'm not going to make an ass of myself."	„Ich werd' mich doch nicht lächerlich machen!"
He says he's not going to make an ass of himself.	Er sagt, er werde sich nicht lächerlich machen.
"You can't spend more than you have."	„Wir können nicht mehr ausgeben, als wir haben."
My father has reminded me that I can't spend more than I have.	Mein Vater hat mich daran erinnert, dass ich nicht mehr ausgeben kann, als ich habe.
"He can phone me at the office."	„Er kann mich im Büro anrufen."
I'll tell him (that) he can phone you at the office.	Ich werde ihm sagen, dass er Sie im Büro anrufen kann.

Auch nach einem im *past tense* stehenden Berichtsverb kann man die Zeitverschiebung unterlassen, wenn man deutlich machen möchte, dass es sich bei der berichteten Äußerung nicht um eine subjektive Auffassung der zitierten Person, sondern um eine anerkannte Tatsache handelt bzw. dass der mitgeteilte Tatbestand immer noch gegeben ist:

Galileo <u>argued</u> that the earth <u>revolves</u> around the sun.	Galilei vertrat die Ansicht, dass sich die Erde um die Sonne dreht.
Mark Twain <u>observed</u> that man <u>is</u> the only animal that <u>blushes</u> – or <u>needs</u> to.	Mark Twain stellte fest, dass der Mensch das einzige Tier ist, das errötet – oder dazu Veranlassung hat.
Bismarck famously <u>remarked</u> that politics <u>is</u> not an exact science.	Von Bismarck stammt die berühmte Feststellung, dass die Politik keine exakte Wissenschaft ist.
She <u>told</u> me that he <u>is</u> in hospital.	Sie sagte mir, dass er im Krankenhaus ist.
He <u>said</u> he <u>loves</u> you.	Er sagte, dass er dich liebt.

Dagegen findet die Zeitverschiebung statt, wenn die Äußerung als subjektive Auffassung bzw. als inzwischen nicht mehr zutreffend berichtet wird:

Columbus <u>believed</u> that the earth <u>was</u> round.	Kolumbus glaubte, dass die Erde rund sei.

I think it was Shaw who <u>remarked</u> that England and America <u>were</u> two countries separated by a common language.	Ich glaube, Shaw war es, der bemerkte, England und Amerika seien zwei Länder, die durch eine gemeinsame Sprache getrennt sind.
She <u>told</u> me he <u>was</u> in a meeting.	Sie sagte mir, er sei in einer Sitzung.

Wiedergabe des Imperativs in indirekter Rede

Der Imperativ (= *imperative*) ist die Befehls- oder Aufforderungsform des Verbs (→ S. 264 ff.):

"Relax."	„Entspanne dich."
"Please don't go away."	„Bitte geh nicht weg."
"Please restrict yourselves to one piece of luggage per person."	„Bitte beschränken Sie sich auf ein Gepäckstück pro Person."
"Do stop crying, Rosie."	„Hör doch bitte zu weinen auf, Rosie."
"Don't let me down, will you?"	„Lass mich nicht im Stich, ja?"
"Don't rush things."	„Übereilen Sie nichts."
"Don't touch the wire."	„Berührt nicht den Draht."
"Call off your dog!"	„Rufen Sie Ihren Hund zurück!"

Bei der Wiedergabe des Imperativs in indirekter Rede findet im Allgemeinen die Konstruktion Verb + Objekt (+ *not*) + *to*-Infinitiv (oder die entsprechende Passivkonstruktion) Verwendung:

She <u>told him to relax</u>.	Sie sagte, er solle sich entspannen.
I <u>asked her not to go</u> away.	Ich bat sie, nicht wegzugehen.
The <u>passengers were requested to restrict</u> themselves to one piece of luggage per person.	Die Fluggäste wurden gebeten, sich auf ein Gepäckstück pro Person zu beschränken.
He <u>begged Rosie to stop</u> crying.	Er bat Rosie inständig, nicht mehr zu weinen.
She <u>implored him not to let</u> her down.	Sie bat ihn händeringend, sie nicht im Stich zu lassen.
I <u>advised her not to rush</u> things.	Ich riet ihr, nichts zu übereilen.
She <u>warned us not to touch</u> the wire.	Sie warnte uns davor, den Draht zu berühren.
We <u>shouted for him to call</u> off his dog.	Wir riefen, er solle seinen Hund zurückrufen.

Mitunter wird hier die indirekte Rede auch mit *insisted* oder *suggested* eingeleitet. An diese Verben wird statt der Konstruktion Objekt + *to*-Infinitiv ein *that*-Satz angehängt:

"Show me what you've written." She <u>insisted that he (should) show</u> her what he'd written.	„Zeig mir, was du geschrieben hast." Sie bestand darauf, dass er ihr zeigte, was er geschrieben hatte.
"Let's go somewhere else." I <u>suggested that we (should) go</u> somewhere else.	„Lass(t) uns woanders hingehen." Ich schlug vor, dass wir woanders hingehen.

An der Variante *insisted that he show* fällt auf, dass *show* keine -s-Endung aufweist: *he/she/it shows*. Es handelt sich hier um einen der seltenen Fälle, wo im Englischen noch der Konjunktiv (= die Möglichkeitsform) lebendig ist – allerdings mehr im AE, denn das BE zieht die Konstruktion mit *should* vor. (Vgl. S. 363–365.)

Test 12 Indirekte Rede

1. Geben Sie die Aussagen und Anweisungen in indirekter Rede wieder.

a) "I'm an optimist." – He said . . .

b) "I have nothing to declare except my genius." – Asked if he had anything to declare, Oscar Wilde replied . . .

c) "You've got nothing to worry about." – They told me . . .

d) "What we need is not threats but an offer of help." – He retorted . . .

e) "The world is as flat as a pizza." – In those days people believed . . .

f) "The Sun, not the Earth, is at the centre of the Solar System." – Copernicus realized . . .

g) "I saw her alive this very morning." – During his interrogation on March 17 he claimed . . .

h) "I believed in him." – Her excuse was . . .

i) "He came to see me about once a month." – His mother told us . . .

j) "He was always blaming me for his problems." – She reflected that her husband . . .

k) "He'll try to leave the country." – The FBI suspected . . .

l) "We'll all be shot." – The hostages feared . . .

m) "I'll be staying the night at Aunt Alexandra's." – She phoned home to say . . .

n) "I can't concentrate." – I told her . . .

o) "Hostilities must be halted immediately." – We agreed . . .

p) "Stay where you are." – They told him . . .

q) "Don't move." – The firefighters told her . . .

2. Geben Sie die Fragen in indirekter Rede wieder.

a) "How much is it?" – I asked the assistant . . .

b) "How old are you?" – He asked her . . .

c) "Aren't you bored telling the same stories over and over?" – I once asked him . . .

d) "What does it mean?" – She asked me to explain . . .

e) "Who did you talk to?" – They wanted to know . . .

f) "What did I do to deserve such praise?" – She coyly asked . . .

g) "What were you doing out in the street so late at night?" – She asked the boy . . .

h) "Did you stay at the Ritz as usual?" – He asked Vera . . .

i) "Did you tell anyone about our relationship?" – She asked him . . .

j) "Why weren't you at the meeting?" – He asked me . . .

k) "When will it be delivered?" – I asked them . . .

l) "Will you run away with me?" – He actually asked her . . .

m) "Can you manage?" – I asked her . . .

---

1. a) . . . he was an optimist. b) . . . that he had nothing to declare except his genius. c) . . . (that) I had / I'd got nothing to worry about. d) . . . that what they needed was not threats . . . e) . . . (that) the world was as flat . . . f) . . . that the Sun, not the Earth, was/is at the centre . . . g) . . . (that) he saw / had seen her alive that very morning. h) . . . that she had believed in him. i) . . . (that) he had come to see her about once a month. j) . . . had always been blaming her for his problems. k) . . . (that) he would try to leave . . . l) . . . (that) they would all be shot. m) . . . (that) she'd be staying the night . . . n) . . . (that) I couldn't concentrate. o) . . . that hostilities must be halted immediately. p) . . . to stay where he was. q) . . . not to move.

2. a) . . . how much it was. b) . . . how old she was. c) . . . if/whether he wasn't bored telling . . . d) . . . what it meant. e) . . . who I had talked to. f) . . . what she had done to deserve . . . g) . . . what he had been doing . . . h) . . . if/whether she had stayed at the Ritz . . . i) . . . if/whether he had told anyone about their relationship. j) . . . why I hadn't been at the meeting. k) . . . when it would be delivered. l) . . . if/whether she would run away with him. m) . . . if she could manage.

Aktiv und Passiv

Do not judge, and you will not be judged. For as you judge others, so you will yourselves be judged, and whatever measure you deal out to others will be dealt to you. (*The Bible, The Gospel according to Matthew, 7:1–2*)

„Richtet nicht, und ihr werdet nicht gerichtet. Denn wie ihr andere richtet, so werdet ihr selbst gerichtet werden, und welches Maß ihr anderen zumesst, wird euch zugemessen werden."

Das bekannte Bibelwort enthält drei Aktivformen (*do not judge, you judge, you deal out*) und parallel dazu drei Passivformen (*will not be judged, will yourselves be judged, will be dealt*).

George Orwell (1903–50) hat einmal fünf Regeln für guten Stil formuliert, von denen die vierte lautet: *Never use the passive where you can use the active.* (= Gebrauche nie das Passiv, wo du das Aktiv verwenden kannst.) Hätte der Verfasser unserer Bibelstelle statt der drei Passivformen auch das Aktiv verwenden „können"? Wenn ja, warum hat er es nicht getan?

Wenn wir die Umwandlung Passiv → Aktiv selbst versuchen, so stoßen wir gleich auf ein Problem: <u>Wer</u> wird uns richten, wenn wir richten, <u>wer</u> wird uns das gleiche Maß zumessen, das wir anderen zumessen – mit anderen Worten, wer ist der in der Passivkonstruktion verschwiegene „Verursacher"? Könnte es sein, dass das Passiv gerade deshalb gewählt wurde, weil die Identität des „Verursachers" im Dunkeln gelassen werden sollte?

Nehmen wir an, Gott sei der „verschwiegene" Verursacher, dann würde die Textstelle – auf Aktiv umgestellt – so lauten: *Do not judge, and God will not judge you. For as you judge others, so God will judge you, and whatever measure you deal out to others, God will deal to you.*

Vergleichen wir nun die neue Fassung mit der ursprünglichen, so bemerken wir folgende Unterschiede:

1. Wir haben eine Information hinzugefügt („Verursacher": *God*), dem Text damit etwas von seinem „Geheimnis" genommen und ihn möglicherweise falsch interpretiert.

2. An das *you* der jeweils ersten Satzhälfte wird in der zweiten nicht mehr direkt angeknüpft, d. h. die starke Betonung der angesprochenen Menschen ist verloren gegangen:

as <u>you</u> judge others, so <u>you</u> will <u>yourselves</u> be judged
as <u>you</u> judge others, so <u>God</u> will judge <u>you</u> <u>yourselves</u>

Wir sehen, dass Orwells Regel mit Verstand angewendet werden muss. Nicht jedes Passiv, das sich „technisch" durch ein Aktiv ersetzen lässt, ist deshalb stilistisch „schlecht". Bildung und Gebrauch des Passivs im Englischen ist das interessante Thema, dem wir uns nun zuwenden.

Aktiv und Passiv (*active and passive*) unterscheiden sich durch die Handlungsrichtung; sie stellen unterschiedliche Sichtweisen des gleichen Sachverhalts dar:

Aktiv:
Kennedy → <u>defeated</u> Nixon.　　　　Kennedy schlug Nixon.
Passiv:
Nixon ← <u>was defeated</u>　　　　　　Nixon wurde (von Kennedy)
　(by Kennedy).　　　　　　　　　　　geschlagen.

Das Beispielpaar zeigt uns:
1. Im Aktiv steht das vorn, von dem die Handlung ausgeht („Handlungsverursacher") – hier *Kennedy*.
Im Passiv steht das vorn, worauf die Handlung einwirkt („Handlungsempfänger") – hier *Nixon*.
2. Der Handlungsverursacher (hier: *Kennedy*) wird im Passiv entweder nicht genannt (der weitaus häufigere Fall!) oder mit *by* angefügt.
3. Im Passiv besteht die Verbgruppe aus einer Form von *be* (hier: *was*) und dem -*ed*-Partizip (hier: *defeated*).

In Fragen nach dem „Verursacher" wird *by* in der Regel nachgestellt (also z. B. nicht *By whom . . .?, By what . . .?*):

<u>Who</u> was Nixon defeated <u>by</u>?　　　Von wem wurde Nixon geschlagen?
<u>What</u> is air pollution　　　　　　Wodurch wird Luftverschmutzung
　caused <u>by</u>?　　　　　　　　　　verursacht?
<u>How many officers</u> was the building　Von wie vielen Beamten wurde das
　guarded <u>by</u>?　　　　　　　　　Gebäude bewacht?

Gelegentlich wird das Passiv nicht mit *be* (→ S. 334), sondern mit *get* gebildet – ein Sprachgebrauch, der starken Einschränkungen unterliegt und deshalb Lernenden nicht zur Nachahmung empfohlen werden kann. In den folgenden Beispielen könnte auch stets eine Form von *be* stehen: *was hit, are killed, were soundly beaten, was eventually invited, is read.*

Luckily, no one <u>got hit</u>.　　　　　Glücklicherweise wurde niemand
　　　　　　　　　　　　　　　　getroffen.

Thousands of people <u>get killed</u>　　Tausende von Menschen kommen
　in road accidents.　　　　　　　bei Verkehrsunfällen ums Leben.

This time we <u>got</u> soundly <u>beaten</u>.	Diesmal wurden wir klar geschlagen.
He had to drop a few more hints before he eventually <u>got invited</u>.	Er musste noch ein paar weitere Andeutungen machen, bevor er endlich eingeladen wurde.
Such drivel <u>gets read</u> by millions of people each week.	Solcher Blödsinn wird jede Woche von Millionen Menschen gelesen.

Übersicht einiger Verbzeiten in Aktiv und Passiv (vgl. S. 180)

	Aktiv	Passiv
Present	I ask / ich frage	I am asked / ich werde gefragt
Past	I asked / ich fragte	I was asked / ich wurde gefragt
Pres. perfect	I have asked / ich habe gefragt	I have been asked / ich bin gefragt worden
Past perfect	I had asked / ich hatte gefragt	I had been asked / ich war gefragt worden
Pres. progr.	I am asking / ich frage	I am being asked / ich werde gefragt
Past progr.	I was asking / ich fragte	I was being asked / ich wurde gefragt
Will	I will ask / ich werde fragen	I will be asked / ich werde gefragt werden
Would	I would ask / ich würde fragen	I would be asked / ich würde gefragt werden
Would have	I would have asked / ich hätte gefragt	I would have been asked / ich wäre gefragt worden
Could	I could ask / ich könnte fragen	I could be asked / ich könnte gefragt werden
Could have	I could have asked / ich hätte fragen können	I could have been asked / ich hätte gefragt werden können

Kriterien für die Wahl der Passivkonstruktion

Das Passiv wird dem Aktiv vorgezogen, wenn der Verursacher unbekannt oder ohne Belang für die Aussage ist:

English <u>is spoken</u> everywhere.	Englisch wird überall gesprochen.
The book <u>was translated</u> into several languages.	Das Buch wurde in mehrere Sprachen übersetzt.
That problem <u>has</u> never <u>been solved</u>.	Dieses Problem ist nie gelöst worden.
All the staff <u>had been fired</u>.	Das gesamte Personal war entlassen worden.
The danger is that he <u>may be imprisoned</u> or even <u>executed</u>.	Es besteht die Gefahr, dass er inhaftiert oder sogar hingerichtet wird.

| Our children <u>are being used</u> as guinea pigs. | Unsere Kinder werden als Versuchskaninchen benutzt. |

Auch wenn der Verursacher bekannt und für die Aussage wichtig ist, wählt man mitunter die Passivkonstruktion, etwa weil man den „Handlungsempfänger" aus Betonungs- oder anderen Gründen an den Satzanfang stellen möchte. Beispiele:

(Der Gesamtsatz lässt die Aktivkonstruktion *Cleveland defeated Blaine* nicht zu:)

| Although expected to win the election, <u>Blaine</u> was defeated by Cleveland. | Obwohl man erwartet hatte, dass er die Wahl gewinnen würde, wurde Blaine von Cleveland geschlagen. |

(Hier dagegen erzwingt die Anlage des Gesamtsatzes die Aktivkonstruktion:)

Although expected to lose the election, <u>Cleveland</u> defeated Blaine.

- -

(Die Person Custer ist der gedankliche Ausgangspunkt, daher verbietet sich die Aktivkonstruktion *The Sioux killed Custer . . .* :)

| <u>Custer and his more than 260 men</u> were killed by the Sioux at the Battle of the Little Bighorn in 1876. | Custer und seine über 260 Mann wurden von den Sioux 1876 in der Schlacht bei Little Bighorn getötet. |

- -

(Gedanklicher Ausgangspunkt ist die Unabhängigkeitserklärung, nicht die 56 Männer:)

| <u>The Declaration of Independence</u> was signed by 56 men. | Die Unabhängigkeitserklärung wurde von 56 Männern unterzeichnet. |

- -

(Es geht um die Ursachen von Waldbränden, nicht die Folgen von Blitzschlägen:)

| <u>Forest fires</u> are often caused by lightning. | Waldbrände werden oft durch Blitzschlag verursacht. |

Englisches Passiv ohne direkte deutsche Entsprechung

Der Satz *He was <u>advised</u> to leave the country* lässt keine wörtliche deutsche Übersetzung zu. Statt *Er wurde geraten . . .* sagen wir *Ihm wurde geraten, Es wurde ihm geraten . . .* oder *Man riet ihm . . .* :
Man riet ihm, das Land zu verlassen.
Entsprechend verhält es sich in Fällen wie den folgenden:

| We were <u>assured</u> there was no danger. | Man versicherte uns / Es wurde uns versichert, dass keine Gefahr bestehe. |
| His testimony was <u>contradicted</u> by all the other witnesses. | Seiner Aussage wurde von allen anderen Zeugen widersprochen. |

She was <u>helped</u> by a man alleged to have ties to the underworld.

Ihr wurde von einem Mann geholfen, der angeblich Verbindungen zur Unterwelt hatte.

We were <u>joined</u> by some colleagues.

Einige Kollegen schlossen sich uns an.

He is <u>remembered</u> as a great reformer.

Man erinnert sich an ihn als einen großen Reformer.

Bill Clinton was <u>succeeded</u> by George W. Bush.

Auf Bill Clinton folgte George W. Bush.

She can't be <u>trusted</u>.

Man kann ihr nicht trauen.

Die Verben *say*, *tell*, *report*, *think*, *believe*, *mean*, *suppose*, *assume*, *expect*, *allow* und *permit* werden – mit nachfolgendem *to*-Infinitiv – in Passivkonstruktionen verwendet, die im Deutschen keine direkte Parallele haben:

She <u>is said to</u> be very rich.

Es wird gesagt, sie sei sehr reich. / Sie soll sehr reich sein.

We <u>were told to</u> wait.

Man sagte uns, wir sollten warten.

He <u>is reported to</u> have left the country.

Wie verlautet, hat er das Land verlassen. / Er soll das Land verlassen haben.

He <u>is thought to</u> have paid around £500,000.

Er soll etwa 500 000 Pfund bezahlt haben.

The robbers <u>are believed to</u> have escaped on bicycles.

Man glaubt, dass die Räuber mit Fahrrädern entkommen sind.

You know that you<u>'re not meant / supposed to</u> lift heavy things.

Du weißt doch, dass du keine schweren Sachen heben sollst.

Tourists <u>are assumed to</u> be carrying more cash than locals.

Von Touristen wird angenommen, dass sie mehr Bargeld bei sich haben als Einheimische.

They <u>had been expected to</u> win.

Man hatte erwartet / Es war erwartet worden, dass sie gewinnen.

I <u>was allowed to</u> stay.

Man erlaubte mir zu bleiben. / Ich durfte bleiben.

We <u>were not permitted to</u> ask him any questions.

Es wurde uns nicht gestattet, ihm irgendwelche Fragen zu stellen. / Wir durften ihm keinerlei Fragen stellen.

Auch die folgende Gruppe von Verben lässt Passivkonstruktionen zu, die im Deutschen ohne direkte Entsprechung sind. Es handelt sich um Verben, die im Aktiv zwei Objekte haben:

We gave <u>them</u> <u>no weapons</u>.

Wir gaben ihnen keine Waffen.

Von den beiden Objekten (hier *them* und *no weapons*) wird im Englischen in aller Regel das so genannte indirekte Objekt (hier *them*) zum Subjekt des Passivsatzes gemacht:

<u>They</u> were given no weapons.

Es wurden ihnen keine Waffen gegeben. / Sie erhielten keine Waffen.

Eine wörtliche deutsche Übersetzung (~~Sie wurden keine Waffen gegeben~~) ist hier nicht möglich.

> Von der Möglichkeit, das direkte Objekt (hier *no weapons*) in die Subjektposition des Passivsatzes zu stellen, macht man im Englischen seltener Gebrauch:
>
> <u>No weapons</u> were given <u>(to) them</u>.   Waffen wurden ihnen keine gegeben.

Weitere Verben, die im Aktiv zwei Objekte haben, von denen in der Regel das indirekte zum Subjekt der Passivkonstruktion gemacht wird:

She was <u>asked</u> some questions.	Es wurden ihr einige Fragen gestellt. / Man stellte ihr einige Fragen.
In 1954 he was <u>awarded</u> the Nobel Prize for Chemistry.	1954 wurde ihm der Nobelpreis für Chemie verliehen.
I was <u>brought</u> a glass of water.	Man brachte mir ein Glas Wasser.
We were each <u>handed</u> an illustrated leaflet.	Jedem von uns wurde ein illustrierter Prospekt überreicht.
They were <u>offered</u> lucrative jobs.	Ihnen wurden lukrative Posten angeboten.
You'd be <u>paid</u> a six-figure salary.	Man würde dir ein sechsstelliges Gehalt zahlen.
We had been <u>promised</u> free tickets for the matinee.	Man hatte uns Freikarten für die Nachmittagsvorstellung versprochen.
I was <u>shown</u> a couple of photos.	Es wurden mir einige Fotos gezeigt. / Man zeigte mir eine Reihe von Fotos.
We've been <u>taught</u> a valuable lesson.	Uns ist eine wertvolle Lektion erteilt worden.
She wanted to be <u>told</u> the truth.	Sie wollte, dass man ihr die Wahrheit sagt.

Passiv bei Verben mit präpositionalem Objekt

Der Aktivkonstruktion Verb + Präposition + Objekt (z. B. *broke + into + their house*) entspricht – dem deutschen Sprachgefühl fremd – eine Passivkonstruktion, in der die Präposition hinter dem Verb verbleibt:

Aktiv:

Someone <u>broke into</u> their house.   Jemand brach in ihr Haus ein.

Passiv:

Their house <u>was broken into</u>.   In ihr Haus wurde eingebrochen.

Weitere Beispiele:

Are you being <u>attended to</u>?	Werden Sie schon bedient?
That problem will have to be <u>dealt with</u>.	Mit diesem Problem wird man sich befassen müssen.
That can be <u>dispensed with</u>.	Darauf kann verzichtet werden.
This kind of garbage is not easily <u>disposed of</u>.	Diese Art von Müll ist nicht leicht zu entsorgen.
No negotiations have so far been <u>entered into</u>.	Bisher sind keine Verhandlungen aufgenommen worden.
His marriage was <u>frowned upon</u> by everyone in the family.	Seine Heirat wurde von allen in der Familie missbilligt.
She's being well <u>looked after</u>.	Man kümmert sich gut um sie.
The doctor was <u>sent for</u>.	Es wurde nach dem Arzt geschickt.
They were being <u>shot at</u>.	Es wurde auf sie geschossen.
The bed had obviously been <u>slept in</u>.	In dem Bett hatte offensichtlich jemand geschlafen.
I was <u>stared at</u> as if I was a dinosaur.	Ich wurde angestarrt, als ob ich ein Dinosaurier wäre.

Aktiv mit passivischer Bedeutung

Bei einer kleinen Zahl von Verben ist es möglich, die Aktivform mit passivischer Bedeutung zu verwenden. Häufig erscheinen sie dabei in Kombination mit Adverbien wie *well* oder *easily*. In der deutschen Entsprechung steht oft Verb + *sich* oder *lassen* + *sich* + Verb:

His latest album <u>is selling</u> well.	Sein neustes Album verkauft sich gut.
The translation <u>reads</u> well.	Die Übersetzung liest sich gut.
This wool <u>knits</u> well.	Diese Wolle strickt sich gut.
This van <u>drives</u> almost like a saloon.	Dieser Lieferwagen fährt sich fast wie eine Limousine.

- -

Silk <u>doesn't wash</u> well.	Seide lässt sich nicht gut waschen.
The door <u>doesn't open</u>.	Die Tür lässt sich nicht öffnen.
Poetry <u>doesn't translate</u> easily.	Lyrik lässt sich nicht leicht übersetzen.

Auch bei den Verben *show* und *play* wird die Aktivform mit passivischer Bedeutung verwendet:

What films <u>are showing</u> at the Odeon?   Was für Filme laufen im Odeon?
Did you know *Hamlet* <u>is playing</u>   Wusstest du, dass *Hamlet* im Royal
  at the Royal National Theatre?   National Theatre gespielt wird?

Aktivische Form mit passivischer Bedeutung findet sich auch oft beim *to*-Infinitiv (→ S. 287–289, 276) sowie bei *-ing*-Konstruktionen wie *This tooth needs filling* (→ S. 308–309).

Test 13 Aktiv und Passiv

1. **Machen Sie aus Aktiv Passiv und lassen Sie dabei den Handlungsverursacher weg.**

a) We regard these people as antisocial and violent.

b) That's a question people often ask me.

c) They paid us very well for our work.

d) His colleagues saw him as somewhat colourless and indecisive.

e) They told me that they had cancelled my reservation by mistake.

f) The prime minister has offered him a Cabinet post.

g) Police fear that they have killed the hostages.

h) He has described Russia as a rich country full of poor people.

i) They had never answered that letter.

j) They will spend millions on a new advertising campaign.

k) I am sure that we can reach a compromise.

l) We are in agreement on what we need to do in order to cut the deficit.

m) This is a problem that we must solve.

n) We should support rather than condemn her.

o) We should have supported her.

p) If they had diagnosed the disease correctly, they could have cured it.

q) They are expecting you.

2. **Machen Sie aus Passiv Aktiv und ergänzen Sie dabei den in Klammern gegebenen Handlungsverursacher.**

a) The Pope is regarded as a kind of uncrowned king. (people)

b) He had to be helped up the stairs. (an attendant)

c) That's how he saw himself and that's how he wanted to be remembered. (his friends)

d) She can't be trusted. (you)

e) You might have got killed. (they)

f) Will we be allowed to bring our dog? (they)

g) She should have been given a second chance. (we)

h) The refugees can and should be helped. (we)

i) He has been told to try again next year. (they)

j) Interest rates have already been raised five times this year. (the central bank)

k) The country is just being opened to mass tourism. (they)

l) When I returned, my car was just being towed away. (they)

m) Every entrance to the hotel was being guarded. (heavily armed soldiers)

1. a) These people are regarded as ... b) That's a question I am often asked. c) We were paid very well for ... d) He was seen as somewhat colourless ... e) They told me that my reservation had been cancelled by mistake. f) He has been offered a Cabinet post. g) Police fear that the hostages have been killed. h) Russia has been described as a rich country ... i) That letter had never been answered. j) Millions will be spent on a new ... k) I am sure that a compromise can be reached. l) We are in agreement on what needs to be done in order to cut the deficit. m) This is a problem that must be solved. n) She should be supported rather than condemned. o) She should have been supported. p) If the disease had been diagnosed correctly, it could have been cured. q) You are being expected.

2. a) People regard the Pope as a kind of uncrowned king. b) An attendant had to help him up the stairs. c) ... and that's how he wanted his friends to remember him. d) You can't trust her. e) They might have killed you. f) Will they allow us to bring ... g) We should have given her a second chance. h) We can and should help the refugees. i) They have told him to try again next year. j) The central bank has already raised interest rates five times this year. k) They are just opening the country to mass tourism. l) When I returned, they were just towing my car away / towing away my car. m) Heavily armed soldiers were guarding every entrance to the hotel.

Der Imperativ

Cut out all these exclamation points. An exclamation point is like laughing at your own joke. (*F. Scott Fitzgerald, US novelist, 1896–1940*)

> „Lass bloß all diese Ausrufezeichen weg. Ein Ausrufezeichen – das ist, wie wenn man über seinen eigenen Witz lacht."
> Den *exclamation point* nennen die Briten *exclamation mark*. Den Briten und Amerikanern gemeinsam ist, dass sie das Ausrufezeichen sparsam benutzen. *Excessive use of exclamation marks*, heißt es schon in dem klassisch gewordenen *Modern English Usage* von H. W. Fowler (1926), *is one of the things that betray the uneducated or unpractised writer*. Der übermäßige Gebrauch von Ausrufezeichen verrät den ungebildeten oder ungeübten Schreiber – das gilt auch im Deutschen, wo allerdings Aufforderungssätze häufiger mit einem Ausrufezeichen abgeschlossen werden als im Englischen.
> In diesem Kapitel geht es um Aufforderungssätze, also um Bitten, Ermahnungen, Anweisungen, Befehle usw., die mit Hilfe des Imperativs (= der Befehlsform) gebildet werden.
> Dies ist kein schwieriges Kapitel, aber es erklärt einige Feinheiten des Sprachgebrauchs, die Ihnen vielleicht noch nicht bekannt waren.

Mit dem Imperativ (= Befehlsform, engl. *imperative* [ɪm'perətɪv]) werden Befehle, Aufforderungen, Bitten usw. ausgedrückt.
Der bejahte Imperativ ist formgleich mit dem Infinitiv, also mit der Grundform des Verbs:

<u>Imagine</u>!	Stell dir / Stellen Sie sich das vor!
<u>Sit</u>.	(*Zu einem Hund:*) Sitz!
<u>Stop</u> it!	Hör(t) auf (damit)!
<u>Be</u> careful.	Sei(d) / Seien Sie vorsichtig.
<u>Come</u> on in.	Kommen Sie doch herein!
<u>Leave</u> me alone!	Lass(t) mich in Ruhe! / Lassen Sie mich in Ruhe!
<u>Have</u> a nice trip.	Gute Reise!
<u>Do</u> me a favour – <u>drop</u> dead.	Tu mir einen Gefallen – scher dich zum Teufel!
<u>Take</u> a deep breath.	Holen Sie tief Luft.
<u>Shut</u> your books, please.	Macht die Bücher bitte zu.

Der verneinte Imperativ wird immer – auch bei *be*! (→ S. 334) – mit *don't* bzw. *do not* gebildet:

<u>Don't</u> be a fool.	Sei doch kein Narr.

Don't forget to take a bathrobe.	Vergiss nicht, einen Bademantel mitzunehmen.
Don't let me down, will you?	Lass mich nicht im Stich, ja?
Do not leave litter on trains or in stations.	Lassen Sie keine Abfälle in Zügen oder auf Bahnhöfen zurück.
Do not give false evidence against your neighbour.	Du sollst nicht falsch Zeugnis reden wider deinen Nächsten.

> Seien Sie zurückhaltend im Gebrauch des Ausrufezeichens (= *exclamation mark*)! Man setzt es im Englischen nur nach besonders nachdrücklich gemeinten Aufforderungen.

Um einen bejahten Imperativ besonders eindringlich zu machen, kann man ihn mit *do* verstärken:

Do sit down.	Nehmen Sie doch Platz.
Do look after yourself, darling.	Pass bloß gut auf dich auf, Liebling.
Do stop that noise!	Hört (doch) bloß mit diesem Krach auf!
Do be careful with it.	Sei(en Sie) bitte vorsichtig damit.
And do try to be punctual.	Und versucht doch bitte pünktlich zu sein.

Auch durch die Hinzufügung von *you* wird umgangssprachlich eine größere Eindringlichkeit bewirkt:

You sit down at once, Michael.	Setz du dich sofort hin, Michael!
Don't you tell me how to do my job.	Sage du mir nicht, wie ich meine Arbeit zu tun habe!
Don't you dare lecture me.	Wagen Sie es bloß nicht, mir Vorhaltungen zu machen!

> Gelegentlich wird ein Imperativ – besonders ein verneinter Imperativ – durch den Gebrauch der Verlaufsform eindringlicher gemacht:
>
> | | |
> |---|---|
> | Don't be asking so many questions. | Frag (doch) nicht so viel! |
> | Don't be telling me how to behave. | Sagen Sie mir nicht, wie ich mich zu benehmen habe! |
> | Don't you be encouraging her, do you hear? | Ermuntere sie doch nicht auch noch, hörst du? |
> | In other words, be angry, fight back, be doing something. | Mit anderen Worten: werde böse, wehre dich, tue etwas! |

Andererseits kann ein Imperativ durch ein Frageanhängsel höflich abgeschwächt werden. Am häufigsten geschieht dies durch *will you?*:

<u>Make</u> us a cup of coffee, <u>will you?</u>	Machen Sie uns doch bitte eine Tasse Kaffee, ja?
<u>Tell</u> Brian I want to see him, <u>will you?</u>	Sagen Sie doch bitte Brian, dass ich ihn sprechen möchte, ja?

Won't you? ist noch ein bisschen höflicher als *will you?*:

<u>Take</u> a seat, <u>won't you?</u>	Nehmen Sie doch bitte Platz, ja?

An eine Bitte wird gelegentlich *would you?* oder *could you?* angehängt:

<u>Bring</u> me a glass of water, <u>would you?</u> / <u>could you?</u>	Bringen Sie mir doch bitte ein Glas Wasser, ja?

Can't you? drückt meist Ungeduld oder Verärgerung aus:

<u>Stop</u> making that awful noise, <u>can't you?</u>	Hör doch mit dem schrecklichen Krach auf, ja?

Mit *let's* – oder förmlich: *let us* – fordert man eine Person oder mehrere Personen zu gemeinsamem Handeln auf:

<u>Let's</u> go.	Lass(t) uns / Lassen Sie uns gehen.
<u>Let's</u> have another try.	Versuchen wir es doch noch einmal.
<u>Let's</u> hope nothing happens.	Wir wollen hoffen, dass nichts passiert.
<u>Let us</u> pray.	Lasset uns beten.
<u>Let us</u> negotiate soon.	Lass(t) uns / Lassen Sie uns bald verhandeln.

Durch das Frageanhängsel *shall we?* wird nach Vorschlägen mit *Let's* ... eine Reaktion des Gesprächspartners angeregt:

<u>Let's</u> take a taxi, <u>shall we?</u>	Lass(t) uns / Lassen Sie uns doch ein Taxi nehmen, ja?
<u>Let's</u> be honest, <u>shall we?</u>	Lass(t) uns / Lassen Sie uns doch ehrlich (zueinander) sein.

Die verneinte Form von *let's / let us* ist *let's not / let us not*;
umgangssprachlich findet sich im BE auch *don't let's* und im AE *let's
don't*:

Let's not be too hasty.

Let us not forget what they
  did for us.

Don't let's ever become rich,
  Charles!

Let's don't kid ourselves.

Lass(t) uns / Lassen Sie uns nicht
  vorschnell handeln.

Lasst uns nicht vergessen, was sie
  für uns getan haben.

Lass uns bloß nie reich werden,
  Charles.

Wir wollen uns doch nichts
  vormachen!

Test 14 Der Imperativ

1. Formulieren Sie die in den folgenden Sätzen enthaltenen Aufforderungen als Imperative in direkter Rede.

a) We shouted for him to call his dog off.

b) The doctor told her to take a deep breath.

c) I advised them to bide their time.

d) They implored the king to help them.

e) His mother admonished him not to talk so such.

f) I asked her not to go away.

g) She reminded him not to forget to take his medication.

h) The police warned them not to enter the building.

i) She told him not to be tiresome.

j) Her teacher warned her not to be cheeky.

k) He begged her to stop crying.

l) He wished her a nice trip.

2. Schwächen Sie die folgenden Imperativsätze durch Anhängen von *shall we?* bzw. *will you?* ab.

a) Let's have a try.

b) Make us a cup of coffee.

c) See if you can find Jack for me.

d) Let's go for a swim.

e) Post this letter for me, darling.

f) Let's work together on this.

g) Let's have a bite to eat before we go.

h) Do it first thing tomorrow morning.

3. Vervollständigen Sie die folgenden Imperativsätze durch Einsetzen von Vollverb oder *don't*.

a)   ..... a nice flight.
b)   ..... before you speak.
c)   ..... breathe a word of this to anyone.
d)   ..... care of yourself.
e)   ..... by for a drink sometime.
f)   ..... in and make yourself at home.
g)   ..... off my back!
h)   ..... out of my way.
i)   ..... put the cart before the horse.
j)   ..... your meal.
k)   ..... your nose out of my business.
l)   ..... your own business.
m)   ..... your tongue!
n)   Just ..... and see!
o)   Please ..... quiet – I'm on the phone.
p)   If you wish to leave a message, please ..... for the beeping sound.

1. a) "Call your dog off!" b) "Take a deep breath." c) "Bide your time."
d) " (Please) Help us." e) "Don't talk so much." f) "(Please) Don't go away."
g) "(Make sure you) Don't forget to take your medication." h) "Don't enter
the building." i) "Don't be tiresome." j) "Don't be cheeky." k) "(Do) Stop
crying." l) "Have a nice trip."

2. a) Let's have a try, shall we? b) Make us a cup of coffee, will you? c) See if
you can find Jack for me, will you? d) Let's go for a swim, shall we? e) Post
this letter for me, will you, darling? / Post this letter for me, darling, will you?
f) Let's work together on this, shall we? g) Let's have a bite to eat before we
go, shall we? h) Do it first thing tomorrow morning, will you?

3. a) Have b) Think c) Don't d) Take e) Drop f) Come g) Get
h) Keep/Stay/Get i) Don't j) Enjoy k) Keep l) Mind m) Hold n) wait
o) be p) wait

Der Infinitiv

I'd be equally as willing / For a dentist to be drilling / Than to ever let a woman in my life! (*Alan Jay Lerner, US playwright, lyricist, and screenwriter, 1918–86*)

> „Ich wäre ebenso gewillt, dass ein Zahnarzt bei mir drillt, als je eine Frau in mein Leben zu lassen!" – Der Satz des Professor Higgins aus dem (auf Shaws *Pygmalion* [1913] beruhenden) Musical *My Fair Lady* (1956) lässt sich nicht direkt ins Deutsche übersetzen, was in erster Linie an der kühnen, witzigen, auch noch durch eine Verlaufsform angereicherten Infinitivfügung *I'd be willing for a dentist to be drilling* liegt.
>
> *I'm willing to drill* (= ich bin bereit zu bohren) könnte der Zahnarzt sagen, man kann dem Infinitiv *to drill* aber auch ein eigenes Sinnsubjekt mit *for* zuordnen: *I'm willing for a dentist to drill* (= es ist mir recht, dass ein Zahnarzt bohrt) – na ja, und dann noch dieses Sahnehäubchen in Form der Verlaufsform *to be drilling*, das hier natürlich im Interesse des Reims aufgesetzt wurde.
>
> Aber das Zitat aus dem berühmten Musical enthält noch eine weitere grammatische Delikatesse – einen *split infinitive*: *than to ever let a woman in my life*. Hier ist das Adverb *ever* zwischen den Infinitiv und „sein" *to* gestellt, den Infinitiv gewissermaßen spaltend (*split*). Diese im Englischen recht häufig auch von eleganten Formulierern praktizierte „Spaltung" des Infinitivs wird von manchen Sprachbenutzern missbilligt und wurde vor Jahrzehnten unter Grammatikern, Lehrern, Journalisten usw. hitzig diskutiert.
>
> Auf diese Eigenarten des Infinitivgebrauchs und viele andere Verwendungen dieser wichtigen Form geht dieses Kapitel ausführlich ein – stets, wie Sie es aus diesem Buch ja kennen – mit treffenden, aus der aktuellen Sprachwirklichkeit gegriffenen Beispielen.

Der Infinitiv (*infinitive* [ɪnˈfɪnətɪv]) ist die Grundform oder Nennform des Verbs; er wird im Englischen allein oder mit voranstehendem *to* gebraucht:

I can <u>work</u>.	Ich kann arbeiten.
I'm trying <u>to work</u>.	Ich versuche zu arbeiten.

In einer „finiten" Verbform wie *works* (= arbeitet) drückt sich Person (*he/she/it*) und Zeit (*present tense*) aus.
Die „infinite" Verbform Infinitiv dagegen ist in Bezug auf Person und *tense* (= Tempus, Zeit[form]) neutral; sie kann aber den Unterschied zwischen einfachem und progressivem Aspekt, Aktiv und Passiv, Gleichzeitigkeit und Vorzeitigkeit ausdrücken:

Einfacher und progressiver Aspekt:

They must <u>work</u>.	Sie müssen arbeiten.
They must <u>be working</u>.	Sie müssen gerade an der Arbeit sein.
They wanted <u>to work</u>.	Sie wollten arbeiten.
They seemed <u>to be working</u>.	Sie schienen zu arbeiten.

Aktiv und Passiv:

He should <u>ask</u>.	Er sollte/müsste fragen.
He should <u>be asked</u>.	Er sollte gefragt werden.
He hoped <u>to see</u> her.	Er hoffte sie zu sehen.
He hoped <u>to be seen</u> by her.	Er hoffte von ihr gesehen zu werden.

Gleichzeitigkeit und Vorzeitigkeit:

She must <u>know</u> that.	Sie muss das wissen.
She must <u>have known</u> that.	Sie muss das gewusst haben.
She seems <u>to know</u> that.	Sie scheint das zu wissen.
She seems <u>to have known</u> that.	Sie scheint das gewusst zu haben.

Infinitiv als Subjekt und Subjektkomplement

Nur der Infinitiv mit *to* kann Subjekt sein:

<u>To err</u> is human.	Irren ist menschlich.
<u>To see</u> an old friend is as agreeable as a good meal.	Einen alten Freund zu sehen, ist so angenehm wie eine gute Mahlzeit.

Das Subjektkomplement steht nach einem Gleichsetzungsverb wie *is* und macht eine Aussage über das Subjekt: *The man is a fool.* (= Der Mann ist ein Idiot.) In dieser Rolle finden wir auch den Infinitiv – sowohl mit als auch ohne *to*:

Our aim is <u>to prevent</u> an infection.	Unser Ziel ist es, einer Infektion vorzubeugen.
My dream was <u>to be</u> a historian.	Mein Traum war es, Historiker zu werden.
My advice would be <u>to wait</u>.	Mein Rat wäre zu warten.

- -

All we can do is <u>wait</u>.	Das Einzige, was wir tun können, ist warten.
What he wanted to do was <u>talk</u>.	Was er tun wollte, war reden.

In gewählter Sprache wird mitunter sowohl für das Subjekt als auch für das Subjektkomplement die Form des *to*-Infinitivs gewählt:

<u>To know</u> all is <u>to forgive</u> all.	Alles wissen heißt alles verzeihen.
<u>To know</u> everything is <u>to know</u> nothing.	Alles wissen heißt nichts wissen.
<u>To live</u> long is <u>to suffer</u> long.	Lange (zu) leben heißt lange (zu) leiden.

Der folgende Satz hat sogar noch einen dritten *to*-Infinitiv:

To write music is to raise a ladder without a wall to lean it against.	Komponieren heißt eine Leiter aufstellen, ohne eine Wand zu haben, gegen die man die Leiter lehnen kann.

Infinitiv nach Fragewörtern und *whether*

Ohne direkte Entsprechung im Deutschen ist die Kombination eines *wh*-Worts oder des Frageworts *how* mit dem *to*-Infinitiv:

Als Subjektkomplement:

The problem is where to park the car.	Das Problem ist, wo man das Auto parkt.
The question was who to invite.	Die Frage war, wen man einladen sollte.
The question is how to do it.	Die Frage ist, wie man es machen soll.

Als direktes Objekt (vor allem nach *know*):

She didn't know how to react.	Sie wusste nicht, wie sie reagieren sollte.
Don't tell me how to do my job.	Sagen Sie mir nicht, wie ich meine Arbeit zu tun habe.
He wondered what to say.	Er überlegte, was er sagen könnte.
The city will decide later whether to repair the bridge or replace it.	Die Stadt wird später entscheiden, ob sie die Brücke repariert oder ersetzt.

Nach Nomen oder Adjektiv (+ Präposition):

I had no idea what to expect.	Ich hatte keine Vorstellung, was mich erwartete.
I could not make up my mind what to do.	Ich konnte mich nicht entscheiden, was ich tun sollte.
They had an argument over whose car to take.	Sie stritten sich darüber, wessen Auto sie nehmen sollten.
She's not sure whether to go or stay.	Sie ist sich nicht sicher, ob sie gehen oder bleiben soll.

Infinitiv als Attribut zu Nomen und Pronomen

Häufig entspricht die auf ein Nomen (oder Pronomen) folgende Konstruktion mit einem *to*-Infinitiv einem bestimmenden Relativsatz. Sie lässt sich im Englischen auch häufig durch einen solchen ersetzen. Auch im Deutschen

7

11

übersetzen wir diese Fügung in Ermangelung einer direkten Entsprechung meist mit einem Relativsatz:

There are people <u>to do these jobs</u>.	Es gibt Leute, die diese Arbeiten tun.
There's a lady <u>to see you</u>.	Da ist eine Dame, die Sie sprechen möchte.
We need someone <u>to do the cleaning</u>.	Wir brauchen jemand, der sauber macht.
He's not the man <u>to take a risk</u>.	Er ist kein Mensch, der ein Risiko eingehen würde.
She just didn't seem the sort of woman <u>to have a career</u>.	Sie schien einfach nicht die Art von Frau zu sein, die einen Beruf ergreift.
Mother Meakin was not the type <u>to interfere</u>.	Mutter Meakin war nicht der Typ, der sich einmischt.
I'm the one <u>to give orders</u> <u>here</u>.	Ich bin derjenige, der hier Befehle erteilt.
He has no one <u>to visit him</u>.	Er hat niemand, der ihn besucht.
There were only three minutes <u>to go</u> before the train was due to depart.	Es waren nur noch drei Minuten bis zur Abfahrt des Zuges.

Besonders typisch ist diese Infinitivfügung nach *the first / second / third* etc., nach *the last*, *the next* und *the only* sowie nach Superlativen (z. B. *the best*):

Neil A. Armstrong was the first person <u>to set foot on the moon</u>.	Neil A. Armstrong war der erste Mensch, der den Mond betrat.
Jack was the last <u>to arrive</u>.	Jack war der Letzte, der kam / kam als Letzter.
She was the next witness <u>to be called</u>.	Sie wurde als nächste Zeugin aufgerufen.
He was the only one <u>to survive</u> <u>the crash</u>.	Er war der Einzige, der den Absturz überlebte.
There's no doubt that she's the best person <u>to handle</u> <u>the matter</u>.	Es besteht kein Zweifel, dass sie am besten geeignet ist, die Sache zu erledigen.

> In dem folgenden Beispielpaar ist *the man* erst Sinn<u>subjekt</u>, dann Sinn<u>objekt</u> des *to*-Infinitivs:
>
> | | |
> |---|---|
> | O'Brien is the man → to do it. | O'Brien ist der Mann, der es schafft. |
> | O'Brien is the man ← to beat. | O'Brien ist der Mann, den wir schlagen müssen. |

In den bisherigen Beispielen ist das Nomen oder Pronomen Sinn<u>subjekt</u> des angeschlossenen *to*-Infinitivs. In den folgenden Fällen ist es Sinn<u>objekt</u>, und trotzdem steht der Infinitiv im Aktiv. Eine direkte Übersetzung ist nicht möglich:

The man <u>to see</u> is Cameron.	Der Mann, mit dem man sprechen sollte, ist Cameron.
I'll give you a book <u>to read in the plane</u>.	Ich gebe dir ein Buch, das du im Flugzeug lesen kannst.
She wants someone <u>to chat to</u>.	Sie möchte jemand, mit dem sie sich unterhalten kann.
Shall I call you a taxi <u>to go home in</u>?	Soll ich Ihnen für die Heimfahrt ein Taxi rufen?

Beachten Sie den Bedeutungsunterschied:

I <u>have</u> some questions <u>to ask you</u>.	Ich habe einige Fragen, die ich Ihnen stellen möchte.
I <u>have to ask you</u> some questions.	Ich muss Ihnen einige Fragen stellen.

Den nächsten Sätzen ist gemeinsam, dass dem (trotz passivischer Bedeutung im Aktiv stehenden) *to*-Infinitiv jeweils ein Adjektiv vorausgeht (*silly* thing, *easy* aircraft, *difficult* woman) und sie häufig eine Umformung mit *It . . .* zulassen: *It was silly to do that, It was not easy to shoot the Wellington down, It's difficult to work for her.*

That was a silly thing <u>to do</u>.	Das war aber dumm von dir/ihm/ihr *etc.*
The Wellington was not an easy aircraft <u>to shoot down</u>.	Die Wellington war kein Flugzeug, das man leicht abschießen konnte.
She's a difficult woman <u>to work for</u>.	Es ist schwierig, für sie zu arbeiten.
It's a wonderful song <u>to sing in the bath</u>.	Es ist ein Song, der sich herrlich im Bad singen lässt.
It's a hard idea <u>to get used to</u>.	Es ist ein Gedanke, an den man sich nur schwer gewöhnt.
She was a fascinating person <u>to talk to</u>.	Es war faszinierend, sich mit ihr zu unterhalten.

Ist der Infinitiv mit einer Präposition verbunden (z. B. *to wait for*), so wird mitunter eine förmlichere – allerdings oft umständlich und unelegant klingende – Konstruktion mit Relativpronomen gewählt. Vergleichen Sie:

Her father was not an easy man <u>with whom to make small talk</u>.
Her father was not an easy man <u>to make small talk with</u>.
Mit ihrem Vater ließ sich nicht leicht Konversation machen.

- -

He had nothing <u>for which to reproach himself</u>.
He had nothing <u>to reproach himself for</u>.
Er hatte sich nichts vorzuwerfen.

Häufig gebraucht wird auch die Fügung *place + to*-Infinitiv, in der die
Infinitivfügung in etwa einem *where*-Satz entspricht (*a place where
I can park the car*):

I'm looking for a place <u>to park the car</u>.	Ich suche eine Stelle, wo ich den Wagen parken kann.
This is a wonderful place <u>to eat</u>.	Hier kann man wunderbar essen.

Infinitiv nach „Ketten-Nomen"

Als „Ketten-Nomen" bezeichnen wir Wörter wie *opportunity* (= Gelegenheit),
die durch eine Infinitivfügung näher bestimmt werden können:
an opportunity <u>to meet an old friend</u> (= eine Gelegenheit, einen alten
Freund zu treffen).
Die Infinitivfügung hat hier den Charakter einer Apposition, d. h. einer
Beifügung, eines Zusatzes zum Nomen. Anders als im vorangehenden
Abschnitt ähnelt die Funktion des Infinitivs hier nicht der eines Relativsatzes.

Zur Gruppe der Nomen, an die ein *to*-Infinitiv angehängt werden kann,
gehören u. a.:

ability	effrontery	mood	right
attempt	failure	nerve	temptation
authority	freedom	opportunity	tendency
chance	habit	permission	time
cheek	inclination	plan	urge
courage	instinct	pleasure	way
desire	intention	position	will
determination	means	reason	willingness
duty	mind	responsibility	wish

Beispiele:

All our **attempts** <u>to solve the problem</u> have failed.	Alle unsere Versuche, das Problem zu lösen, sind fehlgeschlagen.
I don't often get the **chance** <u>to talk to someone like you</u>.	Ich bekomme nicht oft Gelegenheit, mit jemand wie Ihnen zu reden.
Few people had the **courage** <u>to speak out</u>.	Nur wenige Leute hatten den Mut, ihre Meinung offen zu sagen.
He has declared his **intention** <u>to run for president</u>.	Er hat seine Absicht erklärt, für das Präsidentenamt zu kandidieren.
She received **permission** <u>to visit her relatives abroad</u>.	Sie erhielt die Erlaubris, ihre Verwandten im Ausland zu besuchen.
Experts are now trying to work out a **plan** <u>to save the building</u>.	Fachleute versuchen nun einen Plan zur Rettung des Gebäudes auszuarbeiten.
That's no **reason** <u>to change the system</u>.	Das ist kein Grund, das System zu ändern.

The accused has the **right** to remain silent.	Der Angeklagte hat das Recht zu schweigen.
So far I haven't had much **time** to read.	Bis jetzt habe ich nicht viel Zeit zum Lesen gehabt.
The best **way** to lose weight is to eat less.	Die beste Methode abzunehmen ist weniger zu essen.

Infinitiv nach Adjektiven

Gleich den „Ketten-Nomen" im vorigen Abschnitt gibt es auch zahlreiche Adjektive, an die ein *to*-Infinitiv angeschlossen werden kann und die man deshalb „Ketten-Adjektive" nennen könnte. Vergleichen Sie:

They are **ready / prepared** to help.	Sie sind bereit zu helfen.
They are **anxious** to help.	Sie sind bestrebt zu helfen.
They are **eager / keen** to help.	Sie wollen unbedingt helfen.
They are **likely** to help.	Sie werden wahrscheinlich helfen.
They are **certain / sure / bound** to help.	Sie werden sicher helfen.
They are **glad** to help.	Sie helfen gern.
They are **able** to help.	Sie können helfen.
They are **afraid** to help.	Sie trauen sich nicht zu helfen.

Den vorstehenden Sätzen ist gemeinsam, dass das Subjekt des Satzes (*they*) jeweils auch das logische Subjekt (Sinnsubjekt) des Infinitivs *to help* ist: *They → help.*

Folgt *to help* dagegen auf *easy* oder *hard*, so wird die Handlung nicht mehr als vom Subjekt ausgehend, sondern auf dieses zurückwirkend verstanden; das heißt, das Subjekt wird zum Sinnobjekt des Verbs: *They ← (are) help(ed).*

They are **easy** to help.	Ihnen ist leicht zu helfen.
They are **hard** to help.	Ihnen lässt sich schwer helfen.

Weitere Beispiele, in denen das Satzsubjekt Sinnobjekt des Infinitivs ist, der aktive Infinitiv also eine passivische Bedeutung hat:

The case was pleasantly **light** to carry.	Der Koffer war angenehm leicht zu tragen.
These developments were **difficult** to foresee.	Diese Entwicklungen waren schwer vorauszusehen.
The reason is not **far** to seek.	Nach dem Grund braucht man nicht weit zu suchen.
Is the sausage still **fit** to eat?	Kann man die Wurst noch essen?
The buildings are **ready** to use.	Die Gebäude sind gebrauchsfertig.

Vgl. S. 287–288.

Weitere häufig gebrauchte „Ketten-Adjektive", bei denen das Satzsubjekt das Sinnsubjekt des *to*-Infinitivs ist:

accustomed	due	liable	sorry
apt	embarrassed	loath	surprised
ashamed	fascinated	mad	stupid
astonished	fit	overjoyed	terrified
careful	free	pleased	thankful
content	frightened	prone	unable
crazy	furious	puzzled	willing
curious	grateful	quick	welcome
delighted	happy	relieved	wise
determined	impatient	reluctant	wrong
disappointed	inclined	right	
disgusted	interested	slow	

Beispiele:

She is **apt** to overshoot the mark.
Sie neigt dazu, übers Ziel hinauszuschießen.

I was **astonished** / **surprised** to hear that.
Ich war überrascht, das zu hören.

We must be **careful** not to tread on her toes.
Wir müssen aufpassen, dass wir ihr nicht auf die Füße treten.

He must be **crazy** / **mad** to undertake such a risky venture.
Er muss verrückt sein, sich auf so ein riskantes Unternehmen einzulassen.

We'll be **delighted** / **happy** to send you a complimentary copy.
Wir werden Ihnen gern ein Freiexemplar senden.

The first relief supplies are **due** to arrive tomorrow.
Die ersten Hilfsgüter sollen morgen eintreffen.

She's not **fit** to raise a child.
Sie ist nicht dazu geeignet, ein Kind aufzuziehen.

I'd be very **interested** to know your views on this problem.
Ich wäre sehr daran interessiert, Ihre Meinung zu diesem Problem kennen zu lernen.

They're **loath** to surrender their weapons.
Sie wollen ihre Waffen nur ungern abgeben.

He's **prone** to underestimate his opponents.
Er neigt dazu, seine Gegner zu unterschätzen.

She was **quick** to realize how easily he could be deceived.
Sie erkannte schnell, wie leicht man ihn täuschen konnte.

The government was **slow** to react to the threat.
Die Regierung reagierte nur zögernd auf die Bedrohung.

They were **thankful** to be alive.
Sie waren dankbar, noch am Leben zu sein.

You're **welcome** to use our phone.
Sie können gern unser Telefon benutzen.

Nach *accustomed* kann der *to*-Infinitiv stehen; in der großen Mehrzahl der Fälle wird *to* hier jedoch als Präposition empfunden und daher mit der *-ing*-Form kombiniert:

He's **accustomed** <u>to taking /</u> <u>to take</u> quick decisions.	Er ist daran gewöhnt, schnelle Entscheidungen zu treffen.
We're **accustomed** <u>to working /</u> <u>to work</u> nights.	Wir sind es gewöhnt, nachts zu arbeiten.

Nach *afraid* kann sowohl *to* + Infinitiv als auch *of* + *-ing*-Form stehen. In der Regel gebraucht man die beiden Formen mit unterschiedlicher Bedeutung:

afraid <u>to say</u> (what one thinks) = *Angst davor haben / sich nicht trauen, zu sagen(, was man denkt)*

afraid <u>of saying</u> (too much) = *Angst haben / befürchten, (zu viel) zu sagen / man könne (zu viel) sagen*

Afraid + *to*-Infinitiv wählt man also häufig dann, wenn man ausdrücken will, dass man sich fürchtet, nicht traut; der Struktur *afraid* + *of* + *-ing* gibt man den Vorzug, wenn man sagen möchte, dass man das Eintreten eines Ereignisses befürchtet.

In dem folgenden authentischen Beispiel kommen beide Konstruktionen vor:

They're **afraid** <u>to go out</u> on the streets because they're **afraid** <u>of being killed</u>.	Sie haben Angst, hinaus auf die auf die Straße zu gehen, weil sie befürchten, man könnte sie umbringen.

Beachten Sie die <u>korrekten</u> Entsprechungen des folgenden deutschen Satzes:

Würden Sie so freundlich sein, diesen Brief für mich einzuwerfen?
Would you be <u>so kind / so good as to post</u> this letter for me?
Would you be <u>kind / good enough to post</u> this letter for me?
Nicht: ~~so kind to post~~!

Infinitiv nach Verben

Es gibt drei Gruppen von „Ketten-Verben" (= Verben, an die ein weiteres Verb angehängt werden kann):

1. Solche, an die nur ein *to*-Infinitiv angehängt werden kann:

I **managed** <u>to talk</u> to her.	Es gelang mir, mit ihr zu reden.

2. Solche, an die nur eine *-ing*-Form angehängt werden kann:

I **avoided** <u>talking</u> to her.	Ich vermied es, mit ihr zu reden.

3. Solche, an die ein *to*-Infinitiv oder eine *-ing*-Form angehängt werden kann:
I **like** <u>to talk</u> / I **like** <u>talking</u> to her.　　Ich rede gern mit ihr.

> Die erste Gruppe behandeln wir hier; die zweite Gruppe ist auf S. 305–306
> dargestellt; die dritte Gruppe finden Sie auf S. 307–310.
> Nicht zu den „Ketten-Verben" zählen wir die modalen Hilfsverben (*can*,
> *must*, *should* etc.), auf die ein Infinitiv ohne *to* folgt (→ S. 347 ff.).
> Auf die Fügung Verb + Präposition + *-ing*-Form wird auf S. 300–301
> eingegangen.

Verb + *to*-Infinitiv – vergleichen Sie:

She **agreed** <u>to meet</u> him.	Sie erklärte sich bereit, sich mit ihm zu treffen.
She **decided** <u>to meet</u> him.	Sie beschloss, sich mit ihm zu treffen.
She **refused** <u>to meet</u> him.	Sie weigerte sich, sich mit ihm zu treffen.
She **expected** <u>to meet</u> him.	Sie erwartete, ihn zu treffen.
She **longed** <u>to meet</u> him.	Sie sehnte sich danach, ihn zu treffen.
She **happened** <u>to meet</u> him.	Sie traf ihn zufällig.
She **failed** <u>to meet</u> him.	Sie traf ihn nicht.

Weitere „Ketten-Verben" dieses Typs:

affect	elect	see fit
(can/could) afford	endeavour	seek
appear	hesitate	seem
arrange	hope	serve
ask	itch	shudder
aspire	learn	stand
attempt	make	strive
beg	manage	swear
care	neglect	tend
choose	offer	think
claim	omit	think fit
come	pine	threaten
condescend	plan	tremble
consent	plot	venture
contrive	pretend	volunteer
decline	profess	vote
deign	promise	vow
demand	prove	wish
desire	refuse	yearn
disdain	resolve	
(be) dying	scheme	

Typische Anwendungsbeispiele:

We can't **afford** <u>to stay</u> at the Savoy.
Wir können es uns nicht leisten, im Savoy zu wohnen.

He **appears** / **seems** <u>to have</u> great influence in the House.
Er scheint großen Einfluss im Parlament zu haben.

I'll see if I can **arrange** <u>to be</u> there at one.
Ich werde sehen, ob ich es einrichten kann, um eins dort zu sein.

She **asked** <u>to be</u> taken home.
Sie bat darum, dass man sie nach Hause bringt.

Would you **care** <u>to see</u> the wine list, sir?
Möchten Sie gern die Weinkarte sehen?

She **chose** <u>to stay away</u> from the meeting.
Sie zog es vor, der Versammlung fernzubleiben.

He **claims** <u>to be</u> a descendant of Chief Sitting Bull.
Er behauptet ein Nachkomme des Häuptlings Sitting Bull zu sein.

We've **decided** <u>to sell</u> the house and <u>rent</u> an apartment downtown.
Wir haben beschlossen, das Haus zu verkaufen und eine Wohnung in der Innenstadt zu mieten.

The reporter has **declined** <u>to disclose</u> his sources.
Der Reporter hat es abgelehnt, seine Quellen preiszugeben.

She has never **hesitated** <u>to criticize</u> me.
Sie hat nie gezögert, mich zu kritisieren.

Children who are exposed to a lot of TV or radio noise take longer to **learn** <u>to talk</u>.
Kinder, die stark Fernseh- oder Radiogeräuschen ausgesetzt sind, brauchen länger um sprechen zu lernen.

She **neglected** <u>to mention</u> that in her report.
Sie versäumte es, das in ihrem Bericht zu erwähnen.

They **omitted** <u>to notify</u> me.
Man unterließ es, mich zu benachrichtigen.

I **pretended** <u>to be</u> surprised.
Ich tat so, als sei ich überrascht.

You **profess** <u>not to be</u> superstitious and yet you'd rather not sit in row thirteen.
Du behauptest nicht abergläubisch zu sein, und doch möchtest du lieber nicht in Reihe 13 sitzen.

That information **proved** <u>to be</u> false.
Diese Information erwies sich als falsch.

I **shudder** <u>to think</u> of the next few days.
Mir graut, wenn ich an die nächsten Tage denke.

The networks **stand** <u>to lose</u> hundreds of millions in ad revenue.
Die Sender können dabei Hunderte von Millionen an Werbeeinnahmen einbüßen.

I never **thought** <u>to ask</u> you.
Es kam mir nie in den Sinn, dich zu fragen.

She **volunteered** <u>to work</u> through the weekend.
Sie erbot sich, das Wochenende durchzuarbeiten.

An das Verb *help* kann der Infinitiv eines weiteren Verbs sowohl mit als auch ohne *to* angehängt werden:

We can all **help** <u>(to) reduce</u> pollution by using phosphate-free washing powder.	Wir alle können zu einer Verminderung der Schadstoffbelastung beitragen, indem wir phosphatfreies Waschpulver benutzen.
This drug **helps** <u>(to) prevent</u> heart attacks.	Dieses Medikament trägt dazu bei, Herzinfarkte zu verhüten.

Die Konstruktion Verb + Objekt + *to*-Infinitiv

Im vorigen Abschnitt haben wir uns mit der Konstruktion Verb + *to*-Infinitiv beschäftigt:

She **expected** <u>to lose</u>.	Sie rechnete damit, dass sie verlieren würde.

Gegenstand dieses Abschnitts ist nun eine Konstruktion, in der zwischen Verb und *to*-Infinitiv ein Objekt steht:

She **expected** <u>me</u> to lose.	Sie rechnete damit, dass ich verlieren würde.

Das Objekt hat hier den Charakter eines Sinnsubjekts zum *to*-Infinitiv:
She **expected** that <u>I</u> would <u>lose</u>.

Häufig hat die Konstruktion Verb + Objekt + *to*-Infinitiv eine direkte Entsprechung im Deutschen (zu den mit * gekennzeichneten Verben → S. 283):

They **allowed** / **permitted** <u>me</u> to stay.	Sie erlaubten mir zu bleiben.
They **advised** <u>me</u> to pay.	Sie rieten mir zu zahlen.
He **asked** <u>her</u> to come.	Er bat sie zu kommen.
I wonder what **caused*** <u>her</u> to change her mind.	Was sie wohl veranlasst hat, ihre Meinung zu ändern?
The officer **commanded** / **ordered** <u>his men</u> to attack.	Der Offizier befahl seinen Männern anzugreifen.
The situation **compels** <u>us</u> to take more drastic steps.	Die Situation zwingt uns, drastischere Maßnahmen zu ergreifen.
She **encouraged** <u>me</u> to become a singer.	Sie ermutigte mich, Sänger(in) zu werden.
They **forced** <u>him</u> to stop.	Sie zwangen ihn anzuhalten.
He **helped*** <u>her</u> to clear the dishes away.	Er half ihr, das Geschirr wegzuräumen.
I **invited** <u>them</u> to stay with us.	Ich lud sie ein, bei uns zu wohnen.
She **urged** <u>me</u> to accept the offer.	Sie drängte mich, das Angebot anzunehmen.

Achtung, Fehlerquelle! Das Verb *suggest* lässt die Kombination mit Objekt + *to*-Infinitiv <u>nicht</u> zu; bei *recommend* hingegen ist diese Konstruktion möglich, wenn auch nicht häufig (→ S. 251, 364):

She **suggested** <u>(that)</u> we <u>(should)</u> <u>have</u> dinner at the hotel.	Sie schlug vor, dass wir im Hotel essen.
She **recommended** <u>that</u> we <u>(should) have</u> dinner at the hotel.	Sie empfahl, dass wir im Hotel essen.
She **recommended** <u>us</u> <u>to have</u> dinner at the hotel.	Sie empfahl uns, im Hotel zu essen.

Mitunter ist die Fügung Verb + Objekt + *to*-Infinitiv ohne direkte Entsprechung im Deutschen (zu den mit * gekennzeichneten Verben → S. 283):

The children **begged** <u>her</u> <u>to let</u> them go swimming.	Die Kinder bettelten, sie solle sie schwimmen gehen lassen.
The police **believed** <u>this story</u> <u>to be</u> highly improbable.	Die Polizei hielt diese Geschichte für höchst unwahrscheinlich.
I didn't **expect** <u>you</u> <u>to meet</u> me at the airport.	Ich hatte nicht erwartet, dass du mich am Flughafen abholst.
We **got*** <u>him</u> <u>to change</u> his mind.	Wir bekamen ihn dazu, dass er seine Meinung änderte.
She **knew** <u>that</u> <u>to be</u> true.	Sie wusste, dass das stimmte.
Thanks for **reminding** <u>me</u> <u>to take</u> my mobile.	Danke, dass du mich daran erinnert hast, mein Handy mitzunehmen.
She **told** <u>him</u> <u>to hurry</u> up.	Sie sagte ihm, er solle sich beeilen.
You can **trust** <u>him</u> <u>to do</u> the right thing.	Du kannst darauf vertrauen, dass er das Richtige tut.
I **want*** <u>you</u> <u>to copy</u> this down.	Ich möchte, dass ihr dies abschreibt.
Their mother **warned** <u>them</u> not <u>to let</u> anyone in.	Ihre Mutter warnte sie davor, irgendjemand hereinzulassen.

Sue, I'd **like*** <u>you</u> <u>to meet</u> Nick Jackson.	Sue, darf ich dir Nick Jackson vorstellen?
We'd **love*** <u>you</u> <u>to stay</u> with us.	Wir hätten es sehr gern, wenn Sie bei uns wohnen.
I'd **hate*** <u>you</u> <u>to have</u> to work for him.	Es wäre mir sehr unsympathisch, wenn du für ihn arbeiten müsstest.
I'd **prefer*** <u>you</u> not <u>to mention</u> it to him.	Ich würde es vorziehen, wenn Sie es ihm gegenüber nicht erwähnen würden.

Bei den nicht mit einem * gekennzeichneten Verben findet sich auch die
Passivkonstruktion häufig:
She **told** <u>him</u> to hurry up. (= Sie sagte ihm, er solle sich beeilen.)
→ <u>He</u> was **told** <u>to hurry</u> up. (= Ihm wurde gesagt, / Man sagte ihm, er solle
sich beeilen.)

Beachten Sie, dass diese englische Passivkonstruktion meistens keine direkte
Entsprechung im Deutschen hat:

<u>They</u> were **forced** <u>to stop</u>.	Sie wurden gezwungen anzuhalten.
<u>I</u>'ve been **invited** <u>to give</u> the opening lecture.	Ich bin eingeladen worden, den Eröffnungsvortrag zu halten.
<u>We</u> were **advised** not <u>to come</u> by car.	Es wurde uns geraten, nicht mit dem Auto zu kommen.
<u>We</u> were **ordered** <u>to shoot</u> at sight.	Wir erhielten Befehl, sofort zu schießen.
<u>Residents</u> were **warned** not <u>to leave</u> their houses.	Die Anwohner wurden davor gewarnt, ihre Häuser zu verlassen.
<u>The negotiations</u> are **expected** <u>to begin</u> next week.	Es wird erwartet, dass die Verhandlungen nächste Woche beginnen. / Die Verhandlungen sollen nächste Woche beginnen.
<u>Oats</u> are **believed** <u>to bring</u> down the cholesterol level.	Von Haferflocken glaubt man, dass sie den Cholesterinspiegel senken. / Haferflocken sollen den Cholesterinspiegel senken.
<u>She</u> wasn't **allowed** <u>to leave</u> her room.	Es war ihr nicht erlaubt, ihr Zimmer zu verlassen. / Sie durfte ihr Zimmer nicht verlassen.

Die Verben *repute, rumour, say* und *think* lassen in Kombination mit dem
to-Infinitiv überhaupt nur die Passivkonstruktion zu:

<u>He</u> is **reputed** <u>to harbour</u> presidential ambitions.	Man sagt, er habe Ambitionen auf das Präsidentenamt.
<u>The movie</u> is **rumoured** <u>to have</u> cost $120 million.	Gerüchten zufolge hat der Film 120 Millionen Dollar gekostet. / Der Film soll 120 Millionen Dollar gekostet haben.
<u>Voltaire</u> is **said** <u>to have</u> drunk 50 cups of coffee daily.	Von Voltaire wird gesagt, dass er täglich 50 Tassen Kaffee getrunken habe. / Voltaire soll täglich 50 Tassen Kaffee getrunken haben.
<u>He</u> is **thought** <u>to have</u> fled the country.	Man nimmt an, dass er aus dem Land geflohen ist.

Die Konstruktion Verb + Objekt + Infinitiv ohne *to*

Eine verhältnismäßig große Zahl von Verben kann – wie im vorigen Abschnitt dargestellt – mit einem Objekt + to-Infinitiv kombiniert werden. Eine verwandte Konstruktion – Verb + Objekt + Infinitiv <u>ohne</u> *to* – ist mit einer kleinen Zahl von Verben möglich: *feel, (over)hear, listen to, notice, observe, see, watch; have, let, make; help.*

Vergleichen Sie:

They **forced** <u>him</u> <u>to stop</u>.	Sie zwangen ihn anzuhalten.
They **made** <u>him</u> <u>stop</u>.	Sie veranlassten ihn anzuhalten.

Weitere Beispiele:

He **felt** <u>the knife</u> <u>touch</u> his skin.	Er fühlte, wie das Messer seine Haut berührte.
She **heard** <u>the front door</u> <u>open</u>.	Sie hörte, wie die Haustür aufging.
She said she had **overheard** <u>the defendant</u> <u>boast</u> of the murder.	Sie sagte, sie habe zufällig mit angehört, wie sich der Angeklagte mit dem Mord brüstete.
He **listened to** <u>the two men</u> <u>argue</u>.	Er hörte zu, wie sich die beiden Männer stritten.
She **noticed** <u>him</u> <u>hesitate</u>.	Sie bemerkte, wie / dass er zögerte.
The store detective **observed** / **watched** <u>her</u> <u>put</u> the bracelet in her pocket.	Der Kaufhausdetektiv beobachtete, wie sie das Armband in die Tasche steckte.
I **saw** <u>her</u> <u>cross</u> the road and <u>go</u> into the station.	Ich sah, wie sie die Straße überquerte und in den Bahnhof ging.
She **had** <u>the children</u> <u>memorize</u> the poem.	Sie ließ die Kinder das Gedicht auswendig lernen.
She **let** <u>the children</u> <u>do</u> what they wanted.	Sie ließ die Kinder tun, was sie wollten.

> Nach *help* + Objekt kann der Infinitiv sowohl mit als auch ohne *to* stehen:
>
> | | |
> |---|---|
> | Your donation can **help** <u>us</u> <u>(to) save</u> lives. | Ihre Spende kann uns helfen, Menschenleben zu retten. |

Soweit diese Verben eine Passivkonstruktion zulassen, steht hier der Infinitiv stets mit *to*:

<u>He</u> was **seen** <u>to shake</u> his head several times during the president's speech.	Man sah ihn während der Rede des Präsidenten mehrmals den Kopf schütteln.
<u>She</u> was **heard** <u>to protest</u> loudly.	Man hörte sie laut protestieren.

He was **observed** to enter the house through a ground-floor window.	Er wurde dabei beobachtet, wie er durch ein Parterrefenster in das Haus eindrang.
She was **noticed** to tremble slightly when his name was mentioned.	Es wurde bemerkt, dass sie leicht zitterte, als sein Name fiel.
He was **made** to recant his heretical ideas.	Er wurde gezwungen, seine ketzerischen Ideen zu widerrufen.

Infinitivfügung als adverbiale Bestimmung

Als adverbiale Bestimmung steht der *to*-Infinitiv oft zum Ausdruck der Absicht oder des Zwecks:

I come to bury Caesar ['si:zə], not to praise him.	Ich komme, (um) Cäsar zu begraben, nicht ihn zu preisen.
He realized too late that the car in front of him had stopped to make a left turn.	Er erkannte zu spät, dass das Auto vor ihm angehalten hatte, um links abzubiegen.
When should a policeman shoot to kill?	Wann sollte ein Polizist gezielt schießen / einen Todesschuss abgeben?
She's just phoned to say she'll be late.	Sie hat gerade angerufen, dass sie sich verspäten wird.
Even a saint must eat to live.	Auch ein Heiliger muss essen, um zu leben.
She got up to fetch a drink.	Sie stand auf, um sich einen Drink zu holen.

Mitunter wird dem *to*-Infinitiv *in order* oder (recht förmlich!) *so as* vorangestellt:

Everybody has got to learn that they've got to give something in order to get something.	Jeder muss lernen, dass er etwas geben muss, um etwas zu bekommen.
In order to become an attorney the individual must also pass the state's bar examination.	Um Anwalt zu werden, muss der Betreffende auch die juristische Prüfung des Bundesstaats bestehen.
She has her hair dyed blond(e) so as to look younger.	Sie lässt sich das Haar blond färben, um jünger auszusehen.
I had grave doubts, but kept them to myself so as not to worry the others.	Ich hatte ernste Zweifel, behielt sie aber für mich, um die anderen nicht zu beunruhigen.

Um einen adverbialen Gebrauch des *to*-Infinitivs handelt es sich auch in den folgenden Fällen:

I doubt anyone would be foolish <u>enough to believe</u> that.	Ich bezweifle, dass jemand töricht genug wäre, das zu glauben.
I have seen <u>enough of one war never to wish</u> to see another.	Ich habe genug von einem Krieg gesehen, um niemals wieder einen erleben zu wollen.
I'm <u>too busy to do</u> it all myself.	Ich bin zu beschäftigt, um das alles selbst zu tun.
Would you be <u>so kind as to let</u> me use your phone? (→ S. 278)	Wären Sie wohl so freundlich, mich mal Ihr Telefon benutzen zu lassen?
I wouldn't go <u>so far as to say</u> he's lying.	Ich würde nicht so weit gehen zu sagen, dass er lügt.

She <u>knows better than to say</u> such a thing.	Sie ist zu klug, um so etwas zu sagen.

Gerald opens the door <u>to be confronted</u> by Guy and Sam.	Gerald öffnet die Tür und sieht sich Guy und Sam gegenüber.
He returned to England <u>to find</u> that his exploits had made him a national hero.	Er kehrte nach England zurück, wo er feststellte, dass seine Abenteuer ihn zu einem Nationalhelden gemacht hatten.
The joy ebbed out of her heart, <u>to be succeeded</u> by the cold, uncomfortable feeling that she had been betrayed.	Die Freude wich aus ihrem Herzen und machte dem kalten, unbehaglichen Gefühl Platz, dass sie betrogen worden war.

She hopes to live <u>to be</u> a hundred.	Sie hofft hundert Jahre alt zu werden.

Die folgenden adverbialen Infinitivfügungen sind zu festen Redensarten geworden:

<u>To be honest,</u> I never much liked his poetry.	Um ehrlich zu sein, seine Lyrik habe ich nie sehr gemocht.
<u>To be quite frank,</u> it's not exactly a high-class act.	Um ganz offen zu sein: eine Spitzennummer ist es nicht gerade.
<u>To cut a long story short,</u> he did eventually give in.	Um es kurz zu machen: er gab schließlich doch nach.
The rooms are small, <u>to be sure,</u> but they're extremely well furnished.	Sicher, die Zimmer sind klein, aber sie sind sehr gut ausgestattet.
I'll have the stuffed mushrooms <u>to start (with).</u>	Ich nehme als Vorspeise die gefüllten Champignons.
I'm not sure this joke is that funny <u>to begin with.</u>	Zunächst einmal bin ich nicht sicher, ob dieser Witz wirklich so komisch ist.

She doesn't like to be contradicted. <u>Come to think of it</u>, who does?	Sie hat es nicht gern, wenn man ihr widerspricht. Und wenn man es recht bedenkt, wer hat es schon gern?
<u>To think</u> that I should say that of my own son!	Allerhand, dass ich so etwas über meinen eigenen Sohn sage!
<u>To make matters worse,</u> the tide came in and the men were soon neckdeep in water.	Zu allem Unglück kam dann auch noch die Flut, und die Männer standen bald bis zum Hals im Wasser.

Aktiver oder passiver Infinitiv?

Im Englischen steht bei passivischem Sinn häufiger als im Deutschen der passive Infinitiv:

That was <u>to be expected</u>.	Das war zu erwarten.
His sincerity is not <u>to be doubted</u>.	Seine Aufrichtigkeit ist nicht zu bezweifeln.
What's <u>to be done</u> in a case like that?	Was ist in einem Fall wie diesem zu tun?
The boss is not <u>to be disturbed</u>.	Der Boss ist nicht zu stören / soll nicht gestört werden.
You are <u>to be congratulated</u>.	Ihnen ist zu gratulieren.
She is deeply <u>to be pitied</u>.	Sie ist zutiefst zu bemitleiden.
The girl in the white dress was nowhere <u>to be seen</u>.	Das Mädchen im weißen Kleid war nirgendwo zu sehen.

Es gibt jedoch eine Reihe von Fällen, in denen trotz passivischer Bedeutung der aktive Infinitiv gebraucht wird:

1. Nach bestimmten Adjektiven, u. a. *easy, difficult, hard, impossible, great, nice, (un)pleasant, wonderful, interesting, good, dangerous, (un)fit* und *ready*:

English is <u>easy / difficult / hard</u> to learn.	Englisch ist leicht / schwer zu lernen.
The garden is <u>nice to look</u> at.	Der Garten ist hübsch anzuschauen.
She's <u>pleasant / wonderful / impossible</u> to work with.	Mit ihr lässt sich angenehm / wunderbar / unmöglich zusammenarbeiten.
He's <u>interesting / good</u> to talk to.	Mit ihm kann man sich interessant / gut unterhalten.
The suitcase was pleasantly <u>light to carry</u>.	Der Koffer ließ sich angenehm leicht tragen.
Such people are <u>dangerous to attack</u>.	Es ist gefährlich, solche Leute anzugreifen.

This meat isn't <u>fit</u> / is <u>unfit</u> to eat.
We generally have copies on
   hand which are <u>ready</u> to send
   within 24 hours after we receive
   your order.

Dieses Fleisch ist ungenießbar.
Im Allgemeinen haben wir Exemplare
   vorrätig, die binnen 24 Stunden nach
   Erhalt Ihres Auftrags versandbereit
   sind.

2. Nach Adjektiv + Nomen – eine „typisch englische" Konstruktion ohne
direkte Entsprechung im Deutschen:

English is not an <u>easy language</u>
   <u>to learn</u>.

Englisch ist keine leicht zu lernende
   Sprache.

It's a <u>good song</u> <u>to sing</u>
   in the bath.

Es ist ein Lied, das sich gut im Bad
   singen lässt.

She's an <u>impossible woman</u>
   <u>to work</u> with.

Sie ist eine Frau, mit der sich
   unmöglich zusammenarbeiten lässt.

He's an <u>interesting man</u>
   <u>to talk</u> to.

Er ist ein Mann, mit dem man sich
   interessant unterhalten kann.

That's a <u>dangerous thing</u> <u>to do</u>.

Das zu tun, ist eine gefährliche Sache.

That's a perfectly <u>monstrous thing</u>
   <u>to say</u>.

So etwas zu sagen, ist wirklich eine
   Ungeheuerlichkeit.

Rather an <u>awful thing</u> <u>to say</u> about
   one's own son, isn't it?

Ist schon schlimm, so etwas über den
   eigenen Sohn zu sagen, nicht (wahr)?

That's an <u>obvious matter</u>
   <u>to discuss</u>.

Das ist eine Sache, die offensichtlich
   diskutiert werden muss.

I'm afraid I'm the <u>wrong person</u> <u>to ask</u>.

Leider fragen Sie da den Falschen.

3. Nach *have (got)* + Objekt:

I <u>have</u> **nothing** <u>to hide</u>.

Ich habe nichts zu verbergen.

Mr Parker <u>had</u> **a great deal**
   <u>to criticize</u>.

Herr Parker hatte allerhand zu
   kritisieren.

He <u>had</u> **a multitude of stories**
   <u>to tell</u>.

Er hatte eine Vielzahl von Geschichten
   zu erzählen.

I'<u>ve got</u> **a whole lot of work** <u>to do</u>
   before I go to bed.

Ich habe noch allerhand zu tun,
   bevor ich schlafen gehe.

God knows, you <u>haven't</u> **much**
   <u>to lose</u>.

Du hast weiß Gott nicht viel zu
   verlieren.

Beachten Sie den Unterschied:

He has **three children** <u>to support</u>.

Er hat drei Kinder zu unterhalten.

He has three children to support him.

Er hat drei Kinder, die ihn
   unterhalten / unterstützen.

I have **an interesting book** <u>to read</u>.

Ich habe ein interessantes Buch
   zum Lesen.

I have to read an interesting book.

Ich muss ein interessantes Buch lesen.

Mitunter besteht zwischen den beiden Fügungen kaum ein merkbarer Bedeutungsunterschied:

I've got **Father's supper** <u>to see to</u>.   } Ich muss mich um Vaters
I've got to see to Father's supper.   } Abendbrot kümmern.

4. In der idiomatischen Fügung *to blame* (= [daran] schuld sein):

Who is <u>to blame</u>? Certainly not me.   Wer ist schuld? Ich jedenfalls nicht.
The bus driver was not <u>to blame</u>   Der Busfahrer war an dem Unglück
  for the accident.   nicht schuld.

Wird *blame* in Bedeutungen wie „die Schuld geben", „Vorwürfe machen", „[jemand] etwas verdenken" gebraucht, so findet auch der passive Infinitiv Verwendung:

The children are the victims and   Die Kinder sind die Opfer und man
  certainly not <u>to be blamed</u>.   kann ihnen gewiss keine Schuld
                                 geben.

Are the parents <u>to be blamed</u> for   Kann man den Eltern einen Vorwurf
  wanting the best for their children?   daraus machen, dass sie für ihre
                                 Kinder das Beste wollen?

Are these people <u>to be blamed</u>   Kann man es diesen Menschen
  for assuming that every   verdenken, wenn sie annehmen,
  foreign soldier is their   dass jeder ausländische Soldat ihr
  enemy?   Feind ist?

Nach *there*, nach *too* + Adjektiv und bei dem Verb *let* (= vermieten) kommt bei passivischem Sinn sowohl der aktive als auch der passive Infinitiv vor:

There's no time <u>to lose</u> / <u>to be lost</u>.   Es ist keine Zeit zu verlieren.

There was nothing <u>to do</u>.   Es gab nichts zu tun.
There was nothing <u>to be done</u>.   Es war nichts zu machen.

This dress is too good <u>to wear</u> /   Das Kleid ist zu gut, als dass man es im
  <u>to be worn</u> about the house.   Hause tragen sollte.

OFFICES <u>TO LET</u>   BÜRORÄUME ZU VERMIETEN
FLATS <u>TO BE</u> SOLD OR <u>LET</u>   WOHNUNGEN ZU VERKAUFEN ODER ZU
                                 VERMIETEN

7

11 Der *split infinitive*

Als *split infinitive* (= gespaltener Infinitiv) wird eine Konstruktion bezeichnet, in der ein <u>Adverb</u> zwischen *to* und die Grundform des Verbs tritt:

1. I'm delighted <u>to</u> <u>finally</u> meet you.	Ich freue mich sehr, Sie endlich kennen zu lernen.
2. Would it be wise <u>to</u> <u>suddenly</u> offer negotiations?	Wäre es klug, plötzlich Verhandlungen anzubieten?
3. I'll be happy to run if my party sees fit <u>to</u> <u>so</u> honour me.	Ich werde gern kandidieren, wenn meine Partei es für richtig hält, mich so zu ehren.
4. You don't know her well enough <u>to</u> <u>really</u> understand her.	Sie kennen sie nicht gut genug, um sie wirklich zu verstehen.
5. The trade should be able <u>to</u> <u>further</u> modernize its services.	Die Branche müsste eigentlich imstande sein, ihre Dienstleistungen weiter zu modernisieren.
6. The company wants <u>to</u> <u>more than</u> double its turnover.	Die Firma will ihren Umsatz mehr als verdoppeln.

Die von manchen Sprachbenutzern als grammatisch falsch oder stilistisch unschön angesehene *split infinitive*-Konstruktion ist sehr verbreitet. Sie bietet sich in all jenen Fällen an, wo eine andere Wortstellung zu einer missverständlichen oder holprig klingenden Formulierung führen würde.

Zur Vermeidung des *split infinitive* könnte in den obigen Sätzen 1–3 das doppelt unterstrichene Element jeweils vor das *to* gestellt werden, ohne dass die Aussage verändert oder missverständlich wird: *finally to meet, suddenly to offer, so to honour.* (Stilistisch wäre allerdings anzumerken, dass die Konstruktion mit dem *split infinitive* besser „fließt".)

In den Beispielen 4–5 könnten bei einer entsprechenden Umstellung *really* und *further* als auf die vorangehende Wortgruppe bezogen missverstanden werden.

In Satz 6 ist eine Umstellung überhaupt nicht möglich; der *split infinitive* ließe sich hier nur durch eine gänzlich andere Formulierung beseitigen, etwa so: *The company wants to increase its turnover by more than 100 per cent.*

Infinitivfügungen mit *for*

Häufig wird dem <u>*to*-Infinitiv</u> mit Hilfe der Präposition *for* ein eigenes
<u>Sinnsubjekt</u> zugeordnet:

1. Nach Verben oder verbartigen Fügungen:

We will **arrange for** <u>someone</u> <u>to meet</u> you at the airport.	Wir werden uns darum kümmern, dass Sie jemand am Flughafen abholt.
She was **dying for** <u>him</u> <u>to come</u> to the point.	Gespannt wartete sie darauf, dass er endlich zur Sache kam.
Everyone was **waiting for** <u>her</u> <u>to say</u> something.	Alle warteten darauf, dass sie etwas sagte.
He **shouted for** <u>the children</u> <u>to get</u> out of the way.	Er rief, die Kinder sollten aus dem Weg gehen.
She **left word for** <u>him</u> <u>to call</u> back.	Sie ließ ihm sagen, er möchte sie zurückrufen.
She **asked for** <u>the question</u> <u>to be</u> repeated.	Sie bat darum, die Frage zu wiederholen.
He **gave instructions for** <u>any</u> <u>graffiti</u> <u>to be</u> cleaned off immediately.	Er gab Anweisung, jegliche Wandschmierereien sofort zu entfernen.
It **took only three years for** <u>the company</u> <u>to become</u> the market leader.	Das Unternehmen brauchte nur drei Jahre, um Marktführer zu werden.
It will **take about two years for** <u>a new bridge</u> <u>to be</u> built.	Für den Bau einer neuen Brücke wird man etwa zwei Jahre benötigen.

2. Nach Adjektiven:

He was **impatient for** <u>us</u> <u>to jump</u> into action.	Er wartete ungeduldig darauf, dass wir in Aktion träten.
In the US it is not **unusual for** <u>people like us</u> <u>to own</u> firearms.	In den USA ist es nicht ungewöhnlich, dass Leute wie wir Feuerwaffen besitzen.
It would be **absurd for** <u>a boy</u> <u>his age</u> <u>to get</u> married.	Es wäre doch absurd, wenn ein Junge in seinem Alter heiraten würde.
In those days it would have been **unthinkable for** <u>a man</u> <u>to boast</u> of having evaded taxes.	Damals wäre es undenkbar gewesen, dass jemand damit geprahlt hätte, Steuern hinterzogen zu haben.
She's **eager for** <u>the work</u> <u>to be</u> completed.	Sie wartet mit Ungeduld darauf, dass die Arbeit abgeschlossen wird.
It is fairly **rare for** <u>a painting</u> <u>to be</u> altered after it has been displayed.	Es kommt recht selten vor, dass ein Gemälde noch verändert wird, nachdem es ausgestellt war.

3. Nach Nomen oder Pronomen:

I've got an interesting **book for** you to read on the train.

He looked around for a **chair for** me to sit on.

This is no **place for** a strapping lad like him to spend the summer.

There's no **need for** anyone to stay behind.

That's a funny **thing for** a woman like you to say.

Haven't you got a **book for** me to read to her from?

Isn't there **anyone for** the boy to play with?

That's **something for** her parents to worry about.

Ich habe ein interessantes Buch, das du im Zug lesen kannst.

Er sah sich um nach einem Stuhl, auf den ich mich hätte setzen können.

Dies ist kein Ort, wo ein strammer Bursche wie er den Sommer verbringen sollte.

Es besteht keine Notwendigkeit, dass jemand zurückbleibt.

Es ist schon komisch, wenn eine Frau wie du so etwas sagt.

Hast du nicht ein Buch, aus dem ich ihr vorlesen könnte?

Gibt es denn niemand, mit dem der Junge spielen könnte?

Das ist etwas, worüber sich ihre Eltern Sorgen machen soll(t)en.

4. In einer adverbialen Bestimmung:

I've got some coffee **for** you to stay awake.

He took off his shirt **for** us to see the scar on his chest.

It's too soon **for** the doctors to venture a prognosis.

For the deadlines to be met there must be proper planning.

For him to be convicted there would have to be more solid evidence.

In order **for** Harris to act as he did, he needed two items of information.

Ich habe Kaffee für euch, damit ihr wach bleibt.

Er zog sein Hemd aus, damit wir die Narbe auf seiner Brust sehen konnten.

Es ist noch zu früh, als dass die Ärzte eine Prognose wagen könnten.

Um die Termine einzuhalten, bedarf es einer ordentlichen Planung.

Um ihn zu verurteilen bedarf es handfesterer Beweise.

Um so zu handeln, wie er es tat, benötigte Harris zwei Informationen.

5. Im Subjekt:

For a man like him to be able to win elections frightens me.

For you of all people to accuse me of being greedy is a bit rich.

For you to say such a thing proves you to be a male chauvinist pig.

Dass ein Mann wie er imstande ist Wahlen zu gewinnen, macht mir Angst.

Wenn ausgerechnet du mir vorwirfst, ich sei habgierig, dann ist das allerhand.

Wenn du so etwas sagst, beweist das, dass du ein Chauvi bist.

6. Im Subjektkomplement:

German custom is **for** <u>men</u> <u>to wear</u> wedding rings as well.	In Deutschland ist es Sitte, dass auch Männer Eheringe tragen.
What you really want is **for** <u>everything</u> <u>to be</u> exactly the way it used to be.	Was du wirklich willst, ist, dass alles so ist, wie es früher war.
Her behaviour is not **for** <u>me</u> <u>to judge</u>.	Mir steht es nicht zu, ihr Verhalten zu beurteilen.
It is not **for** <u>me</u> <u>to question</u> his integrity.	Es steht mir nicht zu, seine Integrität in Frage zu stellen.

Infinitivfügungen mit *with* bzw. *without*

„Typisch englisch" und ohne direkte Entsprechung im Deutschen (ja oft gar nicht leicht übersetzbar) ist die Konstruktion *with(out)* + Nomen bzw. Nominalgruppe + *to*-Infinitiv, die einem Satz als adverbiale Bestimmung vorangestellt werden kann:

With <u>hundreds of letters</u> <u>to answer</u>, she didn't know where to begin.	Angesichts Hunderter zu beantwortender Briefe wusste sie nicht, wo sie anfangen sollte.
With <u>a man like Kissinger</u> <u>to advise</u> him, Nixon had every chance of becoming a strong president.	Mit einem Mann wie Kissinger als Berater hatte Nixon gute Aussichten, ein starker Präsident zu werden.
With <u>three children</u> <u>to support</u>, she had no option but to go out to work.	Da sie drei Kinder zu ernähren hatte, blieb ihr nichts anderes übrig, als arbeiten zu gehen.
With <u>three children</u> <u>to support</u> her, she doesn't have to worry about her old age.	Da sie drei Kinder hat, die sie unterstützen können, braucht sie sich keine Sorgen um das Alter zu machen.
Without <u>her invalid husband</u> <u>to care</u> for, she now felt desperately lonely.	Jetzt, wo sie nicht mehr ihren kranken Mann zu versorgen hatte, fühlte sie sich schrecklich einsam.

Test 15 Der Infinitiv

1. Ersetzen Sie den unterstrichenen Satzteil durch eine Infinitivkonstruktion.

a) Scotland is the place <u>where one should live</u>.

b) We're looking for a place <u>where we can stay</u>.

c) Her father was not the type <u>who would interfere</u>.

d) There are four menus <u>from which you can choose</u>.

e) She only wants someone <u>to whom she can chat</u>.

f) He had nothing <u>for which he had to reproach himself</u>.

g) He's not a man <u>who can be trusted</u>.

h) You're the chap <u>who can do it</u>.

i) Jack was the only one <u>who spoke against the plan</u>.

2. Aktiver oder passiver Infinitiv?

a) She was the next witness to (call).

b) The two leaders had much to (discuss).

c) I've got plenty to (tell) you.

d) The wood would be the first place to (search).

e) You are in no way to (blame) for what happened.

f) Rix isn't the kind of man to (stop) a woman like Claire.

g) Claire isn't the kind of woman to (stop) by a man like Rix.

h) Aunt Augusta is not a woman to (keep) waiting.

i) Aunt Augusta is still a woman to (reckon) with.

j) A layman might find Manet and Monet easy to (confuse).

k) Manet is not to (confuse) with Monet.

l) Earthquakes are hard to (predict).

m) Earthquakes are not to (expect) in this region.

n) There are no jobs to (have).

o) There's the house, the dog and the cat to (look) after.

3. Übersetzen Sie.

a) Sie will Spanisch lernen.

b) Sie will, dass ich Spanisch lerne.

c) Er scheint auf dich zu warten.

d) Er hoffte eingeladen zu werden.

e) Sie muss ihn kennen.

f) Sie muss ihn gekannt haben.

g) Ich freue mich, Sie kennen zu lernen.

h) Sein oder Nichtsein, das ist die Frage.

i) Er wusste nicht, was er tun sollte.

j) Sie weiß, wie man Leute beeindruckt.

k) Er schaute sich um nach einer Stelle, wo er sich hinsetzen konnte.

l) Er braucht jemand, der für ihn kocht.

m) Sie hatte nicht erwartet, dass er kommt.

n) Sie sagte, ich solle hier auf sie warten.

o) Hast du nicht ein Buch, das ich im Flugzeug lesen kann?

p) Er sehnte sich danach, dass ihn jemand besuchte.

---

1. a) the place to live. b) a place to stay. c) the type to interfere. d) menus to choose from. e) someone to chat to. f) nothing to reproach himself for. g) a man to be trusted. h) the chap to do it. i) the only one to speak against the plan.

2. a) to be called. b) to discuss. c) to tell d) to be searched / to search. e) to blame f) to stop g) to be stopped h) to be kept i) to reckon j) to confuse. k) to be confused l) to predict. m) to be expected n) to be had. o) to look / to be looked

3. a) She wants to learn Spanish. b) She wants me to learn Spanish. c) He seems to be waiting for you. d) He hoped / was hoping to be invited. e) She must know him. f) She must have known him. g) I'm glad/pleased to meet you. h) To be, or not to be, that is the question. i) He didn't know what to do. j) She knows how to impress people. k) He looked (a)round for a place to sit down. l) He needs someone to cook for him. m) She had not expected him to come. n) She told me to wait for her here. o) Haven't you (got) / Don't you have a book for me to read on the plane? p) He longed / was longing for someone to visit him.

Die -*ing*-Form

Gentlemen, I am so sorry for keeping you waiting like this. I am unable to concentrate. (*George V, 1865–1936, king of Great Britain 1910–36*)

„Meine Herren, es tut mir sehr Leid, dass ich Sie so warten lasse. Ich bin außerstande mich zu konzentrieren." Der Monarch sprach diese Worte auf dem Sterbebett (= *on his deathbed*) – ein Gentleman bis zum Schluss. Wir haben dieses Zitat ausgewählt, weil der kurze Satz zwei typisch gebrauchte -*ing*-Fügungen enthält, die ohne direkte Entsprechung im Deutschen sind: *be sorry for doing something* (= bedauern, dass man etwas tut) – die -*ing*-Form folgt hier auf eine Präposition (*for*) – und *keep someone waiting* (= jemand warten lassen, d. h. veranlassen, dass er wartet).

Um die Äußerung des Königs noch um eine weitere -*ing*-Fügung anzureichern, könnte man *I am unable to concentrate* ersetzen durch *I have difficulty / trouble concentrating* oder sogar *I am having difficulty / trouble concentrating* (= Ich habe Schwierigkeiten mich zu konzentrieren). Die -*ing*-Form wird ungleich häufiger als die deutsche -*end*-Form (*gehend, redend, machend* etc.) verwendet. Dass englische Texte fast immer wesentlich kürzer als ihre deutschen Entsprechungen sind, liegt unter anderem an dem Gebrauch dieser Form.

Das vorliegende Kapitel ordnet die zahlreichen Verwendungen der -*ing*-Form nach grammatischen Gesichtspunkten und zeigt Ihnen anhand vieler, zumeist authentischer Beispiele, wie Sie sich durch den Gebrauch dieses Sprachmittels ökonomischer, wirkungsvoller und „englischer" ausdrücken können.

Bildung der -*ing*-Form

Bei den meisten Verben wird die -*ing*-Endung einfach an den Infinitiv angehängt:

find – finding	talk – talking	turn – turning	row – rowing
flee – fleeing	tell – telling	go – going	fix – fixing
stuff – stuffing	form – forming	hear – hearing	buy – buying
ski – skiing	lean – leaning	hunt – hunting	buzz – buzzing

Stummes -*e* am Wortende entfällt beim Anhängen der -*ing*-Endung (vgl. S. 143, 182, 195):

describe – describing	manage – managing	struggle – struggling
dance – dancing	bake – baking	come – coming
ride – riding	file – filing	define – defining

hope – hop_ing_
hire – hir_ing_
lease [s] – leas_ing_

indicate – indicat_ing_
argue – argu_ing_
love – lov_ing_

axe – ax_ing_
amaze – amaz_ing_

Bei *glue, rue* und *queue* sind beiden Schreibweisen möglich:
*glu_ing_ / glu_eing_, ru_eing_ / ru_ing_, queu_ing_ / queu_eing_*.
Besonders zu beachten ist der Unterschied zwischen den *-ing*-Formen von
die (= sterben) und *dye* (= färben): *dying – dyeing*.

Die Endbuchstaben *-b, -d, -g, -m, -n, -p, -r, -t, -v, -z* werden nach kurzem,
betontem *a, e, i, o, u* meistens verdoppelt (vgl. S. 143, 195):

rob – rob_bing_
skid – skid_ding_
beg – beg_ging_
slim – slim_ming_

run – run_ning_
stop – stop_ping_
equip – equip_ping_
occur – occur_ring_

regret – regret_ting_
acquit – acquit_ting_
rev – rev_ving_
quiz – quiz_zing_

Entsprechend der Regel also keine Verdopplung bei:
*read – read_ing_, succeed – succeed_ing_, frighten – frighten_ing_, stoop – stoop_ing_,
develop – develop_ing_, gallop – gallop_ing_, gossip – gossip_ing_, steer – steer_ing_,
offer – offer_ing_, visit – visit_ing_*.

Bei Verben wie den folgenden wird das auslautende *-l* im BE verdoppelt,
im AE dagegen nicht (vgl. S. 195):

travel	*BE* travel_ling_	*AE* travel_ing_
cancel	*BE* cancel_ling_	*AE* cancel_ing_
counsel	*BE* counsel_ling_	*AE* counsel_ing_
dial	*BE* dial_ling_	*AE* dial_ing_
model	*BE* model_ling_	*AE* model_ing_
quarrel	*BE* quarrel_ling_	*AE* quarrel_ing_
signal	*BE* signal_ling_	*AE* signal_ing_

Weitere Besonderheiten:
*control – control_ling_, patrol – patrol_ling_, extol – extol_ling_
die – dying, lie – lying, tie – tying
panic – panic_king_, frolic – frolic_king_, traffic – traffic_king_*

Allgemeines zum Gebrauch der *-ing*-Form

Ein bereits früher beschriebener Gebrauch der *-ing*-Form ist der zur Bildung
der Verlaufsform (= *progressive form*). Diesen finden Sie auf den Seiten 187 ff.
ausführlich dargestellt.

In diesem Kapitel nun geht es um andere Verwendungen dieser außerordentlich häufig gebrauchten Form.

Kennzeichnend für die -ing-Form ist, dass sie außer als Verb (a *burning* candle = eine brennende Kerze) auch wie ein Nomen (the *burning* of dead leaves = das Verbrennen von totem Laub) gebraucht werden kann. In bestimmten Verwendungen weist die -ing-Form gleichzeitig nominale und verbale Eigenschaften auf.

1. Wie ein Nomen kann die -ing-Form

a. einen Artikel vor sich haben:

I did the shopping and the cooking.	Ich besorgte das Einkaufen und das Kochen.
The newspapers were filled with headlines about the sinking of ships, the burning of cities, and the toppling of governments.	Die Zeitungen waren voll mit Schlagzeilen über das Versenken von Schiffen, das Niederbrennen von Städten und das Stürzen von Regierungen.

b. durch ein Adjektiv näher bestimmt werden:

The audience responded with rhythmic clapping.	Das Publikum antwortete mit rhythmischem Klatschen.

c. Subjekt sein:

Learning makes a good man better and a bad man worse.	Bildung macht einen guten Mann besser und einen schlechten Mann schlechter.

d. Subjektkomplement sein:

The most important thing is listening.	Das Wichtigste ist (das) Zuhören.

e. direktes Objekt sein:

I enjoy reading.	Ich lese gern.

f. nach Präpositionen stehen:

I always run for half an hour without stopping.	Ich laufe immer eine halbe Stunde ohne anzuhalten.

2. Wie ein Verb kann die nominal gebrauchte -ing-Form

a. ein direktes Objekt zu sich nehmen:

Writing a book is a horrible, exhausting struggle.	Ein Buch zu schreiben ist ein schrecklicher, zermürbender Kampf.
Your biggest mistake was not telling your boss.	Dein größter Fehler war, dass du deinem Chef nichts gesagt hast.
She enjoys doing crossword puzzles.	Sie löst gern Kreuzworträtsel.

I look forward to <u>seeing</u> <u>you all</u> in May.	Ich freue mich darauf, euch alle im Mai zu sehen.

b. durch ein Adverb näher bestimmt werden:

<u>Doing</u> one's job <u>carelessly</u> is nothing to boast about.	Dass man seine Arbeit nachlässig tut, ist nicht etwas, womit man prahlen sollte.
She insisted on <u>seeing</u> him <u>immediately</u>.	Sie bestand darauf, ihn sofort zu sehen.

c. das Perfekt bilden:

<u>Having suffered</u> similar humiliations himself made him all the more sympathetic.	Dass er selbst ähnliche Demütigungen erfahren hatte, machte ihn umso mitfühlender.
She accused him of <u>having been</u> too soft.	Sie warf ihm vor, zu nachgiebig gewesen zu sein.

d. im Passiv stehen:

<u>Being locked</u> up in a filthy, stinking prison cell is not a pleasure.	In einer dreckigen, stinkenden Gefängniszelle eingesperrt zu werden, ist kein Vergnügen.
She sets much store by <u>being treated</u> with respect.	Sie legt großen Wert darauf, respektvoll behandelt zu werden.
He insisted on <u>being informed</u> immediately.	Er bestand darauf, sofort benachrichtigt zu werden.
She was surprised at <u>having been chosen</u>.	Sie war überrascht darüber, dass man sie ausgewählt hatte.

e. ein Sinnsubjekt haben (vgl. S. 311–313):

<u>You</u> <u>being</u> so quiet on the way back was what I appreciated.	Wofür ich dankbar bin, ist, dass du auf dem Rückweg so still warst.
I don't like <u>people</u> <u>not drinking</u> at my parties.	Ich habe es nicht gern, wenn Leute auf meinen Partys nichts trinken.
You don't mind <u>me</u> <u>calling</u> you Gerry?	Sie haben doch nichts dagegen, wenn ich Sie Gerry nenne?
We want to prevent <u>it</u> <u>happening</u> again.	Wir wollen verhindern, dass es wieder passiert.
I'm sick of <u>everybody</u> <u>asking</u> me that.	Ich bin es leid, dass jeder mich das fragt.

Nicht um die *-ing*-Form des Verbs, sondern um echte Nomen handelt es sich bei Wörtern wie *building(s)* (= Gebäude), *feeling(s)* (= Gefühl/e), *meeting(s)* (= Sitzung/en), *saying(s)* (= Sprichwort/Sprichwörter), *warning(s)* (= Warnung/en).

Ebenfalls nicht (mehr) -*ing*-Form des Verbs, sondern echte Adjektive sind Wörter wie *amusing* (= amüsant), *devastating* (= verheerend), *entertaining* (= unterhaltsam), *exciting* (= aufregend), *interesting* (= interessant) und *striking* (= auffallend).
Entsprechendes gilt für Präpositionen wie *during* (= während), *following* (= nach) und *including* (= einschließlich).

Die -*ing*-Form nach Präpositionen

Ein auf eine <u>Präposition</u> folgendes Verb steht immer in der -*ing*-Form:

<u>After</u> <u>selling</u> their house they emigrated to Australia.	Nachdem sie ihr Haus verkauft hatten, emigrierten sie nach Australien.
<u>Apart from</u> <u>being</u> too short the film was excellent.	Abgesehen davon, dass er zu kurz war, war der Film ausgezeichnet.
How <u>about</u> <u>going</u> to the Highlands?	Wie wär's, wenn wir in die Highlands fahren?
We'll win nothing <u>by</u> <u>playing</u> it safe.	Wir werden nichts gewinnen, indem wir auf Nummer sicher gehen.
She told him off <u>for</u> <u>hitting</u> Ken.	Sie schimpfte mit ihm, weil er Ken gehauen hatte.
At that time the house was no longer used <u>for</u> <u>living</u> in.	Zu dieser Zeit wurde das Haus nicht mehr für Wohnzwecke benutzt.
<u>Instead of</u> <u>going</u> to the office, he spent the day on the beach.	Anstatt ins Büro zu gehen, verbrachte er den Tag am Strand.
The man disappeared in the crowd <u>without</u> <u>being</u> recognized.	Der Mann verschwand in der Menge, ohne erkannt zu werden.
She slept for ten hours <u>without</u> <u>stirring</u>.	Sie schlief zehn Stunden, ohne sich zu rühren.

Häufig findet sich die Fügung Präposition + -*ing*-Form nach bestimmten Verben, Adjektiven und Nomen, die deshalb in den folgenden Abschnitten systematisch dargestellt werden.

Verb + Präposition + -*ing*-Form

Die Präposition mit der nachfolgenden -*ing*-Form bilden zusammen das präpositionale Objekt des Verbs. Beachten Sie die durch die -*ing*-Form erreichte Ökonomie des Ausdrucks – die deutsche Entsprechung ist meist viel länger und komplizierter:

We must <u>concentrate on</u> doing what we can do best.	Wir müssen uns darauf konzentrieren, das zu tun, was wir am besten können.
I began to <u>dream of</u> being a great painter one day.	Ich begann davon zu träumen, dass ich eines Tages ein großer Maler sein würde.
I don't <u>feel like</u> swimming today.	Mir ist heute nicht nach Schwimmen zumute.
I never <u>got around to</u> reading the book.	Ich kam nie dazu, das Buch zu lesen.
She <u>insisted on</u> taking a taxi.	Sie bestand darauf, ein Taxi zu nehmen.
We're <u>looking forward to</u> seeing you again soon.	Wir freuen uns darauf, euch bald wiederzusehen.
She always <u>refrained from</u> taking sides.	Sie unterließ es stets, Partei zu ergreifen.
He <u>succeeded in</u> bringing the two leaders to the negotiating table.	Es gelang ihm, die beiden Führer an den Verhandlungstisch zu bringen.
He <u>took to</u> reading the Bible in his spare time.	Er fing an, in seiner Freizeit die Bibel zu lesen.
I was <u>thinking about</u> making a couple of sandwiches.	Ich hatte daran gedacht, ein paar Butterbrote zu machen.

Weitere Verben, auf die häufig die genannte Präposition mit einer
-*ing*-Form folgt:

accuse sb of	count on	keep sb from
admit of/to	decide against	live by
amount to	delight in	object to
apologize (to sb) for	desist from	persist in
assist (sb) in	despair of	profit by
begin by	devote oneself to	rely on
believe in	disapprove of	see about
benefit by/from	engage in	shy away from
boast (to sb) about/of	escape from	specialize in
bother about	fail in	talk about/of
care about	gamble on	testify to
come of/from	get away with	think of
complain (to sb) about/of	get down to	vote against
conclude by	get out of	warn (sb) against
confess to	hurry into	worry about
consist in	indulge in	

Adjektiv + Präposition + -*ing*-Form

Auch nach einem prädikativen (d. h. nicht vor einem Nomen stehenden)
Adjektiv steht die Fügung Präposition + -*ing*-Form häufig als präpositionales
Objekt:

I was <u>afraid of</u> <u>waking</u> you up.	Ich hatte Angst, dich aufzuwecken.
He's the only leader <u>capable of</u> <u>holding</u> the country together.	Er ist der einzige Führer, der imstande ist, das Land zusammenzuhalten.
They didn't even come <u>close</u> <u>to</u> <u>winning</u>.	Sie kamen einem Sieg noch nicht einmal nahe.
I'm not <u>good at</u> <u>playing</u> from memory.	Ich kann nicht gut auswendig spielen.
He pleaded <u>guilty to</u> <u>tampering</u> with evidence.	Er bekannte sich schuldig, Beweismaterial verfälscht zu haben.
The meeting was <u>late in</u> <u>starting</u>.	Die Sitzung begann verspätet.
The answer was not <u>long in</u> <u>coming</u>.	Die Antwort ließ nicht lange auf sich warten.
I'm <u>sorry for</u> <u>losing</u> my temper.	Es tut mir Leid, dass ich die Beherrschung verloren habe.
She was getting <u>tired of</u> <u>having</u> to listen to the same stories over and over again.	Sie wurde es leid, sich dieselben Geschichten immer wieder anhören zu müssen.

Weitere Adjektive, auf die häufig eine Präposition + *-ing*-Form folgt:

accustomed to	excited about	pleased at
alarmed at	famous for	preferable to
amazed at	fond of	preoccupied with
angry at	fortunate in	proficient at
ashamed of	frightened of	proud of
astonished at	glad at	right in
available for	guilty of	ripe for
bad at	happy about	serious about
certain of	hopeful about	shy of
clever at	intent on	sick of
conscious of	interested in	slow in
correct in	keen on	suitable for
crazy about	near to	tantamount to
delighted at	necessary for	used to
disappointed at	nervous about	useful for
engaged in	notorious for	weary of
enthusiastic about	optimistic about	wrong in
equivalent to	pessimistic about	

Nomen + Präposition + *-ing*-Form

Auch zahlreiche Nomen lassen sich durch eine an eine Präposition angehängte *-ing*-Fügung näher bestimmen:

He has a remarkable <u>aptitude for</u> <u>saying</u> the wrong thing.	Er hat ein bemerkenswertes Talent, immer das Falsche zu sagen.

Do you think there's any chance of getting a job? — Meinen Sie, dass irgendeine Möglichkeit besteht, Arbeit zu bekommen?

He was sentenced to death by hanging. — Er wurde zum Tod durch den Strang verurteilt.

She hardly dared breathe for fear of disturbing him. — Aus Furcht ihn zu wecken wagte sie kaum zu atmen.

There are good grounds for believing that he had an accomplice. — Es gibt gute Gründe zu der Annahme, dass er einen Komplizen hatte.

She had this stupid habit of coyly looking upward from downcast eyes. — Sie hatte diese dumme Gewohnheit, aus niedergeschlagenen Augen verschämt nach oben zu blicken.

I have no intention of letting you in on my secrets. — Ich habe keine Absicht, Sie in meine Geheimnisse einzuweihen.

Education is a means of preserving our culture. — Bildung ist ein Mittel, unsere Kultur zu bewahren.

There are no insurmountable obstacles to solving this problem. — Der Lösung dieses Problems stehen keine unüberwindbaren Hindernisse entgegen.

A funeral is hardly an occasion for telling jokes. — Eine Beerdigung ist kaum eine Gelegenheit zum Witzeerzählen.

These meetings offer the opportunity for talking things through in a more relaxed way. — Diese Begegnungen bieten die Möglichkeit, Dinge in zwangloserer Weise durchzusprechen.

There's no point in rubbing him up the wrong way. — Es bringt nichts, ihn vor den Kopf zu stoßen.

What's the use of explaining it to him? — Was nützt es, wenn man es ihm erklärt?

There's no other way of getting the material. — Es gibt keine andere Möglichkeit, das Material zu bekommen.

Weitere Nomen, auf die häufig eine Präposition + -*ing*-Form folgt:

advantage of	difficulty in/of	liberty of
alternative to	dislike for/of	love for
aversion to	excuse for	method of
basis for	experience in	misfortune of
belief in	flair for	mode of
blame for	fondness for	necessity for
capability of	genius for	need for
choice between	hesitation in	objection to
compromise between	hope of	opportunity of
danger of	impression of	place for
(a great) deal of	interest in	plan for
difference between	knack for	pleasure from/in/of

possibility of	reason for	talent for
preference for	reputation for/of	taste for
pride in	satisfaction in	tendency towards
privilege of	step of	trouble in
process of	surprise at	(with a) view to

Einige der hier aufgeführten Nomen erlauben neben der Konstruktion Präposition + -ing-Form auch das Anhängen eines to-Infinitivs:

I never got a <u>chance</u> <u>to thank</u> her.	Ich bekam nie eine Möglichkeit, ihr zu danken.
We have <u>means</u> <u>to make</u> you talk.	Wir haben Mittel, Sie zum Reden zu bringen.
He took the <u>occasion</u> <u>to thank</u> her for her support.	Er benutzte die Gelegenheit, um ihr für ihre Hilfe zu danken.
We offer you a great <u>opportunity</u> <u>to make</u> money.	Wir bieten Ihnen eine großartige Gelegenheit, Geld zu verdienen.

Beachten Sie die vielfältigen Fügungsmöglichkeiten bei *habit* und *pleasure*:

He has the irritating <u>habit of</u> <u>discussing</u> our private affairs with complete strangers.	Er hat die ärgerliche Gewohnheit, unsere Privatangelegenheiten mit wildfremden Leuten zu diskutieren.
I'm not in the <u>habit of</u> discussing our private affairs with complete strangers.	Ich habe nicht die Gewohnheit, unsere Privatangelegenheiten mit wildfremden Leuten zu diskutieren.
It isn't my <u>habit</u> <u>to discuss</u> our private affairs with complete strangers.	Es ist nicht meine Gewohnheit, unsere Privatangelegenheiten mit wildfremden Leuten zu diskutieren

---

She takes <u>pleasure in</u> <u>making</u> little presents.	Sie hat Freude daran, kleine Geschenke zu machen.
Would you do me the <u>pleasure</u> <u>of</u> <u>accepting</u> this little present?	Würden Sie mir die Freude machen, dieses kleine Präsent anzunehmen?
It's been a <u>pleasure</u> meeting you.	Es hat mich sehr gefreut, Sie kennen zu lernen.
It is a <u>pleasure</u> <u>to send</u> you a copy of our catalogue.	Es ist uns eine Freude, Ihnen ein Exemplar unseres Katalogs zu übersenden.

Nach *difficulty, trouble, point, use, sense* und *time* kann mit gleicher Bedeutung sowohl in + -ing-Form als auch die -ing-Form allein stehen:

We had no <u>difficulty (in)</u> <u>finding</u> the right partners.	Wir hatten keine Schwierigkeit, die richtigen Partner zu finden.

Did you have any <u>trouble (in)</u> <u>getting</u> the right size?	Hatten Sie Schwierigkeiten, die richtige Größe zu bekommen?
There's no <u>point (in)</u> <u>buying</u> books if you don't read them.	Es hat doch keinen Sinn, Bücher zu kaufen, wenn man sie nicht liest.
There's no <u>use / sense (in)</u> <u>worrying</u> about the future.	Es hat keinen Sinn, sich über die Zukunft Sorgen zu machen.
They wasted no <u>time (in)</u> <u>rejecting</u> my proposal.	Sie brauchten nicht viel Zeit, um meinen Vorschlag abzulehnen.

Beachten Sie:

To kann sowohl Funktionswort beim Infinitiv (also mit nachfolgender Grundform) als auch Präposition (mit nachfolgender -*ing*-Form) sein:

That's the best <u>way</u> to express it.	Das ist die beste Art, es auszudrücken.
She is on her <u>way to</u> becoming a celebrity.	Sie ist auf dem Weg, eine Berühmtheit zu werden.

-*ing*-Form nach Verben

Als „Ketten-Verben" (→ S. 278) haben wir Verben bezeichnet, an die ein weiteres Verb angehängt werden kann.
Nach bestimmten Ketten-Verben muss das angehängte Verb die Form des *to*-Infinitivs haben (→ S. 279–280); nach anderen kann sowohl der *to*-Infinitiv als auch auch die -*ing*-Form stehen (→ S. 307–310).
Hier nun behandeln wir die Ketten-Verben, denen ein weiteres Verb nur in der -*ing*-Form zugeordnet werden kann – der Infinitiv mit oder ohne *to* ist ausgeschlossen:

He <u>admitted</u> <u>taking</u> the money.	Er gab zu, das Geld genommen zu haben.
She <u>avoided</u> <u>looking</u> at him.	Sie vermied es, ihn anzusehen.
Such a man as president – it doesn't <u>bear</u> <u>thinking</u> about.	So ein Mann als Präsident – man möchte gar nicht daran denken.
He <u>considered</u> <u>handing</u> in his resignation.	Er erwog, seinen Rücktritt einzureichen.
He <u>denies</u> ever <u>accepting</u> illegal donations.	Er bestreitet, jemals illegale Spenden entgegengenommen zu haben.
She <u>denied</u> ever <u>having</u> met the man.	Sie bestritt, mit dem Mann je zusammengetroffen zu sein.
I <u>enjoy</u> <u>being</u> with you.	Ich bin sehr gern mit dir zusammen.
I've just <u>finished</u> <u>reading</u> it.	Ich habe es gerade zu Ende gelesen.
He has <u>given up</u> <u>smoking</u>.	Er hat das Rauchen aufgegeben.

You <u>couldn't help</u> <u>admiring</u> her courage.	Man konnte nicht umhin, ihren Mut zu bewundern.
I can't <u>imagine</u> <u>living</u> anywhere else.	Ich kann mir nicht vorstellen, woanders zu wohnen.
He <u>keeps</u> <u>asking</u> questions I can't answer.	Immer wieder stellt er Fragen, die ich nicht beantworten kann.
I don't <u>mind</u> <u>working</u> nights.	Mir macht es nichts aus, nachts zu arbeiten.
The company has <u>quit / stopped</u> <u>making</u> airplane engines.	Die Firma hat die Herstellung von Flugzeugmotoren eingestellt.
I couldn't <u>resist</u> <u>mentioning</u> that.	Ich konnte mir nicht verkneifen, das zu erwähnen.
We <u>risk</u> <u>losing</u> the election if we <u>go on</u> <u>squabbling</u> publicly.	Wir riskieren, die Wahl zu verlieren, wenn wir uns weiter öffentlich streiten.
I <u>couldn't stand</u> <u>living</u> here.	Ich könnte es nicht ertragen, hier zu wohnen.
She <u>suggested</u> <u>taking</u> the night train.	Sie schlug vor, den Nachtzug zu nehmen.

Weitere Verben, an die ein zweites Verb nur in der -ing-Form angehängt werden kann:

abhor	delay	leave off	recommend
acknowledge	detest	loathe	regard
adore	discontinue	mention	relish
advise	discuss	miss	report
advocate	dislike	oppose	require
allow	encourage	permit	resent
appreciate	escape	postpone	resume
burst out	fancy	practise	set about
contemplate	favour	put off	take up
cut out	involve	recall	value
debate	keep on	recollect	welcome

> Bei den bisher in diesem Abschnitt behandelten Ketten-Verben ist die angehängte -ing-Fügung als direktes Objekt anzusehen; in den nachstehenden Fällen hingegen ist dies nicht der Fall:
>
> | | |
> |---|---|
> | I'm going <u>shopping</u>. | Ich gehe einkaufen. |
> | The children went <u>swimming</u>. | Die Kinder gingen schwimmen. |
> | The little ones came <u>running</u>. | Die Kleinen kamen angerannt. |
> | The men sat <u>gazing</u> into the fire. | Die Männer saßen da und starrten ins Feuer. |

Verben, nach denen sowohl -ing-Form als auch to-Infinitiv stehen kann

An eine beschränkte Zahl von Ketten-Verben kann sowohl eine -ing-Form als auch ein to-Infinitiv angehängt werden. Es lassen sich hier zwei Gruppen unterscheiden:
1. Die Fügung Ketten-Verb + -ing-Form ist annähernd bedeutungsgleich mit der Fügung Ketten-Verb + to-Infinitiv.
2. Die beiden Fügungen haben eine deutlich unterscheidbare Bedeutung.

Zur ersten Gruppe – -ing-Form und to-Infinitiv annähernd bedeutungsgleich (wenn auch nicht immer austauschbar!) – gehören:

can't / couldn't bear	continue	like
begin	dread	love
bother	fear	prefer
cease	hate	propose (= *beabsichtigen*)
commence	intend	start

Beispiele:

He's a pompous ass – <u>couldn't bear</u> to be / being laughed at.	Er ist ein Wichtigtuer – könnte es nicht ertragen, wenn man über ihn lachte.
You would have found out if you'd <u>bothered</u> phoning / to phone.	Du hättest es erfahren, wenn du dir die Mühe gemacht hättest anzurufen.
She <u>began / started</u> speaking / to speak.	Sie begann zu sprechen.
They'll <u>continue</u> to work / working together.	Sie werden weiter zusammenarbeiten.
She <u>dreaded</u> returning to her empty flat.	Sie fürchtete sich vor der Rückkehr in ihre leere Wohnung.
I <u>dread to think</u> of the future.	An die Zukunft wage ich gar nicht zu denken.
He <u>intends</u> to go / going into politics.	Er beabsichtigt in die Politik zu gehen.
I <u>hate</u> being / to be kept waiting.	Ich hasse es, wenn man mich warten lässt.

Mitunter entscheidet man sich für die eine oder andere Form, um ein Zusammentreffen zweier gleicher Formen (z. B. *She was beginning speaking. They want to continue to work together.*) zu vermeiden:

She was <u>beginning</u> to speak.	Sie begann gerade zu sprechen.
They <u>want to continue</u> working together.	Sie wollen weiter zusammenarbeiten.
He seems to <u>intend</u> going into politics.	Er scheint die Absicht zu haben, in die Politik zu gehen.

I <u>hate</u> <u>having</u> to tell people to go.	Ich hasse es, wenn ich Leuten sagen muss, dass sie gehen sollen.

Manchmal wird die Wahl der Form auch von Aspektvorstellungen (→ S. 190) beeinflusst: *to*-Infinitiv = einfacher Aspekt, *-ing*-Form = progressiver Aspekt:

The company has <u>ceased</u> to exist.	Die Firma hat aufgehört zu existieren.
The company has <u>ceased</u> making semiconductors.	Die Firma hat aufgehört, Halbleiter herzustellen.

Nach *like, love, hate* und *prefer* mit vorangehendem *would, should* oder *'d* steht in der Regel keine *-ing*-Form:

I <u>like</u> <u>being</u> / <u>to be</u> alone.	Ich bin gern allein.
I'd <u>like</u> <u>to be</u> alone.	Ich möchte gern allein sein.
I <u>love</u> <u>talking</u> / <u>to talk</u> to her.	Ich rede furchtbar gern mit ihr.
I'd <u>love</u> <u>to talk</u> to her.	Ich würde furchtbar gern mit ihr reden.
I <u>hate</u> <u>eating</u> / <u>to eat</u> alone.	Ich hasse es, allein zu essen.
I'd <u>hate</u> <u>to go</u> alone.	Ich würde sehr ungern allein fahren.
I <u>prefer</u> <u>working</u> / <u>to work</u> from home.	Ich ziehe es vor, zu Hause zu arbeiten.
I'd <u>prefer</u> <u>to work</u> from home.	Ich würde es vorziehen, zu Hause zu arbeiten.

Gelegentlich gebraucht man entgegen dieser Regel doch die *-ing*-Form, wenn eine stilistisch unschöne Häufung von *to*-Infinitiven vermieden werden soll:

I'd <u>prefer</u> not <u>having</u> to try to persuade him to make an exception.	Es wäre mir lieber, wenn ich nicht versuchen müsste, ihn dazu zu überreden, dass er eine Ausnahme macht.

Zur zweiten Gruppe (in Fügungen mit *-ing*-Form und *to*-Infinitiv nicht bedeutungsgleich) gehören die Verben:

chance	go on	regret	try
deserve	mean	remember	want
forget	need	stop	
get	propose (= *beabsichtigen / vorschlagen*)		

Eine *-ing*-Form nach *deserve, need* und *want* hat passivische Bedeutung, ein *to*-Infinitiv dagegen aktivische:

It's an idea that <u>deserves</u> <u>thinking</u> about.	Es ist eine Idee, die es verdient, dass man über sie nachdenkt.
It's an idea that <u>deserves</u> <u>to catch</u> on.	Es ist eine Idee, die es verdient, sich durchzusetzen.
We'll do what <u>needs</u> <u>doing</u>.	Wir werden tun, was getan werden muss.
We'll <u>need</u> <u>to do</u> more than that.	Wir werden mehr als das tun müssen.
Don't you think your hair <u>wants</u> <u>cutting</u>?	Meinst du nicht, dass deine Haare mal geschnitten werden müssten?
Don't you <u>want</u> <u>to do</u> it yourself?	Willst/Möchtest du es nicht selbst tun?

> Natürlich kann das Passiv auch durch den (passiven!) *to*-Infinitiv ausgedrückt werden:
>
> | | |
> |---|---|
> | We'll do what <u>needs</u> <u>to be done</u>. | Wir werden tun, was getan werden muss. |

Eine *-ing*-Form nach *forget*, *remember* und *regret* bezieht sich auf die Vergangenheit; ein *to*-Infinitiv drückt Gleichzeitigkeit oder Zukünftigkeit aus:

I'll never <u>forget</u> <u>standing</u> there in the cheering crowd.	Ich werde nie vergessen, wie ich da in der jubelnden Menge stand.
Don't <u>forget</u> <u>to post</u> the letters.	Vergiss nicht, die Briefe einzuwerfen.
I <u>remember</u> <u>telling</u> her about it.	Ich erinnere mich, ihr davon erzählt zu haben.
I must <u>remember</u> <u>to tell</u> her about it.	Ich muss daran denken, ihr davon zu erzählen.
He still <u>regrets</u> <u>selling</u> the house.	Er bedauert immer noch, dass er das Haus verkauft hat.
We <u>regret</u> <u>to inform</u> you ...	Wir bedauern, Ihnen mitteilen zu müssen ...

> Ist das auf *stop* folgende Verb Objekt, so steht es in der *-ing*-Form; ist es adverbiale Bestimmung (d. h. könnte man *to* ersetzen durch *in order to* = *um zu*), so hat es die Form eines *to*-Infinitivs:
>
> | | |
> |---|---|
> | They <u>stopped</u> <u>talking</u>. | Sie hörten auf zu reden. |
> | They <u>stopped</u> <u>to talk</u>. | Sie blieben stehen / hielten inne, um sich zu unterhalten. |
> | | |
> | Greta Garbo <u>stopped</u> <u>making</u> movies when she was 36. | Greta Garbo hörte auf Filme zu machen, als sie 36 war. |
> | The car in front of them had <u>stopped</u> <u>to make</u> a left turn. | Das Auto vor ihnen hatte angehalten, um links abzubiegen. |

Beachten Sie auch die Bedeutungsunterschiede in den folgenden Satzpaaren:

I <u>got</u> <u>talking</u> to her.	Ich kam mit ihr ins Reden.
I <u>got</u> <u>to know</u> her quite well.	Ich lernte sie recht gut kennen.

That would <u>mean</u> <u>staying</u> overnight.	Das würde bedeuten über Nacht zu bleiben.
We didn't <u>mean</u> <u>to stay</u> overnight.	Wir wollten nicht über Nacht bleiben.

Some politicians have <u>proposed</u> <u>reintroducing</u> the death penalty.	Einige Politiker haben vorgeschlagen, die Todesstrafe wieder einzuführen.
The government <u>proposes</u> <u>to reintroduce</u> the death penalty.	Die Regierung hat vor, die Todesstrafe wieder einzuführen.

I <u>tried</u> <u>to sleep</u> but couldn't.	Ich versuchte zu schlafen, konnte es aber nicht.
I <u>tried</u> <u>counting</u> sheep but it didn't work.	Ich probierte es mit Schafezählen, aber das funktionierte nicht.

-ing-Form nach Adjektiven

Ein auf die Adjektive *busy* und *done* folgendes Verb steht in der *-ing*-Form:

She's <u>busy</u> <u>packing</u> her bags.	Sie ist damit beschäftigt, ihre Koffer zu packen.
When they were <u>done</u> <u>talking</u>, she got out her laptop.	Als ihre Unterhaltung zu Ende war, holte sie ihren Laptop heraus.

In diesem Zusammenhang ist auch die Fügung *be late + -ing* zu beachten:

We were <u>late</u> <u>getting</u> here.	Wir sind hier verspätet angekommen.
No. 10 was a little <u>late</u> <u>getting</u> the news because ...	Die britische Regierung erreichte die Nachricht etwas verspätet, weil ...

Eine ähnliche Konstruktion ist *be a long time + -ing*:

She was <u>a long time</u> <u>answering</u> the doorbell.	Es dauerte lange, bis sie auf das Klingeln reagierte.

Ein auf das Adjektiv *worth* folgendes *-ing*-Verb hat passivische Bedeutung; beachten Sie, wie stark die deutsche Entsprechung von der englischen Konstruktion abweicht:

Some traditions are not <u>worth</u> <u>preserving</u>.	Manche Traditionen sind es nicht wert, bewahrt zu werden.
That's an ideal <u>worth</u> <u>fighting</u> for.	Das ist ein Ideal, für das es sich zu kämpfen lohnt.

He never said anything that's worth remembering.	Er hat nie etwas gesagt, das zu merken sich lohnt.
It's a book well worth reading.	Es ist ein sehr lesenswertes Buch.
It's a risk worth taking.	Es ist ein Risiko, das man eingehen sollte.

-ing-Form nach it's / it was + Adjektiv oder Nomen

In dieser gar nicht seltenen Verwendung steht die -ing-Form nach *it is / it was / it has been / it would have been* etc. mit nachfolgendem Adjektiv oder Nomen:

It's useless talking to her.	Es hat keinen Sinn, mit ihr zu reden.
It was lovely having you here.	Es war wunderschön, euch hier zu haben.
It's been nice meeting you.	Ich habe mich gefreut, Sie kennen zu lernen.
It would have been terrific spending the night in the castle.	Es wäre toll gewesen, die Nacht in der Burg zu verbringen.
It's no use / no good hoping for better times.	Es hat keinen Zweck, auf bessere Zeiten zu hoffen.
It wasn't much fun standing there all day.	Es machte keinen großen Spaß, dort den ganzen Tag zu stehen.
It's a pleasure watching her play.	Es ist ein Vergnügen, ihr beim Spielen zuzuschauen.

-ing-Fügung mit eigenem Sinnsubjekt

Im ersten der beiden folgenden Beispiele ist das Subjekt der -ing-Fügung *sitting here* identisch mit dem Subjekt des „übergeordneten" Verbs *don't mind*; im zweiten Beispiel hat die -ing-Fügung ein eigenes Subjekt – *the boy*:

1. -ing-Fügung hat kein eigenes Sinnsubjekt:

| I hope you don't mind sitting here. | Ich hoffe, es macht Ihnen nichts aus, hier zu sitzen. |

2. -ing-Fügung hat ein eigenes Sinnsubjekt:

| I hope you don't mind the boy sitting here. | Ich hoffe, es macht Ihnen nichts aus, dass der Junge hier sitzt. |

Wird das Sinnsubjekt *the boy* in (2) durch ein Pronomen ersetzt, so kann dies die umgangssprachliche Objektform des Personalpronomens (3) oder das meist förmlicher wirkende Possessivpronomen (4) sein:

3. I hope you don't mind <u>him</u> sitting here.

Ich hoffe, es macht Ihnen nichts aus, dass er hier sitzt.

4. I hope you don't mind <u>his</u> sitting here.

Ich hoffe, es macht Ihnen nichts aus, dass er hier sitzt.

Dem förmlichen Possessivpronomen *his* entspricht beim Nomen der Genitiv, sodass zu (2) auch noch diese Variante (2a) denkbar ist:

2a. I hope you don't mind <u>the boy's</u> sitting here.

Ich hoffe, es macht Ihnen nichts aus, dass der Junge hier sitzt.

Diese Variante (2a) – Genitiv – ist extrem förmlich-schriftsprachlich und wird oft als schwerfällig oder gestelzt empfunden, ist also nicht zur Nachahmung zu empfehlen.

Nach den folgenden Verben können Possessivpronomen oder Genitiv <u>nicht</u> Sinnsubjekt einer -ing-Fügung sein:
feel, (over)hear, listen to, look at, notice, observe, perceive, see, smell, spot, spy, watch; catch, discover, find, leave; get, have.
Hier findet also ausschließlich die Objektform des Personalpronomens oder ein Nomen ohne Genitivendung Verwendung. Beispiele:

She heard <u>the old clock</u> <u>ticking</u> loudly.

Sie hörte die alte Uhr laut ticken.

Fascinated, she listened to <u>him</u> <u>talking</u> about his plans.

Fasziniert hörte sie ihm zu, während er über seine Pläne sprach.

I noticed <u>him</u> <u>looking</u> around furtively.

Ich bemerkte, dass er sich verstohlen umblickte.

I saw <u>them</u> <u>hanging</u> around outside the station and wondered what they were doing there.

Ich sah sie vor dem Bahnhof herumlungern und fragte mich, was sie da wohl machten.

They left <u>me</u> <u>lying</u> on the pavement.

Sie ließen mich auf dem Bürgersteig liegen.

He got <u>the machine</u> <u>running</u> in no time.

Er brachte die Maschine im Handumdrehen ans Laufen.

She had <u>us</u> <u>reading</u> the poem aloud until we knew it by heart.

Sie ließ uns das Gedicht laut lesen, bis wir es auswendig konnten.

Weitere Beispiele zu den Typen (2)–(4):

(2) Sinnsubjekt ist ein Nomen, das nicht im Genitiv steht:

I'm suprised at a <u>man like you</u> <u>paying</u> attention to such rumours.

Ich bin überrascht, dass ein Mann wie Sie solchen Gerüchten Beachtung schenkt.

The nurse insisted <u>on</u> <u>the doctor</u> <u>being</u> fetched again.

Die Schwester bestand darauf, dass der Arzt wieder geholt wurde.

| They couldn't take a chance on <u>the guy</u> <u>not going</u> to the police. | Sie konnten es nicht darauf ankommen lassen, dass der Typ nicht zur Polizei ging. |
| Everything depended on <u>the door</u> <u>being</u> open. | Es hing alles davon ab, dass die Tür offen war. |

(3) Sinnsubjekt ist die Objektform des Personalpronomens:

Both her parents insisted on <u>me</u> <u>staying</u>.	Ihre Eltern bestanden beide darauf, dass ich blieb.
I know you don't want <u>me</u> <u>making</u> jokes.	Ich weiß, du willst nicht, dass ich Witze mache.
Chuck wasn't pleased about <u>you</u> <u>leaving</u> without a word.	Chuck war nicht erfreut darüber, dass du ohne ein Wort gegangen bist.
I can't imagine <u>him</u> <u>doing</u> such a thing.	Ich kann mir nicht vorstellen, dass er so etwas tut.
We want to prevent <u>it</u> <u>happening</u> again.	Wir möchten verhindern, dass es noch einmal passiert.
She doesn't like <u>us</u> <u>being</u> outside after dark.	Sie hat es nicht gern, wenn wir nach Anbruch der Dunkelheit noch draußen sind.
Nobody can prevent <u>them</u> <u>getting</u> married.	Niemand kann sie daran hindern, zu heiraten.

(4) Sinnsubjekt ist ein Possessivpronomen:

If you don't mind <u>my</u> <u>saying</u> so, Rachel, you oughtn't to have come in today.	Wenn du mir diese Bemerkung nicht übel nimmst, Rachel, du hättest heute nicht ins Büro kommen sollen.
I appreciate <u>your</u> <u>being</u> here.	Ich bin dankbar, dass Sie hier sind.
I can understand <u>his</u> <u>not wanting</u> to get involved.	Ich kann verstehen, dass er sich nicht engagieren möchte / dass er damit nichts zu tun haben möchte.
He downplayed the possibility of <u>our</u> <u>being</u> caught.	Die Möglichkeit, dass wir gefasst werden könnten, spielte er herunter.
There was no point in <u>their</u> <u>going on</u> living together.	Es hatte keinen Sinn, wenn sie weiter zusammenlebten.

Auch die adverbial gebrauchte *-ing*-Fügung kann ein eigenes Subjekt haben. Vgl. dazu S. 320–321.

-ing-Fügung in relativsatzähnlicher Funktion

Sehr häufig wird mit Hilfe einer *-ing*-Fügung ein Nomen oder Pronomen näher bestimmt. Gleich einem Relativsatz (→ S. 97 ff.) ist die *-ing*-Fügung hier also Attribut:

-ing-Fügung:

Most of the people <u>living here</u> are against the plan.	Die meisten der hier wohnenden Menschen sind gegen den Plan.
The reporters <u>accompanying the president</u> were surprised.	Die den Präsidenten begleitenden Reporter waren überrascht.
Ireland is an island <u>lying on the western fringe of Europe</u>.	Irland ist eine am westlichen Rand Europas liegende Insel.

Relativsatz:

Most of the people <u>who live / who are living here</u> are against the plan.	Die meisten Menschen, die hier wohnen, sind gegen den Plan.
The reporters <u>who were accompanying / who accompanied the president</u> were surprised.	Die Reporter, die den Präsidenten begleiteten, waren überrascht.
Ireland is an island <u>that lies on the western fringe of Europe</u>.	Irland ist eine Insel, die am westlichen Rand Europas liegt.

Wir sehen aus den vorstehenden Beispielen:

1. Der *-ing*-Fügung entspricht unverkürzt nicht notwendigerweise eine Verlaufsform: *an island <u>lying</u>* ← *an island <u>that lies</u>* (nicht: *that is lying*).

2. Die *-ing*-Fügung ist zeitlich neutral, d. h. ihr kann unverkürzt eine Zeitform der Gegenwart, Vergangenheit, Zukunft usw. entsprechen:
the people living here ← *the people who <u>live</u> here* (*present tense*),
the reporters accompanying the president ← *the reporters who <u>were accompanying</u> the president* (*past tense*)

3. Anders als ihre deutsche Entsprechung steht die (mehr als ein Wort umfassende) *-ing*-Fügung immer hinter ihrem Bezugswort:
the people <u>living here</u> = *die <u>hier lebenden</u> Menschen*
Eine einzelne (d. h. aus <u>einem</u> Wort bestehende, nicht erweiterte) *-ing*-Form hingegen kann vor ihrem Bezugswort stehen:
one of the best <u>living</u> poets = *einer der besten <u>heute lebenden</u> Dichter*

Wie die entsprechenden Relativsätze (→ S. 98), kann die attributive -ing-
Fügung <u>bestimmend</u> (d. h. für das Verständnis des Bezugswortes notwendig)
oder <u>nicht bestimmend</u> (d. h. für das Verständnis des Bezugswortes
entbehrlich) sein.

Bestimmende -ing-Fügungen (<u>ohne</u> Sprechpausen bzw. Kommas):

There is new hope now for people <u>suffering from this disease</u>.	Für Menschen, die an dieser Krankheit leiden, gibt es jetzt neue Hoffnung.
There are quite a few retired people <u>inventing useful things</u>.	Es gibt nicht wenige Ruheständler, die nützliche Dinge erfinden.
Here's a photo of her <u>sitting on her uncle's lap</u>.	Hier ist ein Foto von ihr, wie sie auf dem Schoß ihres Onkels sitzt.
Crime is one of the main problems <u>facing our country today</u>.	Die Kriminalität ist eines der Hauptprobleme, denen unser Land heute gegenübersteht.
We have received hundreds of letters <u>supporting our decision</u>.	Wir haben Hunderte von Briefen erhalten, in denen unsere Entscheidung unterstützt wird.
His eyes began to gleam like those of a cat <u>scenting a plump mouse</u>.	Seine Augen begannen zu funkeln wie die einer Katze, die eine fette Maus wittert.

Nicht bestimmende -ing-Fügungen (<u>mit</u> Sprechpausen bzw. Kommas):

Martin<u>, sitting stunned,</u> does not see her.	Martin, der wie gelähmt dasitzt, sieht sie nicht.
Her mother<u>, knowing what awaited her,</u> never came back.	Ihre Mutter, die wusste, was sie erwartete, kehrte nie zurück.
The hot sun<u>, beating directly on to the glass,</u> dried up the last traces of moisture.	Die heiße Sonne, die direkt auf das Glas prallte, trocknete die letzten Spuren von Feuchtigkeit weg.
The young soldiers<u>, having very little experience in war and none at all in defeat,</u> opened fire with their rifles.	Die jungen Soldaten, die sehr wenig Erfahrung im Krieg und gar keine im Besiegtwerden hatten, eröffneten mit ihren Gewehren das Feuer.

-ing-Fügung als adverbiale Bestimmung

Die -ing-Fügung als adverbiale Bestimmung kommt besonders in
der Schriftsprache häufig vor. Im Deutschen entspricht ihr in der großen
Mehrzahl der Fälle:

1. ein durch *als, während, wenn, wobei, da* etc. eingeleiteter Nebensatz,
2. Nebeneinanderordnung mit *und,*

7

12

3. Wiedergabe durch eine Nominalgruppe,
4. Wiedergabe durch eine Partizipialkonstruktion (wie im Englischen).

Beispiele:

1. Deutsche Entsprechung ist ein durch *als, während, wenn, wobei, da* etc.
eingeleiteter Nebensatz:

<u>Glancing at her watch,</u> she saw that it was ten o'clock.	<u>Als</u> sie auf ihre Uhr schaute, sah sie, dass es zehn Uhr war.
<u>Gazing at myself in the mirror this morning,</u> I suddenly realized that I am old.	<u>Als / Während</u> ich mich heute Morgen im Spiegel betrachtete, wurde mir plötzlich klar, dass ich alt bin.
Your mother will get very worried <u>sitting all alone at home waiting for you.</u>	Ihre Mutter wird sich sehr Sorgen machen, <u>wenn</u> sie da ganz allein zu Hause sitzt und auf Sie wartet.
The bomb exploded, <u>tearing a deep crater in the basement of the building</u>.	Die Bombe explodierte, <u>wobei</u> sie einen tiefen Krater in das Untergeschoss des Gebäudes riss.
<u>Seeing that the boy's feet were wet,</u> she lit a fire and took off his shoes.	<u>Da</u> sie sah, dass die Füße des Jungen nass waren, zündete sie ein Feuer an und zog ihm die Schuhe aus.
<u>Being American,</u> I had a hard time with the dialect at first.	<u>Da</u> ich Amerikaner(in) bin, hatte ich zunächst Schwierigkeiten mit dem Dialekt.

> Auch im Englischen ist – besonders in der gesprochenen Sprache – die
> Nebensatzkonstruktion eine häufig genutzte Alternative zur *-ing*-Fügung:
> <u>When she glanced at her watch,</u> she saw that it was ten o'clock.
> <u>When I looked at myself in the mirror this morning,</u> I suddenly realized
>   that I am old.
> <u>Since I'm American,</u> I had a hard time with the dialect at first.

2. Die deutsche Entsprechung ordnet die Handlungen nebeneinander mit *und*:

She was sitting in the kitchen <u>eating a banana</u>.	Sie saß in der Küche <u>und</u> aß eine Banane.
I entered the room, <u>shutting the door behind me</u>.	Ich trat ins Zimmer und machte die Tür hinter mir zu.
For a moment they sat <u>looking at each other</u>.	Einen Augenblick lang saßen sie da und schauten sich an.
<u>Sitting on the bench in front of the house,</u> he shouted for me to bring him his newspaper.	Er saß auf der Bank vor dem Haus <u>und</u> rief, ich solle ihm seine Zeitung bringen.

An appeaser is someone who feeds a crocodile, <u>hoping it will eat him last</u>.	Ein Beschwichtiger ist jemand, der ein Krokodil füttert und dabei hofft, dass es ihn als Letzten frisst.

3. Deutsche Entsprechung ist eine Nominalgruppe:

<u>Returning from the station,</u> he passed a cinema.	Auf dem Rückweg vom Bahnhof kam er an einem Kino vorbei.
<u>Hoping to recover their lands,</u> they took the side of the king.	In der Hoffnung, ihre Ländereien wiederzuerlangen, schlugen sie sich auf die Seite des Königs.
I went away <u>feeling awkward and guilty</u>.	Ich ging weg mit einem Gefühl der Verlegenheit und Schuld.

4. Deutsche Entsprechung ist eine Partizipialkonstruktion:

<u>Trembling with anger,</u> she turned away from him.	Zitternd vor Zorn wandte sie sich ab von ihm.
<u>Calmly smoking a cigarette,</u> he stood beside the car.	Ruhig eine Zigarette rauchend, stand er neben dem Auto.
<u>Sipping her coffee,</u> she stared out of the window.	Langsam ihren Kaffee trinkend, schaute sie aus dem Fenster.

Häufig besteht Gleichzeitigkeit zwischen der -*ing*-Fügung und dem konjugierten Verb des Hauptsatzes:

<u>Looking back,</u> he <u>sees</u> himself as a victim of political intrigues.	Rückblickend sieht er sich als Opfer politischer Intrigen.
<u>Looking back,</u> he <u>saw</u> himself as a victim of political intrigues.	Rückblickend sah er sich als Opfer politischer Intrigen.
<u>Looking back,</u> he <u>will probably see</u> himself as a victim of political intrigues.	Rückblickend wird er sich wahrscheinlich als Opfer politischer Intrigen sehen.

Nicht selten liegt aber die durch die adverbiale -*ing*-Fügung ausgedrückte Handlung <u>vor</u> der Handlung des Hauptsatzes:

<u>Putting on my trousers as fast as I could,</u> I hurried to the garden gate.	Nachdem ich (mir) so schnell wie möglich meine Hose angezogen hatte, eilte ich zum Gartentor.
<u>Picking up the phone,</u> I reported the call to the police.	Ich griff zum Telefon und meldete den Anruf der Polizei.
<u>Going back to his room,</u> he sat down at his desk and wrote a letter.	Er ging zurück in sein Zimmer, wo er sich an seinen Schreibtisch setzte und einen Brief schrieb.
<u>Taking her in his arms,</u> he kissed her.	Er nahm sie in die Arme und küsste sie.

Um eindeutig auszudrücken, dass die Handlung der -*ing*-Fügung bereits abgeschlossen war, als die des Hauptsatzes einsetzte, kann man die Formen *having* + -*ed*-Partizip oder *after* + -*ing* verwenden:

<u>Having found the bag,</u> I dashed back to the check-in desk.	Nachdem ich die Tasche gefunden hatte, raste ich zum Abfertigungs-schalter zurück.
<u>Having finally made a decision,</u> she felt better.	Nachdem sie endlich eine Entscheidung getroffen hatte, fühlte sie sich besser.
Jack was already in New York, <u>having flown there three days earlier from London</u>.	Jack war bereits in New York, wo er drei Tage vorher von London aus hingeflogen war.
Many cops retire after long careers <u>never having drawn their gun</u>.	Viele Polizisten gehen nach vielen Dienstjahren in den Ruhestand, ohne je von ihrer Waffe Gebrauch gemacht zu haben.

- -

She knew the poem by heart <u>after hearing it only twice</u>.	Sie konnte das Gedicht auswendig, nachdem sie es nur zweimal gehört hatte.
<u>After seeing that movie</u> I had no desire to see any others she was in.	Nachdem ich diesen Film gesehen hatte, hatte ich kein Verlangen, noch andere zu sehen, in denen sie mitspielte.
<u>Long after gaining independence,</u> Ireland remained hugely dependent on Britain.	Noch lange nach Erlangung der Unabhängigkeit blieb Irland in hohem Maße abhängig von Großbritannien.
He died <u>after being accidentally wounded by his own troops during the Battle of Chancellorsville</u>.	Er starb, nachdem er während der Schlacht von Chancellorsville versehentlich von seinen eigenen Soldaten verwundet worden war.

Nicht selten kommt es auch zu einer Kombination der beiden Formen *having* + -*ed*-Partizip und *after* + -*ing*:

In 1994 she became a resident of the city <u>after having spent ten years in the Middle East</u>.	1994 wurde sie in der Stadt ansässig, nachdem sie zehn Jahre im Nahen Osten verbracht hatte.
Why did dinosaurs vanish so abruptly <u>after having dominated the planet for 70 million years</u>?	Warum verschwanden die Dinosaurier so plötzlich, nachdem sie den Planeten 70 Millionen Jahre lang beherrscht hatten?

Zur Verdeutlichung der Aussage wird der -ing-Fügung auch häufig eine Konjunktion (hier: *when*, *while*, *as though*) oder eine andere Präposition als *after* (hier: *before*, *by*, *on*) vorangestellt:

Make sure you're really smartly dressed <u>when visiting clients</u>.	Achten Sie darauf, dass Sie wirklich schick angezogen sind, wenn Sie Kunden besuchen.
He was shot <u>while walking his dog</u>.	Er wurde erschossen, als/während er mit seinem Hund spazieren ging.
He spoke quietly, <u>as though talking to himself</u>.	Er sprach leise, als ob er mit sich selbst redete.

<u>Before doing anything rash,</u> listen to what he has to say.	Bevor du irgendwas überstürzt, höre dir an, was er zu sagen hat.
Aesop defended a corrupt politician <u>by telling the fable of the fox and the hedgehog</u>.	Äsop verteidigte einen korrupten Politiker, indem er die Fabel vom Fuchs und dem Igel erzählte.
<u>On hearing that the coup had failed,</u> they went into hiding.	Als sie hörten, dass der Staatsstreich fehlgeschlagen war, tauchten sie unter.

Die Beliebtheit der adverbialen -ing-Fügung führt mitunter zu ihrem Missbrauch – auch durch Muttersprachler und in gedruckten Texten:

<u>While delivering his speech,</u> an egg hit him in the face.

Die -ing-Fügung ist hier durchaus ökonomisch und elegant; sie hat nur einen Fehler: Sie hängt in der Luft, d. h. sie bezieht sich nicht auf das Subjekt (*an egg*), auf das sie sich beziehen müsste. Englische Grammatiker sprechen von einem *dangling participle*, einer „baumelnden" -ing-Form (→ S. 327). Grammatisch ist es ein Ei, das des Präsidenten Rede hält, um ihn dann am Kopf zu treffen. Wäre der Satz mit einem Subjekt wie *he* oder *the president* weitergegangen, so wäre er in Ordnung gewesen:

<u>While delivering his speech,</u> he / the president was hit by an egg.	Während er seine Rede hielt, wurde er / der Präsident von einem Ei getroffen.

In dem korrekten Satz haben wir aber eine Information nicht untergebracht, die dem Autor des falschen Satzes wichtig erschien: *in the face*. Fügen wir diesen Zusatz unserer korrekten Fassung hinzu, so merken wir, warum der Autor statt des Passivs (*he was hit by an egg*) das Aktiv (*an egg hit him*) wählte und damit in die Falle des *dangling participle* tapste:

<u>While delivering his speech,</u> he / the president was hit in the face by an egg.

Der Hauptsatz klingt so etwas umständlich, er fließt nicht gut, und diesen Mangel können wir nur beheben, indem wir zum Aktiv zurückkehren, ohne dabei allerdings den Fehler des *dangling participle* zu wiederholen:

<u>While he was delivering his speech,</u> an egg hit him / the president in the face.

In dieser letzten Fassung haben wir also auf die satzverkürzende *-ing*-Fügung zugunsten eines adverbialen Nebensatzes mit eigenem Subjekt (*he*) und Prädikat (*was delivering his speech*) verzichtet.

Zu erwähnen ist allerdings, dass es „in der Luft hängende", d. h. nicht auf das Subjekt bezogene *-ing*-Fügungen gibt, die im Laufe der Zeit zu idiomatischen Wendungen „geronnen" sind und daher als grammatisch legitim angesehen werden:

<u>Speaking of whisky,</u> what's your favourite malt?	Da wir gerade von Whisky sprechen, was ist Ihr Lieblings-Malt-Whisky?
<u>Talking of restaurants,</u> is there a good Italian one round here?	Da wir gerade von Restaurants reden, gibt es hier in der Nähe einen guten Italiener?
<u>Judging from the opinion polls,</u> he doesn't have a ghost of a chance.	Den Umfragen nach zu urteilen, hat er nicht den Schatten einer Chance.
<u>Broadly speaking,</u> the Administration faces decisions in three areas.	Allgemein gesprochen stehen für die Regierung Entscheidungen auf drei Gebieten an.
<u>Frankly speaking,</u> I don't know what you're getting at.	Ich weiß offen gesagt nicht, worauf Sie hinauswollen.
<u>Putting it mildly,</u> he's not the most reliable of men.	Er ist, gelinde gesagt, nicht der Verlässlichsten einer.
<u>Strictly speaking,</u> the rule doesn't apply here.	Streng genommen trifft die Regel hier nicht zu.

Schließlich sei noch auf die Möglichkeit hingewiesen, auch der adverbial gebrauchten *-ing*-Fügung (→ S. 291–293, 311–313) <u>ein eigenes Sinnsubjekt</u> zuzuordnen – eine Konstruktion, die sich allerdings fast ausschließlich in der Schriftsprache findet:

She looked at the man, <u>her mind</u> racing.	Sie sah den Mann an, wobei ihr Verstand fieberhaft arbeitete.
By the time we got up she had the fire long lit, <u>the grey cat</u> stretching in front of the stove.	Als wir schließlich aufstanden, hatte sie längst das Feuer am Brennen und die graue Katze streckte sich vor dem Ofen.

<u>Her husband</u> <u>being a country doctor,</u> she was used to the phone ringing at night.	Da ihr Mann ein Landarzt war, war sie daran gewöhnt, dass das Telefon nachts klingelte.
<u>It</u> <u>being market day,</u> the town was full.	Da Markttag war, war die Stadt voll.
<u>Jane and the children</u> <u>having gone to the seaside,</u> he felt quite lonely.	Da Jane und die Kinder an die See gefahren waren, fühlte er sich recht einsam.
(With) <u>No one in the class</u> <u>having read the book,</u> there was no point in discussing it.	Da niemand in der Klasse das Buch gelesen hatte, hatte es keinen Sinn, es zu diskutieren.
With <u>the phone</u> <u>ringing every two minutes,</u> I'm unable to get any work done.	Wenn hier alle zwei Minuten das Telefon klingelt, kann ich ja nichts geschafft bekommen.
Their little brother had grown up <u>without</u> <u>their noticing</u>.	Ihr kleiner Bruder war erwachsen geworden, ohne dass sie es bemerkt hatten.

T

Test 16 Die -ing-Form

1. Setzen Sie Präposition + -ing-Form ein.

a) He has been accused (take) bribes.

b) She doesn't believe (spend) lots of money on advertising.

c) The official confessed (set) up a smuggling ring.

d) He delights (crack) jokes with his friends.

e) I must insist (see) her at once.

f) She objected (be) made the scapegoat for the disaster.

g) He was found guilty (sell) cocaine to schoolchildren.

h) Are you serious (want) to quit?

2. To-Infinitiv oder -ing-Form?

a) He abhors (be) on the losing side.

b) I adore (lunch) with you.

c) The company has agreed (pay) compensation.

d) The new drug appears (be) highly effective.

e) They were convicted of (attempt) (rob) a man in Hyde Park.

f) They chose (ignore) the warning.

g) He consented (accept) their proposal just as it was.

h) After this debacle, the minister considered (resign).

i) At first he denied (be) in the car, but later he admitted it.

j) She detests (be) alone.

k) I'm dying (read) her new novel.

l) I dislike (be) bullied.

m) I enjoy (watch) other people work.

n) How do you expect me to finish my story if you keep (interrupt) all the time?

o) I loathe (sit) about in this house being disapproved of.

p) Jane looked at him for a moment, made (reply), but changed her mind and kept silent.

q) You can live continuously in a city of a quarter million and miss (see) certain people for years.

r) Only the half-educated profess (know) all the answers.

s)   I wish you'd quit (worry) about money.
t)   I do not relish (be) awakened in the middle of the night.
u)   I tremble (think) what may have happened to her.
v)   I value (be) independent.

3. Übersetzen Sie.

a)   Er träumt davon, eines Tages den Hamlet zu spielen.
b)   Wir freuen uns darauf, euch im August zu besuchen.
c)   Mir ist nicht nach Essen zumute.
d)   Ich bin nicht gewöhnt, nachts zu arbeiten.
e)   Sie bestand darauf, mit uns ein Glas Wein zu trinken.
f)   Einem der Gefangenen gelang es zu fliehen.
g)   Ich kann mir nicht vorstellen, dass sie das tut.
h)   Sie verbringt viel Zeit mit Lesen.
i)   Er beschäftigte sich durch das Lesen von Büchern und Schreiben von Briefen.
j)   Wenn man dieses Buch liest, versteht man seine Motive besser.

1. a) of taking b) in spending c) to setting d) in cracking e) on seeing
f) to being g) of selling h) about wanting

2. a) being b) lunching c) to pay d) to be e) attempting to rob f) to ignore
g) to accept h) resigning i) being j) being k) to read l) being m) watching
n) interrupting o) sitting p) to reply q) seeing r) to know s) worrying
t) being u) to think v) being

3. a) He dreams of/about playing Hamlet some/one day. b) We're looking
forward to / We look forward to visiting you in August. c) I don't feel like
eating. d) I'm not used to working nights / at night. e) She insisted on having
a glass of wine with us. f) One of the prisoners succeeded in escaping /
managed to escape. g) I can't imagine her doing that. h) She spends a lot of
time reading. i) He occupied himself by reading books and writing letters.
j) Reading this book, one understands / you understand his motives better. /
When one reads / When you read this book, one understands / you
understand his motives better.

Das -ed-Partizip

Trouble shared is trouble halved. (*Proverb*)

„Geteiltes Leid ist halbes Leid." *Trouble shared* = *geteiltes* Leid – das im Englischen wie Deutschen geläufige Sprichwort veranschaulicht uns einen wichtigen Unterschied in der Stellung des Partizips, auf den später (→ S. 328) noch eingegangen wird.
Wie knapp und elegant man sich mit Hilfe des -ed-Partizips ausdrücken kann, veranschaulicht ein anderes Sprichwort: *Words once spoken can never be recalled.* (= Hat man Wörter erst einmal ausgesprochen, kann man sie nicht mehr zurückholen.)
Die folgende Bemerkung von James Joyce enthält gleich zwei -ed-Partizipien, die (zusammen mit der -ing-Form am Anfang) den englischen Satz besser fließen lassen als seine deutsche Entsprechung: *Writing in English is the most ingenious torture ever devised for sins committed in previous lives.* (= In Englisch zu schreiben ist die raffinierteste Folter, die je für in früheren Leben begangene Sünden ersonnen wurde.)
Das -ed-Partizip ist also – auch wenn man von seiner Rolle bei der Bildung von Perfekt und Passiv absieht – ein wichtiger Bestandteil der englischen Syntax (= des englischen Satzbaus). Dieses Kapitel erläutert Ihnen seinen Gebrauch anhand vieler authentischer Beispiele.

Bildung des -ed-Partizips

Das -ed-Partizip des Verbs wird im Deutschen auch als Perfektpartizip oder Partizip Perfekt, im Englischen als *-ed participle* oder *past participle* bezeichnet. Dieses Partizip ist bei regelmäßigen Verben <u>immer</u> mit dem *past tense* (d. h. der Vergangenheitsform) identisch, bei unregelmäßigen dagegen nur <u>manchmal</u>:
buy – bought – bought (identisch),
aber *write – wrote – written* (nicht identisch).
(Unregelmäßige Verben → S. 419–425.)

Allgemeines zum Gebrauch des -ed-Partizips

Das -ed-Partizip wird zur Bildung der Perfektzeiten (mit einer Form von *have*) und des Passivs (mit einer Form von *be*) verwendet:

She <u>has called</u> four times today.   Sie hat heute viermal angerufen.

She <u>had</u> never <u>called</u> him at the office before.	Sie hatte ihn noch nie vorher im Büro angerufen.
She seems <u>to have called</u> several times.	Sie scheint mehrmals angerufen zu haben.
<u>Having called</u> several times, she was getting impatient.	Nachdem / Da sie mehrmals angerufen hatte, wurde sie langsam ungeduldig.

She <u>was called</u> to the phone.	Sie wurde zum Telefon gerufen.
She's <u>being called</u> to the phone every three minutes or so.	Sie wird so etwa alle drei Minuten zum Telefon gerufen.
She seems <u>to have been called</u> to the phone.	Sie scheint zum Telefon gerufen worden zu sein.
She doesn't like <u>being called</u> at night.	Sie hat es nicht gern, wenn sie nachts angerufen wird.

Zahlreiche -*ed*-Partizipien haben ihren verbalen Charakter verloren und sind zu echten Adjektiven geworden, die mit *more / most* gesteigert und mit *very* (statt *very much* oder *much*) verstärkt werden können:

He's more <u>depressed</u> than ever.	Er ist deprimierter als je zuvor.
She's more <u>interested</u> in books than in computer games.	Sie interessiert sich mehr für Bücher als für Computerspiele.
This is the most <u>advanced</u> course.	Dies ist der fortgeschrittenste Kurs.
It's one of our most <u>polluted</u> lakes.	Er ist einer unserer am stärksten verschmutzten Seen.

The bus was very <u>crowded</u>.	Der Bus war sehr besetzt.
He was very <u>drunk</u>.	Er war sehr betrunken.
She seemed to be very <u>pleased</u>.	Sie schien sehr erfreut zu sein.
He was not very <u>interested</u> in our problems.	Er interessierte sich nicht sehr für unsere Probleme.

Beachten Sie grundsätzlich, dass *very* wohl mit Adjektiven (z. B. *fond*), aber nicht mit Verben (z. B. *like*) kombiniert werden kann:

She's <u>very fond</u> of him.	Sie mag ihn sehr.
She <u>likes</u> him <u>very much</u>.	Sie mag ihn sehr.

Ein Wort wie *impressed* kann sowohl als -*ed*-Partizip (also als Verb) als auch als Adjektiv gebraucht werden. Empfindet man es als Verb (also z. B. im Passiv mit nachfolgendem *by*), so verstärkt man es mit *much* oder *very much*; empfindet man es als Adjektiv, so verstärkt man es mit *very*:

I was <u>(very) much impressed</u> by the accuracy and fairness of your account.	Ich war von der Genauigkeit und Fairness Ihres Berichts sehr beeindruckt.
We have both read the book and were <u>very impressed</u> with it.	Wir haben das Buch beide gelesen und waren sehr davon beeindruckt.

In Fällen wie den folgenden hat die -ed-Form eindeutig verbalen Charakter und kann deshalb nur mit *much* oder *very much* verstärkt werden:

His appearance had <u>much changed</u>.	Seine äußere Erscheinung hatte sich sehr verändert.
The vaccine has been <u>much improved</u> since then.	Der Impfstoff ist seitdem sehr verbessert worden.
A contribution from you would be <u>(very) much appreciated</u>.	Ein Beitrag von Ihnen würde sehr begrüßt werden.

-ed-Fügung als adverbiale Bestimmung

Mit „-ed-Fügung" ist hier eine „Fügung mit dem -ed-Partizip" gemeint, wobei der Begriff „-ed-Partizip" auch unregelmäßige Partizipien wie *written* (= geschrieben), *spent* (= verbracht/ausgegeben) und *cut* (= geschnitten) einschließt.

1. Adverbiale -ed-Fügung ohne eigenes Subjekt:

<u>Asked to explain</u> she said she didn't know why she had done it.	Nach einer Erklärung gefragt sagte sie, sie wisse nicht, warum sie es getan habe.
<u>Viewed objectively,</u> the evidence is by no means convincing.	Objektiv betrachtet ist das Beweismaterial keineswegs überzeugend.
<u>Given a good knowledge of English,</u> it shouldn't be too difficult to find lucrative employment.	Wenn gute Englischkenntnisse vorhanden sind, dürfte es nicht allzu schwierig sein, eine lukrative Anstellung zu finden.
I don't think I would have been happy <u>married to you</u>.	Ich wäre wohl nicht glücklich geworden, wenn ich dich geheiratet hätte.
These tumours<u>, if diagnosed early,</u> may be treated successfully through surgery.	Diese Tumoren lassen sich, wenn sie frühzeitig erkannt werden, durch einen chirurgischen Eingriff erfolgreich behandeln.
<u>Though crippled by polio,</u> Franklin Roosevelt became one of America's greatest presidents.	Trotz seiner Behinderung durch Polio wurde Franklin Roosevelt einer der bedeutendsten Präsidenten Amerikas.
Legally, he remains innocent <u>until proved guilty</u>.	Juristisch bleibt er unschuldig, bis seine Schuld erwiesen ist.

2. Adverbiale -ed-Fügung mit eigenem Subjekt:

All things considered, it is almost a miracle that she's still alive.	Alles in allem ist es ein Wunder, dass sie immer noch am Leben ist.
People can turn in guns to the police, no questions asked.	Die Leute können Schusswaffen bei der Polizei abgeben, ohne dass unangenehme Fragen gestellt werden.
I wish to go down in history with my head held high and a clean conscience.	Ich möchte mit erhobenem Kopf und einem reinen Gewissen in die Geschichte eingehen.
They came out with fists raised.	Sie kamen mit erhobenen Fäusten heraus.

Wie die adverbiale -ing-Fügung wird auch das adverbiale -ed-Partizip mitunter "dangling" (= „baumelnd", d. h. bezugslos bzw. mit falschem Bezug → S. 319–320) konstruiert; diese Fügungen entsprechen nicht der grammatischen Logik, finden sich aber durchaus auch in Texten guter Schriftsteller und Journalisten:

Deserted by his friends, life had become unbearable to him.	Von seinen Freunden verlassen, war ihm das Leben unerträglich geworden.
Born and raised in the big city, those six weeks on a farm were an exhilarating experience for her.	In der großen Stadt geboren und aufgewachsen, waren diese sechs Wochen auf einer Farm für sie ein aufregendes Erlebnis.

Im ersten Beispiel bezieht sich *deserted by his friends* grammatisch auf das Subjekt *life*, müsste sich aber eigentlich auf *he* beziehen. Versuchen wir nun, *he* – grammatisch korrekt – zum Subjekt zu machen, so ist es nicht ganz leicht, eine ebenso griffige Formulierung zu finden wie *life had become unbearable*: *Deserted by his friends, he had found life unbearable / didn't want to live any more / had lost his will to live.*
Im zweiten Satz bezieht sich *born and raised in the big city* auf *she*, nicht auf *those six weeks on a farm*. In diesem Fall können wir den grammatisch nicht ganz korrekten Bezug leichter richtig stellen: *Born and raised in the big city, she found those six weeks on a farm an exhilarating experience.*

-ed-Fügung als Attribut

Sehr häufig wird mit Hilfe eines -ed-Partizips (= ein Wort) oder einer -ed-Fügung (= mehr als ein Wort) ein Nomen näher bestimmt:

They drove along mountain roads not shown on the map.	Sie fuhren über Bergstraßen, die auf der Karte nicht eingezeichnet waren.

The play is about <u>a man wrongly convicted of murder</u>.	Das Stück handelt von einem Mann, der zu Unrecht wegen Mordes verurteilt wird.

Anders als in der deutschen Entsprechung stehen *-ed*-Partizip oder *-ed*-Fügung in aller Regel <u>hinter</u> den Nomen, auf die sie sich beziehen:

the terms <u>offered</u>	die angebotenen Konditionen
the soldiers <u>killed in the clashes</u>	die bei den Zusammenstößen getöteten Soldaten
the politicians <u>implicated in the scandal</u>	die in den Skandal verwickelten Politiker
the reforms <u>recommended by the committee</u>	die von dem Ausschuss empfohlenen Reformen

---

Nur gelegentlich steht das *-ed*-Partizip <u>vor</u> dem Nomen – besonders wenn es nicht erweitert ist, es sich also nicht um eine Fügung handelt:

<u>shared</u> values/memories	gemeinsame Werte/Erinnerungen
the <u>written</u> word	das geschriebene Wort
God's <u>chosen</u> people	Gottes auserwähltes Volk
<u>frequently asked</u> questions	häufig gestellte Fragen
the <u>newly elected</u> parliament	das neu gewählte Parlament
<u>relatively reasonably priced</u> houses	relativ preiswerte Häuser

---

Wie die entsprechenden Relativsätze (→ S. 98) und attributiven *-ing*-Fügungen (→ S. 315) kann die *-ed*-Fügung <u>bestimmend</u> (d. h. für das Verständnis des Bezugswortes notwendig) oder <u>nicht bestimmend</u> (d. h. für das Verständnis des Bezugswortes entbehrlich) sein.
Die bisher gegebenen Beispiele haben sämtlich <u>bestimmenden</u> Charakter und sind deshalb <u>ohne</u> Komma bzw. Sprechpause angefügt.
Bei den folgenden Belegen handelt es sich dagegen um <u>nicht bestimmende</u> (und daher in der Regel <u>mit</u> Komma und Sprechpause abgesetzte) *-ed*-Fügungen:

Her latest novel<u>, published last December,</u> has sold 40,000 to date.	Von ihrem neuesten Roman, der im vergangenen Dezember erschien, wurden bis heute 40 000 verkauft.
The President<u>, chosen by the winning party,</u> presides over a Cabinet of 27 ministers.	Der Präsident, der von der siegreichen Partei bestimmt wird, steht einem Kabinett von 27 Ministern vor.
English<u>, spoken by roughly a billion people,</u> is the closest thing to a world language.	Das Englische, welches von etwa einer Milliarde Menschen gesprochen wird, kommt einer Weltsprache am nächsten.

-ed-Partizip als Objektkomplement

Als Objektkomplement (→ S. 382, 384), d. h. als Ergänzung zum <u>Objekt</u>, treten -ed-Partizipien typischerweise nach *have* und *get* auf:

They had/got <u>the text</u> <u>translated</u>.	Sie ließen den Text übersetzen.
We have <u>one charter flight</u> <u>planned</u> for tomorrow.	Wir haben für morgen einen Charterflug vorgesehen.
She had <u>her picture</u> <u>taken</u>.	Sie ließ sich fotografieren.
Can't you have <u>it</u> <u>dry-cleaned</u>?	Kannst du es nicht reinigen lassen?

- -

We get <u>our dog food</u> <u>delivered</u>.	Wir bekommen unser Hundefutter geliefert / lassen uns das Hundefutter liefern.
I've got to get <u>this article</u> <u>finished</u> by tomorrow.	Ich muss diesen Artikel bis morgen fertig kriegen.

Beachten Sie, dass durch die Konstruktion *have/get* + Objekt + -ed-Partizip nicht nur – wie in den vorstehenden Beispielen – ein Veranlassen, sondern auch ein Erleiden ausgedrückt werden kann:

She had <u>her credit card</u> <u>stolen</u> on the train.	Ihr wurde im Zug die Kreditkarte gestohlen.
A prominent civil rights campaigner has had <u>his windows</u> <u>smashed</u>.	Bei einem prominenten Bürgerrechtler wurden die Fensterscheiben eingeschlagen.
He got <u>his nose</u> <u>broken</u> playing football.	Er hat sich beim Fußballspielen das Nasenbein gebrochen.
The way you carry on, you'll get <u>yourself</u> <u>thrown</u> out of school.	So wie du dich aufführst, fliegst du noch von der Schule.

Auch nach *want, make, find, keep* und *leave* findet sich das -ed-Partizip als Objektkomplement:

She wants <u>it</u> <u>done</u> immediately.	Sie möchte, dass es sofort erledigt wird.
I had to shout to make <u>myself</u> <u>heard</u>.	Ich musste brüllen, um mir Gehör zu verschaffen.
She had trouble making <u>her voice</u> <u>heard</u>.	Sie hatte Schwierigkeiten, mit ihrer Stimme durchzudringen.
He tried in vain to make <u>himself</u> <u>understood</u>.	Er versuchte vergeblich, sich verständlich zu machen.
They found <u>several corpses</u> <u>buried</u> in a field.	Sie fanden mehrere Leichen, die auf einem Feld verscharrt waren.
I should have kept <u>my trap</u> <u>shut</u>.	Ich hätte die Klappe halten sollen.
They had left <u>the map</u> <u>spread out</u> on the table.	Sie hatten die Landkarte ausgebreitet auf dem Tisch (zurück)gelassen.

Test 17 Das -ed-Partizip

1. Setzen Sie die -ed-Partizipien der eingeklammerten Verben ein.

a) He got (beat) up by thugs.

b) The prisoners had been (bind) in chains and then (shoot) in the neck and chest.

c) You could have (bleed) to death.

d) Rome was not (build) in a day.

e) The killer will eventually be (catch) and (bring) to justice.

f) He is (think) to have (flee) the country.

g) If they are (find) guilty, they could be (hang).

h) They were (tell) that the oil painting that had (hang) in their living room for 30 years was a Van Gogh.

i) She has (see) many of her colleagues (lay) off.

j) The fossils had (lie) undisturbed in the ground since they were (bury).

k) It can now be (say) that he has successfully (ride) out the storm.

l) If I hadn't (know) what to do, I would've (seek) your advice.

m) If they had (read) the book more carefully, it might have (teach) them a few useful things.

**2. Setzen Sie die -ed-Partizipien der folgenden Verben ein:
ask, consider, discuss, embolden, face, give, irritate, prove, take, view.**

a) ..... enough encouragement, she might be persuaded to play something for us.

b) ..... with this situation, the president acted boldly.

c) ..... by her remarks, he abruptly turned away from her.

d) ..... by the wine, he rose to make a speech.

e) ..... as a whole, the book makes a strong case against TV violence.

f) ..... why it was so difficult to get an interview with her, she said there were more pressing things to do.

g) All things ....., it's not such a bad solution.

h) The town has for years welcomed immigrants, legal as well as illegal, with few questions .....

i) A defendent is considered innocent until ..... guilty.
j) This idea, though widely ..... at the time, was never put into practice.
k) The video, ... by an undercover agent, was later used to put the men in jail.

3. Übersetzen Sie.

a) Sie ließ das Buch in rotem Leder binden.
b) Sie ließen die Wände grün streichen.
c) Ich habe drei Kopien machen lassen.
d) Wir werden es in Italien drucken lassen.
e) Wir sollten die Wände ungestrichen lassen.
f) Tagsüber lassen wir unsere Fenster geschlossen.
g) Wo kann ich ein Bild gerahmt bekommen?
h) Ich werde die Übersetzung heute nicht fertig bekommen.
i) Sie möchte es schnell erledigt haben.

1. a) beaten b) bound; shot c) bled d) built e) caught; brought f) thought; fled g) found; hanged h) told; hung i) seen; laid j) lain; buried k) said; ridden l) known; sought m) read [red]; taught

2. a) Given b) Faced c) Irritated d) Emboldened e) Viewed / Taken f) Asked g) considered h) asked i) proved / proven j) discussed k) taken

3. a) She had the book bound in red leather. b) They had the walls painted green. c) I('ve) had three copies made. d) We are going to have / We'll have it printed in Italy. e) We should / We ought to leave the walls unpainted.
f) During the day we keep/leave our windows closed. g) Where can I get/have a picture framed? h) I won't get the translation finished/done today.
i) She wants (to have it) it done quickly.

Die Hilfsverben

"How were the ladies dressed?" Albert Einstein was asked after a dinner party. "I really don't know," replied the physicist. "Above the table, they had very little on, and under the table I didn't dare look." (*Albert Einstein, German-born US physicist, 1879–1955*)

> „Was hatten die Damen an?" wurde Albert Einstein nach einem Abendessen gefragt. „Ich weiß es wirklich nicht", erwiderte der Physiker. „Über dem Tisch hatten sie sehr wenig an, und unter dem Tisch wagte ich nicht zu gucken."
> Hätte Einstein statt *dare* das Verb *want* gebraucht (*I didn't want to look*), so wäre die kleine Anekdote immer noch nett gewesen, wir hätten sie aber hier nicht aufgenommen.
> *I didn't dare look* – ist da grammatisch nicht etwas faul? Sie wissen vielleicht, dass *dare* sowohl Hilfsverb (*No one dared say that.*) als auch Vollverb (*No one dared to say that.*) sein kann. Hilfsverben werden nicht mit *do* umschrieben. Wird also mit *do* umschrieben (*didn't dare*), so handelt es sich um den Gebrauch als Vollverb, bei dem man erwarten würde, dass das Folgeverb mit *to* angeschlossen wird (*didn't dare to look*). Einstein – wenn er es denn war, denn vielleicht ist die Geschichte ja nur gut erfunden – sagte aber *didn't dare look*.
> Richtig? Falsch? Oder was? Die Konstruktion ist – wie Sie auf Seite 368–369 sehen werden – grammatisch durchaus richtig. *Dare* wird manchmal als grammatischer Zwitter konstruiert. Oder sollen wir von Janusköpfigkeit sprechen? Wie der römische Gott Janus hat das Wort *dare* in unserer Anekdote zwei Gesichter: Nach links blickt es als Vollverb, nach rechts als Hilfsverb.

Die Hilfsverben lassen sich in drei Gruppen einteilen:

1. Die vollständigen Hilfsverben *be*, *have* und *do*.
Vollständig nennen wir diese Hilfsverben, weil sie einen vollständigen Set an Formen und Zeiten aufweisen: Infinitiv (*to be, to have, to do*), -ing-Form (*being, having, doing*), -ed-Partizip (*been, had, done*), *past tense* (*was/were, had, did*) etc.
Ein weiteres Merkmal dieser Gruppe ist, dass alle drei Verben außer als Hilfsverben (Beispiel: *I had seen her.*) auch als Vollverben (Beispiel: *I had breakfast in bed.*) verwendet werden können.

2. Die modalen Hilfsverben *can/could, may/might, must, will/would, shall/should* und *ought to*.

Diese Hilfsverben sind vom Formenbestand her alle unvollständig. „Modal" heißen sie, weil sie ausdrücken, auf welche Art und Weise die Handlung des Vollverbs vollzogen wird: *She goes. – She can/might/must go.*

3. Die modalen Hilfsverben *used to, dare, need*
Diese drei Verben weisen gegenüber der zweiten Gruppe Besonderheiten auf. So können sie zum Beispiel außer als Hilfsverben auch als Vollverben gebraucht werden.

Be: Formen

Present tense		Past tense		-ing-Form	-ed-Partizip
I **am**	you **are**	I **was**	you **were**	**being**	**been**
he **is**	we **are**	he **was**	we **were**		
she **is**	they **are**	she **was**	they **were**		
it **is**		it **was**			

Kurzformen und Vollformen

Beim Sprechen finden häufig die Kurzformen *'m, 's, 're, isn't, aren't, wasn't, weren't* Verwendung. Auch in geschriebenen oder gedruckten Texten gebraucht man die Kurzformen, wenn ein die gesprochene Sprache wiedergebender informeller Stil beabsichtigt ist. Sollen *am, is, are* betont werden oder stehen sie am Ende, so benutzt man in jedem Fall die Vollformen:

I'<u>m</u> [aɪm] surprised.	Ich bin überrascht.
I <u>am</u> [aɪ 'æm] surprised.	Ich bin wirklich überrascht.
You'<u>re</u> [jʊə] better than I <u>am</u> ['aɪ æm].	Du bist besser als ich.
She'<u>s</u> [ʃiːz] a great help.	Sie ist eine große Hilfe.
She <u>is</u> [ʃi 'ɪz] interested.	Sie hat wirklich / durchaus Interesse.
We'<u>re</u> [wɪə] hungry.	Wir haben Hunger.
I don't know where we <u>are</u> ['ɑː].	Ich weiß nicht, wo wir sind.
It <u>isn't</u> easy. / It'<u>s not</u> easy.	Es ist nicht leicht.
They <u>aren't</u> [ɑːnt] / They'<u>re not</u> ready yet.	Sie sind noch nicht fertig.
He <u>wasn't</u> ['wɒznt] at home.	Er war nicht zu Hause.
Why <u>weren't</u> [wɜːnt] you there?	Warum warst du (denn) nicht da?

Am not kann in Fragen zu *aren't* [ɑːnt] zusammengezogen werden:

I'm right, <u>aren't</u> I?	Ich hab doch Recht, nicht wahr?
<u>Aren't</u> I invited too?	Bin ich nicht auch eingeladen?
Why <u>aren't</u> I happy?	Warum bin ich nicht glücklich?

Umgangssprachlich (also nicht in förmlichen oder schriftsprachlichen Texten) ist *ain't* [eɪnt] als Kurzform sowohl von *am not* als auch von *are not* und *is not* im amerikanischen wie britischen Englisch sehr verbreitet:

I <u>ain't</u> afraid of death.	Ich habe keine Angst vor dem Tod.
I <u>ain't</u> going to hurt you.	Ich tu dir nicht weh.
If you're so smart, why <u>ain't</u> you rich?	Wenn du so clever bist, warum bist du dann nicht reich?
It <u>ain't</u> gonna happen.	Es wird nicht passieren.
<u>Ain't</u> that the truth?	Ist das denn nicht die Wahrheit?

Bildung der Frageform und verneinten Form

In der Frageform und verneinten Form wird *be* im Gegensatz zu allen anderen vollständigen Verben nicht mit *do* umschrieben:

<u>Are(n't) you</u> happy?	Bist du (denn nicht) glücklich?
I <u>am not</u> that stupid.	So dumm bin ich nun wieder nicht.

Ausnahmen sind der verneinte und der emphatische (= *betonte / verstärkte*) Imperativ, die – wie bei anderen vollständigen Verben – mit *don't* bzw. *do* gebildet werden:

<u>Don't be</u> suspicious.	Sei nicht misstrauisch.
<u>Don't be</u> so stupid.	Sei doch nicht so dumm.
<u>Don't be</u> telling me how to behave.	Sage du mir nicht, wie ich mich zu benehmen habe.
<u>Don't be</u> asking so many questions.	Frag (doch) nicht so viel.
<u>Don't be</u> mumbling.	Nuschle doch nicht so.
<u>Do be</u> careful with it.	Sei bitte vorsichtig damit.
And <u>do try</u> to be punctual.	Und versucht doch bitte pünktlich zu sein.

Be: Gebrauch zur Bildung von Verlaufsform und Passiv

Als Hilfsverb wird *be* zur Bildung der *progressive form* (→ S. 187 ff., 199 ff.) und des Passivs (→ S. 255–256) gebraucht:

Progressive form:

The sun <u>is</u> setting.	Die Sonne geht unter.
Father <u>was</u> sitting on his bench.	Vater saß auf seiner Bank.
You'<u>re</u> being unfair.	Da bist du aber unfair.
My parents have <u>been</u> quarrelling.	Meine Eltern haben sich gestritten.

Passiv:

The rules <u>are</u> changed frequently.	Die Regeln werden oft geändert.
I <u>was</u> not informed.	Ich wurde nicht informiert.
New roads are <u>being</u> built.	Neue Straßen werden gebaut.
All of this could have <u>been</u> avoided.	Das hätte alles vermieden werden können.

Be (supposed / said) to = sollen

Die englischen Entsprechungen für *sollen* bereiten Lernenden erfahrungsgemäß Schwierigkeiten. Hier trifft man mit *be to, be supposed to* oder *be said to* häufig das Richtige. Vergleichen Sie aber auch *shall* (→ S. 360–362), *should* (→ S. 362–363) und *ought to* (→ S. 366–367).

Be to drückt in der Regel aus, dass etwas vorgesehen, angeordnet oder durch Dritte gewollt ist:

The trial is to begin on May 19.	Der Prozess soll am 19. Mai beginnen.
The amount is to be raised by donations.	Der Betrag soll durch Spenden aufgebracht werden.
The debate was to have been broadcast live.	Die Debatte hatte live übertragen werden sollen.
We're to be back by six.	Wir sollen bis sechs zurück sein.
Smith is to report to the headmaster.	Smith soll sich beim Direktor melden.
You know you're not to play here.	Ihr wisst doch, dass ihr hier nicht spielen sollt.
There's to be no laughing.	Es soll/darf nicht gelacht werden.
What am I to do if that happens?	Was soll ich tun, wenn das passiert?

Mit *was/were to* kann man auch ausdrücken, dass sich etwas als Schicksalsfügung erwiesen hat:

Other tragedies were to follow.	Weitere Tragödien sollten folgen.
That was a decision he was later to regret.	Das war eine Entscheidung, die er später bereuen sollte.

Be supposed to drückt ein Sollen im Sinne von „es wird erwartet / angenommen" aus:

Lucy is having a Christmas party, and I'm supposed to bring a salad.	Lucy macht 'ne Weihnachtsparty und ich soll 'nen Salat mitbringen.
Aren't the kids supposed to be in bed at this time?	Sollen die Kinder um diese Zeit nicht im Bett sein?
Am I supposed to eat all that?	Soll ich das (etwa) alles essen?
The talks are supposed to resume in late August.	Die Gespräche sollen Ende August wieder aufgenommen werden.
How was I supposed to know it wasn't a real gun?	Woher sollte ich wissen, dass es keine richtige Pistole war?
She is supposed to have known nothing about it.	Sie soll nichts davon gewusst haben.

Verneint steht *be supposed to* auch im Sinn eines Verbots:

You're not supposed to smoke in the offices.	In den Büros soll nicht geraucht werden.
We weren't supposed to play in the ruins but we did.	Wir sollten nicht in den Ruinen spielen, taten es aber.

Sollen in der Bedeutung „es wird gesagt, dass" wird oft durch *be said to* ausgedrückt:

They're said to be in financial difficulty.	Sie sollen sich in finanziellen Schwierigkeiten befinden.
The new drug is said to work wonders.	Das neue Mittel soll Wunder wirken.
Voltaire is said to have drunk 50 cups of coffee a day.	Voltaire soll jeden Tag 50 Tassen Kaffee getrunken haben.

Be als Vollverb

Als Vollverb kommt *be* typischerweise in Verwendungen wie den folgenden vor:

Her father is a lawyer.	Ihr Vater ist Rechtsanwalt.
Writing was very difficult for him.	Das Schreiben fiel ihm sehr schwer.
Be careful – the floor is slippery.	Sei(d) vorsichtig – der Boden ist rutschig.
The wedding will be in May.	Die Hochzeit wird im Mai sein.
I was at university with her.	Ich war mit ihr auf der Universität.
I'm from Limerick.	Ich bin aus Limerick.
Have you ever been to Ireland?	Bist du schon mal in Irland gewesen?
Has the postman been yet?	Ist die Post schon da gewesen?
Two and two is four.	Zwei und zwei ist vier.
The tickets are £60.	Die Karten kosten 60 Pfund.
They were happy when he came.	Sie waren glücklich, als er kam.
She was 80 when she died.	Sie war 80, als sie starb.
He wants to be a vet.	Er möchte Tierarzt werden.
She is in a coma.	Sie liegt im Koma.
It will be Christmas soon.	Bald ist Weihnachten.
It's easy to criticize.	Kritisieren ist leicht.
There are lots of castles there.	Es gibt dort viele Burgen.
There was once a miller who had a beautiful daughter . . .	Es war einmal ein Müller, der hatte eine schöne Tochter . . .
I think, therefore I am.	Ich denke, darum bin ich.

Wird ein vorübergehendes, möglicherweise bewusst oder absichtlich gezeigtes Verhalten angesprochen, so steht *be* nicht selten in der *progressive form*:

I never know when you <u>are being</u> serious.	Ich weiß nie, wann du es gerade mal ernst meinst.
I'm sorry. I <u>was being</u> terribly rude.	Es tut mir Leid. Ich war schrecklich unhöflich.
You<u>'re</u> not <u>being</u> much help.	Du bist da auch keine große Hilfe.
I<u>'m</u> just <u>being</u> devil's advocate.	Ich spiele nur den Advocatus Diaboli.

Have: Formen

Present tense		Past tense und -*ed*-Partizip	-*ing*-Form
I **have** *habe*	he **has** *hat*	**had** *hatte / gehabt*	**having** *habend*
you **have**	she **has**		
we **have**	it **has**		
they **have**			

Kurzformen

Als Hilfsverb nach Personalpronomen wird betontes *have* in der Umgangssprache meistens verkürzt gesprochen: *have* → *'ve*, *has* → *'s*, *had* → *'d*:

I<u>'ve</u> never used it.	Ich habe es noch nie benutzt.
You<u>'ve</u> got nothing to worry about.	Du hast keinen Grund zur Sorge.
We<u>'ve</u> / They<u>'ve</u> got a waiting list.	Wir / Sie haben eine Warteliste.
He<u>'s</u> / She<u>'s</u> / It<u>'s</u> changed a lot.	Er / Sie / Es hat sich sehr verändert.
I<u>'d</u> never been there before.	Ich war dort noch nie gewesen.
We<u>'d</u> / They<u>'d</u> spent the night there.	Wir / Sie hatten dort die Nacht verbracht.

Auch nach den Hilfsverben *could, should* und *would* wird *have* gelegentlich zu *'ve* verkürzt:

It could<u>'ve</u> been worse.	Es hätte schlimmer sein können.
You should<u>'ve</u> seen the guy.	Du hättest den Typ sehen sollen.
I would<u>'ve</u> / I'd<u>'ve</u> run away.	Ich wäre weggelaufen.

Beachten Sie, dass -*'s* auch die Kurzform von *is* und -*'d* auch die Kurzform von *would* ist:

He<u>'s</u> a changed man.	Er ist wie ausgewechselt.
I<u>'d</u> never go there.	Ich würde da nie hingehen.

Unbetontes *not* wird nach *have, has* und *had* umgangssprachlich zu *-n't* verkürzt (→ S. 203, 212):

I haven't seen him in donkey's years.	Ich habe ihn seit Ewigkeiten nicht gesehen.
She hasn't been to class in over a week.	Sie ist seit einer Woche nicht in der Schule gewesen.
He hadn't eaten.	Er hatte nichts gegessen.

Have: Gebrauch zur Bildung der Perfektformen

In Verbindung mit dem *-ed*-Partizip eines Vollverbs wird *have* zur Bildung von *present perfect* (→ S. 202 ff.), *past perfect* (→ S. 211 ff.), *future perfect* (→ S. 232), *conditional perfect* (→ S. 238–239) und *perfect infinitive* (→ S. 180, 271) gebraucht. *Have* ist hier Hilfsverb und wird in Frage und Verneinung nicht mit *do* umschrieben:

She has seen the film.	Sie hat den Film gesehen.
Has she seen the film?	Hat sie den Film gesehen?
She had (not) seen the film.	Sie hatte den Film (nicht) gesehen.
She will have seen the film.	Sie wird den Film gesehen haben.
She would have seen the film.	Sie würde den Film gesehen haben.
She seems to have seen the film.	Sie scheint den Film gesehen zu haben.

Have got

Have got war ursprünglich von der Form her ein Perfekt (*I have got = ich habe bekommen*), bildet aber im heutigen Englisch eine umgangssprachliche Alternative zu *have* in manchen seiner Bedeutungen:

They've got / They have a waiting list.	Sie haben eine Warteliste.
He's got / He has some wonderful ideas.	Er hat wunderbare Ideen.
Who's got / Who has the key?	Wer hat den Schlüssel?
Brian really has (got) a screw loose. / Brian has really got a screw loose.	Brian hat wirklich eine Schraube locker.

Have als Vollverb

Als Vollverb kann *have* „besitzen" im weitesten Sinn ausdrücken; in dieser Bedeutung steht es niemals in der *progressive form*:

They have three children.	Sie haben drei Kinder.
He has a flat in Mayfair.	Er hat eine Wohnung in Mayfair.
The baby had brown eyes.	Das Baby hatte braune Augen.

Frage und Verneinung können hier grundsätzlich ohne *do*-Umschreibung gebildet werden; wesentlich häufiger ist allerdings die Konstruktion mit *got* oder *do* (→ S. 338, 342–343):

Have <u>you</u> a ticket?	
Have you <u>got</u> a ticket?	Haben Sie eine Eintrittskarte?
<u>Do you have</u> a ticket?	
She <u>hasn't</u> any money.	
She <u>hasn't got</u> any money.	Sie hat kein Geld.
She <u>doesn't have</u> any money.	

Hat *have* nicht die Bedeutung „besitzen", sondern wird es in Bedeutungen wie *eat, drink, take, experience, celebrate, organize* oder *give birth to* verwendet, so müssen Frage und Verneinung mit *do* konstruiert werden, die Kombination mit *got* ist unmöglich, die Bildung der *progressive form* dagegen wie bei anderen Tätigkeitsverben möglich:

What time <u>do you have</u> breakfast?	Um welche Zeit frühstücken Sie?
Why <u>don't we have</u> a pint at the Stag's Head?	Warum trinken wir nicht ein Bier im Stag's Head?
<u>Do have</u> another biscuit.	Essen / Nehmen Sie doch noch einen Keks.
<u>Did you have</u> your shower?	Hast du schon geduscht?
I <u>was</u> just <u>having</u> a look at the photos.	Ich habe mir gerade die Fotos angeschaut.
It's the first time we <u>didn't have</u> a walk.	Es ist das erste Mal, dass wir keinen Spaziergang gemacht haben.
We <u>don't</u> often <u>have</u> a party these days.	Wir haben jetzt nicht mehr so oft 'ne Party.
They <u>were having</u> difficulty getting the conversation going.	Sie hatten Schwierigkeiten, die Unterhaltung in Gang zu bringen.
She<u>'s having</u> a baby.	Sie kriegt ein Kind.

Have (got) to = müssen

Als Entsprechung für *müssen* kann *have to* (im Gegensatz zu *must*, → S. 353–355) in allen Zeiten wie ein normales Verb gebraucht werden:

If customers complain we <u>have to</u> do something about it.	Wenn Kunden sich beschweren, müssen wir etwas unternehmen.
She <u>has to</u> make a living.	Sie muss sich ihren Lebensunterhalt verdienen.
We didn't <u>have</u> any proof so we <u>had to</u> let him go.	Wir hatten keine Beweise, und deshalb mussten wir ihn laufen lassen.
She <u>has</u> always <u>had to</u> make compromises.	Sie hat immer Kompromisse schließen müssen.

You'll have to wait until tomorrow.
My hair is so stringy and oily
  I'd have to wash it every night
  to keep it decent.
I'm going to have to start looking
  for work.
I hate having to rush.

Sie werden bis morgen warten müssen.
Mein Haar ist so strähnig und fettig,
  dass ich es jeden Abend waschen
  müsste, um es in Ordnung zu halten.
Ich werde anfangen müssen, mich
  nach einer Arbeit umzusehen.
Ich hasse es, hetzen zu müssen.

In aller Regel wird *have to* in Frage und Verneinung mit *do* umschrieben:

Do you have to go just yet?
How much does he have to pay?
Why did she have to testify?

Musst du denn schon gehen?
Wie viel muss er zahlen?
Warum musste sie aussagen?

You don't have to be slim to
  ride a bike.
You have to unwind once in
  a while, don't you?
It doesn't have to be a millionaire.
The astronauts didn't have to die.

Man braucht nicht schlank zu sein, um
  Rad zu fahren.
Man muss doch hin und wieder mal
  ausspannen, was?
Es braucht kein Millionär zu sein.
Die Astronauten hätten nicht zu
  sterben brauchen.

Gemäß den Regeln für den Gebrauch der *progressive form* (→ S. 187 ff.)
wird auch *have to* in der Verlaufsform verwendet:

Consumers' tastes are changing
  and supermarkets are having to
  change as well.
The drought has become so bad
  that farmers are having to sell
  off their cattle.
Hostels report that they are
  having to turn more and more
  people away.
Epidemics pose a genuine threat
  and people are having to boil
  their drinking water.

Der Verbrauchergeschmack ändert
  sich und die Supermärkte müssen
  sich ebenfalls ändern.
Die Dürre ist so schlimm geworden,
  dass die Bauern ihr Vieh abstoßen
  müssen.
Die Obdachlosenheime berichten,
  dass sie immer mehr Menschen
  abweisen müssen.
Seuchen stellen eine echte Bedrohung dar, und die Menschen müssen
  jetzt ihr Trinkwasser abkochen.

Umgangssprachlich gebraucht man statt *have to* häufig *have got to*, das
allerdings nur im *present simple tense* (und – selten – im *past tense*) vorkommt:

I've got to say goodbye now.
I've got to be going.
You've got to learn how to
  organize your work properly.

Ich muss mich jetzt verabschieden.
Ich muss jetzt wirklich weg.
Sie müssen lernen, Ihre Arbeit richtig
  einzuteilen.

We've really got to make up our minds about where we're going to live.	Wir müssen uns wirklich entscheiden, wo wir wohnen wollen.
Everybody has got to learn that they've got to give something in order to get something.	Jeder muss lernen, dass er etwas geben muss, um etwas zu bekommen.
He said he'd got to have more exact information.	Er sagte, er müsse unbedingt genauere Informationen haben.

> Salopp-umgangssprachlich wird *have got to* gern zu *got to* bzw. *gotta* verkürzt:
>
> | | |
> |---|---|
> | We got to believe we can win. | Wir müssen daran glauben, dass wir gewinnen können. |
> | You gotta be tough in this job. | In diesem Beruf muss man hart sein. |
> | We gotta stick together. | Wir müssen zusammenhalten. |

Had better

Had better könnte man als ein modales Idiom bezeichnen; es hat keinen Infinitiv und schließt das nachfolgende Verb ohne *to* an; Frage und Verneinung werden ohne *do* gebildet:

Harry had better book a table.	Harry sollte besser einen Tisch reservieren.
We'd (= We had) better book a table.	Wir sollten besser einen Tisch reservieren.
We'd better book a table, hadn't we?	Wir reservieren wohl besser einen Tisch, was?
Hadn't we better book a table?	Wäre es nicht besser, wir reservieren einen Tisch?
You'd better not tell anybody.	Es ist besser, du sagst niemand was.
I think we'd better be sitting down.	Ich glaube, wir setzen uns besser.
"Next time I'll take your advice." – "Yes, you'd better."	„Nächstes Mal folge ich deinem Rat." – „Ja, das tätest du besser."

> Umgangssprachlich wird *had better* häufig auf *better* verkürzt:
>
> You'd better (not) come by car. → You better (not) come by car.
> We'd better go by train, hadn't we? → We better go by train, hadn't we?
>
> Für die Kurzantwort auf einen *had better*-Satz gibt es drei Möglichkeiten:
>
> We'd better be going.   Yes, we had.
>   Yes, we'd better.
>   Yes, we better.

Do: **Formen**

Present tense		*Past tense*	*-ed*-Partizip	*-ing*-Form
I **do** *tue*	he **does** *tut*	**did** *tat*	**done** *getan*	**doing** *tuend*
you **do**	she **does**			
we **do**	it **does** [dʌz]			
they **do**				

Kurzformen und Vollformen

Die zusammengezogenen Formen *don't* (= do not), *doesn't* (= does not) und *didn't* (= did not) werden sowohl in der gesprochenen als auch in der geschriebenen Sprache verwendet, die Vollformen überwiegend in förmlichem Stil oder wenn *not* besonders betont werden soll:

I <u>don't</u> [dəʊnt] know.	Ich weiß (es) nicht.
She <u>doesn't</u> ['dʌznt] feel well.	Sie fühlt sich nicht gut.
He <u>didn't</u> ['dɪdnt] say a word.	Er sagte kein Wort.

I <u>do not</u> shrink from this responsibility – I welcome it.	Ich scheue diese Verantwortung nicht – ich begrüße sie.
<u>Do not</u> commit adultery.	Du sollst nicht ehebrechen.
Man <u>does not</u> live by bread alone.	Der Mensch lebt nicht vom Brot allein.
Three of them signed but one <u>did not</u>.	Drei von ihnen unterschrieben, aber einer tat es nicht.

Do **als Hilfsverb in Fragekonstruktionen**

Do dient bei Vollverben zur Bildung der Frageform:

<u>Do you speak</u> English?	Sprechen Sie Englisch?
Who <u>do you mean</u>?	Wen meinen Sie?
<u>Does she know</u> about it?	Weiß sie davon?
What <u>does this word mean</u>?	Was bedeutet dieses Wort?
Which platform <u>does the train for Hull leave from</u>?	Von welchem Bahnsteig fährt der Zug nach Hull ab?
<u>Did you have</u> a good flight?	Hatten Sie einen guten Flug?
When <u>did they arrive</u>?	Wann sind sie angekommen?

Beachten Sie diese grammatisch absonderlichen, aber idiomatisch üblichen Konstruktionen (→ S. 395):

How goes it?	Wie geht's (denn so)?
How come you're back so soon?	Wie kommt es, dass du so früh zurück bist?

Nicht mit *do* umschrieben wird, wenn ein Fragewort Subjekt oder
Teil des Subjekts ist (→ S. 394):

Who <u>told</u> you that?	Wer hat dir das erzählt?
What <u>gave</u> him that idea?	Was brachte ihn auf diesen Gedanken?
What kind of people <u>do</u> such things?	Was für Menschen tun so etwas?
Which of you <u>want</u> to go?	Wer von euch möchte gehen?
Which of these films <u>won</u> the most Oscars?	Welcher von diesen Filmen gewann die meisten Oscars?

> Bei verneintem Verb steht die *do*-Umschreibung natürlich auch hier:
>
> Which of you <u>don't want</u> to go?   Wer von euch möchte nicht gehen?

Nicht mit *do* umschrieben wird bei den Hilfsverben (*am/are/is/was/were,
can/could, may/might, must, ought to, shall/should, will/would*):

<u>Can/Could/May I use</u> your phone?	Kann/Könnte/Darf ich Ihr Telefon benutzen?
<u>Ought / Are we to leave</u> the lights on?	Sollten / Sollen wir das Licht anlassen?

Zum Gebrauch bzw. Nichtgebrauch der *do*-Umschreibung bei *be, have, need*
und *used to* vgl. S. 334 (*be*), S. 339 (*have*), S. 369–370 (*need*) und S. 367–368
(*used to*).

Do als Hilfsverb in verneinten Konstruktionen

Do dient bei Vollverben zur Bildung der verneinten Form:

I <u>don't know</u>.	Ich weiß nicht.
It <u>doesn't worry</u> us.	Es beunruhigt uns nicht.
This <u>didn't surprise</u> me.	Dies überraschte mich nicht.

> Beachten Sie besonders:
>
> I <u>don't think</u> so. / I <u>think not</u>.   Ich glaube (es) nicht.
> Aber:
> I <u>hope not</u>.   Ich hoffe (es) nicht).

Nicht mit *do* umschrieben wird bei den Hilfsverben (*am/are/is/was/were,
can/could, may/might, must, ought to, shall/should, will/would*):

She <u>wasn't</u> there.	Sie war nicht dort.
I <u>couldn't</u> concentrate.	Ich konnte mich nicht konzentrieren.
You <u>mustn't</u> talk all at once.	Ihr dürft/müsst/sollt nicht alle gleichzeitig sprechen.

Zum Gebrauch bzw. Nichtgebrauch der *do*-Umschreibung bei *be, have, need* und *used to* vgl. S. 334 (*be*), S. 339 (*have*), S. 369–370 (*need*) und S. 367–368 (*used to*).

Der verneinte Imperativ wird mit *don't* gebildet:

<u>Don't forget</u> to take a bathrobe.	Vergiss nicht, einen Bademantel mitzunehmen.
<u>Don't let</u> me down, will you?	Lass mich nicht im Stich, ja?
<u>Don't be</u> so stupid.	Sei doch nicht so dumm.
<u>Don't you be</u> encouraging her, do you hear?	Ermuntere sie nicht etwa noch, hörst du?

Die verneinte Form von *let's / let us* ist *let's not / let us not*; umgangssprachlich findet sich im BE auch *don't let's* und im AE *let's don't*:

<u>Let's not</u> talk about it.	Lass(t) uns / Lassen Sie uns nicht davon reden.
<u>Let us not</u> forget what they did for us.	Lasst uns nicht vergessen, was sie für uns getan haben.
<u>Don't let's</u> ever become rich, Charles.	Lass uns bloß nie reich werden, Charles!
<u>Let's don't</u> kid ourselves.	Wir wollen uns doch nichts vormachen!

Nicht mit *do* umschrieben wird die verneinte Form, wenn *not* nicht auf das Verb, sondern auf ein anderes Wort bezogen wird (→ S. 393). Diese Konstruktion findet sich oft im literarischen oder rhetorischen Stil:

We observe today <u>not a victory of a party</u> but a celebration of freedom. (*Kennedy*)	Wir feiern heute nicht den Sieg einer Partei, sondern eine Verherrlichung der Freiheit.
Wisdom comes <u>not from reason</u> but from love.	Weisheit erwächst nicht aus der Vernunft, sondern aus der Liebe.
I love <u>not man less</u>, but nature more. (*Byron*)	Ich liebe nicht den Menschen weniger, sondern die Natur mehr.

Darüber hinaus findet sich die Verneinung ohne *do* in älteren, aber noch heute häufig zitierten Texten – eine Konstruktion, die von modernen Dichtern oder Rednern um ihrer besonderen Wirkung willen mitunter nachgeahmt wird:

Wisdom <u>goes not always</u> by years. (*Proverb*)	Weisheit geht nicht immer nach Jahren.
<u>Lead us not</u> into temptation. (*Bible*)	Führe uns nicht in Versuchung.
<u>Trust not</u> the physician. (*Shakespeare*)	Traut nicht dem Arzt.

Waste not fresh tears over old griefs. (*Proverb*)	Vergeude nicht frische Tränen an alten Gram.
Ask not what your country can do for you – ask what you can do for your country. (*Kennedy*)	Fragt nicht, was euer Land für euch tun kann – fragt, was ihr für euer Land tun könnt.

Do als Verstärker (emphatischer Gebrauch von *do*)

In unverneinten Aussagesätzen verleiht *do* – betont gesprochen – dem Verb besonderen Nachdruck:

I do understand your difficulties.	Ich verstehe Ihre Schwierigkeiten durchaus.
She doesn't need money. What she does need is moral support.	Sie benötigt kein Geld. Was sie aber tatsächlich/durchaus braucht, ist moralische Unterstützung.
I didn't read the whole book but I did read what it says about me.	Ich habe nicht das ganze Buch gelesen, aber ich habe gelesen, was darin über mich steht.

Der mit *do* verstärkte Imperativ macht eine Aufforderung besonders eindringlich:

Do sit down.	Nehmen Sie doch Platz.
Do look after yourself, darling.	Pass bloß gut auf dich auf, Liebling.
Do stop that noise!	Hör bloß mit diesem Krach auf!
Do be serious for a moment!	Sei doch mal einen Augenblick ernst!

Do als Vollverb-„Stellvertreter"

Do(n't) bzw. *does(n't)*, *did(n't)* steht stellvertretend für einen verbalen Ausdruck, um dessen Wiederholung zu vermeiden (→ S. 370–371):

She speaks English better than I do.	Sie spricht besser Englisch als ich.
I don't speak English as well as she does.	Ich spreche nicht so gut Englisch wie sie.
Someday I hope I can sew as well as she does.	Eines Tages hoffe ich so gut nähen zu können wie sie.
Animals never treat their own kind bestially, as humans so often do.	Tiere behandeln ihre Artgenossen nie bestialisch, wie es die Menschen so oft tun.
Her mother nags a lot but then I guess all mothers do.	Ihre Mutter meckert oft, aber ich denke mal, das tun alle Mütter.
I told him to stop it, and he did.	Ich sagte ihm, er solle damit aufhören, und er tat es.
He emigrated to America and his brothers did too.	Er emigrierte nach Amerika und seine Brüder auch.

Entsprechend gebraucht man stellvertretendes *do* in Kurzantworten
(→ S. 371–372):

"You must <u>feel relieved</u>." –
 "I <u>do</u> (indeed)."

"Who <u>broke the vase</u>?" –
 "Kevin <u>did</u>."

"Did she <u>tell you about the risks</u>?" –
 "Yes, she <u>did</u>."

"McCourt, who <u>wrote that</u>
 <u>composition</u>?" – "I <u>did</u>, sir."

"Did your father <u>write that</u>
 <u>composition</u>?" – "He <u>didn't</u>, sir."

"Sir, did the Irish <u>commit</u>
 <u>atrocities at the Battle of</u>
 <u>Kinsale</u>?" – "They <u>did</u>, indeed."

"Why didn't you <u>warn him</u>?" –
 "But I <u>did</u>!"

"You <u>voted against me</u>." –
 "So I <u>did</u>."

"I <u>understand her</u>." – "So <u>do</u> I."

"I <u>don't understand her</u>." –
 "Nor/Neither <u>do</u> I."

"He once <u>shook hands with</u>
 <u>the president</u>." – "Oh, <u>did</u> he?"

„Sie müssen sich erleichtert fühlen." –
„Ja(, wirklich)."

„Wer hat die Vase kaputtgemacht?" –
„Kevin."

„Hat sie dich über die Risiken
aufgeklärt?" – „Ja."

„McCourt, wer hat diesen Aufsatz
geschrieben?" – „Ich, Sir."

„Hat dein Vater diesen Aufsatz
geschrieben?" – „Nein, Sir."

„Sir, haben die Iren in der Schlacht von
Kinsale Gräueltaten verübt?" –
„Ja, das haben sie."

„Warum hast du ihn denn nicht
gewarnt?" – „Aber ich habe es doch!"

„Du hast gegen mich gestimmt." –
„Ja, das habe ich."

„Ich verstehe sie." – „Ich auch."

„Ich verstehe sie nicht." – „Ich auch
nicht."

„Er hat mal dem Präsidenten die Hand
geschüttelt." – „Oh, hat er das?"

Beachten Sie:

"I <u>love him</u>." – "So <u>do</u> I."   „Ich liebe ihn." – „Ich auch."

Aber:

"I <u>love you</u>(, Paul)." –   „Ich liebe dich(, Paul)." –
 "I love you too(, Claire)."   „Ich dich auch(, Claire)."

Denn: Antwortete Paul im zweiten Satz *So do I*, so würde er damit
ausdrücken, dass er ebenfalls Paul liebt, also sich selbst.

Auch in *question tags* (= Frageanhängseln) nimmt do(n't)/does(n't)/did(n't) den
<u>verbalen Ausdruck</u> wieder auf (→ S. 372–374):

You <u>don't know</u> where she is, <u>do</u> you?   Sie wissen wohl nicht, wo sie ist, oder?
You <u>know</u> where she is, <u>don't</u> you?   Sie wissen doch, wo sie ist, nicht?
But she <u>doesn't know</u> that, <u>does</u> she?   Sie weiß das aber nicht, oder?
That <u>sounds</u> horrible, <u>doesn't</u> it?   Das klingt schrecklich, nicht wahr?
You <u>didn't see</u> Tom by any chance,   Du hast nicht zufällig Tom gesehen,
 <u>did</u> you?   oder?
We <u>had</u> a good time, <u>didn't</u> we?   Wir hatten doch 'ne schöne Zeit, nicht?

Do als Vollverb

Wird *do* nicht als Hilfsverb, sondern als Vollverb verwendet, so wird es
wie andere Vollverben in Frage und Verneinung mit dem Hilfsverb *do*
umschrieben (→ S. 342–344) und ggf. auch in der Verlaufsform gebraucht:

Let me <u>do</u> the dishes.	Lass mich das Geschirr machen.
What do you <u>do</u> on Sundays?	Was macht ihr sonntags?
He doesn't <u>do</u> his job properly.	Er macht seine Arbeit nicht ordentlich.
What did you <u>do</u> that for?	Warum hast du denn das gemacht?
He didn't <u>do</u> his homework.	Er hat seine Hausaufgaben nicht gemacht.
There's nothing to be <u>done</u>.	Da lässt sich nichts machen.
It isn't <u>done</u>.	Es gehört sich nicht.
What are you <u>doing</u>?	Was machst du da?
How are you <u>doing</u>?	Wie geht es dir?

Die modalen Hilfsverben *can* und *could*

Can (= kann) und *could* (= könnte/konnte) sind unvollständige Verben; sie
haben keinen Infinitiv, keine *-ing*-Form, kein *-ed*-Partizip und keine *-s*-Form
und werden in Frage und Verneinung nicht mit *do* umschrieben.
Could wird nur dann in der Bedeutung *konnte* verwendet, wenn der
Zusammenhang deutlich macht, dass nicht die Bedeutung *könnte* gemeint ist.
Die genannten Gebrauchsbeschränkungen führen dazu, dass statt *can/could*
häufig andere verbale Ausdrücke mit gleicher oder ähnlicher Bedeutung
verwendet werden – zum Beispiel *be able to / be unable to*.
Die Kombination *can not* wird in der Regel zusammengeschrieben:
als Vollform *cannot*, als Kurzform *can't* [kɑːnt].
Could not wird – außer in förmlichem Stil und bei besonderer Betonung –
meist zu *couldn't* zusammengezogen.

Die folgenden Beispiele zeigen *can/could* in typischen Verwendungen sowie
Möglichkeiten der Umschreibung durch Ausdrücke mit gleicher oder
ähnlicher Bedeutung:

can / cannot / can't + Infinitiv

<u>Can</u> you read music?	<u>Können</u> Sie Noten lesen?
<u>Can</u> power lines cause cancer?	<u>Können</u> Hochspannungsleitungen Krebs verursachen?
<u>Can't</u> we just make a few sandwiches?	<u>Können</u> wir <u>nicht</u> einfach ein paar belegte Brote machen?
He enjoys the pictures but <u>cannot / can't</u> read the text.	Ihm gefallen die Bilder, aber den Text <u>kann</u> er <u>nicht</u> lesen.

could (not) / couldn't + **Infinitiv**

I wish I <u>could</u> read music.	Ich wünschte, ich <u>könnte</u> Noten lesen.
<u>Couldn't</u> we plant a tree here?	<u>Könnten</u> wir hier nicht einen Baum pflanzen?
She <u>could</u> read and write when she was only four.	Sie <u>konnte</u> schon mit vier Jahren lesen und schreiben.
He was not the first successful songwriter who <u>couldn't</u> read music.	Er war nicht der erste erfolgreiche Schlagerkomponist, der keine Noten lesen <u>konnte</u>.

Bittet man um eine Erlaubnis, so hat man die Wahl zwischen *can, could, may* und *might*.
Can/could sind weniger förmlich als *may/might*.
Could/might sind weniger direkt und daher höflicher, verbindlicher als *can/may*.

<u>Could</u> I speak to Mr Marr? – I'm sorry, he's in a meeting right now. <u>Can</u> I take a message?	Könnte ich wohl mal Herrn Marr sprechen? – Ich bedaure, er ist gerade in einer Besprechung. Kann ich etwas ausrichten?
<u>May</u> I go now?	Darf ich jetzt gehen?
<u>May</u> I speak to Inspector Randall, please?	Kann ich bitte mal Herrn Kommissar Randall sprechen?
Eh – <u>might</u> I make a suggestion?	Äh – dürfte ich einen Vorschlag machen?

cannot / can't + *have* + *-ed*-**Partizip**

He <u>can't have read</u> [red] the letter.	Er kann den Brief nicht gelesen haben.
She <u>can't have walked</u> all the way.	Sie kann doch nicht den ganzen Weg gelaufen sein.

could (not) / couldn't + *have* + *-ed*-**Partizip**

They <u>could have been</u> saved.	Sie hätten gerettet werden können.
I keep asking myself how I <u>could have been</u> such an idiot.	Ich frage mich immer wieder, wie ich nur so ein Idiot sein konnte.
How <u>could</u> they possibly <u>have known</u> that?	Wie / Woher konnten sie das nur wissen?
We <u>couldn't have done</u> it without you.	Ohne dich hätten wir es nicht geschafft.
The minister's resignation <u>couldn't have come</u> at a worse time.	Der Rücktritt des Ministers hätte zu keinem ungünstigeren Zeitpunkt kommen können.

Beachten Sie, dass *can* – anders als das deutsche *können* – nicht mit einem Nomen oder Pronomen verbunden werden kann; es muss entweder ein Verb eingefügt oder statt *can* ein anderer Ausdruck gewählt werden:

Can / Do you speak Russian?   Können Sie Russisch?
I can't do that.   Das kann ich nicht.
I know it by heart.   Ich kann es auswendig.
She's capable of just about anything.   Sie kann so ziemlich alles.

Be (un)able to als Alternative zu *can(not)*

Many people are able to identify with the characters in this film.   Viele Menschen können sich mit den Personen dieses Films identifizieren.
I was able to talk to her briefly during the interval.   In der Pause konnte ich kurz mit ihr sprechen.
She was unable to come.   Sie konnte nicht kommen.
She won't be able to come.   Sie wird nicht kommen können.
I might be able to help you.   Es könnte sein, dass ich Ihnen helfen kann.
She ought to be able to play this.   Eigentlich müsste sie dies spielen können.
The present government seems (to be) unable to solve the problem.   Die gegenwärtige Regierung scheint das Problem nicht lösen zu können.
That's a problem we've so far been unable to solve.   Das ist ein Problem, das wir bisher nicht haben lösen können.
I like being able to talk with the locals.   Ich habe es gern, wenn ich mich mit den Einheimischen unterhalten kann.

Andere Entsprechungen für *können*:

She's capable of being quite nasty.   Sie kann recht unangenehm sein.
The pilot managed to bring the plane to a halt.   Der Pilot konnte die Maschine zum Stehen bringen.
Will it be possible for her to walk again?   Wird sie wieder gehen können?
It's simply impossible for him to sit still.   Er kann einfach nicht still sitzen.

Die modalen Hilfsverben *may* und *might*

Wie *can* und *could* sind *may* (= kann/mag/darf) und *might* (= könnte/dürfte) unvollständige Verben – sie haben keinen Infinitiv, keine -*ing*-Form, kein -*ed*-Partizip und keine -*s*-Form und werden in Frage und Verneinung nicht mit *do* umschrieben.

Die genannten Gebrauchsbeschränkungen führen dazu, dass statt *may/might* mitunter andere verbale Ausdrücke mit gleicher oder ähnlicher Bedeutung verwendet werden – zum Beispiel *be allowed to, be permitted to*. *Might not* kann zu *mightn't* zusammengezogen werden. *Mayn't* als Kontraktion von *may not* ist extrem selten.

Die folgenden Beispiele zeigen *may/might* in typischen Verwendungen sowie Möglichkeiten der Umschreibung durch Ausdrücke mit gleicher oder ähnlicher Bedeutung:

May/might zum Ausdruck der Möglichkeit (= *it is possible that*)

In Fällen, wo sowohl *may* als auch *might* stehen kann, drücken sie nach dem Verständnis vieler (aber nicht aller!) Sprecher einen unterschiedlichen Grad von Wahrscheinlichkeit aus:
may: vergleichsweise größere Wahrscheinlichkeit
might: vergleichsweise geringere Wahrscheinlichkeit
In der indirekten Rede (→ S. 242 ff.), nach einem Berichtsverb in der Vergangenheit (z. B. *they said*), steht in der Regel *might* (nicht *may*).

You <u>may / might</u> be right there.	Da mögen / könnten Sie Recht haben.
The bomb <u>may</u> explode any time.	Die Bombe kann jederzeit detonieren.
They said the bomb <u>might</u> explode any time.	Sie sagten, die Bombe könne jederzeit detonieren.
For all we know, she <u>may</u> be telling the truth.	Es kann durchaus sein, dass sie die Wahrheit sagt.
By demonizing her opponents she <u>may</u> be doing them an unintended favour.	Indem sie ihre Gegner verteufelt, tut sie ihnen vielleicht unbeabsichtigt einen Gefallen.
He <u>may / might</u> have suffered a stroke.	Er kann / könnte einen Schlaganfall erlitten haben.
He <u>may</u> have been suffering from AIDS.	Er kann aidskrank gewesen sein.
New research says electromagnetic fields <u>may</u> not cause cancer after all.	Neuere Forschungen haben ergeben, dass elektromagnetische Felder möglicherweise doch keinen Krebs verursachen.

Beachten Sie zum Unterschied zwischen *can* und *may*:
can = „können" im Sinn „die Fähigkeit haben"
may = „können" im Sinn „(statistisch) möglich sein"
Smoking <u>can</u> cause cancer. (= Rauchen kann Krebs verursachen, d. h. es hat die „Fähigkeit" dazu.)
Smoking <u>may</u> cause cancer. (= Rauchen kann Krebs verursachen, d. h. es besteht die Möglichkeit, dass das geschieht.)

Ein entsprechender Unterschied besteht zwischen *could* und *might*:
She <u>*could*</u> *give you the money* (= ability: would be able to give it).
She <u>*might*</u> *give you the money* (= possibility: there is a chance).

May (= mag) gebraucht man auch, um eine Tatsache einzuräumen, dann aber (mit *but*) einen noch wesentlicheren Gesichtspunkt hinzuzufügen:

She <u>may</u> have lost her temper now and then but never her sense of humour.	Sie mag ja hin und wieder die Beherrschung verloren haben, doch nie ihren Sinn für Humor.
It <u>may</u> be true that the law cannot make a man love me, but it can keep him from lynching me, and I think that's pretty important. (*Martin Luther King*)	Es mag ja zutreffen, dass das Gesetz einen Menschen nicht zwingen kann, mich zu lieben, doch kann es ihn davon abhalten, mich zu lynchen, und das erscheint mir recht wichtig.

Beachten Sie auch den Gebrauch von *might* in Bedingungssätzen vom Typ 2 und 3 (→ S. 234):

You <u>might</u> get there quicker if you walked.	Du kämst vielleicht schneller hin, wenn du zu Fuß gingest.
You <u>might</u> have got there quicker if you had walked.	Du wärst vielleicht schneller hingekommen, wenn du zu Fuß gegangen wärst.

Might kann auch Verärgerung oder Herablassung ausdrücken:

You <u>might</u> have waited for me.	Du hättest ja auch auf mich warten können.
And who <u>might</u> you be?	Und wer sind Sie wohl?

Beachten Sie auch:

be that as it <u>may</u>	wie dem auch sei
I <u>might</u> have known that.	Das hätte ich mir denken können.

May/might zum Ausdruck von Erlaubnis (= *be allowed/permitted to*)

You <u>may</u> use the bathroom and the kitchen.	Sie dürfen/können das Badezimmer und die Küche benutzen.
<u>May</u> we go swimming, Dad?	Papa, dürfen wir schwimmen gehen?
The children asked if they <u>might</u> go swimming.	Die Kinder fragten, ob sie schwimmen gehen dürften.
An autopsy <u>may</u> not be performed without written permission from the next of kin.	Eine Autopsie darf nicht ohne Genehmigung der nächsten Angehörigen vorgenommen werden.

Beachten Sie den Unterschied zwischen *may not* („keine Erlaubnis")
und *must not / mustn't* („Verbot", „dringendes Abraten"):

You may smoke here, but you may not smoke in the lavatories.	Hier darf man rauchen, aber in den Toiletten darf man nicht rauchen.
You mustn't smoke so much.	Sie dürfen nicht so viel rauchen.
I know I mustn't smoke so much.	Ich weiß, ich darf nicht so viel rauchen.

(Vgl. S. 354–355.)

Durch den Gebrauch von *might* wird eine Frage zögernder, umwundener, höflicher als mit *may*:

Might I make a suggestion?	Dürfte ich einen Vorschlag machen?
Might I trouble you for a glass of water?	Dürfte ich Sie wohl um ein Glas Wasser bemühen?

Be allowed to als Ersatzform für *may/might* zum Ausdruck von Erlaubnis

Be allowed to ist die gebräuchlichste Ersatzform für *may/might* zum Ausdruck von Erlaubnis. Beachten Sie zunächst, dass *allowed* anders konstruiert wird als *erlaubt*:

We're not allowed to go in the water.	Es ist uns nicht erlaubt / Uns ist nicht erlaubt, ins Wasser zu gehen.

In den folgenden Beispielen könnte – wie überhaupt in den meisten Fällen – *allowed* (= erlaubt) durch das förmlichere *permitted* (= gestattet) ersetzt werden.

Why aren't they allowed to stay?	Warum dürfen sie nicht bleiben?
Many asylum seekers aren't being allowed to stay.	Vielen Asylbewerbern erlaubt man (zurzeit) nicht zu bleiben.
They were allowed to stay.	Sie durften bleiben.
They have been allowed to stay.	Sie haben bleiben dürfen.
They had been allowed to stay.	Sie hatten bleiben dürfen.
If they had been allowed to stay, things might have turned out differently.	Wenn sie hätten bleiben dürfen, wäre vielleicht alles anders gekommen.
They will be allowed to stay.	Sie werden bleiben dürfen.
They don't know if they're going to be allowed to stay.	Sie wissen nicht, ob sie werden bleiben dürfen.
They expect to be allowed to stay.	Sie erwarten, dass man ihnen erlaubt zu bleiben.
They dream of being allowed to stay.	Sie träumen davon, bleiben zu dürfen.

May zum Ausdruck eines Wunsches oder einer Hoffnung

May he rest in peace.	Er ruhe in Frieden.
May the best man win!	Möge der Beste gewinnen!
I sincerely hope that this may prove to be possible.	Ich hoffe aufrichtig, dass dies sich als möglich erweisen möge.

Das modale Hilfsverb *must*

Must ist ein unvollständiges Verb, das nur in dieser einen Form existiert. Es gibt keine Vergangenheitsform; auch hat *must* keinen Infinitiv, keine *-ing*-Form, kein *-ed*-Partizip und keine *-s*-Form und wird in Frage und Verneinung nicht mit *do* umschrieben.

Must zum Ausdruck einer Verpflichtung oder Notwendigkeit

Soweit *must* Verpflichtung im weitesten Sinn ausdrückt, ist *have to* die seiner Bedeutung am nächsten kommende Ersatzform.

I must go now.	Ich muss jetzt gehen.
Doctor, you must come quickly.	Herr Doktor, Sie müssen schnell kommen.
Must you really go?	Musst du wirklich gehen?
Must you always spoil the mood?	Musst du denn auch immer die Stimmung verderben?
You must have no other gods beside me.	Du sollst keine anderen Götter haben neben mir.
If you must tell a joke it had better be a good one.	Wenn du unbedingt einen Witz erzählen musst, dann sollte es schon ein guter sein.

She had to go to London on business.	Sie musste geschäftlich nach London.
You'll have to go alone.	Sie werden allein fahren müssen.
You would've had to go alone.	Sie hätten allein fahren müssen.
There are no beds so people are having to sleep on the floor.	Es sind keine Betten da, sodass die Leute auf dem Boden schlafen müssen.
I resent having to go there.	Es ärgert mich, dass ich dort hingehen muss.

In den vorstehenden Beispielen drückt *must = müssen* im weitesten Sinn eine Verpflichtung bzw. Notwendigkeit aus. In dieser Bedeutung kann es durch *have to* ersetzt werden. In Fällen, wo sowohl *must* als auch *have to* möglich ist, besteht häufig ein kleiner Bedeutungsunterschied:

I must go now. = "I personally feel an obligation to go now."
(*Subjektiv empfundene Notwendigkeit, Pflicht etc.*)

I <u>have to</u> go now. = "Circumstances make it necessary for me to go now."
(*Objektiv gegebene Notwendigkeit, Zwang der Verhältnisse etc.*)
She <u>must</u> read it. = "I feel it would be really good for her to read it."
She <u>has to</u> read it. = "It is part of her obligations to read it."

Have got to ist eine im BE häufige Alternative zu *have to*; bei starker
Betonung von *got* klingt es besonders emphatisch:

I<u>'ve got to</u> go now. = I do have to go now. = I really have to go now.
(= Ich muss jetzt aber wirklich gehen.)

Die Verneinung von *müssen* im Sinne einer Verpflichtung / Notwendigkeit
ist *nicht müssen, nicht brauchen* – im Englischen häufig *not have to / not need
to, needn't* (→ S. 369–370):

You <u>don't have to / don't need to / needn't</u> write every day.	Du brauchst nicht jeden Tag zu schreiben.
He <u>didn't have to / didn't need to</u> hurry.	Er brauchte sich nicht zu beeilen / musste sich nicht beeilen.
We <u>needn't</u> have booked in advance.	Wir hätten nicht im Voraus zu buchen brauchen.

You <u>mustn't</u> ['mʌsnt] *write every day* (= Du darfst/sollst nicht jeden Tag
schreiben) hingegen drückt nicht das Fehlen einer Verpflichtung
oder Notwendigkeit aus, sondern einen Wunsch, oft eine Anordnung,
ja einen Befehl des Sprechers: *I don't want you to write every day*
(= Ich will nicht, dass du jeden Tag schreibst). Weitere Beispiele
mit *mustn't / must not*:

You <u>mustn't</u> say such things in front of the children.	Du darfst so was nicht vor den Kindern sagen.
We <u>mustn't</u> be seen together.	Man darf uns nicht zusammen sehen.
The summary <u>mustn't</u> be over 150 words.	Die Zusammenfassung soll/darf nicht länger als 150 Wörter sein.
If a ball doesn't bounce properly, it <u>must not</u> be passed for sale.	Wenn ein Ball nicht richtig springt, darf er nicht zum Verkauf freigegeben werden.
You <u>must not</u> covet ['kʌvɪt] your neighbour's wife.	Du sollst nicht begehren deines Nächsten Weib.
How's business? – <u>Mustn't</u> grumble.	Wie geht das Geschäft? – Ich kann nicht klagen.
We <u>must not</u> use the sea to dump our waste.	Wir dürfen das Meer nicht als Müllkippe benutzen.

In verneinten Fragen drückt *mustn't* meistens *muss nicht* und nur gelegentlich *darf nicht* aus:

<u>Mustn't</u> we feed (= Don't we have to feed) the chickens?	Müssen wir nicht die Hühner füttern?
<u>Mustn't</u> they think I'm a crook?	Müssen sie mich nicht für einen Gauner halten?
Why <u>mustn't</u> we keep our shoes on?	Warum dürfen wir denn unsere Schuhe nicht anbehalten?

In *question tags* (= Frageanhängseln → S. 372–374) hingegen hat *mustn't* immer die Bedeutung *muss nicht*:

We must be patient, <u>mustn't</u> we?	Wir müssen Geduld haben, nicht wahr?
Things must change, <u>mustn't</u> they?	Es muss sich doch alles ändern, nicht wahr?

Als *past tense* wird *must* nur in Fällen gebraucht, wo der Zusammenhang den Vergangenheitsbezug eindeutig macht. In der Regel sind dies Fälle von indirekter Rede (→ S. 242 ff.):

The day came when I knew I <u>must</u> have a dog.	Es kam der Tag, wo ich wusste, dass ich einen Hund haben musste.
Hello, I thought you <u>must</u> be in.	Grüß dich, ich dachte, du müsstest doch zu Hause sein.
She told him that she <u>must</u> go back to the hospital.	Sie sagte ihm, dass sie zurück ins Krankenhaus müsse.
She went out into the street. She <u>mustn't</u> let it get to her, <u>mustn't</u> get angry.	Sie ging hinaus auf die Straße. Sie durfte sich nicht aufregen lassen, durfte sich nicht ärgern.

Must zum Ausdruck der Wahrscheinlichkeit

Mit *must* kann man (wie im Deutschen mit *müssen*) auch ausdrücken, dass etwas höchst wahrscheinlich, fast gewiss ist:

He <u>must</u> be fifty if he's a day.	Er muss mindestens fünfzig sein.
My God, what <u>must</u> they be thinking about me?	Mein Gott, was müssen die von mir denken?
He <u>must</u> be joking.	Das kann doch nicht sein Ernst sein.
It <u>must</u> have been easy.	Es muss leicht gewesen sein.
The PM <u>must</u> have known about it.	Der Premierminister muss davon gewusst haben.

Verneint wird dieses „Müssen zum Ausdruck der Wahrscheinlichkeit" mit *can't*:

He <u>can't</u> be that old.   So alt kann er noch nicht sein.
My God, this <u>can't</u>   Mein Gott, das kann doch nicht
  be true.   wahr sein!
It <u>can't</u> have been easy.   Es kann nicht leicht gewesen sein.

Das modale Hilfsverb *will*

Will wird in erster Linie zum Ausdruck der Zukunft (Futur) gebraucht
(→ S. 221–225):

I<u>'ll</u> (= I <u>will</u>) never forget you.   Ich werde dich nie vergessen.
She<u>'ll</u> (= She <u>will</u>) be surprised.   Sie wird sich wundern.
I <u>won't</u> (= <u>will</u> not) be a minute.   Ich bin gleich wieder da.
That <u>won't</u> (= <u>will</u> not) be a problem.   Das wird kein Problem sein.
I<u>'ll</u> have to do exams, <u>won't</u> I?   Ich werde Prüfungen ablegen müssen,
    nicht wahr?

I <u>won't</u> have to wait, <u>will</u> I?   Ich werde doch nicht warten
    müssen, oder?

Ansonsten kann mit *will/won't* u. a. Folgendes ausgedrückt werden:

Aufforderung oder Bitte:
<u>Will</u> you follow me, please?   Wollen Sie mir bitte folgen?
If you<u>'ll</u> follow me, please.   Wenn Sie mir bitte folgen wollen.
<u>Won't</u> you take a seat?   Wollen Sie sich nicht setzen?
<u>Will</u> you have another drink?   Möchten Sie noch einen Drink?
What<u>'ll</u> you have? – A pint of   Was hätten Sie gern? – Ein großes
  Guinness, please.   Guinness bitte.
<u>Will</u> you marry me?   Willst du mich heiraten?
Rita, <u>will</u> you give me that key at once.   Rita, gib mir bitte sofort den Schlüssel.
Don't let me down, <u>will</u> you?   Lass mich bitte nicht im Stich, ja?
You<u>'ll</u> stay the night, <u>won't</u> you?   Du bleibst doch über Nacht, nicht wahr?

Bereitschaft oder Entschlossenheit:
I <u>will</u> admit that I overshot   Ich will zugeben, dass ich in diesem
  the mark in this case.   Fall über das Ziel hinausgeschossen bin.
If we <u>will</u> all do our best,   Wenn wir alle bereit sind, unser Bestes
  we can do the job.   zu geben, können wir es schaffen.
Would you mind lowering   Könntest du wohl etwas leiser
  your voice. – I <u>will not</u>   sprechen? – Ich werde nicht leiser
  lower my voice.   sprechen.

I <u>will not</u> listen to such tripe.	So einen Quatsch höre ich mir nicht an.
I <u>won't</u> have any quarrelling.	Streitereien dulde ich nicht.
The car <u>won't</u> start.	Das Auto will nicht anspringen

Gewohnheit, Neigung, Veranlagung, Eigenschaft:

She<u>'ll</u> sit for hours gazing into space.	Sie pflegt stundenlang dazusitzen und ins Leere zu starren.
Rain or shine, he<u>'ll</u> have his nap.	Was auch passiert, er macht sein Schläfchen.
He <u>will</u> get angry over nothing.	Er regt sich über alles auf.
Bread <u>will</u> keep longer in the fridge.	Im Kühlschrank hält sich Brot länger.

Vermutung:

That<u>'ll</u> be the doctor.	Das wird der Arzt sein.
She<u>'ll</u> be ready by now.	Sie wird inzwischen fertig sein.

Unvermeidbarkeit:

Accidents <u>will</u> happen.	Unfälle passieren nun einmal.
Boys <u>will</u> be boys.	Jungen sind nun mal so.
What <u>will</u> be <u>will</u> be.	Es kommt so, wie es kommt.

Leistungsmerkmal:

The back seat <u>will</u> hold three passengers.	Der Rücksitz bietet drei Personen Platz.
The booklet <u>will</u> fit into every pocket.	Das Büchlein passt in jede Tasche.

Alternative Ausdrucksmöglichkeiten für *will*

Sehen Sie anhand einiger Beispiele aus den vorstehenden Sätzen, welche Alternativen zu der Konstruktion mit *will* bestehen:

What'll you have?: What would you like?
Rita, will you give me that key at once: Rita, give me that key at once.
Don't let me down, will you?: Please don't let me down.
I will admit that I overshot the mark in this case: I'm ready to admit …
If we will all do our best, we can do the job: If we're all prepared to do our best, we can do the job.
I will not lower my voice: I'm not going to lower my voice.
I will not listen to such tripe: I refuse to listen to such tripe.
He will get angry over nothing: He has a(n annoying) tendency to get angry / He is in the habit of / He has this annoying habit of getting angry over nothing.
That'll be the doctor: That's probably the doctor.
Accidents will happen: Accidents are unavoidable.
The booklet will fit into every pocket: The booklet fits into every pocket.

Das modale Hilfsverb *would*

Would (bzw. die Kurzform *'d*) wird häufig als Bedingungsform in der Bedeutung *würde* gebraucht (→ Bedingungssätze / Konditional S. 233 ff.):

<u>Would</u> you come?	Würdest du kommen?
<u>Would</u> you have come?	Wärest du gekommen?
It <u>would</u> be too dangerous.	Es würde zu gefährlich sein / wäre zu gefährlich.
It <u>would</u> have been too dangerous.	Es wäre zu gefährlich gewesen.
We<u>'d</u> have a lot of problems.	Wir würden viele Probleme haben / hätten viele Probleme.
We <u>would</u>'ve had a lot of problems.	Wir hätten viele Probleme gehabt.

Häufig erscheint *would* auch als *past tense* von *will*:

She said she <u>would</u> send us the pictures.	Sie sagte, sie würde uns die Bilder schicken.
I thought you<u>'d</u> be ready by now.	Ich dachte, du wärest inzwischen fertig.
I offered to drive her to the station, but she <u>would</u> have none of it.	Ich bot an, sie zum Bahnhof zu fahren, aber sie wollte davon nichts wissen.
The car <u>wouldn't</u> start.	Das Auto wollte nicht anspringen.
On his way home he <u>would</u> often stop here to enjoy the view.	Auf dem Heimweg pflegte er hier oft stehen zu bleiben, um die Aussicht zu genießen.

Weiter verwendet man *would* zum Ausdruck einer höflichen Bitte oder Aufforderung:

<u>Would</u> you please let me know if the book is still available?	Würden Sie mir bitte mitteilen, ob das Buch noch erhältlich ist?
<u>Would</u> you mind closing the window?	Würden Sie bitte das Fenster zumachen?
<u>Would</u> you bring us an ashtray, please.	Würden Sie uns bitte einen Aschenbecher bringen.
If you <u>would</u> be good enough to put our things in the car, we'll be off.	Wenn Sie so gut sein würden, unsere Sachen ins Auto zu tun – wir fahren dann ab.

In Verbindung mit Verben wie *like, love, care, prefer, hate* drückt *would* Neigung, Wunsch, Abneigung aus:

<u>Would</u> you <u>like</u> to come with me?	Würdest du gern mitkommen?
I<u>'d</u> <u>like</u> to book a room, please.	Ich möchte gern ein Zimmer reservieren.
<u>Would</u> you <u>care</u> for a drink or something?	Hätten Sie gern etwas zu trinken oder so?
We<u>'d</u> <u>love</u> to spend our next holiday in Ireland.	Wir würden unseren nächsten Urlaub furchtbar gern in Irland verbringen.

Is this table all right, or <u>would</u> you <u>prefer</u> to sit over there?
I'<u>d</u> <u>hate</u> to have a playground right next to our garden.

Ist dieser Tisch in Ordnung oder würden Sie lieber da drüben sitzen?
Ein Spielplatz direkt neben unserem Garten wäre mir höchst unsympathisch.

Beachten Sie den Gebrauch von *would* nach *I wish* (→ S. 185, 198, 199, 216) und *if only*:

I wish it <u>would</u> stop raining.
I wish you <u>wouldn't</u> do that.
If only the phone <u>wouldn't</u>

Ich wünschte, es würde aufhören zu regnen.
Ich wünschte, du würdest das nicht tun.
Wenn doch nur das Telefon nicht

Nicht selten sind auch die folgenden Verwendungen von *would*:

He has borrowed the money from his girlfriend. –
He <u>would</u>.
She was talking extra loudly so that the people in the waiting room <u>would</u> be impressed.
The way he throws his money around, one <u>would</u> think he was Bill Gates himself.
I'<u>d</u> say he was about fifty.

You <u>wouldn't</u> by any chance be going through the city centre, <u>would</u> you?

Er hat sich das Geld von seiner Freundin geliehen. – Das sieht ihm ähnlich.
Sie sprach besonders laut, damit die Leute im Wartezimmer beeindruckt wären.
Wie der mit dem Geld rumwirft, würde man meinen, er wäre Bill Gates persönlich.
Ich würde meinen, er wäre so um die fünfzig.

Sie fahren wohl nicht zufällig durch die Innenstadt, oder?

Das modale Hilfsverb *shall*

Der Gebrauch von *shall* (bzw. *shan't = shall not*) zum Ausdruck zukünftiger Handlungen (Futur) ist auf Seite 223 dargestellt. *Shall* als Futurform ist häufig eine förmlichere, mitunter „würdevoller" oder „gepflegter" gemeinte Alternative zu *will* bzw. *'ll* und kommt nur in Verbindung mit der 1. Person (also *I* oder *we*) vor:

I think that I <u>shall</u> never see / A poem lovely as a tree.
(Joyce Kilmer)

Ich glaube, dass ich nie ein Gedicht sehen werde, das so herrlich ist wie ein Baum.

7

14

As President I must put the interests of America first. Therefore, I <u>shall</u> resign the presidency effective at noon tomorrow. (Nixon)	Als Präsident muss ich die Interessen Amerikas voranstellen. Deshalb werde ich vom Präsidentenamt mit Wirkung vom morgigen Tag, 12 Uhr Mittag, zurücktreten.
It goes without saying that we <u>shall</u> pay for everything.	Es versteht sich von selbst, dass wir alles bezahlen werden.
All signs indicate that we <u>shall</u> either fail greatly or succeed greatly.	Alles deutet darauf hin, dass wir entweder großen Misserfolg oder großen Erfolg haben werden.
I <u>shan't</u> go into work today.	Ich fahre heute nicht ins Büro.

Nicht selten bringt *shall* neben Zukünftigkeit auch Entschlossenheit zum Ausdruck:

We <u>shall</u> defend our island, whatever the cost may be.	Wir werden unser Eiland verteidigen, was immer es auch kosten mag.
We <u>shall</u> never surrender.	Wir werden niemals kapitulieren.
We <u>shall</u> overcome.	Wir werden (die Rassen-diskriminierung) überwinden.

In der Alltagssprache häufig ist der Gebrauch von *shall I* und *shall we*, womit nach dem Willen der angeredeten Person gefragt wird:

<u>Shall</u> I put the kettle on?	Soll ich Tee/Kaffee machen?
<u>Shall</u> I run you home?	Soll ich Sie nach Hause fahren?
<u>Shall</u> we have a game of chess?	Wollen wir eine Partie Schach spielen?
<u>Shall</u> we take the tube?	Wollen wir die U-Bahn nehmen?
He isn't a liar but he sometimes – how <u>shall</u> I put it – streamlines the facts.	Er ist kein Lügner, aber er – wie soll ich es ausdrücken – glättet die Tatsachen manchmal.
What time <u>shall</u> we meet? Fourish?	Um welche Zeit wollen wir uns treffen? So gegen vier?

In *question tags* (= Frageanhängseln, → S. 372 ff.) steht *shall* mit Bezug auf ein vorhergehendes *'ll*, *will*, *shall* oder aber nach *Let's* ...:

I'll tell him that you're upset, <u>shall</u> I?	Ich werde ihm sagen, dass du bestürzt bist, ja?
Well, we'll see how it goes, <u>shall</u> we?	Nun gut, wir werden sehen, wie es läuft, ja?
Let's take a taxi, <u>shall</u> we?	Lass(t) uns ein Taxi nehmen, ja?

In der 2. und 3. Person (also in Verbindung mit *you, he/she/it, they*) bringt *shall* (besonders in förmlicher oder altertümlicher Sprache) den Willen des Sprechers zum Ausdruck, dass etwas geschehen soll:

It shall be a secret between us.	Es soll ein Geheimnis zwischen uns bleiben.
You must spin all this into gold tonight. If you succeed, you shall become my wife.	Dies alles musst du heute Nacht zu Gold verspinnen. Gelingt dir's, so sollst du meine Gemahlin werden.
A few examples shall suffice.	Einige wenige Beispiele sollen genügen.
You shall be the first to be told.	Sie sollen der/die Erste sein, der/die es erfährt.
You shall not steal. / (*Veraltet:*) Thou shalt not steal.	Du sollst nicht stehlen.
You shall proceed immediately to headquarters.	Sie begeben sich sofort ins Hauptquartier.

Ein den vorstehenden Beispielen ähnlicher Gebrauch von *shall* findet sich in Bestimmungen, Gesetzestexten, Verträgen usw. und bleibt in der deutschen Entsprechung meistens unübersetzt:

The European Council shall meet at least twice a year.	Der Europäische Rat tritt mindestens zweimal jährlich zusammen.
The Union shall set itself the following objectives: ...	Die Union setzt sich folgende Ziele: ...
The parties agree that an armed attack against one or more of them in Europe or North America shall be considered an attack against them all.	Die Parteien vereinbaren, dass ein bewaffneter Angriff gegen eine oder mehrere von ihnen in Europa oder Nordamerika als ein Angriff gegen sie alle angesehen wird.
The President shall, at stated times, receive for his services, a compensation, which shall neither be increased nor diminished during the period for which he shall have been elected.	Der Präsident erhält zu bestimmten Zeiten für seine Dienste eine Entschädigung, die während des Zeitraums, für den er gewählt ist, weder erhöht noch vermindert werden darf.

Beachten Sie, dass *shall* keine „narrensichere" Entsprechung für *sollen* ist! Auch z. B. die Gebote werden in modernen Bibelausgaben nicht immer mit *You shall ... / You shall not ...* wiedergegeben:

Do not steal.	Du sollst nicht stehlen.
You must love your neighbour as yourself.	Du sollst deinen Nächsten lieben wie dich selbst.
You must have no other gods beside me.	Du sollst keine anderen Götter haben neben mir.

You <u>must</u> not make wrong use of the name of the Lord your God.	Du <u>sollst</u> den Namen des Herrn, deines Gottes, nicht missbrauchen.
You <u>are</u> not <u>to</u> make a carved image for yourself.	Du <u>sollst</u> dir kein Bildnis machen.

Weitere häufig gebrauchte Entsprechungen für *sollen*:

The first relief supplies <u>are due to</u> arrive tomorrow.	Die ersten Hilfsgüter <u>sollen</u> morgen eintreffen.

The negotiations <u>are expected to</u> begin next week.	Die Verhandlungen <u>sollen</u> nächste Woche beginnen.
Oats <u>are believed to</u> bring down the cholesterol level.	Haferflocken <u>sollen</u> den Cholesterinspiegel senken.
He <u>is reported / said / rumoured / thought to</u> have left the country.	Er <u>soll</u> das Land verlassen haben.
You know that you<u>'re not meant / supposed to</u> lift heavy things.	Du weißt doch, dass du keine schweren Sachen heben <u>sollst</u>.
We <u>were told to</u> wait.	Man sagte uns, wir <u>sollten</u> warten.

What <u>am</u> I <u>going to</u> do with four bottles of milk?	Was <u>soll</u> ich mit vier Flaschen Milch anfangen?

The question is how <u>to</u> do it.	Die Frage ist, wie man es machen <u>soll</u>.
She's not sure whether <u>to</u> go or stay.	Sie ist sich nicht sicher, ob sie gehen oder bleiben <u>soll</u>.
That's something for her parents <u>to</u> worry about.	Das ist etwas, worüber sich ihre Eltern Sorgen machen <u>soll(t)en</u>.

Be (supposed / said) to als Entsprechung für *sollen* ist ausführlich auf den Seiten 335–336 dargestellt.

Das modale Hilfsverb *should*

Should entspricht dem deutschen *sollte* zum Ausdruck von Verpflichtung oder Pflicht bzw. dessen, was eigentlich richtig wäre (*should* ist hier ersetzbar durch *ought to*, vgl. S. 366–367):

I suppose we <u>should</u> call a doctor.	Wir sollten wohl einen Arzt rufen.
Drunk drivers <u>should</u> have their licence taken away.	Betrunkenen Autofahrern sollte der Führerschein weggenommen werden.
You <u>should</u> be ashamed of yourself.	Sie sollten sich schämen.
I don't see why I <u>should</u> change my lifestyle.	Ich weiß nicht, warum ich meinen Lebensstil ändern sollte.
A person who doesn't know that <u>should</u> not be teaching.	Jemand, der das nicht weiß, sollte nicht unterrichten.

My boss wouldn't mind, why <u>should</u> she?	Meine Chefin hätte nichts dagegen, warum sollte sie auch?
<u>Shouldn't</u> she be told?	Sollte man es ihr nicht sagen?

Mit nachfolgendem Infinitiv des Perfekts (also: *should + have + -ed*-Partizip) drückt *should* aus, was hätte geschehen sollen, aber nicht geschah (*should* ist hier ersetzbar durch *ought to*, vgl. S. 366–367):

I <u>should</u> have done it myself.	Ich hätte es selber tun sollen.
How rude of me – I <u>should</u> have offered you some tea or coffee.	Wie unhöflich von mir – ich hätte Ihnen Tee oder Kaffee anbieten müssen / sollen.
We <u>should</u> have called a doctor.	Wir hätten einen Arzt rufen sollen.
<u>Shouldn't</u> we have called a doctor?	Hätten wir nicht einen Arzt rufen sollen?
You <u>should</u> have been at home by eleven, but you didn't get in till quarter past.	Du hättest eigentlich um elf zu Hause sein müssen, aber du bist erst um Viertel nach reingekommen.
You <u>should</u> have been concentrating on your work.	Du hättest dich lieber auf deine Arbeit konzentrieren sollen.

Mit *müsste* oder *dürfte* als deutscher Entsprechung kann *should* auch Wahrscheinlichkeit oder Erwartung ausdrücken (*should* ist hier ersetzbar durch *ought to*, vgl. S. 366–367):

They <u>should</u> be here soon.	Sie müssten bald hier sein.
It <u>should</u> cost around £2,000.	Es dürfte um die 2000 Pfund kosten.
It <u>should</u> be child's play for a man like you.	Für einen Mann wie Sie dürfte das doch ein Kinderspiel sein.
They <u>should</u> have returned home last night.	Sie müssten gestern Abend nach Hause zurückgekehrt sein.

Should wird auch gebraucht, um eine Aussage abzuschwächen, sie weniger direkt und damit höflicher zu machen:

I <u>should think</u> they will be pleased.	Ich meine schon, dass sie sich freuen werden.
I <u>should imagine</u> that if she had been here, she would have left a message.	Ich könnte mir vorstellen, dass sie, wenn sie hier gewesen wäre, eine Nachricht hinterlassen hätte.
I <u>should have thought</u> it was a sign of intelligence for a six-year-old to say such a thing.	Ich hätte schon gedacht, es wäre ein Zeichen von Intelligenz, wenn ein Sechsjähriger so etwas sagt.

Should findet sich häufig nach Einleitungen wie *asked that, insisted that, proposed that, recommended that* und *suggested that* (→ S. 251 und 282):

She <u>asked</u> that the meeting <u>should</u> be postponed.	Sie bat darum, dass die Sitzung verschoben wird / werde.

I <u>insisted</u> that the garden <u>should</u> be left as it was.	Ich bestand darauf, dass der Garten so gelassen würde, wie er war.
He <u>proposed</u> that the residents <u>should</u> decide the issue for themselves.	Er schlug vor, dass die Bewohner die Frage selbst entscheiden.
The experts <u>recommended</u> that a new security system <u>should</u> be installed.	Die Experten empfahlen den Einbau eines neuen Sicherheitssystems.
They <u>suggested</u> (that) he <u>should</u> lie low for a while.	Sie schlugen vor, er solle eine Weile untertauchen.

Statt der Konstruktion mit *should* ist – besonders im AE – auch der Konjunktiv gebräuchlich (→ S. 251):

She asked that the meeting <u>be</u> postponed.
I insisted that the garden <u>be</u> left as it was.
The experts recommended that a new security system <u>be</u> installed.
They suggested (that) he <u>lie</u>(!) low for a while.

Bei *ask* ist darüber hinaus auch eine – weniger förmlich klingende – Infinitivfügung mit *for* möglich (→ S. 291):

She asked <u>for the meeting to be</u> postponed.

Auch auf Adjektive wie *anxious*, *important*, *essential*, *necessary*, *imperative*, *funny*, *strange*, *odd*, *angry* und *sorry* folgt nicht selten eine Konstruktion mit *should*:

Her parents were <u>anxious</u> that she <u>should</u> get a good education.	Ihren Eltern lag sehr daran, dass sie eine gute Schulbildung erhielt.
It is <u>important</u> that she <u>should</u> be as fully informed as possible.	Es ist wichtig, dass sie so umfassend wie nur möglich informiert ist.
It is <u>essential</u> that all involved <u>should</u> cooperate closely.	Es ist unbedingt erforderlich, dass alle Beteiligten eng zusammenarbeiten.
Constant invasions made it <u>necessary</u> that the island <u>should</u> be strongly fortified.	Ständige Invasionen machten es notwendig, dass die Insel stark befestigt wurde.
It is <u>imperative</u> that anyone who has used the drug <u>should</u> immediately seek medical attention.	Es ist dringend geboten, dass jeder, der die Droge eingenommen hat, sofort einen Arzt aufsucht.
<u>Funny</u> you <u>should</u> say that.	Komisch, dass du das sagst.
Isn't it <u>strange</u> that he <u>should</u> suddenly want a receipt?	Ist es nicht merkwürdig, dass er plötzlich eine Quittung haben will?
I thought it <u>odd</u> that she <u>should</u> suddenly be interested in me.	Ich fand es seltsam, dass sie sich plötzlich für mich interessierte.
I'm very <u>sorry</u> that it <u>should</u> have happened to you.	Es tut mir sehr Leid, dass das Ihnen passieren musste.

Auch hier zieht das AE im Allgemeinen einen Konjunktiv (also ohne *should*) vor; die Umgangssprache bevorzugt eine Infinitivfügung:

Her parents were anxious <u>that she get</u> a good education.
Her parents were anxious <u>for her to get</u> a good education.

Should steht – neben anderen Formen – nach *so that* und *lest* in Fällen wie den folgenden:

He walked slowly so that they <u>should</u> not see him sway.
I was gripped with a fear lest something <u>should</u> go wrong.
He didn't move lest he <u>should</u> demolish something.

Er ging langsam, damit sie nicht sahen, dass er schwankte.
Ich war voller Furcht, dass etwas schief gehen könnte.
Er bewegte sich nicht aus Angst, er könne etwas kaputtmachen.

Should findet sich in *that*-Sätzen der folgenden Art:

That everyone <u>should</u> eat and drink and enjoy himself, in return for all his labours, is a gift of God.
How many beautiful trees gave their lives that today's scandal <u>should</u>, without delay, reach a million readers!

Dass jedermann isst und trinkt und sich erfreut bei all seinen Mühen, ist eine Gabe Gottes.
Wie viele schöne Bäume gaben ihr Leben, damit die heutige Skandalgeschichte ohne Verzögerung Millionen Leser erreicht!

Ähnlich auch nach *why*:

They do not see why they <u>should</u> have to pay the added cost.
There was no reason why they <u>should</u> not go on being friends, was there?

Sie sehen nicht ein, warum sie die zusätzlichen Kosten tragen sollten.
Es gab doch keinen Grund, warum sie nicht Freunde bleiben sollten, oder?

Häufig steht *should* nach *if* in Bedingungssätzen:

It would be a pity if you <u>should</u> break your lovely neck.
If you <u>should</u> wish to use our friendly ordering service, you can do so at any time.

Es wäre schade, wenn du dir deinen reizenden Hals brechen solltest.
Sollten Sie unseren freundlichen Bestellservice benutzen wollen, so können Sie das jederzeit tun.

Dagegen wird *should* heute nur noch selten (und dann nur nach *I* und *we*!) zur Bildung des Konditionals (= der Bedingungsform) gebraucht, also in der Grundbedeutung *würde*. In den drei folgenden Beispielen würde *would* bevorzugt:

I'm sure I should always recognize her voice.	Ich bin sicher, dass ich ihre Stimme immer wieder erkennen würde.
If we discovered irregularities, we should have to report them.	Wenn wir Unregelmäßigkeiten entdeckten, würden wir sie melden müssen.
I shouldn't do it if I were you.	Wenn ich du wäre, würde ich es nicht tun.

Das modale Hilfsverb *ought (to)*

Ought to ist in allen seinen Bedeutungen durch *should* ersetzbar, nicht aber *should* durch *ought to* (→ S. 362–363).

Wie *should* drückt *ought to* aus, was moralisch geboten, der Pflicht entsprechend, korrekt oder ratsam ist:

You ought to help her.	Du solltest ihr helfen.
You ought to have helped her.	Du hättest ihr helfen sollen.
Ought I to have helped her?	Hätte ich ihr helfen sollen?
Oughtn't we to have helped her?	Hätten wir ihr nicht helfen sollen?
I think we ought to be leaving now, don't you?	Ich glaube, wir sollten jetzt gehen, meinst du nicht auch?
Ought I to have knocked?	Hätte ich anklopfen sollen?
With this cold you ought to have stayed home.	Mit dieser Erkältung hättest du zu Hause bleiben sollen.

Beachten Sie:

Should bzw. *ought to* + Infinitiv bezieht sich auf die Gegenwart, nicht auf die Vergangenheit:

We ought to / should meet at the hotel.	Wir sollten uns („das wäre eine gute Idee") im Hotel treffen.

Benötigen Sie eine Entsprechung für *sollte* mit Bezug auf die Vergangenheit, so bietet sich *was/were (supposed) to* als „Universallösung" an (→ S. 335–336):

We were (supposed) to meet in London.	Wir sollten uns („das war so vorgesehen") in London treffen.

Wie *should* kann *ought to* auch ausdrücken, dass etwas wahrscheinlich, also zu erwarten ist:

My boss says so, and she ought to know.	Meine Chefin sagt das, und sie müsste es eigentlich wissen.

If they left at seven, they <u>ought to</u> be here by eleven.	Wenn sie um sieben abgefahren sind, sollten / müssten sie bis elf hier sein.
She <u>ought to</u> have been back hours ago.	Sie hätte schon vor Stunden zurück sein müssen.

Die „klassische" Grammatikregel besagt, dass *ought* nur in Kombination mit *to* gebraucht werden sollte:

We <u>ought to</u> be stricter with the boy.	Wir sollten strenger mit dem Jungen sein.

Tatsächlich aber wird das *to* in Frage- und (vor allem) verneinten Konstruktionen mit *ought* gelegentlich weggelassen:

<u>Ought</u> we <u>(to)</u> be stricter with the boy?	Sollten wir strenger mit dem Jungen sein?
<u>Oughtn't</u> we <u>(to)</u> be stricter with the boy?	Sollten wir nicht strenger mit dem Jungen sein?
You <u>oughtn't (to)</u> be so strict with the boy.	Du solltest nicht so streng mit dem Jungen sein.

Gern unterdrückt wird das *to* auch in einem Fall wie dem folgenden:

She doesn't want us to punish him but I think we <u>ought (to)</u>.	Sie will nicht, dass wir ihn bestrafen, aber ich meine, wir müssten es.

Das modale Hilfsverb *used to*

Mit *used to* werden Gewohnheitshandlungen oder Zustände der Vergangenheit ausgedrückt:

My mother <u>used to</u> ['juːstə] fry everything.	Meine Mutter pflegte alles zu braten / hat immer alles gebraten.
She <u>used to</u> work in sales and travelled frequently on business.	Sie arbeitete früher im Verkauf und war häufig geschäftlich unterwegs.
Is flying more dangerous than it <u>used to</u> be?	Ist das Fliegen gefährlicher als früher?
The country isn't as poor as it <u>used to</u> be.	Das Land ist nicht mehr so arm, wie es einmal war.

Wenn – was nicht allzu häufig der Fall ist – *used to* mit *not* verneint oder in einer Fragekonstruktion gebraucht wird, so werden diese Formen heute in der Regel mit *did* gebildet. Hierbei wird nach *did(n't)* die Form *use to* von manchen als formal-grammatisch richtig angesehen; andere Sprachbenutzer behandeln *used to* als unveränderbares Verb und gebrauchen diese Form auch nach *did(n't)*:

7

14

We <u>didn't use(d) to</u> ['juːstə] swim in the river.	Im Fluss sind wir (früher) nicht geschwommen.
<u>Did</u> you <u>use(d) to</u> swim in the river?	Seid ihr früher im Fluss geschwommen?
<u>Didn't</u> you <u>use(d) to</u> swim in the river?	Seid ihr (früher) denn nicht im Fluss geschwommen?
You <u>used to</u> swim in the river, <u>didn't</u> you?	Ihr seid (früher) im Fluss geschwommen, nicht wahr?
You <u>didn't use(d) to</u> swim in the river, <u>did</u> you?	Ihr seid doch (früher) nicht im Fluss geschwommen, oder?

Die verneinte Form kann im BE auch ohne *did* gebildet werden:

We <u>used</u> [juːst] <u>not to</u> swim / <u>usedn't</u> ['juːsnt] <u>to</u> swim in the river.

Die Frageform ohne *did* hingegen ist auch im BE extrem selten:

<u>Used</u> [juːst] there <u>to</u> be a house here?   War hier früher mal ein Haus?

Dare

Dare kann sowohl als Hilfsverb als auch als Vollverb konstruiert werden.

Als Hilfsverb hat *dare* keine *do*-Umschreibung, keine -*s*-, -*ed*- oder -*ing*-Endung, keinen Infinitiv und kein *to* vor einem nachfolgenden Infinitiv:

You just <u>dare</u> try, my boy.	Wage es nur, das zu versuchen, mein Junge!
How <u>dare</u> you keep me waiting?	Wie können Sie es wagen, mich warten zu lassen?
She <u>dare</u> not go out in the evening.	Sie wagt es nicht, abends aus dem Haus zu gehen.

Als Vollverb hat *dare* alles, was es als Hilfsverb nicht hat: *do*-Umschreibung, -*s*-, -*ed*- und -*ing*-Endung, einen Infinitiv und ein *to* vor einem nachfolgenden Infinitiv:

His wife is the only one who <u>dares</u> to contradict him.	Seine Frau ist die einzige, die es wagt, ihm zu widersprechen.
She did not <u>dare</u> to leave him alone.	Sie wagte es nicht, ihn allein zu lassen.
They thought that he would never <u>dare</u> to start a war.	Sie dachten, dass er es niemals wagen würde, einen Krieg anzufangen.
Whoever <u>dared</u> to disagree with him was liquidated.	Wer es wagte, anderer Meinung zu sein als er, wurde liquidiert.
Not <u>daring</u> to risk defeat, she withdrew her candidacy.	Da sie keine Niederlage riskieren wollte, zog sie ihre Kandidatur zurück.

Interessanterweise wird *dare* in der Mehrzahl der Fälle weder als reines Hilfsverb noch als reines Vollverb gebraucht, sondern als eine Mischung von beidem. In den folgenden, für den überwiegenden Sprachgebrauch typischen Beispielen weist die Fügung mit *dare* Merkmale des Hilfsverbs und des Vollverbs auf. In allen Fällen wäre der Gebrauch als reines Vollverb (siehe die eingeklammerten Varianten) ebenso richtig.

Most people do not <u>dare</u> (to) complain while they are still in work.	Die meisten Leute wagen es nicht, sich zu beschweren, während sie noch angestellt sind.
Though the door was open, he didn't <u>dare</u> (to) go in.	Obwohl die Tür offen war, wagte er es nicht, hineinzugehen.
I wouldn't <u>dare</u> (to) say this in her presence.	Ich würde es nicht wagen, das in ihrer Gegenwart zu sagen.
No one <u>dares</u> (to) say no to the kid.	Niemand wagt es, dem Kind etwas zu verweigern.
She hardly <u>dared</u> (to) breathe.	Sie wagte kaum zu atmen.
She <u>dared</u> not move (didn't <u>dare</u> to move).	Sie wagte nicht sich zu bewegen.
Brussels bureaucrats have not yet <u>dared</u> (to) tell the British to drive on the right.	Die Brüsseler Bürokraten haben es bisher noch nicht gewagt, den Briten das Rechtsfahren vorzuschreiben.

Need

Wie *dare* kann auch *need* sowohl als Hilfsverb als auch als Vollverb konstruiert werden:

Grammar <u>needn't be</u> boring. Grammar <u>doesn't need to be</u> boring.	Grammatik braucht nicht langweilig zu sein.
<u>Need we</u> really <u>go</u> into details? <u>Do we</u> really <u>need to go</u> into details?	Müssen wir wirklich auf Einzelheiten eingehen?

Als Hilfsverb wird *need* vor allem in Äußerungen verneinenden oder fragenden Inhalts gebraucht:

She <u>needn't</u> worry.	Sie braucht sich keine Sorgen zu machen.
She <u>needn't</u> worry, <u>need</u> she?	Sie braucht sich doch keine Sorgen zu machen, oder?
<u>Need</u> she really worry?	Muss sie sich wirklich Sorgen machen?

She knew she <u>needn't</u> worry.	Sie wusste, dass sie sich keine Sorgen zu machen brauchte.
She <u>needn't</u> have worried.	Sie hätte sich keine Sorgen zu machen brauchen.

Häufiger, vielseitiger verwendbar und damit für Nichtmuttersprachler „sicherer" ist der Gebrauch von *need* als Vollverb, d. h. also mit -*s*-Form, nachfolgendem *to*-Infinitiv, *do*-Umschreibung usw.:

I <u>need to</u> stretch my legs a bit.	Ich muss mir ein bisschen die Beine vertreten.
We'll do what <u>needs to</u> be done.	Wir werden tun, was getan werden muss.
All I <u>needed to</u> do was press the trigger, but I couldn't.	Alles, was ich tun musste, war abdrücken, aber das konnte ich nicht.
We don't <u>need to</u> book in advance, do we?	Wir brauchen doch nicht im Voraus zu buchen, oder?
My parents gave me so much freedom that I didn't <u>need to</u> rebel.	Meine Eltern ließen mir so viel Freiheit, dass ich nicht zu rebellieren brauchte.
Won't / Wouldn't she <u>need to</u> be told?	Wird / Würde man ihr nicht Bescheid sagen müssen?
He talked about our <u>needing to</u> adapt in order to survive in the global marketplace.	Er sprach davon, dass wir uns anpassen müssten, um auf dem globalen Markt zu überleben.

> Beachten Sie den feinen Unterschied zwischen der Vergangenheits-konstruktion des Hilfsverbs und des Vollverbs in Fällen wie dem folgenden:
>
> | | |
> |---|---|
> | I needn't have paid. | Ich hätte nicht zu bezahlen brauchen (habe aber bezahlt!). |
> | I didn't need to pay. | Ich brauchte nicht zu bezahlen (und bezahlte daher auch nicht!). |

Die Hilfsverben als Stellvertreter

Häufig gebraucht man Hilfsverben in Kurzsätzen, mit denen die Wiederholung eines längeren Ausdrucks vermieden wird.
Enthält der längere Ausdruck ein <u>Hilfsverb</u>, so wird dieses im Kurzsatz wiederholt; enthält er nur ein <u>Vollverb</u>, so wird dieses durch eine Form des Hilfsverbs *do* vertreten:

Hilfsverb + Vollverb:

They <u>can</u> make them more cheaply than we <u>can</u>.	Sie können sie billiger herstellen als wir.

Vollverb ohne Hilfsverb:
They <u>make</u> them more cheaply than we <u>do</u>.

Sie stellen sie billiger her als wir.

Die Hilfsverben in Kurzsätzen nach *as, than, but*

I <u>can't</u> work as fast as you <u>can</u>.

Ich kann nicht so schnell wie du arbeiten.

I <u>work</u> as fast as you <u>do</u>.
She<u>'s</u> probably more mature than I <u>am</u>.
You <u>know</u> her better than I <u>do</u>.
Brown <u>has</u> been arrested but Smith <u>hasn't</u>.

Ich arbeite so schnell wie du.
Sie ist wahrscheinlich reifer als ich.
Du kennst sie besser als ich.
Brown ist verhaftet worden, Smith aber nicht.

Die Hilfsverben in Kurzantworten

Die Beispiele zeigen einige Möglichkeiten, wie der verbale Teil einer Aussage oder Frage in der Antwort durch das Hilfsverb verkürzt wieder aufgenommen werden kann. Vollverben werden in der Kurzantwort durch eine Form von *do* vertreten. *Be* bildet insofern eine Ausnahme, als es auch in seiner Funktion als Vollverb in der Kurzantwort wie ein Hilfsverb wiederholt (also nicht durch *do* vertreten) wird.

<u>Are</u> you all right? – Yes, I <u>am</u>.
You<u>'re</u> disappointed. – I<u>'m</u> not.
You<u>'re</u> Irish, right? – I <u>am</u>.
You must <u>be</u> very angry. – I <u>am</u>.
Fares <u>are</u> going up again. – <u>Are</u> they?
You <u>knew</u> about it? – I <u>did</u>.
<u>Do</u> you still love me? – Of course I <u>do</u>.
I <u>can</u> swim. – But I <u>can't</u>.
<u>Can</u> we stay with you? – Of course you <u>can</u>.
<u>Have</u> you been listening to what I was saying? – Of course I <u>have</u>.
<u>Have</u> I changed? – No, you <u>haven't</u>.
<u>Does</u> your father know about it? – No, he <u>doesn't</u>.
Who <u>knows</u> about it? – My father <u>does</u>.
I<u>'d</u> love to go to the concert. – So <u>would</u> I.
I<u>'ve</u> been very busy. – So <u>have</u> I.

Geht's dir gut? – Ja.
Du bist enttäuscht. – Aber nein.
Sie sind doch Ire, nicht? – Ja.
Du musst sehr böse sein. – Das bin ich auch.
Die Fahrpreise werden wieder erhöht. – Wirklich?
Sie wussten davon? – Ja.
Liebst du mich noch? – Natürlich.
Ich kann schwimmen. – Ich aber nicht.
Können wir bei euch wohnen? – Natürlich könnt ihr das.
Haben Sie gehört, was ich gesagt habe? – Natürlich.
Habe ich mich verändert? – Nein.
Weiß dein Vater davon? – Nein.
Wer weiß davon? – Mein Vater.
Ich würde furchtbar gern in das Konzert gehen. – Ich auch.
Ich war sehr beschäftigt. – Ich auch.

I like her. – So do I.				Ich mag sie. – Ich auch.	
You could get him busted. – So I could.				Du könntest ihn hinter Schloss und Riegel bringen. – Ja, das könnte ich.	
I wouldn't like to be in his shoes. – Nor/Neither would I.				Ich möchte nicht in seiner Haut stecken. – Ich auch nicht.	
I haven't found anything yet.– Nor/Neither have I.				Ich habe noch nichts gefunden. – Ich auch nicht.	
I don't doubt it for a second. – Nor/Neither do I.				Ich zweifle keinen Augenblick daran. – Ich auch nicht.	
He probably knew about it. – He must have.				Er hat wohl davon gewusst. – Das muss er wohl.	
He probably knew about it. – He can't have.				Er hat wohl davon gewusst. – Das kann nicht sein.	

Die Hilfsverben in Frageanhängseln

Bei den Frageanhängseln (= *tag questions*, *question tags*) handelt es sich um ein für das Englische typisches Sprachmittel. Im Gegensatz zu den deutschen Entsprechungen (*nicht wahr? nicht? oder?* usw.) verändert sich das Frageanhängsel entsprechend dem Subjekt und Verb des vorangehenden Satzes:

The children	can	play	here,	can't	they?
The boy	can't	play	here,	can	he?
Jane		plays	chess,	doesn't	she?
You	don't	play	often,	do	you?

In den vorstehenden Beispielen können wir vier Gesetzmäßigkeiten erkennen, die für die Bildung der (hier unterstrichenen) Frageanhängsel gelten:

1. Ist das Subjekt ein Pronomen, so wird es im Anhängsel wiederholt: *You → you?*
2. Ist das Subjekt kein Pronomen, so wird es im Anhängsel durch ein solches ersetzt: *The children → they?, The boy → he?, Jane → she?*
3. Enthält der verbale Teil des Prädikats ein Hilfsverb, so wiederholt sich dieses im Anhängsel, wobei in der Regel „positiv" zu „negativ" (*can → can't*) und „negativ" zu „positiv" wird (*can't → can*).
4. Enthält der verbale Teil des Prädikats kein Hilfsverb, so wird das Vollverb im Anhängsel durch die entsprechende Form von *do* ersetzt, wobei wiederum in der Regel „positiv" zu „negativ" (*plays → doesn't*) und „negativ" zu „positiv" wird (*don't play → do*).

Beispiele, die der Regel „positiv" → „negativ" entsprechen:

We're an odd pair, aren't we?	Wir sind schon ein seltsames Paar, nicht?
His name's Terry, isn't it?	Er heißt doch Terry, nicht?

You'll stay the night, <u>won't you?</u>	Du bleibst doch über Nacht, oder?
She'd have to sell her jewellery, <u>wouldn't she?</u>	Sie würde ihren Schmuck verkaufen müssen, was?
Emma can read music, <u>can't she?</u>	Emma kann doch Noten lesen, oder?
Things must change, <u>mustn't they?</u>	Die Dinge müssen sich doch ändern, nicht wahr?
You've always had lunch in the canteen, <u>haven't you?</u>	Du hast immer in der Kantine gegessen, nicht wahr?
You had lunch in the canteen, <u>didn't you?</u> (→ S. 339)	Du hast in der Kantine gegessen, nicht wahr?
You love each other, <u>don't you?</u>	Ihr liebt euch doch, oder?
It sounds crazy, <u>doesn't it?</u>	Es klingt verrückt, nicht wahr?
I told you, <u>didn't I?</u>	Ich hab's dir doch gesagt, oder?

Man spricht das Frageanhängsel mit steigender Intonation (↑ = Stimme heben!), wenn man eine (zustimmende oder korrigierende) Reaktion des Gesprächspartners erwartet; mit fallender Intonation (↓ = Stimme senken!) spricht man das Frageanhängsel, wenn die Äußerung als eine Feststellung gemeint ist, deren Bejahung durch den Gesprächspartner man voraussetzt:

You've been to London, ↑ <u>haven't you?</u>	Sie sind doch schon mal in London gewesen, oder (etwa) nicht?
You've been to London, ↓ <u>haven't you?</u>	Sie sind doch schon mal in London gewesen.

In einem Satz wie dem folgenden wird das Frageanhängsel entsprechend seinem Sinn nicht aus *I expect* abgeleitet (es wäre dann *don't I?*), sondern aus *you're*:

I expect you're rather tired after your journey, <u>aren't you?</u>	Ihr seid sicher von der Reise müde, oder?

Keine Einigkeit besteht darüber, wie das Frageanhängsel nach *I'm ...* zu lauten habe: *aren't I?*, *am I not?* oder *ain't I?* (→ S. 333–334). Das erste wird besonders in England gebraucht bzw. akzeptiert, das zweite empfindet man beiderseits des Atlantiks als schriftsprachlich-formell, das dritte wird von vielen Amerikanern im Alltag bevorzugt, aber von ihren Schulmeistern verdammt:

I'm right, <u>aren't I? / am I not? / ain't I?</u>	Ich habe doch Recht, nicht wahr?

Beispiele, die der Regel „negativ" → „positiv" entsprechen:

I'm not that old, <u>am I?</u>	So alt bin ich ja nun auch nicht, oder?
It's not your sort of thing, <u>is it?</u>	Das ist wohl nicht dein Ding, was?

There's nothing in the fridge, <u>is there?</u>	Es ist wohl nichts im Kühlschrank, oder?
You're not going to make trouble for an old friend of mine, <u>are you?</u>	Sie werden doch einem alten Freund von mir keine Scherereien machen, oder?
You won't forget again, <u>will you?</u>	Du wirst es doch wohl nicht wieder vergessen, oder?
She can't do this to me, <u>can she?</u>	Das kann sie mir doch nicht antun, oder?
You've never had lunch in the canteen, <u>have you?</u>	Sie haben wohl noch nie in der Kantine gegessen, was?
You didn't have lunch in the canteen, <u>did you?</u>	Sie haben nicht in der Kantine gegessen, was?
Americans don't travel by train a lot, <u>do they?</u>	Amerikaner reisen nicht viel mit dem Zug, oder?
It doesn't look good, <u>does it?</u>	Es sieht nicht gut aus, was?

Es ist auch möglich, auf einen bejahten Satz ein bejahtes Frageanhängsel folgen zu lassen. Bei diesem selteneren, mit steigender Intonation gesprochenen Typ „positiv" → „positiv" handelt es sich um eine Art rhetorische Frage: Man rekapituliert, was man bereits weiß oder aus der Situation folgert:

They <u>keep</u> you busy, <u>do they?</u>	Man nimmt euch also ganz schön ran?
So you <u>live</u> in the Lake District, <u>do you?</u>	Im Lake District wohnen Sie also?
Oh, you <u>know</u> him, <u>do you?</u>	Ach, Sie kennen ihn also?

Mitunter hat diese Art von Frage einen ironischen oder misstrauischen Unterton:

So you really <u>think</u> you serve a public function, <u>do you?</u>	Sie meinen also wirklich, dass Sie eine öffentliche Funktion erfüllen?
Oh, it'<u>s</u> protection you're offering me, <u>is it?</u>	Ach, Sie bieten mir also Schutz an, ja?

Unveränderliche Frageanhängsel

Die bisher behandelten Frageanhängsel sind in ihrer Form vom Subjekt und Verb des vorangegangen Satzes abhängig. Es gibt aber auch Anhängsel, deren Form unveränderlich ist.

Unveränderliche Frageanhängsel nach Aussagesätzen:

You're looking for a job, <u>(am I) right?</u>	Sie suchen doch Arbeit, nicht?
He has a fixed address and no criminal record, <u>isn't that so?</u>	Er hat doch einen festen Wohnsitz und keine Vorstrafen, oder?

I think we'd better be going, don't you?	Wir sollten wohl besser gehen, meinen Sie nicht auch?
Rare enough we see the sun, <u>eh?</u>	Kommt selten genug vor, dass wir die Sonne sehen, was?

Unveränderliche Frageanhängsel nach Imperativen:

Ein Imperativ (= Befehlsform) kann durch ein Frageanhängsel höflicher gemacht werden. Am häufigsten geschieht dies durch *will you?*:

Make us a cup of coffee, <u>will you?</u>	Machen Sie uns doch bitte eine Tasse Kaffee, ja?
Tell Brian I want to see him, <u>will you?</u>	Sagen Sie doch bitte Brian, dass ich ihn sprechen möchte, ja?

Won't you? ist noch ein bisschen höflicher als *will you?*:

Take a seat, <u>won't you?</u>	Nehmen Sie doch bitte Platz.

An eine Bitte wird gelegentlich *would you?* oder *could you?* angehängt:

Bring me a glass of water, <u>would you? / could you?</u>	Bringen Sie mir doch bitte ein Glas Wasser, ja?

Can't you? drückt meist Ungeduld oder Verärgerung aus:

Stop making that awful noise, <u>can't you?</u>	Hör doch mit dem schrecklichen Krach auf, ja?

Shall we? als unveränderliches Frageanhängsel nach *Let's ...*:

Let's take a taxi, <u>shall we?</u>	Lass(t) uns ein Taxi nehmen, ja?
Let's not talk politics, <u>shall we?</u>	Lass(t) uns nicht über Politik reden, ja?

Don't you? = du/Sie/ihr nicht auch?:

Dieser Typ von Frageanhängsel findet sich am Ende von Sätzen, die mit *I* + Vollverb beginnen und in der Regel eine Meinungsäußerung zum Inhalt haben. Mit dem Anhängsel wird der Gesprächspartner zu einer (zustimmenden) Reaktion aufgefordert. Im *don't you?*-Anhängsel wird das *you* betont gesprochen:

I feel good about it, <u>don't you?</u>	Ich habe ein gutes Gefühl dabei, Sie nicht auch?
I love reading poetry, <u>don't you?</u>	Ich lese sehr gern Gedichte – du auch?
I think we ought to be leaving now, <u>don't you?</u>	Ich denke, wir gehen jetzt besser, ja?

T

Test 18 Die Hilfsverben

1. Vervollständigen Sie die Sätze.

a) The meeting (*soll beginnen*) at 3 p.m.

b) The meeting (*hatte beginnen sollen*) at 3 p.m.

c) What (*soll . . .*) a lonely farmer (*. . . tun*) when he hears burglars in the dark invading his property?

d) He (*soll gemacht haben*) a fortune selling prescription drugs on the Internet.

e) All you (*tun müssen*) is send in the entry form and a photo of yourself.

f) Non-urgent cases (*werden warten müssen*) until next week.

g) We all (*müssen sterben*) sometime sooner or later.

h) Thousands of wounded (*mussten evakuiert werden*) – an enormous task.

i) If things don't improve, they may (*verkaufen müssen*) their house.

j) I don't know how he (*nachts schlafen kann*) after what he did.

k) She won't (*kommen können*).

l) She (*konnte*) keep her head above water.

m) We (*hätten ihn nicht retten können*) even if we had had an operating room.

n) You (*musst nicht*) so viel reden.

o) We (*mussten nicht*) sleep out in the open.

2. Verneinen Sie die folgenden Sätze.

a) I'm surprised.

b) I'd be surprised if he came.

c) I can give you her address.

d) I've got her address.

e) She has a car.

f) We have our meals here.

g) I like it.

h) She looks good in that dress.

i) I wanted to go.

j) He did it.

k) You must be crazy to work here.

l) Let him do it alone.

m) Let's talk about it.

376 Test 18

3. Verwandeln Sie die folgenden Sätze in Fragen.

a) You are deliberately trying to annoy me.

b) We did the right thing.

c) He has no shame.

d) She has found it.

e) You had your swim.

f) They had lunch at the hotel.

g) She has to sign personally.

1. a) is (scheduled/supposed) to begin/start b) was (supposed) to have begun/started / should have begun/started / ought to have begun/started c) is a lonely farmer (supposed) to do d) is said to have made e) have to do f) will have to wait g) have to die h) had to be evacuated i) have to sell / be forced to sell j) can sleep at night k) be able to come l) was able to m) could not have saved him / would not have been able to save him n) must not / mustn't o) didn't have to

2. a) I'm not surprised. b) I wouldn't be surprised if he came / if he didn't come. c) I can't give you her address. d) I haven't got her address. e) She doesn't have / She hasn't a car. f) We don't have our meals here. g) I don't like it. h) She doesn't look good in that dress. i) I didn't want to go. j) He didn't do it. k) You don't have to be crazy to work here (but it helps!). l) Don't let him do it alone. / Let him not do it alone. m) Let's not / Don't let's / Let's don't talk about it.

3. a) Are you deliberately trying to annoy me? b) Did we do the right thing? c) Has he / Does he have no shame? d) Has she found it? e) Did you have your swim? f) Did they have lunch at the hotel? g) Does she have to sign personally?

Der Satz

Grundlegendes zur Struktur des Satzes

A sentence is a word or group of words standing between an initial capital letter and a mark of end punctuation or between two marks of end punctuation.
(*Charles Carpenter Fries, US grammarian and lexicographer, 1887–1967*)

> „Ein Satz ist ein Wort oder eine Gruppe von Wörtern, die zwischen einem großen Anfangsbuchstaben und einem Satzschlusszeichen oder zwischen zwei Satzschlusszeichen stehen."
> Mit dieser Definition des Satzes in seinem 1952 erschienenen bahnbrechenden Buch *The Structure of English* „befreite" der amerikanische Linguist den Grammatikunterricht von einer Begriffs-bestimmung, die seit mindestens 2000 Jahren von Generation zu Generation weitergereicht worden war, ohne dadurch der Wirklichkeit näher gekommen zu sein – dass nämlich der Satz eine Gruppe von Wörtern sei, die „einen vollständigen Gedanken ausdrückt".
>
> Abgesehen davon, dass man sich lange darüber streiten kann, was ein „vollständiger Gedanke" ist und was nicht, können Sätze ja auch aus einem einzigen Wort bestehen – wie etwa der Satz *Nonsense!*, der die von Fries aufgestellten Kriterien mustergültig erfüllt: Er beginnt mit einem großen Anfangsbuchstaben und endet mit einem Satzschlusszeichen.
>
> Im Übrigen ist es bisher noch niemandem gelungen, eine unangreifbare Definition des Satzes zu liefern, und es ist hier nicht unsere Aufgabe, uns an der Diskussion mit einem weiteren Erklärungsversuch zu beteiligen. Uns geht es in diesem Kapitel vielmehr darum, für die Sprachpraxis nützliche Informationen über den englischen Satzbau zu liefern und diese durch eine große Auswahl von authentischen Beispielen zu illustrieren.

Um eine Sprache zu erwerben, müssen wir lernen, in dieser Sprache nach den Regeln der Grammatik korrekte Sätze zu bilden.

Sätze können aus lediglich einem Wort (*Sure.*, *What?*, *Never!*) oder einer Wortgruppe (*Not at all.*, *What else?*, *Oh my God!*) bestehen.

Von einem „normalen" Satz wird aber erwartet, dass er mindestens aus zwei Teilen besteht: Subjekt und Prädikat.

In dem Satz *She laughed.* bestehen Subjekt (*She*) und Prädikat (*laughed*) jeweils aus einem Wort, sind also sehr kurz. Die meisten Sätze sind länger, d. h. sie sind durch zusätzliche Wörter, Wortgruppen, infinite Konstruktionen oder Nebensätze erweitert.

Im Folgenden werden einige der möglichen Erweiterungen dargestellt.

Ergänzungen zum Verb im einfachen Satz

1. Direktes Objekt ist ein Wort (genauer: ein Nomen):

She made <u>coffee</u>.   Sie machte Kaffee.

2. Direktes Objekt ist eine Wortgruppe (genauer: eine Nominalgruppe):

She made <u>a big pot of strong coffee</u>.   Sie machte eine große Kanne starken
                                                 Kaffee.

3. Direktes Objekt ist eine Nominalgruppe, die durch einen Relativsatz näher bestimmt wird:

She made <u>the kind of coffee I like</u>.   Sie machte die Art von Kaffee, die ich
                                                 gern trinke.

4. Indirektes Objekt + direktes Objekt (→ S. 406):

She made <u>him</u> <u>a cup of coffee</u>.   Sie machte ihm eine Tasse Kaffee.

5. Direktes Objekt + indirektes Präpositionalobjekt (→ S. 406):

She made <u>a cup of coffee</u> for him.   Sie machte eine Tasse Kaffee für ihn.

6. Subjektkomplement (→ S. 271, 382, 388):

She made <u>a good wife</u>.   Sie gab eine gute Ehefrau ab.

7. Objekt + Subjektkomplement:

She made <u>him</u> <u>a good wife</u>.   Sie wurde ihm eine gute Ehefrau.

8. Direktes Objekt + Objektkomplement (→ S. 389, 409):

She made <u>him</u> <u>happy</u>.   Sie machte ihn glücklich.
She made <u>him</u> <u>a good husband</u>.   Sie machte ihn zu einem guten
                                                 Ehemann.

9. Das Objektkomplement ist eine Nominalgruppe, die durch einen Relativsatz näher bestimmt ist:

She made <u>him</u> <u>the man he is today</u>. Sie machte ihn zu dem Mann, der er
                                                 heute ist.

10. Das Objektkomplement ist eine Präpositionalgruppe:

She made <u>the material</u> into a coat.   Sie verarbeitete den Stoff zu einem
                                                 Mantel.

Beachten Sie zu den vorstehenden Sätzen:

Das indirekte Objekt kann ohne Präposition vor dem direkten Objekt (4) oder mit Präposition nach dem direkten Objekt (5) stehen (→ S. 404–407).

Das Komplement macht entweder über das Subjekt (6, 7) oder über das Objekt (8–10) eine Aussage.
Das Subjektkomplement tritt stets als Ergänzung zu einem *linking verb* (= Gleichsetzungsverb, Kopulaverb) auf (→ S. 168–169):
She made / was / became / remained / seemed <u>a good wife</u>.

Adverbiale Bestimmungen im einfachen Satz

1. Die adverbiale Bestimmung ist ein Adverb:

<u>Afterwards</u> she made a cup of coffee.	Danach machte sie eine Tasse Kaffee.
She <u>quickly</u> made some coffee.	Sie machte schnell etwas Kaffee.
She worked <u>quickly</u>.	Sie arbeitete schnell.

2. Die adverbiale Bestimmung ist eine Adverbgruppe:

She made the coffee <u>reasonably quickly</u>. Sie machte den Kaffee ziemlich schnell.

3. Die adverbiale Bestimmung ist eine Präpositionalgruppe:

<u>After two hours</u> she made coffee.	Nach zwei Stunden machte sie Kaffee.
She made the coffee <u>with great care</u>.	Sie bereitete den Kaffee mit großer Sorgfalt.
She made the coffee <u>in the kitchen</u>.	Sie machte den Kaffee in der Küche.

4. Das Nomen in der adverbialen Präpositionalgruppe ist durch einen Relativsatz näher bestimmt:

She made the coffee <u>in the room she normally works in</u>.	Sie machte den Kaffee in dem Raum, wo sie normalerweise arbeitet.

5. Die adverbiale Bestimmung ist eine Nominalgruppe:

She makes coffee <u>every day</u>.	Sie macht jeden Tag Kaffee.
She does everything <u>her own way</u>.	Sie tut alles auf ihre eigene Art.

Der komplexe Satz

Im einfachen Satz sind die Satzteile Subjekt, Objekt, Komplement und adverbiale Bestimmung entweder Wörter oder Wortgruppen; im komplexen Satz sind sie Nebensätze oder Nebensätzen vergleichbare infinite Fügungen (d. h. Fügungen mit dem Infinitiv, der *-ing*-Form oder dem *-ed*-Partizip).

1. Das Subjekt ist ein Nebensatz (NS) oder eine infinite Fügung (IF):

(NS) <u>That she made coffee</u> was a gesture of goodwill.	Dass sie Kaffee kochte, war ein Zeichen guten Willens.
(NS) <u>Why she didn't make coffee</u> is a mystery to me.	Warum sie keinen Kaffee gekocht hat, ist mir ein Rätsel.
(IF) <u>To see an old friend</u> is as agreeable as a good meal.	Einen alten Freund zu sehen ist so angenehm wie eine gute Mahlzeit.
(IF) <u>Making coffee</u> is an art.	Kaffee kochen ist eine Kunst.

2. Das direkte Objekt ist ein Nebensatz (NS) oder eine infinite Fügung (IF):

(NS) It doesn't mean <u>that you should make coffee</u>.	Es bedeutet nicht, dass du Kaffee machen solltest.
(NS) I don't know <u>if that's coffee</u>.	Ich weiß nicht, ob das Kaffee ist.
(NS) She told them <u>that she'd make some coffee</u>.	Sie sagte ihnen, dass sie Kaffee machen würde.
(IF) I don't know <u>how to make coffee</u>.	Ich weiß nicht, wie man Kaffee kocht.
(IF) I don't want <u>to make coffee</u>.	Ich will keinen Kaffee kochen.
(IF) I don't want <u>you to make coffee</u>.	Ich will nicht, dass du Kaffee kochst.
(IF) I remember <u>making coffee</u>.	Ich erinnere mich daran, dass ich Kaffee gekocht habe.
(IF) I remember <u>you(r) making coffee</u>.	Ich erinnere mich daran, dass du Kaffee gekocht hast.

3. Das Subjektkomplement ist ein Nebensatz (NS) oder eine infinite Fügung (IF):

(NS) The problem is <u>that we haven't got any coffee</u>.	Das Problem ist, dass wir keinen Kaffee haben.
(NS) The question is <u>who's going to make coffee</u>.	Die Frage ist, wer Kaffee machen wird.
(IF) The best thing would be <u>to make coffee</u>.	Das Beste wäre es, wenn man Kaffee kochte.
(IF) The best thing would be <u>for you to make some coffee</u>.	Das Beste wäre, wenn du Kaffee kochtest.
(IF) The best thing you can do is <u>make coffee</u>.	Das Beste, was du tun kannst, ist Kaffee kochen.
(IF) The question is <u>whether to make coffee or tea</u>.	Die Frage ist, ob man Kaffee oder Tee kocht.
(IF) Her favourite pastime is <u>making coffee</u>.	Ihre Lieblingsbeschäftigung ist Kaffee kochen.
(IF) The car was found <u>badly damaged</u> in a meadow.	Das Auto wurde stark beschädigt in einer Wiese gefunden.

4. Das Objektkomplement ist ein Nebensatz (NS) oder eine infinite Fügung (IF):

(NS) She made him <u>what he is today</u>.	Sie machte ihn zu dem, was er heute ist.
(IF) We all considered her <u>to be trustworthy</u>.	Wir alle hielten sie für vertrauenswürdig.
(IF) I'd call that <u>throwing the baby out with the bath water</u>.	Ich würde das als „das Kind mit dem Bade ausschütten" bezeichnen.
(IF) They found the car <u>badly damaged</u> in a meadow.	Sie fanden das Auto stark beschädigt in einer Wiese.

5. Die adverbiale Bestimmung ist ein Nebensatz (NS) oder eine infinite Fügung (IF) (→ S. 285, 292, 315, 326):

(NS) <u>Although he'd had two cups of strong coffee,</u> he was still dead tired.	Obwohl er zwei Tassen starken Kaffees getrunken hatte, war er immer noch todmüde.
(NS) I can't think clearly <u>until I've had a cup of coffee</u>.	Ich kann erst klar denken, wenn ich eine Tasse Kaffee getrunken habe.
(NS) A bore is a man who, <u>when you ask him how he is,</u> tells you.	Ein Langweiler ist ein Mann, der, wenn man ihn fragt, wie es ihm geht, es einem sagt.
(IF) <u>To get a friend</u>, close one eye; <u>to keep him</u>, close both.	Um einen Freund zu gewinnen, mach ein Auge zu; um ihn zu halten, mach beide zu.
(IF) She went to the kitchen <u>to make coffee</u>.	Sie ging in die Küche, um Kaffee zu kochen.
(IF) And that<u>, to be sure,</u> is easier said than done.	Und das ist natürlich leichter gesagt als getan.
(IF) <u>Seeing that they were tired,</u> she made them coffee.	Da sie sah, dass sie müde waren, machte sie ihnen Kaffee.
(IF) She was standing in the kitchen <u>making coffee</u>.	Sie stand in der Küche und machte Kaffee.
(IF) I can't talk <u>while making coffee</u>.	Ich kann nicht reden, während ich Kaffee koche.
(IF) When I came back, I found the house empty, <u>my mother being at the shops</u>.	Als ich zurückkam, fand ich das Haus leer, denn meine Mutter war einkaufen.

(IF) <u>Freshly brewed,</u> the coffee tastes delicious.

Frisch zubereitet, schmeckt der Kaffee köstlich.

(IF) <u>If caught in the early stages,</u> this kind of cancer can be cured.

Wenn sie im Frühstacium entdeckt wird, ist diese Art von Krebs heilbar.

(IF) <u>That job completed,</u> she went on to the next.

Nach Erledigung dieser Arbeit ging sie an die nächste.

(IF) After two hours she left, <u>her job completed</u>.

Nach zwei Stunden ging sie – ihre Arbeit war getan.

(IF) The father, <u>told of his son's accident,</u> immediately phoned the hospital.

Der Vater rief, nachdem er vom Unfall seines Sohnes erfahren hatte, sofort das Krankenhaus an.

Zum grammatischen Verständnis längerer Sätze

Längere, komplexe Sätze entstehen, wenn die oben (S. 381–385) beschriebenen Erweiterungstypen gehäuft in einem Satz auftreten.
Wirklich lange, komplizierte, undurchsichtige Satzkonstruktionen allerdings kommen in authentischen englischen Texten relativ selten vor. Von Englischlernenden sollten sie besser nicht versucht werden.

Hier zwei Beispiele längerer, verhältnismäßig komplizierter Sätze:

> (Aus: Ray Connolly, *Lytton's Diary*)
>
> | | |
> |---|---|
> | Without saying a word to his rival, but standing close enough for Lytton to hear, and having equipped himself with a drink and an audience of chums from the Daily Post, Henry began to read the story in a loud and fruity voice. | Ohne ein Wort zu seinem Rivalen zu sagen, doch so nahe dabeistehend, dass Lytton ihn hören konnte, begann Henry, nachdem er sich mit einem Drink und einem Publikum aus Spezis von der Daily Post versehen hatte, die Story mit einer lauten und volltönenden Stimme vorzulesen. |

Dieser Satz ist eigentlich gar nicht so kompliziert.

Die drei am Satzbeginn aufgereihten -*ing*-Fügungen sind sämtlich adverbiale Bestimmungen:
1. *without saying a word to his rival*
2. *but standing close enough for Lytton to hear* (Innerhalb der adverbialen -*ing*-Fügung befindet sich das Adverb *enough*, das seinerseits von einer adverbialen Infinitivfügung mit eigenem Sinnsubjekt – *for Lytton to hear* – näher bestimmt ist.)
3. *and having equipped himself with a drink and an audience of chums from the Daily Post*

Danach erst folgt der Hauptsatz:
Henry began to read the story in a loud and fruity voice (Hier ist die Infinitivfügung *to read the story* durch die adverbiale Präpositionalgruppe *in a loud and fruity voice* näher bestimmt.)

(Aus: Sir Winston Churchill, *The Gathering Storm*)

On the night of the tenth of May (1940), at the outset of this mighty battle, I acquired the chief power in the State, which henceforth I wielded in ever-growing measure for five years and three months of world war, at the end of which time, all our enemies having surrendered unconditionally or being about to do so, I was immediately dismissed by the British electorate from all further conduct of their affairs.	Am Abend des 10. Mai (1940), zu Beginn dieses gewaltigen Kampfes, übernahm ich die Macht im Staate, die ich fortan in ständig wachsendem Maße durch fünf Jahre und drei Monate Weltkrieg hindurch ausübte, um am Ende dieser Zeit, nachdem alle unsere Feinde bedingungslos kapituliert hatten oder im Begriff waren, dies zu tun, von den britischen Wählern der weiteren Führung ihrer Angelegenheiten gänzlich enthoben zu werden.

Auch dieser Satz beginnt mit adverbialen Bestimmungen – diesmal zwei Präpositionalgruppen:
on the night of the tenth of May (1940)
at the outset of this mighty battle

Dann folgt der Hauptsatz:
I acquired the chief power in the State

An das Objekt des Hauptsatzes (*the chief power in the State*) ist ein nicht bestimmender Relativsatz (→ S. 98) angehängt:
which henceforth I wielded in ever-growing measure for five years and three months of world war

der seinerseits ebenfalls durch einen nicht bestimmenden Relativsatz ergänzt wird:
at the end of which time I was immediately dismissed

Dieser letztere Relativsatz ist durch drei adverbiale Bestimmungen angereichert:
all our enemies having surrendered unconditionally or being about to do so (adverbiale *-ing*-Fügung)
by the British electorate (Präpositionalgruppe)
from all further conduct of their affairs (Präpositionalgruppe)

Test 19 Bestimmung von Satzteilen

1. Identifizieren Sie das Subjekt.

a) Without measure medicine will become poison.
b) To a brave heart, nothing is impossible.
c) What is quickly done is quickly undone.
d) He who never tries anything will never win.
e) A thing done right today means less trouble tomorrow.
f) Whom the gods love die young.

2. Identifizieren Sie das Objekt.

a) God heals and the doctor takes the fee.
b) Keep your feet on the ground.
c) The greedy never know when they have had enough.
d) She could hardly believe what she had heard.

3. Identifizieren Sie das direkte Objekt.

a) She played us a Beethoven sonata.
b) God gives every creature its food.
c) I'll make him an offer he can't refuse.
d) I told you what I believed to be the truth.

4. Identifizieren Sie in 3 die indirekten Objekte.

5. Identifizieren Sie das Subjektkomplement.

a) Laughter is the best medicine.
b) Things are not always what they seem.
c) With these talents, he would make an excellent butler.
d) How much she relies on them remains a question.

6. Identifizieren Sie das Objektkomplement.

a) How dare you call my boy a spoiled brat?
b) I consider him the greatest living poet.
c) Doing this would make the world a better place.
d) You made me what I am today.
e) The owl thinks all her young ones beauties.

7. Identifizieren Sie die adverbiale Bestimmung.

a) Bad news travels fast.
b) Praise a fine day at night.
c) A tree is known by its fruit.
d) Tact is removing the sting of a bee without being stung.
e) Laws are made to be broken.
f) Take people as you find them.
g) People should cure their own faults before finding faults in others.
h) If you want the truth, ask a child.

1. a) medicine b) nothing c) What is quickly done d) He who never
tries anything e) A thing done right today f) Whom the gods love

2. a) the fee b) your feet c) when they have had enough d) what she had heard

3. a) a Beethoven sonata b) its food c) an offer he can't refuse
d) what I believed to be the truth

4. a) us b) every creature c) him d) you

5. a) the best medicine b) what they seem c) an excellent butler
d) a question

6. a) a spoiled brat b) the greatest living poet c) a better place
d) what I am today e) beauties

7. a) fast b) at night c) by its fruit d) without being stung e) to be broken
f) as you find them g) before finding faults in others h) If you want the truth

Normale Wortstellung

By being so long in the lowest form I gained an immense advantage over the cleverer boys. They all went on to learn Latin and Greek. ... But I was taught English. ... Thus I got into my bones the essential structure of the ordinary British sentence – which is a noble thing. (*Sir Winston Churchill, British statesman and writer, 1874–1965*)

„Indem ich so lange in der untersten Klasse war, gewann ich einen enormen Vorteil gegenüber den klügeren Jungen. Sie alle lernten anschließend Latein und Griechisch. ... Aber mir brachte man Englisch bei. ... Auf diese Weise prägte sich mir die Grundstruktur des gewöhnlichen englischen Satzes ein – etwas ganz Edles."

Der große Staatsmann Winston Churchill war von Beruf Schriftsteller, und seine Meisterschaft auf diesem Gebiet brachte ihm 1953 den Nobelpreis für Literatur.
Schön, wie er hier die Bedeutung und Qualität des normalen englischen Satzbaus herausstreicht.
Die Grundregeln, nach denen gewöhnliche englische Sätze gebildet werden, stellen wir in diesem Kapitel dar.
Beachten Sie, dass die Wortstellung im Englischen starrer als im Deutschen ist.
Im Deutschen können Sie den Satz *Der Hund biss den Mann* ohne Gefahr eines Missverständnisses einfach umstellen: *Den Mann biss der Hund.*
Im Englischen führt eine solche Umstellung gleich zu einer Umkehrung des Sinns: *The dog bit the man. – The man bit the dog.*
Der Endungsreichtum des Deutschen (der Deutsch lernenden Ausländern schwer zu schaffen macht!) ermöglicht eine große Flexibilität in der Anordnung der Satzglieder.

Die in diesem Kapitel gebotenen Satzbeispiele sind im Interesse der Klarheit alle recht kurz gehalten. Das Kapitel 8.1 zeigt Ihnen, in welcher Weise die einzelnen Satzteile zu beträchtlicher Länge erweitert werden können.

Bejahter Aussagesatz

Im Englischen ist die Wortstellung wesentlich weniger flexibel als im Deutschen.

Subjekt, Verb und Objekt bzw. Komplement bilden zusammen einen festen Kern (*Ich sah einen Fuchs*), der weder durch eine Orts- oder Zeitbestimmung unterbrochen (*Ich sah gestern einen Fuchs*) noch in der Reihenfolge verändert werden kann (*Gestern sah ich einen Fuchs*, *Im Garten sah ich einen Fuchs*, *Als ich kam, sah ich einen Fuchs*):

	I saw a fox.	
	I saw a fox	yesterday.
Yesterday	I saw a fox.	
In the garden	I saw a fox.	
When I came,	I saw a fox.	

Nach dem Satzkern stehen Orts- und Zeitbestimmungen gewöhnlich in der Reihenfolge „Ort vor Zeit":

I saw a fox	in the garden yesterday.

Vor dem Satzkern treten Orts- und Zeitbestimmung in der Regel nicht zusammen auf:

Yesterday	I saw a fox	in the garden.
In the garden	I saw a fox	yesterday.

Besteht der verbale Teil des Prädikats aus einer Verbgruppe (*can see*, *have seen* etc.), so ergeben sich Wortstellungen wie diese:

	You can		see a fox.	
	You can	sometimes	see a fox.	
	You can	sometimes	see a fox	in our garden.
	I have	sometimes	seen a fox	in our garden.
In our garden	you can	sometimes	see a fox.	
Every day	you can		see a fox	in our garden.
In our garden	you can		see a fox	every day.

Zur Stellung der Adverbien vgl. S. 172 ff.

Verneinter Aussagesatz

Die Wortstellungsregeln für den bejahten Aussagesatz gelten auch für den verneinten Aussagesatz.
Die Verneinungspartikel *-n't / not* steht nach dem ersten Hilfsverb (*can*, *could*, *would*, *has* etc.). Ist kein Hilfsverb vorhanden, so wird mit *don't*, *doesn't*, *didn't* verneint (→ S. 343–345):

1.	He	certainly	isn't		lazy.
2.	She		hasn't	seen	us.
3. Normally	they		can't	see	you from here.
4.	They		can't	have seen	us.
5.	They	probably	won't	be able to see us	here.
6.	They	normally	don't	see	it.
7.	They	probably	didn't	see	us.
8. At school	they	probably	didn't	want to see	it.
9. Luckily	he		didn't	see	us on the bus yesterday.
10.	I		didn't	see	you at the club yesterday.
11. This time	she	probably	didn't	see	us.

Wie Sie sehen, bleibt die Wortstellung im <u>Satzkern</u> stets erhalten:
Subjekt – Hilfsverb + -*n't* – Verb(gruppe) – Objekt

In den deutschen Entsprechungen hingegen ist die Wortstellung im Satzkern äußerst variabel:

1. Er ist gewiss nicht faul.
2. Sie hat uns nicht gesehen.
3. Normalerweise kann man einen von hier aus nicht sehen.
4. Man kann uns nicht gesehen haben.
5. Man wird uns hier wahrscheinlich nicht sehen können.
6. Normalerweise sehen sie es nicht.
7. Sie haben uns wahrscheinlich nicht gesehen.
   Wahrscheinlich haben sie uns nicht gesehen.
8. In der Schule wollten sie es wahrscheinlich nicht sehen.
9. Glücklicherweise hat er uns gestern im Bus nicht gesehen.
10. Ich habe dich gestern im Klub nicht gesehen.
11. Diesmal hat sie uns wahrscheinlich nicht gesehen.

Not ist förmlicher als -*n't* und/oder findet Verwendung, wenn eine besondere Betonung der Verneinungspartikel beabsichtigt ist:

Raising children <u>is not</u> just the mother's responsibility.	Für das Aufziehen von Kindern ist nicht nur die Mutter zuständig.
Employment prospects for women <u>do not</u> look good.	Die Beschäftigungsaussichten für Frauen sehen nicht gut aus.
Man <u>does not</u> live by bread alone.	Der Mensch lebt nicht vom Brot allein.
"I see," said Clare, but her expression suggested that she <u>did not</u> see at all.	„Ich verstehe", sagte Clare, aber ihr Gesichtsausdruck ließ erkennen, dass sie es überhaupt nicht verstand.
You <u>cannot</u> take a vote on the truth.	Über die Wahrheit kann man nicht abstimmen.
This <u>must not</u> happen again.	Das darf nicht wieder passieren.
I <u>will not</u> lower my voice.	Ich werde nicht leiser sprechen.
You <u>shall not</u> steal.	Du sollst nicht stehlen.

Natürlich gibt es im Englischen – neben -*n't* / *not* nach dem Hilfsverb – noch andere Möglichkeiten, Aussagen zu verneinen. Beispiele:

They <u>failed to</u> see us.	Sie sahen uns nicht.
This <u>in no way</u> contradicts what I've been saying.	Dies widerspricht in keiner Weise dem, was ich gesagt habe.
<u>There's no way</u> the company can ride that out.	Es ist ausgeschlossen, dass die Firma das übersteht.
They <u>never</u> saw us.	Sie sahen uns nie.
<u>No one</u> / <u>Nobody</u> ever saw us.	Niemand hat uns je gesehen.
He said <u>nothing</u>. (*Alternativ zu* He didn't say anything.)	Er sagte nichts.
The list is <u>by no means</u> complete.	Die Liste ist keineswegs vollständig.

Außerdem kann *not* statt dem Hilfsverb einem anderen Wort im Satz zugeordnet werden (→ S. 344–345):

<u>Not</u> everybody agreed.	Nicht alle waren dieser Meinung.
<u>Not</u> even three-quarters of our students finish high school.	Noch nicht einmal drei Viertel unserer Schüler erreichen den Highschool-Abschluss.
She pretended <u>not</u> to see us.	Sie tat so, als ob sie uns nicht sähe.
They saw <u>not</u> us but someone else.	Sie sahen nicht uns, sondern jemand anders.
They demanded <u>not</u> only money but also weapons and safe conduct.	Sie verlangten nicht nur Geld, sondern auch Waffen und freies Geleit.

Fragesatz

Auch hier gelten die Wortstellungsregeln für den bejahten Aussagesatz; allerdings tritt zur Bildung der Frageform das Hilfsverb (bei mehreren Hilfsverben das erste Hilfsverb) vor das Subjekt:

1.		Is	that		a fox	over there?
2.		Can	<u>you</u>	<u>see</u>	that fox	over there?
3.		Have	<u>you</u> ever	<u>seen</u>	a fox	in the garden?
4. Where exactly	did	<u>you</u>	<u>see</u>	the fox?
5. How	do	<u>you</u>	<u>know</u>	it was a fox?
6. Why	do	<u>you</u>	<u>want to go</u>		to the zoo?
7.	Must	<u>you</u> really	<u>go</u>		there today?
8. What	must	<u>they</u>	<u>be thinking</u> about me?
9. Who	would	<u>you</u>	<u>ask</u>	such a thing?

Wie Sie sehen, folgt das Vollverb auch im Fragesatz in der Regel direkt auf das Subjekt (Ausnahme ist *be*, vgl. Satz 1). Lediglich bestimmte Adverbien (*ever, never, always, usually, really, certainly, hardly, nearly* etc.) treten häufig zwischen Subjekt und Vollverb, nicht aber adverbiale Bestimmungen wie *over there* und *to the zoo* oder Objekte wie *the fox* oder *such a thing*. Wenn Sie damit die Wortstellung in den nachstehenden deutschen Entsprechungen vergleichen, werden Sie verstehen, warum Dolmetscher beim Simultanübersetzen aus dem Deutschen manchmal schier verzweifeln: Das Verb, das sie für die Übersetzung ins Englische früh brauchen, kommt in deutschen Sätzen mit langen adverbialen Bestimmungen, Relativsätzen und Objekten mitunter erst sehr spät. (Der irische Schriftsteller Flann O'Brien, 1911–66, schrieb einmal: *Waiting for the German verb is surely the ultimate thrill.* = Auf das deutsche Verb zu warten ist zweifellos der äußerste Nervenkitzel.)

1. Ist das da drüben ein Fuchs?
2. Kannst <u>du</u> den Fuchs da drüben <u>sehen</u>?
3. Hast <u>du</u> schon mal einen Fuchs im Garten <u>gesehen</u>?
4. Wo genau hast <u>du</u> den Fuchs <u>gesehen</u>?
5. Woher <u>weißt du</u>, dass es ein Fuchs war?
6. Warum wollt <u>ihr</u> in den Zoo <u>gehen</u>?
7. Müsst <u>ihr</u> wirklich heute dahin <u>gehen</u>?
8. Was müssen <u>die</u> von mir <u>denken</u>?
9. Wen würdest <u>du</u> so etwas <u>fragen</u>?

Ist ein Fragewort Subjekt oder Teil des Subjekts, so tritt das Hilfsverb nicht vor das Subjekt, und die Umschreibung mit *do* unterbleibt, d. h., die Wortstellung entspricht der in Aussagesätzen:

<u>Who</u> saw the fox in the garden this morning?	Wer hat heute Morgen den Fuchs im Garten gesehen?
<u>Which of the children</u> saw the fox first?	Welches der Kinder sah den Fuchs zuerst?
<u>Which of you</u> got here first?	Wer von euch kam als Erste(r) hier an?

Vgl. S. 343.

Beachten Sie den Nichtgebrauch der Frageform in den unterstrichenen Teilen der folgenden Sätze:

Where do you think <u>she lives</u>?	Was meinst du, wo sie wohnt?
(*Aber:* Where does she live?	Wo wohnt sie?)
How do you think <u>they solved</u> that problem?	Was meinst du, wie sie dieses Problem gelöst haben?
(*Aber:* How did they solve that problem?	Wie haben sie dieses Problem gelöst?)

How old did you say <u>Alexander was</u>?	Wie alt, sagten Sie, ist Alexander?
(*Aber:* How old is Alexander?	Wie alt ist Alexander?)
Where did she say <u>she lived</u>?	Wo, sagte sie, wohnt sie?
(*Aber:* Where does she live?	Wo wohnt sie?)

Beachten Sie außerdem *how come?* und *how goes it?* als formelhafte Alltagswendungen, die den Regeln für die Fragebildung nicht folgen:

How come?	Wie kommt denn das? Wieso das?
How come you're not at school?	Wie kommt es, dass du nicht in der Schule bist?
How goes it?	Wie geht's?
How goes the fishing?	Was macht das Angeln?

Verneinter Fragesatz

Hier wird die Verneinungspartikel normalerweise in verkürzter Form (*-n't*) an das Hilfsverb gehängt:

1.		Isn't	that		a fox	over there?	
2.		Aren't	I	invited			too?
3.		Can't	<u>you</u>	<u>see</u>	that fox	over there?	
4.		Haven't	<u>you</u>	<u>been</u>		to the Tower	too?
5.		Didn't	<u>you</u>	<u>have</u>	lunch	in the canteen	today?
6.		Don't	<u>you</u> usually	<u>send</u>	orders	by e-mail?	
7.	Why	doesn't	<u>she</u> ever	<u>pay</u>	the rent		on time?
8.		Mustn't	<u>we</u> really	<u>go</u>			now?
9.	What price	wouldn't	<u>I</u>	<u>pay</u>		for an evening with you.	

Beachten Sie die Sonderfälle *aren't* (2) und *can't* (3):
An *am* kann die Kurzform *-n't* nicht angehängt werden. Hier wird häufig auch in Verbindung mit *I* die Form *are* gebraucht:
are + *-n't* = *aren't* [ɑːnt] (→ S. 333–334).
Bei *can* fällt beim Anhängen der verkürzten Verneinungspartikel ein *-n-* weg (→ S. 347).

Wie „regelmäßig" die Wortstellung in den obigen englischen Sätzen ist, sehen Sie beim Vergleich mit ihren deutschen Entsprechungen:

1. Ist das da drüben nicht ein Fuchs?
2. Bin <u>ich</u> denn nicht auch <u>eingeladen</u>?
3. Kannst <u>du</u> den Fuchs da drüben denn nicht <u>sehen</u>?
4. Seid <u>ihr</u> denn nicht auch im Tower <u>gewesen</u>?
5. Hast <u>du</u> denn heute nicht in der Kantine <u>gegessen</u>?

Normale Wortstellung **395**

6. <u>Schicken</u> <u>Sie</u> Bestellungen nicht normalerweise per E-Mail?
7. Warum <u>zahlt</u> <u>sie</u> die Miete eigentlich niemals pünktlich?
8. Müssen <u>wir</u> jetzt nicht wirklich <u>gehen</u>?
9. Was für einen Preis würde <u>ich</u> doch <u>bezahlen</u> für einen Abend mit dir.

In förmlicher Sprache oder wenn eine besondere Betonung der Verneinungspartikel beabsichtigt ist, wird *not* in unverkürzter Form vom Hilfsverb getrennt und hinter das Subjekt gestellt. (Beachten Sie auch die Stellungsmöglichkeiten für Adverbien wie *really* und *sometimes*.)

1. Are	<u>they</u>	not		<u>entitled</u>	to asylum?	
2. Is	<u>that</u>	not		<u>what you told</u>	the police?	
3. Was	<u>that</u>	not		<u>your diagnosis</u>		too?
4. Do	<u>you</u>	not	sometimes	<u>tell</u>	a lie	too?
5. Did	<u>you</u>	not		<u>meet</u>	him	there?
6. Would	<u>you</u>	really	not	<u>like</u>	to be told	the truth?
7. Can	<u>we</u>	really	not	<u>make</u>	a fresh start?	

Vergleichen Sie die deutschen Entsprechungen:

1. Haben sie denn keinen Anspruch auf Asyl?
2. Ist das denn nicht das, was Sie der Polizei gesagt haben?
3. War das denn nicht auch Ihre Diagnose?
4. Lügst du denn nicht auch manchmal?
5. Haben Sie ihn denn dort nicht getroffen?
6. Hätten Sie es wirklich nicht gern, wenn man Ihnen die Wahrheit sagte?
7. Können wir wirklich keinen neuen Anfang machen?

Beachten Sie in den deutschen Übersetzungen den Gebrauch von Füllwörtern wie *denn*, *eigentlich* und *doch*. Sie haben im Englischen häufig keine direkte Entsprechung.

Abweichungen von der normalen Wortstellung

By the sweat of your brow shall you win your bread until you return to the earth; for from it you were taken. Dust you are, and to dust you shall return. (*The Bible, Genesis, 3:19*)

„Im Schweiße deines Angesichts sollst du dein Brot essen, bis du zum Erdboden zurückkehrst; denn von ihm wurdest du genommen. Staub bist du und zum Staub sollst du zurückkehren."

Eine berühmte Stelle aus dem ersten Buch des Alten Testaments der Bibel. Wir zitieren sie hier wegen der in ihr zu beobachtenden Abweichungen von der normalen Wortstellung.
Die normale, alltägliche, aber auch eben hausbackene Wortfolge wäre:
You shall win your bread by the sweat of your brow.
Unsere Textfassung möchte aber *by the sweat of your brow* besonders betonen und stellt diese adverbiale Bestimmung deshalb an den Anfang:
By the sweat of your brow ...
Durch die Frontstellung von *By the sweat of your brow* ergeben sich zwei Stellungsmöglichkeiten für den folgenden Satzkern:
By the sweat of your brow <u>you shall win</u> your bread ...
By the sweat of your brow <u>shall you win</u> your bread ...
Die letztere Wortfolge (*shall you win*) klingt „älter", „würdiger", „außergewöhnlicher" und damit „literarischer" als die erste (*you shall win*) und wurde deshalb in der oben zitierten Textfassung gewählt.

Eine ähnliche Wahlmöglichkeit besteht im mittleren Teil des Zitats durch die Voranstellung von *from it*:
... until you return to the earth; for from it <u>you were taken</u>.
... until you return to the earth; for from it <u>were you taken</u>.
Hier wurde die erste Wortstellung (*you were taken*) gewählt; die zweite (die sich in der alten *King James Bible* von 1611 findet) würde man heute als archaisch (= altertümlich) empfinden.

Das Gleiche gilt für eine weitere Wahlmöglichkeit, die sich aus der betonenden Voranstellung von *to dust* ergibt:
Dust you are, and to dust <u>you shall return</u>.
Dust you are, and to dust <u>shall you return</u>.
Wiederum wurde die erste, normale Wortstellung gewählt, da die zweite (in der alten *King James Bible* ebenfalls noch vorhandene) Reihenfolge für heutige Ohren veraltet klingen würde.

Im Folgenden erfahren Sie etwas über „normale" Abweichungen von der üblichen Wortstellung. Ungewöhnliche Wortstellungen, wie sie ältere oder auch literarische Texte aufweisen, bleiben unberücksichtigt.

Subjekt hinter Vollverb in Aussagesätzen

1. Das <u>Subjekt</u> rückt hinter das Vollverb nach einleitendem *here*, *there*, *now*, *first* und *then*. Diese Inversion (= Umkehrung der üblichen Wortstellung) ist typisch für kurze „Ankündigungssätze" hauptsächlich mit den Verben *be*, *come* und *go*:

Here's / Here comes <u>your taxi</u>.	Hier ist / kommt dein Taxi.
There's / There goes <u>my bus</u>.	Da fährt mein Bus.
There sits <u>an innocent man</u>!	Da sitzt ein Unschuldiger!
Now comes <u>my best trick</u>.	Jetzt kommt mein bester Trick.
First came <u>a rather boring speech</u>.	Als Erstes kam eine ziemlich langweilige Rede.
Then came <u>World War II</u>.	Dann kam der Zweite Weltkrieg.

Ist das Subjekt ein Pronomen, so wird es nicht nachgestellt:

Here <u>it</u> comes.	Hier kommt es.
There <u>it</u> goes.	Da fährt er.
There <u>he</u> sits.	Da sitzt er.
Now <u>it</u> comes.	Jetzt kommt er.

2. Eine Nachstellung des <u>Subjekts</u> (hinter das Vollverb) kann auch durch andere adverbiale Bestimmungen oder Attribute bewirkt werden, die zur besonderen Betonung oder zur Anknüpfung an den vorhergehenden Satz an den Satzanfang gestellt werden:

At the bottom of the stairs stands <u>a suitcase</u>.	Am unteren Ende der Treppe steht ein Koffer.
In the beginning was <u>the Word</u>.	Im Anfang war das Wort.
Down the street come <u>Sheryl and Louise</u>.	Die Straße herunter kommen Sheryl und Louise.
The door opened and in trooped <u>the three culprits</u>.	Die Tür öffnete sich, und herein marschierten die drei Missetäter.
Ten years later came <u>a real breakthrough</u>.	Zehn Jahre später kam ein echter Durchbruch.
Happy is <u>the man who has a hobby</u>.	Glücklich ist der Mann, der ein Hobby hat.
Equally important was <u>his relationship with Esther</u>.	Ebenso wichtig war seine Beziehung zu Esther.

3. Sehr häufig wird das <u>Subjekt</u> in Nachsätzen und Zwischensätzen der direkte Rede (→ S. 242–243) hinter das Vollverb gestellt:

"I was angry as hell," said <u>Bob</u>.	„Ich war stinksauer", sagte Bob.
"There should be a law against this kind of thing," said <u>someone I met</u>.	„Gegen so etwas sollte es ein Gesetz geben", sagte jemand, der mir begegnete.
"I can't help it," said <u>my mother</u>, "if some people believe such rubbish."	„Ich kann es nicht ändern", sagte meine Mutter, „wenn manche Leute so einen Quatsch glauben."

Ist das Subjekt ein Personalpronomen, so wird es in der Regel nicht nachgestellt:

"I was angry as hell," <u>he</u> said.	„Ich war stinksauer", sagte er.
"I can't help it," <u>she</u> said, "if some people believe such rubbish."	„Ich kann es nicht ändern", sagte sie, „wenn manche Leute so einen Quatsch glauben."

Enthält der Nach- oder Zwischensatz außer Subjekt und Verb auch ein Objekt, so kann das <u>Subjekt</u> nicht nachgestellt werden:

"New York is the only real city," <u>somebody</u> said to me long ago.	„New York ist die einzige wirkliche Stadt", sagte vor langer Zeit mal jemand zu mir.
"It's at the back of beyond," <u>Jane</u> told him, "and you might have trouble finding it."	„Es ist am Ende der Welt", sagte Jane zu ihm, „und Sie könnten Schwierigkeiten haben, es zu finden."

Fragekonstruktion in Nichtfragesätzen

In förmlichem Stil wird mitunter ein verneinendes oder einschränkendes Element betont an den Satzanfang gestellt.
In diesen Fällen wählt man statt der normalen Wortstellung die sonst in Fragesätzen (→ S. 393–394) übliche Wortstellung Hilfsverb – Subjekt – Vollverb. Vergleichen Sie:

<u>Verneinendes</u> bzw. <u>einschränkendes</u> Element im Satzinnern, daher <u>normale Wortstellung</u>:

<u>I would never hurt</u> another human being.	Ich würde nie einem anderen Menschen etwas zuleide tun.
<u>She seldom attended</u> church.	Sie ging selten zur Kirche.

Verneinendes bzw. einschränkendes Element am Satzanfang, daher Wortstellung wie im Fragesatz:

Never would I hurt another human being.	Nie würde ich einem anderen Menschen etwas zuleide tun.
Seldom did she attend church.	Selten ging sie zur Kirche.

> Das verneinende oder einschränkende Element am Satzanfang kann auch ein (normalerweise hinter dem Verb stehendes) Objekt sein:
>
> | | |
> |---|---|
> | Not a single word did she say. | Kein einziges Wort sagte sie. |
> | Only his problems did we talk about. | Nur über seine Probleme haben wir gesprochen. |

Weitere Beispiele mit Verneinung/Einschränkung in Anfangsstellung und Wortstellung wie im Fragesatz:

Not once had he complained.	Nicht ein einziges Mal hatte er sich beklagt.
On no account should Lee become mayor.	Auf keinen Fall sollte Lee Bürgermeister werden.
Under no circumstances shall we accept this proposal.	Unter keinen Umständen werden wir diesen Vorschlag annehmen.
Not for nothing do they devote so much time to watching the political landscape.	Nicht umsonst widmen sie so viel Zeit der Beobachtung der politischen Landschaft.
Not till he was entering his hotel did he notice that he was being shadowed.	Erst beim Betreten seines Hotels bemerkte er, dass er beschattet wurde.
No sooner was she out of sight than she started running.	Kaum war sie außer Sichtweite, da begann sie zu laufen.
Hardly had I arrived when I was summoned to see the commanding officer.	Kaum war ich angekommen, da wurde ich auch schon zum befehlshabenden Offizier beordert.
Seldom have I heard such rubbish.	Selten habe ich so einen Quatsch gehört.
Only rarely do complications arise.	Nur selten kommt es zu Komplikationen.
Only occasionally does he write about personal matters.	Nur gelegentlich schreibt er über persönliche Dinge.
In vain did George protest his innocence.	Vergeblich beteuerte George seine Unschuld.
Never in the field of human conflict was so much owed by so many to so few.	Noch nie in der Geschichte menschlicher Konflikte haben so viele so wenigen so viel verdankt.

Weitere verneinende oder einschränkende Elemente, nach denen die sonst in Fragesätzen übliche Wortstellung gewählt wird:

at no time, in no way, little, neither ... nor, never before, not often, not only, not since, not until, nowhere, on few occasions, on no occasion, only gradually, only if, only now, only once, only then, only when, scarcely ... than/when.

Anfangsstellung des Objekts

Auch ein <u>Objekt</u> kann – in Abweichung von der normalen Wortstellung – betont an den Satzanfang gestellt werden. Die Wortstellung <u>im übrigen Satz</u> verändert sich dabei nur, wenn das an den Anfang gestellte Objekt einen verneinenden oder einschränkenden Charakter hat (s. o.). Vergleichen Sie:

They discussed <u>most of these problems</u>.	Sie diskutierten die meisten dieser Probleme.
<u>Most of these problems</u> they discussed.	Die meisten dieser Probleme diskutierten sie.
They discussed <u>none of these problems</u>.	Sie diskutierten keines dieser Probleme.
<u>None of these problems</u> <u>did they discuss</u>.	Keines dieser Probleme diskutierten sie.

Test 20 Wortstellung

1. Übersetzen Sie.

a) Wir sind am Montagnachmittag in Dublin angekommen.

b) Natürlich regnete es, als wir ankamen.

c) Übernachtet haben wir in einem bed and breakfast.

d) Gestern sind wir mit dem Bus nach Galway gefahren.

e) Im Augenblick sitze ich in einem Internet-Café in Galway.

f) Morgen Vormittag wollen wir eine Runde Golf spielen.

g) Während des Sommers ist die Stadt voller Touristen.

2. Übersetzen Sie.

a) Ich sehe ihn manchmal morgens im Zug.

b) Hast du ihn heute Morgen im Zug gesehen?

c) Wenn ich ihn morgens sehe, ist er immer in Eile.

d) Heute Morgen habe ich ihn nicht gesehen.

e) Wahrscheinlich ist er heute nicht mit dem Zug gefahren.

f) Wenn er da gewesen wäre, hätte ich ihn wohl gesehen.

g) Er kann heute Morgen nicht mit dem Zug gefahren sein.

h) Warum ist er heute denn nicht mit dem Zug gefahren?

i) Ich fahre nicht oft mit dem Zug zur Arbeit.

j) Wenn ich mit dem Zug zur Arbeit fahre, kann ich die Zeitung lesen.

k) Wenn du die Zeitung lesen willst, solltest du nicht mit dem Auto fahren.

l) Beim Autofahren sollte man nie die Zeitung lesen.

m) Warum fährt er denn nie mit dem Auto?

3. Übersetzen Sie.

a) Da kommt mein Zug.

b) Da kommt er endlich – kannst du die Lichter sehen?

c) Ich fahre fast nie mit dem Auto.

d) Mit dem Auto fahre ich fast nie.

e) Ich fahre fast immer mit dem Zug; fast nie fahre ich mit dem Auto.

f) An solchen Tagen sollte man mit dem Auto fahren.

g) Unter keinen Umständen sollte man an solchen Tagen mit dem Auto fahren.

h) Das Defizit erwähnte er in seiner Rede nur einmal.

i) In seiner Rede erwähnte er das Defizit nur einmal.

j) Nur einmal erwähnte er in seiner Rede das Defizit.

k) Nur einmal in seiner Rede erwähnte er das Defizit.

1. a) We arrived in Dublin (on) Monday afternoon. b) Of course it was raining when we arrived. c) We stayed/spent the night at a bed and breakfast. d) Yesterday we took a bus / went by bus / went on a bus to Galway. e) Right now / At the moment I am sitting in an internet café in Galway. f) Tomorrow morning we are going to play a round of golf. g) During the summer the city is full of tourists.

2. a) I sometimes see him on the train in the morning. b) Did you see him on the train this morning? c) When I see him in the morning, he is always in a hurry. d) This morning I didn't see him. e) He probably didn't go by train today. f) If he had been there, I would probably have seen him. g) He can't have gone by train this morning. h) Why didn't he go by train today? i) I don't often go/travel to work by train. j) If I go/travel to work by train, I can read the paper. k) If you want to read the paper, you shouldn't go by car. l) You/One should never read the paper while driving. m) Why does he never go by car? / Why doesn't he ever go by car?

3. a) There comes my train. b) There it comes at last – can you see the lights? c) I hardly ever go by car. d) I hardly ever go by car. e) I almost/nearly always go by train; I hardly ever go by car / hardly ever do I go by car. f) On such days / On days like this/that / one should go by car. g) Under no circumstances should one go by car on such days / on days like this/that. h) The deficit he mentioned only once in his speech. i) In his speech he mentioned the deficit only once. / He mentioned the deficit only once in his speech. / He mentioned the deficit in his speech only once. j) Only once did he mention the deficit in his speech. k) Only once in his speech did he mention the deficit.

When Disraeli lay dying, it was suggested to him that he might like to be visited by the Queen. "No it is better not," he said. "She would only ask me to take a message to Albert." (*Benjamin Disraeli, British statesman and novelist, 1804–1881*)

„Als Disraeli im Sterben lag, wurde er gefragt, ob ihm nicht an einem Besuch der Königin gelegen sei. ‚Nein, besser nicht', sagte er. ‚Sie würde mich ja doch nur bitten, Albert eine Botschaft zu überbringen.'"

Benjamin Disraeli, zweimaliger britischer *prime minister* (1868 und 1874–80) und enger Vertrauter, ja Freund der verwitweten Königin Victoria (1819–1901), hatte Humor und mit seiner Befürchtung sicher nicht ganz Unrecht: Albert war der 1861 verstorbene Gatte der Königin, um den sie zeitlebens trauerte.

Aber sehen wir uns Disraelis Worte an: *She would only ask me to take a message to Albert.* In seinem hinteren Teil hat der Satz zwei Objekte: das so genannte direkte Objekt *a message* und das indirekte Objekt *Albert*, dem die Präposition *to* vorangestellt ist. Disraeli hätte das indirekte Objekt auch ohne *to* vor das direkte Objekt stellen können: *She would only ask me to take Albert a message.* Warum hat er das nicht getan? Weil das nachgestellte Objekt das stärker betonte ist, aber er wollte *Albert* betonen (der ihn übrigens nicht für einen *gentleman* hielt und ihm seinen politischen Rivalen Gladstone vorzog).

Die Objekte und vor allem ihre Stellungsmöglichkeiten sind Gegenstand dieses Kapitels. Gleich im nächsten Abschnitt werden Sie die Verben kennen lernen, bei denen – wie bei *take* – das indirekte Objekt entweder (ohne *to*) vor das direkte oder (mit *to*) hinter das direkte gestellt werden kann.

Verben mit zwei Objekten: Verbtyp *give*

Wichtigste Verben dieses Typs:
advance, assign, bring, deny, e-mail, extend, fax, furnish (= liefern), *give, grant, hand, leave, lend, mail, offer, owe, pass, pay, play, post, present, promise, quote, read, recommend, refuse, rent, sell, send, serve, ship, show, sing, slip, take, teach, tell, throw, write.*

Verben vom Typ *give* können zwei Objekte haben – ein direktes (meist eine Sache) und ein indirektes (meist eine Person, die die Sache empfängt).

Für das <u>indirekte Objekt</u> gibt es bei dieser Verbgruppe zwei
Stellungsmöglichkeiten: ohne *to* **vor** dem <u>direkten Objekt</u> und
mit *to* **nach** dem <u>direkten Objekt</u>:

She gave <u>the driver</u> <u>a tip</u>.	Sie gab dem Fahrer ein Trinkgeld.
She gave <u>a tip</u> to <u>the driver</u>.	Sie gab dem Fahrer ein Trinkgeld.
She sent <u>Bill</u> <u>an e-mail</u>.	Sie schickte Bill eine E-Mail.
She sent <u>an e-mail</u> to <u>Bill</u>.	Sie schickte eine E-Mail an Bill.

In der Regel stellt man das längere und/oder betontere Objekt nach hinten.
Vergleichen Sie:

She gave <u>the driver</u> <u>an unusually large tip</u>.	Sie gab dem Fahrer ein ungewöhnlich hohes Trinkgeld.
She gave <u>a tip</u> to <u>the driver but not to the porter</u>.	Sie gab dem Fahrer ein Trinkgeld, aber nicht dem Gepäckträger.
She sent <u>Bill</u> <u>an e-mail that read as follows</u>.	Sie schickte Bill eine E-Mail mit folgendem Text.
She sent <u>an e-mail</u> to <u>everyone involved</u>.	Sie schickte eine E-Mail an alle Beteiligten.

Ist eines der beiden Objekte ein Pronomen, so bestehen folgende
Stellungsmöglichkeiten:

He gave <u>her</u> the book.	Er gab ihr das Buch.
He gave the book to <u>her</u>.	Er gab das Buch ihr.
He gave <u>it</u> to the girl.	Er gab es dem Mädchen.
(*Aber nicht:* ~~He gave the girl it~~.)	

> Sind beide Objekte Pronomen, so gibt es die folgenden drei
> Stellungsmöglichkeiten. Die erste ist allgemein gebräuchlich; die beiden
> anderen Varianten finden sich regional, sind also ebenfalls nicht falsch.
>
> He gave it to her. (*Betonung auf* gave *oder auf* her.)
> He gave her it. (*Betonung nur auf* gave.)
> He gave it her. (*Betonung nur auf* gave.)

Verben mit zwei Objekten: Verbtyp *explain*

Wichtigste Verben dieses Typs:
*address, admit, announce, communicate, confess, confide, declare, dedicate, deliver,
demonstrate, describe, devote, dictate, distribute, explain, indicate, introduce,
leak, mention, outline, point out, propose, prove, recite, relate* (= erzählen), *repeat,
report, return, reveal, say, speak, suggest, surrender.*

Bei diesen Verben wird das indirekte Objekt im Gegensatz zum Verbtyp *give* stets mit *to* angeschlossen.

Die normale Wortstellung ist hier:
Verb + <u>direktes Objekt</u> + *to* + <u>indirektes Objekt</u>:

She explained <u>the problem</u> to <u>us</u>.	Sie erklärte uns das Problem.
He described <u>the method</u> to <u>them</u>.	Er beschrieb ihnen die Methode.
They reported <u>the incident</u> to <u>the police</u>.	Sie meldeten den Vorfall der Polizei.

Ist das <u>direkte Objekt</u> besonders lang und/oder betont, so kann es ausnahmsweise hinter das <u>indirekte Objekt</u> rücken:

She explained to <u>us</u> <u>the complex problems that needed solving</u>.	Sie erklärte uns die komplexen Probleme, die der Lösung bedurften.
He described to <u>them</u> <u>a method of detecting the disease in the early stages</u>.	Er beschrieb ihnen eine Methode, die Krankheit im Frühstadium zu erkennen.
He dictated to <u>her</u> <u>some letters of a highly confidential nature</u>.	Er diktierte ihr einige Briefe höchst vertraulicher Natur.

Verben mit zwei Objekten: Verbtyp *buy*

Wichtigste Verben dieses Typs:
bake, boil, book, bring, build, buy, call, choose, cook, fetch, find, fix, fry, get, knit, leave, light, make, mix, order, pack, paint, play, reach (down/up), reserve, save, type, win.

Wie bei *give* (s. o.) bestehen hier für das <u>indirekte Objekt</u> zwei Stellungsmöglichkeiten. Allerdings wird das indirekte Objekt bei den Verben dieser Gruppe nicht mit *to*, sondern mit *for* nachgestellt:

He bought <u>the child</u> <u>an ice cream</u>.	Er kaufte dem Kind ein Eis.
He bought <u>an ice cream</u> for <u>the child</u>.	Er kaufte ein Eis für das Kind.
I've made <u>him</u> <u>some sandwiches</u>.	Ich habe ihm ein paar Butterbrote gemacht.
I've made <u>some sandwiches</u> for <u>him</u>.	Ich habe ein paar Butterbrote für ihn gemacht.

Bei *bring* und *leave* kann – bei unterschiedlicher Aussageintention – das indirekte Objekt sowohl mit *for* als auch mit *to* nachgestellt werden:

She brought <u>some wonderful toys</u> for <u>the children</u>.	Sie brachte herrliche Spielsachen für die Kinder mit.
Her poems have brought <u>comfort</u> to <u>many people</u>.	Ihre Gedichte haben vielen Menschen Trost gebracht.
He left <u>a note</u> for <u>his secretary</u>.	Er ließ eine Notiz für seine Sekretärin zurück.
He left <u>£5,000</u> to <u>his secretary</u>.	Er hinterließ seiner Sekretärin 5000 Pfund.

Bei *play* kann das indirekte Objekt sowohl mit *for* als auch mit *to* nachgestellt werden, ohne dass sich ein wesentlicher Bedeutungsunterschied ergibt:

Mozart played <u>this piece</u> for/to <u>the emperor</u>.	Mozart spielte dieses Stück dem Kaiser vor.

Verben mit zwei Objekten: Verbtyp *envy*

Wichtigste Verben dieses Typs:
allow, ask, begrudge, bet, cause, charge, cost, envy, fine, forgive, grudge, take.

Bei diesen Verben ist in den dargestellten Bedeutungen eine Nachstellung des <u>indirekten Objekts</u> mit *to* oder *for* nicht möglich:

They allowed <u>the attorney</u> only 30 minutes to talk to his client.	Man gab dem Anwalt nur 30 Minuten für ein Gespräch mit seinem Mandanten.
They asked <u>him</u> <u>his name</u>.	Sie fragten ihn nach seinem Namen.
I don't (be)grudge <u>him</u> <u>his success</u>.	Ich gönne ihm ja seinen Erfolg.
I bet <u>you</u> <u>£100</u> she doesn't come.	Ich wette mit dir um hundert Pfund, dass sie nicht kommt.
This car has caused <u>me</u> <u>a lot of trouble</u>.	Dieses Auto hat mir schon viel Ärger bereitet.
They charged <u>me</u> <u>an exorbitant price</u>.	Die haben mir einen Wahnsinnspreis berechnet.
That'll cost <u>us</u> <u>a fortune</u>.	Das wird uns ein Vermögen kosten.
I envy <u>you</u> <u>this house</u>.	Ich beneide euch um dieses Haus.
The magistrate fined <u>him</u> <u>£500</u>.	Der Richter verurteilte ihn zu einer Geldbuße von 500 Pfund.
You must forgive <u>me</u> <u>my clumsiness</u>.	Du musst mir meine Ungeschicklichkeit verzeihen.

Mowing the lawn takes him about three hours.	Den Rasen zu mähen kostet ihn ungefähr drei Stunden.

> Bei *ask* kann das indirekte Objekt auch nachgestellt werden – und zwar mit *of*:
>
> | They asked me some questions. | Sie stellten mir einige Fragen. |
> |---|---|
> | They asked some questions of me. | Sie stellten mir einige Fragen. |

Stellung des Objekts bei *phrasal verbs*

Mit *phrasal verbs* meinen wir hier Zusammensetzungen aus Verb (z. B. *take*) und adverbialer Partikel (z. B. *off*), die zusammen eine Einheit bilden: *take off* (= ausziehen).
Soweit diese *phrasal verbs* transitiv gebraucht werden, also ein Objekt bei sich haben, bestehen für das Objekt grundsätzlich zwei Stellungsmöglichkeiten:

1. Das Objekt steht zwischen Verb und Partikel:

Why don't you take your coat off?	Warum ziehst du den Mantel nicht aus?

2. Das Objekt steht nach Verb + Partikel:

Why don't you take off your coat?	Warum ziehst du nicht den Mantel aus?

> Ist das Objekt ein Pronomen, so ist nur Stellung 1 möglich – das Objekt steht zwischen Verb und Partikel:
>
> | Why don't you take it off? | Warum ziehst du ihn nicht aus? |
> |---|---|
>
> Ist das Objekt lang und/oder betont, so stellt man es in der Regel hinter die Verb-Partikel-Verbindung:
>
> | He put out all the lights in the house. | Er machte alle Lampen im Haus aus. |
> |---|---|
>
> Ist das Objekt ein Nebensatz, so kann es nur hinter der Verb-Partikel-Verbindung stehen:
>
> | Why don't you look up what the word means? | Warum schaust du nicht nach, was das Wort bedeutet? |
> |---|---|

Beachten Sie zu den folgenden Beispielen:
Sind beide Stellungen möglich, so wählt man für das zu betonende Element die Nachstellung.
Ist nicht das Objekt, sondern die adverbiale Partikel (*away*, *off*) nachgestellt, so erhält damit das *phrasal verb* insgesamt stärkeres Gewicht als das Objekt.

Where are my old boots? – I've <u>thrown</u> them <u>away</u>. I've <u>thrown away</u> all the old shoes and boots in the cellar.	Wo sind meine alten Stiefel? – Ich habe sie weggeworfen. Ich habe all die alten Schuhe and Stiefel im Keller weggeworfen.
This beard is a nuisance. I think I'll just <u>shave</u> it <u>off</u>. Have you ever thought of <u>shaving off</u> your beard?	Dieser Bart ist lästig. Ich glaube, ich rasiere ihn einfach ab. Hast du schon mal daran gedacht, dir den Bart abzurasieren?
We had to <u>call</u> the game <u>off</u>. The diva <u>called off</u> four performances in New York last week. <u>Call off</u> your dog!	Wir mussten das Spiel absagen. Vorige Woche sagte die Diva vier Vorstellungen in New York ab. Rufen Sie Ihren Hund zurück!
We've <u>put</u> the meeting <u>off</u> till Friday. Never <u>put off</u> until tomorrow what you can do today.	Wir haben die Sitzung auf Freitag verschoben. Was du heute kannst besorgen, das verschiebe nicht auf morgen.

Verben mit nominalem Objektkomplement

Wichtigste Verben dieses Typs:
appoint, call, christen ['krɪsn], *consider, crown, declare, designate, elect, make, name, proclaim, term, vote.*

Das <u>Objektkomplement</u> ist eine Ergänzung zum <u>Objekt</u>; es sagt uns gewissermaßen, was das Verb aus dem <u>Objekt</u> „macht".
Bei Verben des hier dargestellten Typs kann das <u>Objektkomplement</u> direkt (also ohne ein dem deutschen *zu, auf* oder *als* entsprechendes Fügewort) an das <u>Objekt</u> angeschlossen werden.
In den folgenden Beispielen ist das <u>Objektkomplement</u> jeweils ein Nomen oder eine Nominalgruppe. Beachten Sie den in einigen Fällen stark vom Deutschen abweichenden Sprachgebrauch:

The owners appointed him <u>manager</u>. We called <u>the dog</u> <u>Benny</u>. They christened <u>the ship</u> Queen of the Seas. I consider <u>him</u> <u>a genius</u>. The archbishop crowned <u>her</u> <u>queen</u>. They unanimously declared Clay <u>the winner</u>. The governor designated 33 counties <u>disaster areas</u>.	Die Eigentümer ernannten ihn zum Geschäftsführer. Wir nannten den Hund Benny. Sie tauften das Schiff auf den Namen Queen of the Seas. Ich halte ihn für ein Genie. Der Erzbischof krönte sie zur Königin. Sie erklärten Clay einstimmig zum Sieger. Der Gouverneur erklärte 33 Bezirke zu Katastrophengebieten.

The assembly elected <u>him</u>
  <u>chairman</u>.
The king made <u>the miller's daughter</u>
  <u>his wife</u>.
I name <u>this ship</u> <u>Rosy Lee</u>.

The new rulers proclaimed
  <u>the country</u> <u>a republic</u>.
Several delegates termed
  <u>the proposal</u> <u>an insult</u>.
They voted <u>her</u> <u>Woman of the Year</u>.

Die Versammlung wählte ihn zum
  Vorsitzenden.
Der König machte die Müllerstochter
  zu seiner Frau.
Ich taufe dieses Schiff auf den Namen
  Rosy Lee.

Die neuen Machthaber erklärten das
  Land zur Republik.
Mehrere Delegierte bezeichneten den
  Vorschlag als eine Beleidigung.
Sie wählten sie zur Frau des Jahres.

Beachten Sie auch die den vorstehenden Sätzen entsprechenden
Passivkonstruktionen (zwei der Sätze eignen sich nicht für eine
Umformung ins Passiv):

He was appointed manager.

The dog was called Benny.
The ship was christened
  Queen of the Seas.
He is considered a genius.
She was crowned queen.
Clay was unanimously declared
  the winner.
33 counties were designated
  disaster areas.
He was elected chairman.
The country was proclaimed a republic.
The proposal was termed
  an insult.
She was voted Woman of
  the Year.

Er wurde zum Geschäftsführer
  ernannt.
Der Hund wurde Benny genannt.
Das Schiff wurde auf den Namen
  Queen of the Seas getauft.
Man hält ihn für ein Genie.
Sie wurde zur Königin gekrönt.
Clay wurde einstimmig zum Sieger
  erklärt.
33 Bezirke wurden zu
  Katastrophengebieten erklärt.
Er wurde zum Vorsitzenden gewählt.
Das Land wurde zur Republik erklärt.
Der Vorschlag wurde als Beleidigung
  bezeichnet.
Sie wurde zur Frau des Jahres
  gewählt.

Anhang

- Grammatische Fachausdrücke
- Unregelmäßige Verben
- Register

Grammatische Fachausdrücke

	Erklärung	Englisch	Beispiel
Adjektiv	Eigenschaftswort	adjective ['ædʒɪktɪv]	A big car is expensive.
Adverb	Umstandswort	adverb ['ædvɜːb]	She sings beautifully.
adverbiale Bestimmung	Umstandsbestimmung/-angabe	adverbial [əd'vɜːbiəl]	I work in the City.
Aktiv	Tatform	active (voice) ['æktɪv]	They arrested him.
Antonym	Gegen(satz)wort	antonym ['æntənɪm]	big – small, hot – cold
Apposition	Einschub, Zusatz	apposition [ˌæpəˈzɪʃn]	Paula, my best friend
Artikel	best. Artikel (the), unbest. Artikel (a / an)	article ['ɑːtɪkl]	the cat, a book, an egg
Aspekt	einfache Form oder Verlaufsform?	aspect ['æspekt]	I read – I am reading
Attribut	Beifügung	attribute ['ætrɪbjuːt]	the next train to Dublin
attributiv	beim Nomen stehend	attributive [ə'trɪbjətɪv]	That's a nice song.
Aussagesatz	z. B. kein Frage- oder Aufforderungssatz	statement ['steɪtmənt]	The water is warm.
Bedingungssatz	Konditionalsatz	conditional sentence [kənˈdɪʃnəl]	If he comes, I'll tell him.
bestimmter Artikel	vgl. Artikel	definite article [ˈdefənət ˈɑːtɪkl]	the car, the ice
conditional perfect	Perfekt des Konditionals	[kənˈdɪʃnəl ˈpɜːfɪkt]	I would have seen it.
Demonstrativpronomen	hinweisendes Fürwort	demonstrative determiner/pronoun	I don't like this (book).
direktes Objekt	Akkusativobjekt	direct object [daɪrekt ˈɒbdʒekt]	She gave me a copy.
-ed participle	Partizip Perfekt, Perfektpartizip	past participle [pɑːst ˈpɑːtɪsɪpl]	It has been stolen.
-ed-Partizip	Partizip Perfekt, Perfektpartizip	-ed participle, past participle	It has been stolen.
einfache Form	nichtprogressiver Aspekt	simple form ['sɪmpl fɔːm]	She drives a taxi.
emphatisch	betonend, verstärkend	emphatic [ɪmˈfætɪk]	Do try to be punctual.
finit	in einer Zeit (z. B. *past tense*) stehend	finite ['faɪnaɪt]	He works / worked.
Fraganhängsel	angehängte Kurzfrage	question tag, tag question	It works, doesn't it?
Futur	Zukunft	future (tense) ['fjuːtʃə]	You will hear from us.
future perfect	Perfekt des Futurs, vollendete Zukunft	[ˈfjuːtʃə pɜːfɪkt]	He will have seen it.
Genitiv	Wesfall	genitive ['dʒenətɪv]	the man's car
Genus	(grammatisches) Geschlecht	gender ['dʒendə]	(*männl., weibl., sächl.*)
Hauptsatz	vgl. Nebensatz	main clause ['meɪn klɔːz]	You know I love you.
Hilfsverb	nur i. Verbindung m. Vollverb verwendbar	auxiliary [ɔːgˈzɪliəri]	I couldn't work here.
Imperativ	Befehlsform	imperative [ɪmˈperətɪv]	Stay where you are.

A

Fachausdruck	English term	Erklärung	Beispiel
indefinites Pronomen	indefinite determiner/pronoun	unbestimmtes Fürwort	Some (children) are ill.
Indikativ	indicative [ɪnˈdɪkətɪv]	Wirklichkeitsform	I know that it is true.
indirektes Objekt	indirect object [ɪndərekt ˈɒbdʒekt]	Dativobjekt	She gave me a copy.
infinite Verbformen	non-finite verb forms [nɒnˈfaɪnaɪt]	Infinitiv, -ing-Form und -ed-Partizip	You can stop smoking.
Infinitiv	infinitive [ɪnˈfɪnətɪv]	Grundform (des Verbs)	I want to go. I will go.
Intonation	intonation [ɪntəˈneɪʃn]	Satzmelodie	
Inversion	inversion [ɪnˈvɜːʃn]	Platzierung d. Vollverbs vor d. Subjekt	Here comes the bride.
Komparativ	comparative [kəmˈpærətɪv]	erste Steigerungsstufe	You're taller than I am.
Komplement	complement [ˈkɒmpləmənt]	Prädikativ, Prädikatsnomen	She looks pale.
Konditional	conditional [kənˈdɪʃnəl]	Bedingungsform	I would go if I could.
Kongruenz	concord [ˈkɒŋkɔːd]	Übereinstimmung (in Genus, Numerus)	She misses her cat.
Konjunktiv	subjunctive [səbˈdʒʌŋktɪv]	Möglichkeitsform	If I were you …
Konsonant	consonant [ˈkɒnsənənt]	Mitlaut	book, dog, can
Kopula(verb)	linking verb [ˈlɪŋkɪŋ vɜːb]	Gleichsetzungsverb	The hat looks nice.
modales Hilfsverb	modal (auxiliary) [ɔːgˈzɪliəri]	modifiziert die Bedeutung des Vollverbs	She can/must read it.
Nebensatz	subordinate clause [səbɔːdmət]	(untergeordneter) Gliedsatz	I'll tell you when I leave.
Nomen	noun [naʊn]	Hauptwort, Substantiv	a car, a building
Nominalgruppe	noun phrase [naʊn freɪz]	Wortgruppe aus Nomen + Begleitern	the nice things he says
Numerus	number [ˈnʌmbə]	(grammatische) Zahl	(Singular oder Plural?)
Objekt	object [ˈɒbdʒekt]	Ergänzung (zum Verb)	He gave the boy a book.
Objektkomplement	object complement [ˈkɒmpləmənt]	Ergänzung zum Objekt	We call him Bobby.
Partizip Perfekt	-ed participle, past participle	Perfektpartizip, -ed-Partizip	I have written to her.
Passiv	passive (voice) [ˈpæsɪv]	Leideform	He was arrested.
past perfect	[pɑːst ˈpɜːfɪkt]	Plusquamperfekt, Vorvergangenheit	I had heard enough.
past progressive	[pɑːst prəˈgresɪv]	Verlaufsform der Vergangenheit	I wasn't listening.
past simple	[pɑːst ˈsɪmpl]	einfache Vergangenheit	I heard what you said.
past tense	[pɑːst ˈtens]	Vergangenheit(sform), Präteritum	I saw her yesterday.
perfect infinitive	[ˈpɜːfɪkt ɪnˈfɪnətɪv]	Infinitiv des Perfekts	He seems to have gone.
Perfekt	present perfect [preznt ˈpɜːfɪkt]	have/has + -ed-Partizip	He has disappeared.
Perfektpartizip	-ed participle, past participle	Partizip Perfekt, -ed-Partizip	Has she given it back?
Personalpronomen	personal pronoun [pɜːsnəl ˈprəʊnaʊn]	persönliches Fürwort	She likes him.
phrasal verb	[freɪzl ˈvɜːb]	zusammengesetztes Verb	She took off her coat.

Plural	Mehrzahl	plural ['pluərəl]	many cars, two books
Possessivpronomen	besitzanzeigendes Fürwort	possessive adjective/pronoun	my car, a friend of mine
Prädikat	Satzaussage	predicate ['predɪkət]	The dog hates the cat.
prädikativ	nach einer Kopula stehend	predicative [prɪ'dɪkətɪv]	That song is nice.
Präposition	Verhältniswort	preposition [prepə'zɪʃn]	The cat is in the house.
Präpositionalgruppe	Präposition + Nomen/Nominalgruppe	prepositional phrase [prepə'zɪʃnəl]	I got into the car.
Präpositionalobjekt	Objekt, das nach *to* oder *for* steht	prepositional object [prepə'zɪʃnəl]	I sent a card to Bob.
Präsens	Gegenwart(sform des Verbs)	present tense [preznt 'tens]	I come here often.
Präteritum	Vergangenheit(sform des Verbs)	past tense [pɑːst 'tens]	She knew about it.
present perfect	Perfekt	[preznt 'pɜːfɪkt]	I have seen the film.
present progressive	Verlaufsform der Gegenwart / d. Präsens	[preznt prə'gresɪv]	Jack is waiting for you.
present simple	einfache Gegenwart, einfaches Präsens	[preznt 'sɪmpl]	She reads a lot.
present tense	Gegenwart(sform), Präsens	[preznt 'tens]	I see her every day.
progressive form	Verlaufsform	[prə'gresɪv]	I am doing my best.
progressiver Aspekt	Sicht der Handlung als gerade ablaufend	progressive aspect [prə'gresɪv]	I am reading the paper.
Pronomen	Fürwort	pronoun ['prəunaun]	She likes him.
question tag	Frageanhängsel, angehängte Kurzfrage	['kwestʃən tæg]	It works, doesn't it?
Relativpronomen	bezügliches Fürwort	relative pronoun [relətɪv 'prəunaun]	I'm the one who did it.
Relativsatz	Nebensatz in der Rolle eines Attributs	relative clause [relətɪv 'klɔːz]	I'm the one who did it.
-self-Pronomen	reflexives oder verstärkendes Pronomen	-self pronoun ['self prəunaun]	myself, themselves
Singular	Einzahl	singular ['sɪŋgjulə]	a/one/the car
split infinitive	Adverb zwischen *to* und Infinitiv	[split ɪn'fɪnɪtɪv]	to really understand
Subjekt	Satzgegenstand	subject ['sʌbdʒekt]	The dog hates the cat.
Subjektkomplement	Prädikatsergänzung zum Subjekt	subject complement ['kɒmpləmənt]	Bob is a friend of mine.
Superlativ	zweite Steigerungsstufe	superlative [suː'pɜːlətɪv]	May the best man win.
Synonym	bedeutungsähnliches Wort	synonym ['sɪnənɪm]	big – large, warm – hot
tag question	Frageanhängsel, angehängte Kurzfrage	['tæg kwestʃən]	It works, doesn't it?
unbestimmter Artikel	vgl. Artikel	indefinite article [ɪn'defənət 'ɑːtɪkl]	a book, an egg
Verb	Zeitwort	verb [vɜːb]	She speaks English.
Verlaufsform	sieht d. Handlung als gerade ablaufend	progressive form [prə'gresɪv]	He is still talking.
Vokal	Selbstlaut	vowel ['vaʊəl]	cat, bed, sit, god, fun
Vollverb	kann einziges Verb im Satz sein	full verb [fʊl vɜːb]	I couldn't work here.

Unregelmäßige Verben

Als unregelmäßig bezeichnen wir Verben, deren *past tense* und/oder
-ed-Partizip nicht auf *-ed* endet.

Regelmäßig:

Infinitiv	*past tense*	*-ed*-Partizip			
start	started	started	beginnen	begann	begonnen

Unregelmäßig:

Infinitiv	*past tense*	*-ed*-Partizip			
begin	began	begun	beginnen	begann	begonnen

* nach einer unregelmäßigen Verbform bedeutet: auch die regelmäßige
Variante (auf *-ed*) ist gebräuchlich.

(*) nach einer unregelmäßigen Verbform bedeutet: die regelmäßige
Variante (auf *-ed*) ist wesentlich seltener als die unregelmäßige.

** nach einer unregelmäßigen Verbform bedeutet: die regelmäßige
Variante (auf *-ed*) ist wesentlich häufiger als die unregelmäßige.

AE* nach einer unregelmäßigen Verbform bedeutet: die regelmäßige
Variante (auf *-ed*) ist besonders im amerikanischen Englisch gebräuchlich.

AE** nach einer unregelmäßigen Verbform bedeutet: im amerikanischen
Englisch ist die regelmäßige Variante (auf *-ed*) die allgemein
gebräuchliche.

*AE** bedeutet: im britischen Englisch ist die regelmäßige Form (auf *-ed*)
eine mögliche Variante; im amerikanischen Englisch ist die regelmäßige
Form (auf *-ed*) die allgemein gebräuchliche.

A

arise	arose	arisen [ɪ]	entstehen
awake	awoke (*)	awoken (*)	erwachen
be	was, were	been	sein, werden
bear	bore	borne / born [1]	(er)tragen, gebären
beat	beat	beaten / AE auch beat	schlagen
become	became	become	werden
begin	began	begun	beginnen
bend	bent	bent	(sich) biegen
bet *	bet *	bet *	wetten
bid	bade [æ] / [eɪ]	bidden	(Lebewohl etc.) sagen
bid	bid	bid	(Auktion etc.) bieten
bind	bound	bound	binden
bite	bit	bitten / AE auch bit	beißen
bleed	bled	bled	bluten
blow	blew [uː]	blown [əʊ]	blasen
break	broke	broken	(zer)brechen
breed	bred	bred	züchten
bring	brought [ɔː]	brought [ɔː]	bringen
broadcast	broadcast (*)	broadcast (*)	(Radio) senden
build	built	built	bauen
burn	burnt **	burnt **	(ver)brennen
burst	burst	burst	platzen
buy	bought [ɔː]	bought [ɔː]	kaufen
cast	cast	cast	werfen
catch	caught [ɔː]	caught [ɔː]	fangen
choose	chose	chosen	(aus)wählen
cling	clung	clung	(sich) anklammern
come	came	come	kommen
cost	cost	cost	kosten
creep	crept	crept	kriechen
cut	cut	cut	schneiden
deal	dealt [e]	dealt [e]	handeln
dig	dug	dug	graben
do	did	done [ʌ]	tun
draw	drew [uː]	drawn [ɔː]	ziehen, zeichnen
dream [iː]	dreamt [e] **	dreamt [e] **	träumen
drink	drank	drunk	trinken
drive	drove [əʊ]	driven [ɪ]	fahren, treiben
dwell	dwelt *	dwelt *	wohnen
eat	ate [eɪt] / [et]	eaten	essen
fall	fell	fallen	fallen
feed	fed	fed	füttern, sich ernähren
feel	felt	felt	fühlen

fight	fought [ɔː]	fought [ɔː]	kämpfen
find	found	found	finden
flee	fled	fled	fliehen
fling	flung	flung	schleudern, werfen
fly	flew [uː]	flown [əʊ]	fliegen
forbid	forbade [æ] / [eɪ]	forbidden	verbieten
forecast	forecast (*)	forecast (*)	vorhersagen
foresee	foresaw	foreseen	vorhersehen
foretell	foretold	foretold	vorhersagen
forget	forgot	forgotten	vergessen
forgive	forgave	forgiven	vergeben
freeze	froze	frozen	(ge)frieren
get	got	got / gotten ²	bekommen
give	gave	given	geben
go	went	gone [ɒ]	gehen, fahren
grind	ground	ground	mahlen
grow	grew [uː]	grown [əʊ]	wachsen
hang	hung *³	hung *³	(auf)hängen
have	had	had	haben
hear	heard [ɜː]	heard [ɜː]	hören
hide	hid	hidden	verstecken
hit	hit	hit	treffen, schlagen
hold	held	held	halten
hurt	hurt	hurt	verletzen
keep	kept	kept	halten
kneel	knelt (*)	knelt (*)	knien
know	knew [njuː]	known [əʊ]	wissen, kennen
lay	laid	laid	legen, (Tisch) decken
lead	led	led	führen
lean [iː]	leant [e] **	leant [e] **	lehnen
leap [iː]	leapt [e] AE*	leapt [e] AE*	springen
learn	learnt **	learnt **	lernen
leave	left	left	(ver-/zurück)lassen
lend	lent	lent	(ver)leihen
let	let	let	lassen
lie	lay	lain	liegen
light	lit *	lit *	anzünden
lose [uː]	lost	lost	verlieren
make	made	made	machen
mean	meant [e]	meant [e]	meinen
meet	met	met	begegnen
mow	mowed	mown *	mähen
pay	paid	paid	(be)zahlen
put	put	put	tun (= legen, setzen etc.)

A

quit	quit (*)	quit (*)	aufhören
read [iː]	read [e]	read [e]	lesen
rid	rid (*)	rid (*)	befreien (von)
ride	rode	ridden	reiten
ring	rang	rung	läuten, anrufen
rise	rose	risen [ɪ]	(an)steigen, aufstehen
run	ran	run	rennen, laufen
saw	sawed	sawn AE*	sägen
say	said [e]	said [e]	sagen
see	saw [ɔː]	seen	sehen
seek	sought [ɔː]	sought [ɔː]	suchen
sell	sold [əʊ]	sold [əʊ]	verkaufen
send	sent	sent	schicken
set	set	set	setzen, stellen
sew [əʊ]	sewed [əʊ]	sewn [əʊ] AE*	nähen
shake	shook	shaken	schütteln
shed	shed	shed	abwerfen, vergießen
shine	shone [ɒ] 4	shone [ɒ] 4	scheinen
shoot	shot	shot	schießen
show	showed	shown [əʊ] (*)	zeigen
shrink	shrank / shrunk	shrunk	schrumpfen, einlaufen
shut	shut	shut	schließen
sing	sang	sung	singen
sink	sank	sunk	sinken
sit	sat	sat	sitzen
slay	slew [uː]	slain	erschlagen
sleep	slept	slept	schlafen
slide	slid	slid	gleiten, schlüpfen
slit	slit	slit	(auf)schlitzen
smell	smelt *AE**	smelt *AE**	riechen
sow	sowed	sown *	säen
speak	spoke	spoken	sprechen
speed	sped *5	sped *5	sausen, rasen
spell	spelt AE*	spelt AE*	buchstabieren
spend	spent	spent	ausgeben, verbringen
spill	spilt **	spilt **	verschütten
spin	spun	spun	(sich) (um)drehen
spit	spat / AE auch spit	spat / AE auch spit	spucken
split	split	split	(sich) spalten
spoil	spoilt **	spoilt *AE**	verderben
spread [e]	spread [e]	spread [e]	(sich) ausbreiten
spring	sprang / AE auch sprung	sprung	springen
stand	stood	stood	stehen

steal	stole	stolen	stehlen
stick	stuck	stuck	stecken, kleben
sting	stung	stung	stechen
stink	stank / stunk	stunk	stinken
stride	strode	stridden	schreiten
strike	struck	struck /	treffen, schlagen
		AE auch stricken	
strive	strove [əʊ] *	striven [ɪ] *	streben
swear [eə]	swore [ɔ:]	sworn [ɔ:]	schwören, fluchen
sweep	swept	swept	fegen
swell	swelled	swollen *	(an)schwellen
swim	swam	swum	schwimmen
swing	swung	swung	(sich) schwingen
take	took	taken	nehmen
teach	taught [ɔ:]	taught [ɔ:]	lehren, unterrichten
tear [eə]	tore [ɔ:]	torn [ɔ:]	(zer)reißen
telecast	telecast (*)	telecast (*)	(*TV*) senden
tell	told	told	erzählen, sagen
think	thought [ɔ:]	thought [ɔ:]	denken
throw [əʊ]	threw [u:]	thrown [əʊ]	werfen
thrust	thrust	thrust	stoßen
understand	understood	understood	verstehen
unwind [aɪ]	unwound [aʊ]	unwound [aʊ]	sich entspannen
uphold	upheld	upheld	wahren
upset	upset	upset	umstoßen, aufregen
wake	woke (*)	woken (*)	aufwachen, wecken
wear [eə]	wore [ɔ:]	worn [ɔ:]	(Kleidung) tragen
weave [i:]	wove [əʊ]	woven [əʊ]	weben
wed	wed *	wed *	heiraten
weep	wept	wept	weinen
win	won [ʌ]	won [ʌ]	gewinnen
wind [aɪ]	wound [aʊ]	wound [aʊ]	wickeln, (Uhr) aufziehen
withdraw [ɔ:]	withdrew [u:]	withdrawn [ɔ:]	(sich) zurückziehen
write	wrote	written	schreiben

1 *Borne – born:*

She had <u>borne</u> him eight children.	Sie hatte ihm acht Kinder geboren.
Aber in biografischen Angaben:	
She was <u>born</u> in Paris in 1956.	Sie wurde 1956 in Paris geboren.

2 *Got – gotten:*

Im britischen Englisch ist als *-ed*-Partizip ausschließlich *got* gebräuchlich. Im amerikanischen Englisch ist *gotten* als *-ed*-Partizip eine häufige Alternative zu *got*.
Die Variante *gotten* findet aber auch im amerikanischen Englisch in der Regel nur dann Verwendung, wenn die Bedeutung <u>nicht</u> „haben/besitzen" ist.
Vergleichen Sie:

I've <u>got</u> my passport.	Ich habe meinen Pass.
I'd just <u>got</u> / *AE auch* <u>gotten</u> my passport.	Ich hatte gerade meinen Pass bekommen.
I think she's <u>got</u> / *AE auch* <u>gotten</u> fed up with the whole thing and gone home.	Ich glaube, sie ist die ganze Sache leid geworden und nach Hause gegangen.

3 *Hung – hanged:*

Die regelmäßige Form des *past tense* und des *-ed*-Partizips ist nur in der Bedeutung *put to death by hanging* gebräuchlich. Auch die unregelmäßige Form *hung* findet sich hier, wird aber vielfach nicht als korrekt angesehen.
Vergleichen Sie:

A picture of the Virgin Mary <u>hung</u> above her bed.	Ein Bild der Jungfrau Maria hing über ihrem Bett.
How high should a picture be <u>hung</u>?	Wie hoch sollte man ein Bild hängen?
They <u>hanged</u> the murderer.	Sie hängten den Mörder auf.
She <u>hanged</u> / *hung* herself.	Sie hängte sich auf.
He was <u>hanged</u> / *auch* <u>hung</u> for murder.	Er wurde wegen Mordes gehängt.

4 In der Bedeutung „(Schuhe) putzen" wird *shine* hingegen als regelmäßiges Verb behandelt:

He <u>shined</u> shoes for a living.	Er verdiente sich seinen Lebensunterhalt durch Schuheputzen.
I stopped to get my shoes <u>shined</u>.	Ich blieb stehen, um mir die Schuhe putzen zu lassen.

---

⁵ *Sped – speeded:*

In der Bedeutung „eilen, flitzen, sausen" ist *sped* häufiger als *speeded*; für
„mit überhöhter Geschwindigkeit fahren" ist das *past tense* und *-ed*-Partizip
stets *speeded*; auch *speed up* (= beschleunigen) wird als regelmäßiges Verb
behandelt:

The ambulance sped / speeded to Parkland Hospital.	Der Krankenwagen raste zum Parkland-Krankenhaus.
The dying man was sped / speeded to the nearest hospital.	Der Sterbende wurde auf dem schnellsten Wege ins nächste Krankenhaus gebracht.
Bullets bounced off the car as it sped / speeded away.	Kugeln prallten von dem Auto ab, während es davonsauste.
The boy was spotted by police as he speeded through the town.	Die Polizei wurde auf den Jungen aufmerksam, als er mit überhöhter Geschwindigkeit durch die Stadt fuhr.
That speeded up work considerably.	Dies beschleunigte die Arbeit erheblich.
The process was speeded up considerably.	Der Vorgang wurde erheblich beschleunigt.

A

Register

Die Zahlen sind Seitenangaben.

A

A

A